Claiborne County, Tennessee, GENERAL INDEX TO DEEDS 1801-1865

Grantor and Grantee

Prepared by:

Works Progress Administration
1939

Janaway Publishing, Inc.
Santa Maria, California

Notice

In many older books, foxing (or discoloration) occurs and, in some instances, print lightens with wear and age. Reprinted books, such as this, often duplicate these flaws, notwithstanding efforts to reduce or eliminate them. The transcript this book was printed from is a carbon copy typed on onion skin paper over 70 years ago. The print quality varied throughout the work---this would seem to be due to the wear on the carbon paper. The pages of this reprint have been digitally enhanced and, where possible, the flaws eliminated in order to provide clarity of content and a pleasant reading experience.

Originally transcribed by:

The Works Progress Administration (WPA)
1939

Reprinted by:

Janaway Publishing, Inc.
732 Kelsey Ct.
Santa Maria, California 93454
(805) 925-1038
www.JanawayGenealogy.com

2007, 2012

ISBN: 978-1-59641-045-9

Made in the United States of America

CLAIBORNE COUNTY, TENNESSEE
GENERAL INDEX TO DEEDS
1801-1865 Grantor and Grantee

transcribed by Mrs. Ommie Gilbert and Miss Grace C. Chadwell for
the Works Progress Administration, 1939
reprinted by Byron Sistler & Associates, 1998

Please note: This book has two sections: the first is arranged by grantor and the second by grantee. Rather than in strict alphabetical order, names are batched together by letter, much as in the original indexes.

The transcript this book was printed from is a carbon copy typed on onion skin paper 60 years ago. The print quality varied throughout the work--this would seem to be due to the wear on the carbon paper. We have made an effort to make all the print as legible as possible. This is a second generation copy of the original, and there will be a few places where the writing cannot be made out.

We would like to thank Jean Sugg and Chuck Sherrill of the TN State Library and Archives for their kind loan of the original book.

TENNESSEE

RECORDS OF CLAIBORNE COUNTY

GENERAL INDEX TO DEEDS, VOL. I
1801 - 1865

GRANTOR

Prepared By
The Historical Records Survey
Transcription Unit
Division of Professional and Service Projects
Works Progress Administration

Mrs. John Trotwood Moore
State Librarian and Archivist, Sponsor

T. Marshall Jones
State Director

Mrs. Penelope Johnson Allen
State Supervisor

Mrs. Margaret Helms Richardson
District Supervisor

. . . . .

Nashville, Tennessee
The Historical Records Survey
June 23, 1939

Prepared By

Mrs. Ommie Gilbert
Miss Grace C. Chadwell

Typed By

William L. Smith

The Historical Records Survey

> Luther H. Evans, Director
> T. Marshall Jones, State Director
> Penelope J. Allen, Supervisor

Division of Professional and Service Projects

> Florence Kerr, Assistant Administrator
> Elizabeth D. Coppedge, State Director

WORKS PROGRESS ADMINISTRATION

> F. C. Harrington, Administrator
> Harry S. Berry, State Administrator

ERRATA

(Note 1. The page numbers for ERRATA refer to the pages of the original volume, and are to be found enclosed between parentheses throughout the body of the manuscript.)

(Note 2. Where paragraphs or instruments covering half a page, or more, have been omitted, an additional page has been inserted immediately after the one in error, as: page 102 is followed by page 102a, which contains the omitted items. This correction is not to be confused with entries for ERRATA.
Shorter ommissions are to be found under ERRATA).

Left out:

Grantor	Grantee	Ins	Date	Book	Page	Amount
Beeler Daniel	Rogers French	D	1847	T	84	1000 --
Bullard Daniel C	Fulkerson F M	D	1852	V	299	800 --
Campbell James H	Campbell David H	W	1820	X	220	- --
White Joseph	Garrett Matilda	BS	1849	U	105	5 50

CLAIBORNE COUNTY

BOOK OF RECORD GRANTOR VOL. 1.
1801 - 1865

Grantor	Grantee	Ins.	Date	Book	Page	Consideration
Austin Nathaniel	Acklin William	W D	1801	A	48	$600 00
Arwarine John	Boyers Michall	"	1803	A	128	300 00
Austin Nathaniel	Baker Henry	"	1803	A	136	40 00
Austin Nathaniel	Baker Henry	"	1803	A	137	7 00
Austin Nathaniel	Baker Henry	"	1804	A	139	48 00
Austin Nathaniel	Brists John	"	1804	A	139	44 00
Austin Nathanil	Baker Henry	"	1804	A	148	160 00
Austin Nathaniel	Bloget Beard	"	1805	A	195	20 00
Atkins Thomas	Burdsong Miles et al	"	1805	A	224	320 00
Austin Nathaniel	Baker Henry	"	1807	A	323	25 00
Austin Nathaniel Et al	Coffer Joseph	"	1804	A	138	30 00
Austin Nathaniel	Coffer Joseph	"	1803	A	213	7 00
Austin Nathaniel	Coffer Joseph	"	1805	A	230	48 00
Austin Nathaniel	Chissum James	"	1804	A	233	36 00
Austin Nathaniel	Chissum James	"	1804	A	237	61 00
Austin Nathaniel	Chadwell David	"	1806	A	278	26 50
Austin Nathaniel	Duke John	"	1802	A	24	100 00
Austin Stephen	Davis Aaron	"	1804	A	124	300 00
Austin Nathaniel	Dodson Samuel	"	1804	A	140	30 00
Adkins Thos	Davis Nathaniel	"	1805	A	228	20 00
Austin Nathaniel	Evans Walter	"	1803	A	196	20 00
Austin Nathaniel	Evans Walter	"	1805	A	200	Dollars
Austin Nathaniel	Evans Walter	"	1805	A	201	30 00
Adkins Thos	Epison Robt	"	1805	A	212	85 00
Austin Nathaniel	Evans George	W D	1805	A	234	30 00
Austin Nathaniel	Evans Walter	"	1806	A	286	7 00
Austin Nathaniel	Graham William	"	1804	A	155	81 00
Austin Nathaniel	Graham William	"	1804	A	156	55 00
Austin Nathaniel	Graham William	"	1804	A	170	2000 00
Atkins Thos	Griffeth James	"	1805	A	211	265 00
Austin Nathaniel	Hunt John	"	1804	A	346	41 00
Atkins Thos	David James	"	1805	A	217	375 00
Austin Nathaniel	Lusk Samuel	"	1802	A	50	50 00
Atkins Thos	Linch David	"	1805	A	227	200 00
Austin Nathaniel	Morgan John	"	1802	A	78	60 00
Alexander John	Stophel Isaac	"	1804	A	177	500 00
Arwine John Sr	Arwine John Jr.	"	1808	B	242	200 00
Armstrong Isaac	Cotton Benjamin	"	1808	B	162	50 00
Austin Nathanie.	Rogers William	"	1804	B	38	34 00
Adams Henry	Botts John	B S	1810	C	229	32 00
Adams George	Carr George	W D	1810	C	102	600 00
Adams George	Carr George	"	1810	C	47	200 00
Adair John	Lewis Fielding	W D	1811	C	160	10 00
Allen John	Ramsey Josiah	"	1810	C	99	100 00
Allen Peggy et al	Bales William	"	1811	D	152	700
Ausmus Henry	Boys Joel	"	1813	D	192	20 00

Grantor	Grantee	Ins.	Date	Book	Page	Consideration
Ausmus Henry	Bowlinger Fred	"	1816	D	309	400 --
Anderson Thomas	Casey John	B S	1811	D	71	2 25
Adair John	Condry John et al	A	1817	D	181	---
Ausmus Henry	Cadle Zack	D	1816	D	399	100 --
Acklin William	Donalson Stickly	"	1811	D	25	100
Ausmus Peter	Ewel Layton	"	1810	D	48	100
Adkins Thos.	Ewel Layton	"	1811	D	55	50 00
Alves Walter	Goss John	"	1811	D	30	3 00
Armstrong Wm et al	Markum Beverly	"	1812	D	119	4 00
Ausmus Henry	McNew Wm	"	1810	D	67	15 0
Ausmus Henry	McNew Wm	"	1816	D	398	100
Adair John	Tucker John	"	1813	D	350	300 --
Acklin William	Acklin Samuel Et al	D	1818	E	250	162 50
Adkins Thomas	Bowlinger Fred.	D	1820	F	198	20
Anderson Thos.	Hughs Hardy	D	1820	F	213	100 --
Anderson Jesse	Lay Daniel	D	1819	F	6	70 --
Anderson Thomas	Miller Martin	D	1817	F	15	100
Anderson Thomas	Miller Martin	D	1817	F	19	700 --
Acklin William	McCubbins John	D	1818	F	225	700
Adkins Thomas	Cain Jess	D	1818	G	93	50 00
Archer John	Hoges James	D	1819	G	97	1000 --
Alvis Walter	McNew John (heirs)	D	1821	G	102	200 --
Ashley Hiram et al	Hurst Elijah	D	1825	H	334	180
Alexander D. C & M	Mann Robert	DC	1828	H	390	
Adair John	Skaggs James	D	1813	H	154	300
Alexander D C & M	Campbell Arthur	D	1828	I	77	
Auston Benjamin	Forgerson John	D	1828	I	44	130 --
Ashley John et al	Lewis Jesse	D	1825	I	365	150
Ashley John et al	Lewis Jess	D	1825	I	367	150
Alves William J	Moyers Henry	D	1824	I	515	75 --
Allen John	Wallen John	D	1827	I	24	
Acre John R	Acre Nathan R	D	1833	K	135	1 80
Acre John R	Cloud B F	D	1833	K	127	1 00
Acre John R	Rose Rubin	D	1833	K	132	150 --
Alexander D. C & M	Houston William	D	1835	L	329	3000 --
Ausmus Henry	Ausmus Hiram	D	1835	M	124	260 00
Ausmus Henry	Ausmus Benj	D	1834	M	430	600 00
Adams Jacob	Carr James M	D	1836	M	57	350 00
Adams Jacob	Carr John	D	1836	M	69	250 00
Adams Jacob	Goin Isaac	D	1833	M	143	200 00
Alvis William	Graves Boston	D	1838	M	366	1436 00
Alvis William I.	Russell Edward	D	1838	M	365	564 00
Alford Thomas	Vance Patrick	D	1821	M	279	150 00
Adkins Harrison	Sanders William	D	1839	P	65	150 00
Ausmus Henry	Ausmus Benj	D	1846	S	497	350 00

Grantor	Grantee	Ins.	Date	Book	Page	Consideration
Ausmus Benj et al	Dunn John	D	1842	S	650	$600 00
Allison Thomas	Fullington A	D	1846	S	551	90 00
Alexander D B (Heirs)	Kincaid William	D	1845	S	304	ea.76 2½
Alexander W. G.	Kincaid John	D	1846	S	482	214 00
Allen John	William Jacob	D	1830	S	388	10 00
Ausmus Benj	Mayers Joseph B	D	1844	S	494	200 00
Alexander W. G.	Smith F M	PA	1845	S	484	
Alexander R & N	Alexander M	D	1848	T	364	428 00
Arwine Albartes	Arwine Daniel	D	1840	T	516	10 00
Allison James	Brantley Robert	D	1845	T	390	150 00
Arwine Albartes	Evans George	D	1846	T	42	78 00
Ausmus Hiram	Ausmus Benj	D	1848	U	388	400 00
Allen Geo. W.	Breeding Andrew	D	1850	U	431	84 00
Arwine Albertes	Sanders Hamilton	D	1851	U	597	500 00
Ausmus Henry	Ausmus John	D	1845	U	481	600 00
Arwine Albartes	Arwine Hiram	D	1851	V	71	25 00
Arwine Albartles	Breeding Andrew	D	1851	V	49	9 00
Adam Harbard G	Brooks George	D	1843	V	370	150 00
Alder Willis D	Evans W R	TD	1852	V	348	1 00
Arnold Benj	Keck William	D	1847	V	99	100 00
Arwine Albartes	Rose Ruben	D	1851	V	53	125 00
Adams Jacob	Collins Owen	D	1828	W	72	50 00
Arwine Albartes	Hipshere Henry	D	1853	W	238	1000 00
Ausmus W U. S. A.	Hamon Henry C	DC	1865	W	582	
Alexander B. W. S.	Alexander Mitcheal	D	1851	X	101	214 00
Alexander Samuel	Alexander M	D	1855	X	103	250 00
Alexander Isaac	Alexander Mitcheal	D	1853	X	104	250 00
Allen John & wife	Hodges Z	PA	1855	X	315	
Allen Greenville & wife	Wallen J. F.	PA	1856	X	370	
Adkins Peter	Cope John & Isaac	D	1857	Y	451	550 --
Arwine Hiram	Harrell Elisabeth et al	D	1857	Y	377	30 00
Ailes William P	Roddy P N	T D	1839	Y	667	18 00
Acuff Thos H & wife	Sanders William	D	1855	Y	56	150 00
Ausmus Benjamin	Ausmus Hiram	D	1857	Z	681	600 --
Alexander C G	Gibson W R & Z S	D	1859	Z	203	
Adkins Peter	Posey William	D	1862	Z	684	4 00
Alexander C G	Trease Lewis	D	1858	Z	195	600 --
Arwine Hiram	Yoakum R G	D	158	Z	408	50 00

Grantor	Grantee	Ins.	Date	Book	Page	Consideration
Burton Robert	Basham Johnson	D	1806	A	19	150
Burton & Houston	Basham Johnson	"	1801	A	21	150
Branson Hezekiah	Brock John	"	1805	A	29-31	350
Bullard John	Beeler George	D	1807	A	6-63	25
Blye Jonathan	Burton John	D	1803	A	92	300
Burton Robert	Bracher------	D	1804	A	117	800 --
Burton Robert	Bracher George	D	1804	A	125	800 -
Brasher John	Bracher Benjamin	D	1804	A	157	800
Beard Blodget	Baker Henry	D	1805	A	231	50 00
Burton Robert	Campbell George	D	1807	A	367	20 00
Blair James Jr	Gordon Robert C	"	1804	A	153	200 00
Berry James	Lea Major	D	1804	A	36	5 00
Berry James	Lane Isaac	D	1807	A	114	20 lbs
Blair James	Lebow Henry	D	1801	A	145	600 00
Brooks George	Miller John	D	1805	A	24	40 00
Baird James	McBroom James	D	1807	A	86	200 00
Bowling John	Roark Timothy	D	1803	A	80	80 lbs
Baker Henry	Sperry Thomas	"	1805	A	208	100 00
Baker William	Shields John	"	1807	A	315	666 00
Blevins Dillan	Taylor Nathaniel	"	1805	A	269	1000 00
Bishop Lewis	Bishop Johathan	D	1809	B	212	7 45
Boyd William	Carpenter James	D	1808	B	84	2000 --
Boyd William	Carpenter Yalventon	D	1808	B	86	500 00
Birdsong John et al	Croley John	D	1808	B	294	500 00
Berry James	Grace Rachel	D	1808	B	167	100
Bishop J & L	Gollahorn George	D	1808	B	227	875
Bradly James	Graham William	BS	1810	B	274	275
Blundon Elijah	Graham William	BS	1809	B	275	200
Blundon Samuel	Graham William	BS	1809	B	276	220
Bullard John	Huddleston John	D	1800	B	264	50 00
Bridges Wm & Thos	Mayes Thomas	"	1809	B	127	116 00
Bridges Thomas	Mayes Thomas	"	1810	B	235	310 00
Byrd William	Pearson Micheal	"	1809	B	130	1000 00
Boister Thomas et al	Rose Ruben	"	1809	B	186	450 00
Burton Robert et al	Watson Josiah	"	1808	B	193	---
Bourouf Valentine	Brayden John	D	1811	C	164	100
Beals William et al	Claypool John	D	1811	C	146	190
Bayls John	Cheek Jess	D	1807	C	149	20 00
Botts Joshua	Condry Dennis	D	1811	C	193	150
Bayes Joel	Ewel Layton	D	1813	C	225	200
Brumly David	Lea John	BS	1811	C	60	2 50
Brock Allen	Lickliter Peter	D	1810	C	109	30 00
Botts John	Adams Jacob	"	1812	D	231	150 00
Beeler Jacob	Beeler Daniel	"	1812	D	59	300 --
Beeler Joseph	Beeler Peter	"	1814	D	204	2000 00
Beeler Jacob	Cardwell John	D	1812	D	26	12 00
Bullard John	Capps Jacob	"	1812	D	27	330 00
Bullard John	Fulps Valentine	"	1814	D	327	200 -
Branson Hezekiah	Idol Adam	D	1812	D	138	160
Botts Thomas	Jackson Ruben	D	1813	D	427	6 00
Botts Seth	Moore Samuel	D	1816	D	425	150

Grantor	Grantee	Ins.	Date	Book	Page	Consideration
Breeding John	Breeding George	D	1816	E	71	100
Bullard John	Barnwell Wm	D	1818	E	216	300
Blevins William	Bales Alex	D	1817	E	345	5 00
Brock Allen	Evans John	D	1813	E	65	200
Baker Henry	Graham Hugh	D	1818	E	323	110
Bowyers Luke	Herrell Elisabeth	D	1815	E	19	80 00
Botts Seth	Lewis Fielding	D	1817	E	306	350 00
Brock George	Lower Peter	D	1819	E	374½	40 00
Botts Thomas	Mires Abraham	D	1816	E	31	30 00
Barnes Levi	Rice Thos	"	1816	E	255	5 75
Belcher John	Smith J M	"	1815	E	14	2 50
Bales Caleb	Yoakum Gerge	"	1816	"	62	50 --
Bull George	Bernard George	"	1816	F	236	50 --
Brock George	Brock John	"	1801	F	265	225
Baker Henry	Bales Caleb	"	1813	F	274	50
Baley William	Condry William	PA	1819	F	141	
Baley William	Givens Zack et al	D	1820	F	62	100
Baker William	Hill William	D	1820	F	75	175
Bartlet William et al	Wallen John	D	1818	F	35	8 00
Baker Solomon	Ball Wm	"	1818	G	14	265 --
Bowman Wm	Bowman Cornelius	"	1821	G	106	750
Bowman Wm Sr.	Bowman Wm Jr.	"	1821	G	108	1750 --
Bowman Wm	Bowman John	"	1821	G	109	600 --
Bolinger Fredrick Sr.	Bolinger Frederick Jr	"	1819	G	170	500
Bullard Wm et al	Chadwell David	"	1822	G	240	60 00
Britton George	Chadwell David	"	1822	G	242	140 75
Baker Henry	Evans Elijah	"	1818	G	42	1000
Ball Wm	Farris Gideon et al	"	1819	G	16	350
Barton Anderson	Graham Hugh Co	D	1822	G	69	281
Baker Wm	Hodges John Admr &c	"	1820	G	29	138
Brock George	Lower Peter	"	1817	G	9	10 00
Blunt John Exc &c	Moss Marcellis	"	1819	G	27	1137 --
Beroff Samuel	Powers Jess	"	1820	G	58	50 --
Brock George	Webb Joseph	"	1822	G	227	300
Brooks David	Brooks Gideon	D	1821	H	117	150 00
Brown Hezkiah	Branson Jonathan	D	1825	H	232	4 00
Beeler Peter	Dunn Thomas	D	1820	H	13	6 50
Baker Thomas	Farris Gideon	D	1821	H	17	35
Baker Thomas	Hobbs Enos	D	1819	H	71	50 00
Beeler William	Long John	D	1825	H	245	4 25
Bundren John	Pearson Michall	"	1818	H	6	2 00
Bundren John	Pearson Micheal	"	1818	H	8	2 00
Brock John	Williams Wm	"	1814	H	97	20
Braden Henry	Braden John Sr	"	1825	I	311	50 --
Bolinger Fred	Bolinger David	"	1830	I	323	2 00
Braden John Sr	Braden John Jr	"	1833	I	541	1 00
Beeler Peter	Beeler Adam et al	"	1832	I	553	75 --
Bullard Thos	Graham H & Co.	BS	1829	J	65	73 50
Bowman Elisabeth Graves	Graves John	D	1832	J	385	2 00

Grantor	Grantee	Ins.	Date	Book	Page	Consideration
Blackwood Wm	Hopson Herrell	D	1817	J	265	80 00
Bowlinger David	Hunter John	D	1831	J	574	250 --
Brock Daniel	Keck John	D	1829	J	319	800
Berry John	Kincaid William	D	1831	J	373	1000
Beeler Joseph	Myers Henry	D	1822	J	576	250
Bartlett John	McClary Thos R	D	1829	J	57	100 00
Bowlinger Fred	McNew William	D	1829	J	399	300
Barnwell William	Plank Christion	D	1826	J	143	60 00
Bridges William	Perry Edmon	D	1831	J	539	50 00
Bayne Jessee	Reece Martin	D	1827	J	2	3 00
Brock Daniel	Rowland George	D	1831	J	346	4 00
Brabson J M et al	Sewell Benjamin	D	1829	J	234	1 00
Bishop Jonathan	Thomas Isaac	D	1825	J	418	2 00
Brock George	Wallace William Sr	D	1828	J	97	200 --
Blakley James	Williams William	D	1828	J	177	1 00
Bowlinger Fred	Wilson Peter	D	1831	J	530	406 00
Beeler Peter	Beeler Adam et al	D	1833	K	3	2100 25
Beeler Peter	Beeler Adam et al	D	1833	K	5	400 00
Beeler Peter	Beeler Adam et al	D	1833	K	7	400 --
Brandon John	Brandon James	D	1833	K	254	50 00
Bradon John	Braden William	D	1833	K	266	1 00
Bagwell A G	Garrett Gray	TD	1835	K	469	
Brooks Gideon P	Huffaker Wiley	TD	1833	K	183	1 00
Bowlinger Fred	Hunt John	TD	1835	K	492	124
Bullard C B	Jones Samuel	D	1835	K	503	340
Bowlinger Fred	Myes Micheal	D	1824	K	279	85 00
Bullard C B	Miller Isaac	BS	1835	K	485	3 00
Beeler Adam et al	Rogers Pleasant	D	1833	K	256	4 00
Brabson J M	Sewell Benj	D	1834	K	63	1 50
Botts John	Adams Jacob	D	1821	L	2	2 50
Braden William	Braden James	D	1835	L	68	2 25
Bundy Thos et al	Braden James	D	1834	L	212	260 --
Barnwell William	Fulps Volentine	D	1834	L	145	4 95
Bullard Boyer	Fulps Volentine	D	1833	L	146	30 00
Bullard John	Hooper William	D	1831	L	270	60
Birch Henry G	Hall John	D	1824	L	347	1 00
Bunch David W	Mountain James	D	1829	L	84	4 00
Bowlinger Fred	McLain Thos	D	1825	L	264	4 00
Bowlinger Fred	Rogers William S	TD	1835	L	135	2 00
Bray Edmon	Riley John	D	1835	L	165	1200 00
Branscomb Jesse	Robertson Henry	D	1833	L	303	277 87
Britton George &wife	Sewell Benj	D	1835	L	111	120
Ball James & wife	Sewell Benj	D	1835	L	113	110 00
Brooks Gideon	Sewell Benj	TD	1833	L	207	2 00
Barney Pearson et al	Sharp Henry	D	1830	L	369	20 00
Barney Benjamin	Sharp John	D	1832	L	372	17 00
Bellon Martha	Whiteaker Joseph	D	1836	L	355	7 56
Brock John	Brock Rajan	D	1825	M	97	10 00
Brock John	Brock Rogan	D	1825	M	98	2 25
Bales William	Bales Archibal	D	1831	M	214	200 00
Brasfield Dennis	Brasfield Thomas	D	1825	M	237	69 66
Bundren Lee et al	Bundron Phillips	D	1837	M	239	

Grantor	Grantee	Ins.	Date	Book	Page	Amount
Bullard William et al	Bullard John	BS	1837	M	273	511 25
Barnard George Jr	Barnard George Sr	D	1838	M	307	
Brooks John	Brooks Jackson	D	1837	M	317	5 00
Brabson John M	Bullard C B	D	1835	M	373	322 00
Burch William et al	Burch John	D	1838	M	455	25 00
Bowman William SR	Bowman Jas E	D	1838	M	467	1000 --
Bowlinger Fred	Bowlinger Jacob	D	1839	M	480	8 75
Butcher J. V.	Bullard William	D	1838	M	512	60 00
Burch Richard	Cloud B F	TD	1838	M	293	1 00
Bussel James	Cheek James	D	1834	M	299	1 00
Brooks John et al	Cheek Corban	D	1839	M	383	70 00
Brooks George	Cheek Corban	D	1835	M	384	80 00
Baywell Alford G	Cloud B F	BS	1838	M	413	1 00
Barney Benjamin	Graves Solomon	D	1833	M	71	150 00
Bullard (Heirs)	Graham Hugh et al	Ast.	1834	M	114	
Bales Martin	Gibson Drury	D	1827	M	275	75 00
Brasfield Thos	Graves Boston	D	1837	M	306	100 00
Bledsoe David	Graves Ely	D	1838	M	441	600 --
Brooks Gideon	Hurst Mark	D	1832	M	46	2 50
Beaty Martin	Hojan William	D	1821	M	93	2 00
Bowlinger Fred	Hooper Chas M	D	1830	M	213	1 50
Brooks Gideon	Hooper James	TD	1839	M	544	1 00
Berry J & T	Lane Isaac C	BS	1837	M	261	65 00
Barnard Anderson	Mitchell John	D	1835	M	277	2 00
Burk William	Moore Samuel	D	1826	M	396	1 50
Bledsoe Isaac et al	McBroom Margaret et al	D	1834	M	94	2 00
Bullard Boyer	Nash Thomas	D	1834	M	282	10 00
Bartlett James	Nunn Harmon	D	1837	M	513	2 00
Birch William	Owsley Stephen	D	1827	M	121	2 00
Bowman William	Parrott James	D	1828	M	224	20 00
Bowman William	Parrott James	D	1828	M	226	40 00
Barnwell William	Runnells John	D	1834	M97	397	125 --
Byers Nimrod	Vancel Elias	D	1829	M	291	4 50
Baker Joseph	Wilson Samuel	D	1826	M	119	2 00
Buice Sterling C	Buice Abraham	D	1839	N	12	50 00
Buice Caleb et al	Buice Abraham	D	1839	N	18	200 --
Burnett Reece	Burnett George	D	1839	N	155	100 --
Bowlinger Fred	Castle James S	D	1839	N	53	150 --
Barton Henry	Garrett Gray	TD	1838	N	43	1 00
Bullard C B	Graham Hugh	TD	1838	N	60	475 --
Bundren Peter	Garrett Gray	D	1840	N	276	346 83
Braden James	Hunter Henry et al	D	1839	N	145	600 --
Berry Mary	Hamilton William et al	QD	1839	N	152	
Baxdale Richard	Houston William	TD	1839	N	165	1 00
Blevin Orange & wife	Jennings W H	D	1839	N	260	30 00
Bowlinger Frederick	Peck Jacob	MD	1840	N	266	200 00
Bundren Green	Person John	D	1840	N	270	950 --
Bowlinger Fred	Rogers D W et al	TD	1839	N	92	900 --
Bowlinger Fred	Rogers David et al	TD	1839	N	160	---
Burkhart Daniel	Sewell John	TD	1839	N	196	1 00
Bundren Greene	Shultz George	TD	1840	N	272	1 00
Burkhart Daniel	Sewell John	D	1840	N	293	160 00
Boyers Abraham	Burk David	D	1839	O	129	600 --
Buise G B	Buice Abraham	D	1840	O	146	55 --

Grantor	Grantee	Ins.	Date	Book	Page	Amount
Burk James	Burk David	D	1839	O	170	500 --
Bundren Green	Barnard George	D	1841	O	250	600 --
Beaty William	Beaty Martin	P'tship	1837	O	290	
Baker Hiram & wife	Bullard William et al	D	1840	O	302	1 50
Brewster John et al	Cottrell David	TD	1840	O	3	2 00
Brock Hezkiah	Chapman J H	TD	1840	O	169	96 64
Bullard William	Cloud B F et al	Agt.	1840	O	207	
Bullard W B & wife	Cloud B F	D	1841	O	325	455 --
Bundren Peter	Evans W R	TD	1841	O	295	1 00
Bundren Hiram	Evans W R	TD	1841	O	316	1 00
Brabson J M	Graham Hugh	BS	1834	O	1	62 50
Bunch John	Graham Hugh	D	1840	O	204	20 00
Brewer Thomas	Killion John	D	1840	O	183	1 58
Brewer Thomas	Killion John	D	1840	O	184	150 --
Bransons Heirs	Lewis William	D	1829	D	74	200 --
Bowlinger Fred et al	Lamar James T	D	1828	O	96	225 --
Bowles M	Miller J	TD	1840	O	37	51 80
Bundy Thos et al	Owsley Stephen	D	1839	O	262	30 00
Bowlinger F	Rogers G W et al	TD	1840	O	172	950 --
Brogan John	Sharp P & W	D	1840	O	158	70 80
Bullard William et al	Sewell Benj	D	1840	O	221	---
Brooks Litteton	Vandeventer Thos	TD	1840	O	127	5 00
Bullard John	Vancel Elias	TD	1841	O	288	---
Blackwood Wm	Arwine Albartis	D	1839	P	256	500 --
Brooks Bartholomon	Brooks Gideon	BS	1836	P	101	Love
Brooks Bartholomen	Brooks Gideon	BS	1841	P	103	200 --
Beeler Woolery	Bowyers J.	B	1841	P	155	1000 --
Boyers John	Boyers Joseph	PA	1840	P	160	---
Barnard G W	Barnard S J	D	1841	P	188	300 --
Boyers Joseph et al	Burk David	D	1840	P	320	5 00
Baker Thomas	Bishop Elisha	D	1841	P	224	4 50
Bowman William	Beeler A & D	M	1841	P	249	225 --
Bowman James E	Beeler Adam	M	1841	P	250	5 00
Bowman J E	Bowman William	TD	1841	P	252	5 00
Boyers J & J	Burk D	D	1841	P	291	50 --
Bowlinger F Et al	David & Moss	D	1841	P	146	500 --
Bowman James et al	Evans Walter R	D	1840	P	233	5 00
Bullard C B	Fullington A	D	1841	P	44	1 50
Bowlinger Fred	Graham Hugh	D	1841	P	82	46 95
Bowlinger Fred	Hooper John	D	1822	P	23	100 --
Brooks George	Henly John	PA	1796	P	218	---
Breeding Bryant	Hurst Abraham	D	1824	P	359	500 --
Bullard John	Hodges James	BS	1842	P	410	4 50
Bratcher F H	Jones E	TD	1841	P	75	500 --
Bledsoe Isaac	Jones Elisha E	D	1838	P	144	300 --
Bullard C B	Margraves Tennessee	D	1841	P	42	150 --
Brabson John A	Neil William	PA	1841	P	152	--- --
Bowlinger Fred	Rogers Jesse	D	1841	P	363	1538 --
Browning William	Spellers William	D	1840	P	372	250 --
Brock John	Whitehead William	D	1838	P	198	100
Birk John	Whitehead William	D	1838	P	199	200 --
Brewer Joab	Brewer Oliver	D	1841	Q	126	75
Brewer Joab	Brewer Martoil	D	1838	Q	128	35 00
Brewer Joab	Brewer Braxton	D	1834	Q	130	1 50

Grantor	Grantee	Ins.	Date	Book	Page	Amount
Bales Alex	Bales Caleb	D	1834	Q	137	2 50
Brock John Sr	Brock John Jun	D	1829	Q	177	Love
Bullard William & wife	Chadwell A J	D	1842	Q	187	--- --
Breeding Fanny et al adm	Dodson Samuel	D	1833	Q	183	300 --
Bundren Peter	Farmer John	D	1835	Q	150	60 00
Bussel Mathew	Fults John	D	1828	Q	231	50 --
Buchanan Henry	Huffaker White	TD	1842	Q	47	1 00
Barnard G W	Roe Farro	D	1841	Q	181	25 --
Beery John H	Sewell Benj	TD	1842	Q	99	1 00
Burch, William et al	Wallace John L	D	1834	Q	233	--
Buise Jesse	Buis Abraham	D	1842	R	23	75 --
Barnard Samuel	Barnard S J	TD	1842	R	46	1 00
Barnard Anderson	Barnard S J	TD	1842	R	47	1 00
Brden James	Brden John Sr	D	1839	R	71	50 --
Billingsly William	Billingsly Elesabeth	BS	1842	R	184	1 40
Barnard Samuel	Barnard S J	TD	1843	R	162	1 00
Bales William & wife	Bales Alex	D	1840	R	233	Love
Bowman John	Bowman William	TD	1843	R	326	5 00
Bowman John	Bowman Nelson	TD	1843	R	328	5 00
Bullard C B	Bullard Bowyer	D	1843	R	399	11 00
Bullard Isaac	Bullard Bowyer	BS	1836	R	400	75 00
Bullard C B	Bullard William	BS	1841	R	405	300 --
Brooks Littelton	Baker Thomas	D	1831	R	406	465 --
Burch Richard	Chapman J H	TD	1842	R	59	1 00
Bundy Thomas	Cook Marcurious	D	1840	R	120	180 --
Burch John M	Cupp Jacob	D	1834	R	125	105 --
Burch John M	Cupp Jacob	D	1834	R	126	200 --
Bray A	Davis J	TD	1842	R	109	5 00
Ball George	Ely John F	D	1841	R	38	200 --
Bowman William C	Garrett Gray	TD	1842	R	76	1 00
Bartlett James	Graham Hugh	TD	1843	R	244	39 00
Bartlett James	Graham Hugh	DT	1843	R	245	75 00
Bartlett James	Graham Hugh	DT	1843	R	246	5 00
Bullard Wm & wife	Hunter James	D	1841	R	200	3 00
Brewster John et al	Huffaker Wily	TD	1843	R	297	1 00
Bewster John et al	Huffaker Wily	T	1843	R	299	1 00
Brown William	Hatfield Isaac	D	1841	R	409	25 --
Brewster John et al	Mitchell Almarion	D	1842	R	173	20 00
Bowman William	McClain Susan	M C	1843	R	312	--
Bullard C B	McFarland Wm	T	1843	R	227	50 --
Bussell C & C	Sawyers Thos W	DT	1842	R	35	1 00
Bales William	Tussey Jonathan	D	1829	R	252	4 90
Barnard Samuel	Barnard S J	TD	1844	S	22	1 00
Burchfield Elias	Burchfield M & J	D	1841	S	30	200 --
Bussell Mathew	Bussell James	D	1844	S	99	Love
Bussell Mathew	Bussell Bird	D	1843	S	100	Love
Bullard Rebecca	Bullard John	R	1844	S	176	
Bullard John	Bullard Rebecca	D	1824	S	208	
Bessell Josiah	Brayden John	D	1845	S	378	5 00
Brooks Gideon	Brooks Levi	D	1845	S	396	30 00
Brooks George	Brooks Elesabeth	D	1845	S	405	30 00
Beeler Woolery	Beeler William	D	1845	S	408	12 00
Barnard S & A	Barnard Jonathan	D	1844	S	425	410 --

Grantor	Grantee	Ins.	Date	Book	Page	Amount
Breeding Tennessee	Breeding Pryor	D	1845	S	467	50 00
Brewster John	Brewster Wm et al	Gift	1846	S	498	Gift
Beeler Samuel	Beeler A et al	D	1842	S	526	1000 –
Barnard S J	Barnard George	D	1839	S	533	25 00
Brewer Joab	Brewer Moab H	D	1837	S	542	Gift
Brooks David	Brooks Gideon	D	1821	S	558	Love
Butcher J B	Bullard Boyers	BS	1835	S	592	255
Bullard Joseph	Bullard C B	D	1814	S	595	75 --
Beaty M & W	Beaty J M et al	D	1841	S	624	55 00
Bartlett John	Cloud B F	D	1844	S	43	5 10
Bessell Mathen	Collins Elenor	D	1844	S	81	Gift
Bussell Mathen	Collins Elenor	D	1844	S	82	Gift
Berry John	Carrigar M	TD	1846	S	550	19 75
Brice Abraham	Day Samuel	BS	1846	S	683	300
Bullard C B	Evans W R	D	1843	S	59	5 00
Burchfield Wm	Evans Walter R	TD	1844	S	68	5 00
Bellingsly W P	Farrell James	D	1840	S	204	150 --
Beeler Adam	Garrett Gray	TD	1844	S	31	1 00
Bowman Wm & J E	Garrett Gray	TD	1845	S	270	1 00
Buford John W	Goin Isaac	TD	1845	S	319	5 00
Barton W M	Grimes William	D	1845	S	414	500 --
Bruce John T	Garrett L A	B S	1845	S	439	4 00
Brooks James A	Goin A J	L	1866	S	729	- --
Buford John	Helms Thomas	D	1845	S	628	130 --
Brooks Litteton	Johnson T J	T D	1846		578	500 --
Bowman Cornilus	Kincaid John	D	1844	S	18	4 00
Bowman Cornelius	Kincaid John	D	1844	S	20	100 --
Brooks Gideon	Kesterson Able	D	1844	S	311	9 00
Blevins Ovin	Kesterson Able	D	1846	S	667	75 --
Barnard George	Mitchell James	BS	1846	S	648	292 50
Bales William	McGuire Skillian	D	1845	S	453	4 00
Bruce Thos	Neil William	TB	1844	S	104	1 50
Braden James	Owsley Stephen	D	1844	S	201	100 --
Braden James et al	Owsley Stephen	D	1845	S	285	---
Bales Caleb	Parrott John heirs	D	1843	S	86	2 50
Bartlett John	Peck Peter	D	1844	S	97	15 00
Barnard S J	Pearson John	D	1846	S	688	800 --
Biddle Benj R	Payne W G	D	1846	S	700	1150 --
Burchfield Wm	Rose G W	T	1844	S	73	60 60
Brogan John	Sharp John	TD	1846	S	702	41 25
Burch John M	Thompson G W	D	1843	S	109	-- --
Bishop Wm	Vandeventer Thos	D	1845	S	312	67
Bowman Wm I Jun	Vanbber J M	TD	1846	S	489	100 --
Brewer Isham	Wilburn James	D	1840	S	250	3 00
Bucks Charles (heirs)	Wear James R	PA	1845	S	346	
Blackbourn George et al	Wear James R	PA	1844	S	348	
Braden John	Williams William	TD	1846	S	720	1 00
Brown Thomas	Yoakum Isaac	BS	1846	S/MS	725	400 --
Brooks Littelton	Alexander William	TD	1847	T	180	1 00
Britton Levi	Britton Chadwell	D	1846	T	62	150 --
Britton Levi	Britton Chadwell	BS	1846	T	63	150
Britton Levi	Britton Chadwell	BS	1846	T	64	700 --
Britton Chadwell	Britton Levi	R	1847	T	99	500 --
Beeler Daniel	Beeler Adam	D	1844	T	246	Love
Buis Robert	Buice Abraham	D	1847	T	277	65 00

✻ (See errata for correction)

Grantor	Grantee	Ins.	Date	Book	Page	Amount
Brooks John H	Brooks Levi	D	1847	T	405	30 00
Brooks Elisabeth	Brooks Levi	D	1847	T	430	90 --
Bray Benj Sr	Bray Benj Jr	D	1833	T	431	Love
Britton Levi	Britton Nancy	D	1843	T	554	1 00
Brock Daniel & wife	Brock A J	PA	1848	T	573	- --
Britton Levi	Cottrell D C	TD	1847	T	100	5 00
Brooks George	Churchnew Bethel	D	1846	T	459	- --
Baltrip S & W	Day Samuel	D	1846	T	52	50 --
Bunch John	Evans George	D	1846	T	59	120 --
Bowman James E	Evans W R	T D	1848	T	536	1 00
Buchanan Nathan	Falkner James	D	1847	T	344	60 00
Bowlinger Fred	Graham Hugh	D	1847	T	218	3 30
Berry John H	Graham J W	T D	1847	T	308	1 00
Burch William & wife et al	Harmon Lewis	D	1846	T	163	1 50
Ball George S	Hardy Joseph	D	1847	T	405	100 --
Burk David	Hazlewood Peter	D	1831	T	575	4 25
Beeler William	Lewis George	D	1846	T	25	6 00
Bowyers Ann et al	Lewis William	D	1841	T	128	55 00
Branson John	Lewis William	D	1825	T	366	12 60
Beeler William	Lewis James M	D	1843	T	562	25 00
Bratcher John	Miller F P	D	1845	T	40	3 00
Baker William & wife	Mays Johnson et al	D	1847	T	102	1 50
Bundren Green	Malecoate Anderson	D	1847	T	137	300 --
Bridges Thomas et al	Mayse Jonathan	D	1831	T	190	200 --
Burch William & wife	Mayse S & W	D	1846	T	380	1 00
Brewer Isham	McCullah D S	D	1845	T	30	5 00
Bartlett Rebeca	Nunn Abner	D	1848	T	489	100 --
Braden John	Peck Jacob & Co	A	1847	T	300	---
Blythe Samuel & wife	Powell Joab	PA	1848	T	448	---
Burchfield Wm	Perry John S	D	1848	T	501	1400 --
✻Brooks John H	Rowlett S B	D	1848	T	497	325
Beeler Adam	Rogers D W & F H	D	T844	T	571	1000 --
Braden James	Sharp William	D	1847	T	341	800 --
Bellon Martha A	Vaden Wiley	D	1839	T	192	20 --
Brock Ragan	Whitead C P	D	1838	T	237	400 --
Bowman N	Wilson Polley A	MC	1847	T	289	---
Branscome Joseph	Walker J & H	D	1841	T	395	500 --
Bowman William I Jun	Alder J	TD	1849	U	99	1 00
Bowman Wm Sr.	Bowman J E & Wm	D	1845	U	21	50 --
Brooks Gideon P	Brooks Gideon	D	1833	U	69	2 50
Brooks Andrew & wife	Brooks Lucinda	D	1849	U	184	37 --
Brock Daniel & wife	Brock A J	PA	1849	U	215	
Britton Levi	Britton P D	BS	1850	U	278	6 00
Britton Parks D	Britton Levi	A	1850	U	219	--
Britton Levi	Britton Arch	BS	1850	U	276	4 00
Bullard Wm & wife	Burchfield Martin & wife	D	1846	U	362	Love
Bruce Thos	Bruce Jess	D	1849	U	378	50 --
Barnard Jonathan & wife	Carpenter Wiley	E	1849	U	167	185 --
Bullard Joseph H	Dobkins Solomon	D	1851	U	462	1000 --
Bullard Joseph H	Dobkins Solomon	D	1851	U	464	5000 --
Brock Daniel	Davis Anderson	D	1851	U	594	120
Bowman J E	Evans W R	TD	1849	U	83	457 38

* (See Errata for correction)

Grantor	Grantee	Ins.	Date	Book	Page	Amount
Brock A J Sheff	Fletcher George R	D	1850	U	376	30 00
Braden George	Gowen A J	L	1865	U	599	-- --
Bartlett Nancy et al	Hurst Wm	D	1849	U	138	32 00
Brock Daniel & wife	Harman Lewis	D	1850	U	580	50 --
Bowman J E	Huffaker Wiley	D	1851	U	595	15 50
Brooks Gideon	Kesterson Ruben	B S	1849	U	92	500 --
Berry John S	Lane J B	D	1849	U	18	500 --
Bundren Hiram	Lane G W Sr & Jr	D	1850	U	278	300 --
Bowman William	Leforce L et al	D	1844	U	340	50 --
Buford John	Moore Nathan H	D	1847	U	293	375
Bullard Boyer	Myers Vincent	D	1851	U	575	50 --
Branscom Joseph	McCarty James	D	1851	U	497	400 --
Burch John M	Nelms E P	D	1847	U	104	175
Bruce Jesse	Patterson J M	TD	1850	U	395	100 --
Bray Thomas	Riley Obidiah	D	1847	U	450	50 --
Bray Rebecca	Riley Obediah	D	1850	U	452	65 --
Bray Edmon	Riley Obediah	D	1849	U	453	150
Bowman J E	Smith J B	TD	1849	U	96	1 00
Britton Levi	Smith J B	TD	1849	U	217	1 00
Britton Levi	Sevier Alex	BS	1850	U	275	4 00
Barnard George	Smith William	D	1848	U	329	572 20
Barnard George	West John Jr	D	1849	U	147	3 00
Brojan Alvis & wife	Walker James	D	1850	U	358	60 00
Brooks Levi	Brooks Jerry	D	1851	V	9	15
Brooks Bartlett	Brooks Levi	D	1851	V	158	250
Bowman Wm I Jun	Bowman John	D	1850	V	211	164
Brooks Bartly	Brooks George W	D	1851	V	221	10 --
Brooks Levi & wife	Brooks Bartlett	D	1851	V	222	250
Brock A J Sheff	Bowman E et al	D	1852	V	272	677 --
Bullard Barthena	Burchfield Martin & wife	D	1852	V	390	Love
Brojan Alvis	Brojan Frank	D	1852	V	420	300 --
Brock A J Shff	Bullard Wm	D	1852	V	172	6 00
Britton Jane	Crabtree Jobe B	PA	1851	V	82	--
Breeding A J & wife	Carter Sterling B	D	1851	V	202	200
Breeding A J	Carter Sterling B	Ins	1851	V	203	30 00
Brock A J Shff	Cocke Wm	D	1852	V	207	625 --
Bartlett William	Condry W H	D	1850	V	241	400 --
Bartlett John	Cloud H & G	D	1847	V	368	35 00
Barnwell Vany	Dunsmore Preston	D	1852	V	288	300 --
*Bullard John Adm	Fulkerson F M	PA	1852	V	367	
Burchfield Martin	Garrett Henry A	D	1850	V	152	90 --
Bullard Boyer	Grubb John	D	1851	V	369	125
Brooks Thomas	Grimes John M	D	1850	V	372	-- --
Beeler Woolery	Huter Solomon	D	1851	V	4	150
Brooks Preston C	Hunter Nancy	D	1849	V	10	52 52
Blythe Samuel D & wife	Harmon Lewis	D	1848	V	23	50 --
Brock Anderson J shff	Huffaker Wiley	D	1851	V	84	17 00
Brock A J Shff	Huffaker Wiley	D	1851	V	88	299 21
Brock A J Shff	Huffaker Wiley	D	1851	V	115	55
Berry John H	Hall John H	D	1851	V	146	210 --
Bullard Boyer	Harrell Noah	D	1852	V	159	53 80
Bullard Boyer	Helloms Nancy	D	1852	V	374	35 00
Brabson Mary S exet	Kesterson Abel	D	1851	V	212	150 --
Bullard John Exr &C	Kincaid William	D	1852	V	218	277 --

Grantor	Grantee	Ins.	Date	Book	Page	Amount
Bullard Wm	Lewis Fielding	D	1852	V	154	60 --
Bullard Wm et al	Lambert Wm	D	1852	V	177	366
Bullard Boyer	Lewis William	D	1852	V	350	1050 --
Bleadsoe Joseph	McMahan Elisabeth	D	1836	V	55	900 -
Brock A J Shff	McVey W S	D	1853	V	393	16 70
Barton Wm M	Needham Geo B	D	1851	V	79	2000 --
Brock Andy J	Needham G B	D	1851	V	104	1600 --
Beeler William	Nicely David	D	1852	V	308	75 00
Brock A J Shff	Parks Simpson	D	1852	V	317	5 35
Brooks John	Rowlett Sidner B	D	1851	V	27	420 --
Brogan John	Sharp John	D T	1851	V	44	5 00
Beach Henry	Smith John W	D	1852	V	266	125
Bullard Boyer	Sharp Wm C	D	1852	V	335	3000 --
Brock John	Whiteted Robert	D	1814	V	35	250 --
Brock John	Whiteted Thos	D	1822	V	36	150 --
Bullard Isaac	White Joseph	D	1866	V	428	140 --
Breeding Neal	West John Jr	D	1852	V	295	150
Ball Spencer	Bowls Thomas	D	1845	W	14	300
Breeding John	Breeding R & T W	D	1853	W	33	900 --
Bartlett Rebeca	Baptist Church	D	1849	W	46	---
Burchfield Jerry	Burchfield J H etal	D	1853	W	152	183 00
Bullard George B	Bullard D C	BS	1853	W	197	350
Barnard George	Barnard P W	D	1852	W	273	400 --
Burchfield Martin	Brown John	D	1853	W	311	600 --
Bullard Daniel C	Bullard Geo B	R	1854	W	242	350
Bullard Joseph H	Buchanan W R	D	1854	W	343	160 --
Burchfield Elisabeth	Burchfield Joseph H	D	1854	W	412	--
Bullard D C	Buchanan W R	D	1855	W	527	500 --
Barnard Geo & wife	Barnard P W	D	1854	W	552	60 00
Burchfield Martin & wife	Carrigar Michael	D	1853	W	62	400 --
Bussell James	Cosby William	D	1854	W	501	105 --
Bullard D C (R C)	Davis A	D	1851	W	231	237 --
Bratcher John	Davis Chas J	D	1854	W	433	500 --
Baker Wells W	Fugate Wm	D	1849	W	157	350
Bullard Boyer	Harmon Lewis	D	1852	W	17	15 00
Braden George	Honeycutt Elisabeth	MC	1853	W	77	--
Brock A J Shff	Hopper W H	D	1853	W	93	600 --
Bowlinger W & I	Jones John H	D	1853	W	44	700 --
Bullard Joseph H	Kirkpatrick Wm	TD	1853	W	92	75 55
Barnes Richard & wife	Kibербert Elizey	D	1853	W	136	--
Buford John W	Kelley Evans & Co	Agt.	1854	W	266	--
Butcher Elisha	Kibert Eliza	D	1854	W	333	500 --
Bullard J H	Lane J B et al	Agt.	1854	W	403	--
Bray Benj	Leger Nelson	D	1855	W	490	50 --
Blythe Samuel D & wife	Mays Johnson & Bros	D	1843	W	210	125 --
Brock A J Shff	McCrow Gabriel	D	1853	W	129	315 --
Barnard S J	Nunn Abner	D	1853	W	43	225 --
Buchanan Henry	Neil William	D	1844	W	156	50 --
Bower Oliver P	Nicely David	D	1853	W	168	14 25
Beeler Woolery	Nicely David	D	1852	W	509	25 00
Burchfield M & wife	Parker J B	D	1853	W	9	12 00
Brock A J Shff	Patterson J M	D	1853	W	238	22 79
Bridges Thomas	Rowland Geo	D	1830	W	64	600 --
Branscome Rebeca	Rogers James	D	1820	W	121	140

Grantor	Grantee	Ins	Date	Book	Page	Amount
Burk Anderson S	Simmons Albert	D	1852	W	71	225 34
Bullard Boyer	Shoemate Thos B	D	1853	W	155	17 50
Birdseye Ezekiel	Searns & Sturgis	S	1854	W	415	1000 --
Bellamy Thos W	Simmons J C	D	1854	W	454	500 --
Beach Joel	Teague James	D	1841	W	302	125 --
Bullard Boyer	Williams James	D	1852	W	66	250 --
Beeler Daniel	Ausmus Hiram	D	1852	X	190	650
Bowman Cornelius	Alexander C G	TD	1858	X	592	---
Bales Caleb	Bartly James	D	1853	X	135	350
Bales Caleb	Bartly James	D	1853	X	138	35 00
Bales Caleb et al	Bartly James	D	1853	X	140	2060 --
Bunch David W	Bunch James	D	1855	X	170	100 --
Bowman John	Bowman S M C	D	1856	X	323	1200 --
Breeding John	Blunsett James	D	1856	X	341	320
Bowman M C	Bowman S M C	D	1856	X	399	50 --
Breeding Thos	Breeding Russell	D	1856	X	401	850 --
Bowman M C	Bowman T H	D	1856	X	413	90 --
Bowman John	Bowman T H	D	1856	X	424	400 --
Bundren Ruth	Bundren Jesse B	M	1856	X	445	65 00
Bowman John Sr	Bowman T H	D	1856	X	517	600 --
Bowman John	Bowman T H	D	1856	X	518	200 --
Breeding Russell & wife	Dunsmore W E	D	1855	X	183	300 --
Bolton John	Fugate H	TD	1856	X	252	100 --
Brown John	Fulkerson F M	D	1857	X	573	100 --
Burk Anderson S	Greer Henry	D	1856	X	299	300
Buchanan Andrew	Hodges R M	D	1854	X	61	784 55
Berry Mary	Hurst Samuel	D	1856	X	463	30 25
Breeding Patterson	Jones Hugh	D	1855	X	18	500 --
Buchanan W R	Kelley J M	D	1855	X	13	110 --
Brooks Gideon	Kesterson	D	1855	X	162	17 50
Brock A J Sheff	Kesterson Ruben	D	1854	X	163	95 00
Brown John	Kelly J M	D	1856	X	359	4 50
Burchfield Mat	Kirkpatrick Wm	TD	1857	X	567	1 00
Bray Benjamin	Lea Phillip	D	1856	X	422	25 00
Barnard Anderson & wife	Pearson John	D	1848	X	146	35 00
Burchfield J H	Phillip Andrew	D	1856	X	528	130 --
Bowman Wm	Rogers Henderson	TD	1856	X	331	100 98
Bates William	Snuffer V B	Asst.	1855	X	4	179 81
Bowman Wm & wife	Snuffer V B	D	1855	X	50	120 62
Bratcher John	Violet Harrison	D	1855	X	34	250 --
Bowman William	Bowman T H	TD	1857	Y	68	5 00
Buchanan Andy	Buchanan Mathew	BS	1858	Y	283	13 00
Bales Caleb	Buchanan Andrew	BS	1858	Y	303	200
Bundren J B	Barnard S J	TD	1858	Y	387	1 00
Barnard P W	Barnard George	D	1858	Y	426	90 --
Bussell Sherred	Bussell Charles	D	1856	Y	436	500 --
Barnard Jas Sr	Barnard Samuel Jr	D	1854	Y	589	1500 --
Bunch John	Bunch Letty	D	1858	Y	601	Love
Bowman Wm	Bowman T H	TD	1859	Y	670	5 00
Barnard Saml	Blackborn W A	TD	1859	Y	697	1 00
Burchfield Mart	Bullard B P	TD	1859	Y	701	12 50
Bundren J B	Bundren Ruth	D	1858	Y	717	7 50
Beeler George W & wife	Chadwell Wm	D	1857	Y	237	100 --
Barnard Samuel	Dodson Samuel	PA	1859	Y	700	--

Grantor	Grantee	Ins	Date	Book	Page	Amount
Bellamy J D	Evans Tipton	TD	1858	Y	504	5 00
Bullard Benjamin P	Evans John L	BS	1858	Y	523	990 --
Bates Wm	Fauler J D	TD	1855	Y	509	
Bunch James	Goins Mack	D	1857	Y	86	275
Buchanan Andrew	Greer W W	PA	1858	Y	443	--
Brooks Goerge W	Hipsheer Henry	D	1857	Y	31	490
Bowman S M C	Huffaker Wiley	D	1857	Y	34	14 00
Barnard Jonathan	Johnson J C & wife	D	1856	Y	262	--
Barnard George	Johnson Pleasant	D	1858	Y	598	500 --
Bancher Elisha	Kibert Eliza	D	1857	Y	95	15 00
Brooks Z C & T	Nevels Henry	D	1858	Y	441	50 --
Buchanan W R	Neil T J	BS	1858	Y	484	--
Brooks Travis	Owens John	D	1853	Y	175	13 00
Bruce Jesse	Rose James	D	1851	Y	53	30 00
Bussell Charles	Rice J	D	1857	Y	84	90 25
Bowman M C	Rogers T D	TD	1857	Y	182	5 00
Buchanan W R	Roth J P	D	1858	Y	312	150
Burchfield M & wife	Rice C Y	PA	1858	Y	498	--
Burchfield M & wife	Sewell Houston	D	1858	Y	402	125
Burchfield J H	Spivey D D	TD	1857	Y	705	650 --
Beeler Peter	Vance John	D	1856	Y	127	50 --
Burchfield Wm	Burchfield J H	D	1859	Z	82	4 40
Bowman Wm	Bowman T H	T	1859	Z	95	5 00
Burchfield J H et al	Bullard B P	D	1859	Z	140	100 -
Blanset James	Breeding John	D	1860	Z	181	320
Burchfield Martin	Burchfield John	D	1859	Z	237	125
Brooks Levi	Brooks George W	D	1860	Z	317	3 30
Bundren Ruth	Bundren J B	D	1860	Z	322	800 --
Bundren Ruth	Bundren J B	D	1860	Z	328	232
Bowman N C	Bowman T H	D	1860	Z	386	50 --
Bowman Elisha	Bowman T H	D	1861	Z	512	100 --
Bowman Wm	Bowman T H	TD	1861	Z	532	126 93
Bunch John	Bunch Nancy	D	1862	Z	667	Love
Barnard P W	Barnard W H	TD	1862	Z	679	200 --
Brown James M	Brown S C	D	1863	Z	688	570
Brown John	Blackborn John A	D	1863	Z	689	1000 --
Brown John	Blackborn W H	D	1863	Z	690	200 --
Burchett A F	Burchett Geo J etal	D	1863	Z	692	Love
Bartlett John	Corban Wm et al	D	1860	Z	249	63 00
Bartlett Wm Guard &c	Corban W W et al	D	1860	Z	391	66 66
Burdine J T & S P	Davis H J	TD	1859	Z	76	5 00
Burdine J T & S P	Davis H J	TD	1839	Z	78	5 00
Bussell Charles	Davis T L	TD	1859	Z	131	200 86
Breeding Saml	Davis J C	D	1860	Z	633	500 --
Bartlett John	Evans Henry	D	1860	Z	242	333 --
Bunch John	Evans Jesse	D	1860	Z	243	310 --
Burchfield J H	Evans W R	D	1861	Z	655	1 00
Bunch James	Graham Hugh	D	1861	Z	524	800 --
Breeding Bryant	Hurst Eldridge	D	1856	Z	60	900 --
Bales Wm S	Hall John	D	1859	Z	247	105 --
Breeding Wm	Hurst Samuel	BS	1848	Z	345	Love
Bowman Wm et al	Harrison A J	D	1845	Z	363	400 --
Battell Wm Guard	Hurst Harmon	D	1860	Z	381	333 33
Burchett A F	Hurst John	D	1859	Z	384	1200 --
Buchanan James	Hislpp Henry	D	1861	Z	436	150 --

Grantor	Grantee	Ins	Date	Book	Page	Amount
Bunch James	Hurst Henly	D	1861	Z	492	3 50
Bryant George	Hamblin Geo W	D	1858	Z	626	2 00
Bryant George	Hamblin George W	D	1858	Z	627	2 50
Barnard S J Trustee	Hodges Thomas	D	1863	Z	703	-- --
Beaty J M et al	Jones Elijah	R	1838	Z	184	-- --
Burchfield J H	Jesse J T	D	1861	Z	578	650 --
Braden John	Kincaid B F	TB	1859	Z	23	1 00
Branham Mart	Mitchell J M & S E	D	1859	Z	43	11 00
Barnard S J	Massingill Arthur	D	1863	Z	702	-- --
Barnard James	McEwin W S	BS	1862	Z	696	-- --
Blackborn John A	McNeil Wm M	D	1863	Z	701-	-- --
Burchfield J H	Neil Thos J	D	1859	Z	91	9 96
Bullard D C	Neil John	D	1858	Z	610	Land
Burchfield Martin	Neil John	D	1862	Z	625	15 --
Buis Joseph W	Sharp John	D	1861	Z	537	394
Bartlett Claiborne	Venable William	D	1859	Z	32	-- --
Beeler Peter et al	Vance Samuel	D	1859	Z	161	50 --
Bartlett John	Venable William	D	1860	Z	220	50 --
Bowels Thos J	Venable William	D	1860	Z	351	62 50
Brooks Francis	Whiteaker Andrew	D	1861	Z	551	228

Grantor	Grantee	Ins	Date	Book	Page	Amount
Chissum Elijah	Acklin Wm Jr	D	1802	A	52	1 00
Chissum Elijah	Austin Nathaniel	"	1803	A	104	4 50
Cawood Stephen	Atkins Thos	"	1805	A	232-199	500 --
Cawood Stephen	Ausmus Phillip et al	"	1806	A	259	450 00
Carter John	Blevins William	D	1804	A	264	300 00
Chisum Elijah	Campbell Joseph	D	1802	A	12	600
Cooper James et al	Condry William	D	1803	A	111	640
Condry William	Condry Dennis	D	1804	A	116	Loved
Cawood Stephen et al	Cain David	D	1805	A	215	270
Craft Ezekiel	Coffer Joseph	D	1805	A	237	12 00
Chisum Elijah	Dodson Nimrod	QD	1801	A	32	300
Crabb Joseph	DeValult Henry	D	1807	A	58	800 --
Cobb William	Davis Thomas	D	1801	A	72	320
Cocke William	Davis John	D	1803	A	121	93
Cawood Stephen	Davis Nathaniel	"	1806	A	270	600 --
Chadwell David	Graham William	BS	1806	A	268	500 00
Cocke William	Graham William	D	1806	A	230	1000 00
Crockett Andrew	Gibson Zacharah	"	1807	A	287	50 00
Clark Henry et al	Hunter William	"	1800	A	79	217 00
Cawood Stephen	Houston Robert et al	"	1803	A	94	2523 00
Cocke William	Henderson Thomas	"	1808	A	383	71 L
Cocke William	Henderson John	"	1808	A	384	200 00
Chisum James	Jefferson Thomas	D	1803	A	98	100 00
Chisum Elijah	Lane Isaac	QD	1802	A	30	200 --
Chisum Elijah	Lusk Samuel	D	1802	A	53	100 --
Chapman Allen	Lanham Able	D	1805	A	218	50 00
Condry William	Perryman Wm	D	1803	A	110	100
Cames Leroy	Reynolds Mathew	D	1804	A	170	80 lbs
Chisum James	Stroud William	"	1803	A	97	100 00
Chisum James	Shiply Edward	"	1803	A	160	1000 00
Coldwell John	Sharp Henry	"	1801	A	183	230 00
Cocke William	Steward David	PA	1804	A	383	
Clayton Archibald	Worthen Richard	D	1804	A	149	20 00
Campbell Arthur	Campbell James et al	D	1808	B	122	1000 --
Cheek Elisabeth	Campbell John	BS	1809	B	174	
Cheek Jesse	Cheek Elisabeth	BS	1808	B	175	
Cheek Jesse	Campbell John	BS	1809	B	181	300 --
Campbell Arthur	Campbell Arthur L	D	1810	B	251	2 50
Cheek Jesse	Dobkins Jacob	BS	1809	B	175	
Condry Dennis Shff	Evans Walter	D	1810	B	see index	4 10
Cheek Jesse	Evans Jesse	BS	1809	B	201	
Cocke William	Graham William	D	1808	B	145	3000 --
Cocke William	Henderson Thomas	D	1808	B	67	2 00
Cocke William et al	Hall John	D	1809	B	112	3 00
Cogdale Joseph	Jones Thomas	D	1808	B	83	300 --
Claypool Stephen et al	Lathan John	D	1801	B	172	330 00
Condry William	McVey Thomas	"	1806	B	21	500 --
Cogale Joseph	Southern Robert	"	1808	B	75	400 --
Chapman Abner	Campbell John et al	D	1811	C	98	100
Campbell Arthur	Campbell Jane B	D	1811	C	152	100
Campbell Arther	Campbell A. L.	D	1811	C	180	100
Campbell Arther	Campbell A L	D	1811	C	183	100
Campbell Arther	Campbell A L	D	1811	C	185	105
Claypool Stephen et al	Forrest Richard	D	1809	C	16	40

Grantor	Grantee	Ins	Date	Book	Page	Amount
Condry William	Henderson George	D	1809	C	31	2 00
Cunningham John	Hurst Elijah	D	1811	C	42	300 --
Cocke John	Hall John	D	1810	C	61	3000
Comes Martin	Highnote Phillip	D	1811	C	227	450
Cameron Alex et al	Jones Jesse	D	1811	C	143	400
Chunn Samuel	Lane Isaac	BS	1811	C	77	280
Chapman Abner	Lanham Abel	D	1811	C	21	50 00
Campbell James	Miller Theopolis	D	1810	C	45	400
Campbell Joseph	Neil Joseph et al	D	1811	C	210	300 --
Cross Gibbons	Rogers William	PA	1811	C	142	
Cox Josiah	Renfro William	D	1810	C	201	500 --
Childers Abner	Williams William	D	1808	C	27	50 00
Conner Martin	Welch Robert	D	1812	C	241	5 00
Condry Dennis Shff	Ausmus Henry	"	1812	D	176	535 00
Casey John	Arwine Albartes	"	1814	D	236	80 00
Casey John et al	Adams Jacob et al	"	1814	D	276	Deed
Casey John et al	Ashley Edward	"	1814	D	307	1 00
Casey John et al	Ashley Edward	"	1814	D	380	1 00
Casey John et al	Ashley Edward	"	1814	D	381	Dedd
Casey John	Ashley Edward	"	1814	D	413	Deed
Casey John et al	Bridges Thomas	"	1814	D	321	Deed
Condry Dennis Shff	Bott Joshua	"	1809	D	339	515
Casey John	Bridges William	"	1814	D	414	Deed
Condry Dennis Shff	Chadwell Alexander	"	1813	D	178	6 55
Campbell Arthur L	Campbell James E	D	1811	D	213	Land
Campbell James	Campbell Arthur L	"	1807	D	223	Deed
Casey John et al	Collins David	"	1815	D	418	Deed
Casey John et al	Cardwell John	"	1814	D	420	Deed
Cain David	Dever Jesse	"	1812	D	9	200 00
Clark Isaam	Day Ransom	"	1811	D	11	100 00
Clark Isaam	Day Ransom	"	1812	D	19	380 00
Campbell Jeremiah	Davis Golder	"	1813	D	203	300 --
Casey John et al	Davis Elnathan	D	1814	D	320	Deed
Casey John et al	Damron Christephor	"	1814	D26	326	10 00
Cameron John	Evans Joseph	"	1811	D	312	4 00
Casey John et al	Goin William	"	1814	D	322	30 00
Casey John et al	Gowin William	D	1814	D	364	Deed
Condry Dennis Shff	Hord William	D	1812	D	23	5 15
Cunningham John	Hill James et al	D	1811	D	112	4 00
Claypool John et al	Harreld Wm	D	1812	D	182	200 --
Condry Dennis Shff	Howell Edward	D	1814	D	219	25 22½
Clark Silas	Hurst Thomas	D	1812	D	229	1 00
Clark Silas	Hurst Thomas	D	1812	D	238	40 00
Casey John et al	Hodges John	D	1814	D	268	1 00
Casey John et al	Howerton William	D	1814	D	360	30 00
Casey John et al	Harrell Drury	D	1815	D	426	40 00
Casey John et al	Hensha John	D	1815	D	430	12 00
Casey John et al	Jennings Edward	D	1815	D	388	8 00
Casey John et al	Dennings William	D815	1815	D39	389	30 00
Casey John et al	Jennings Edward	D	1815	D	599	Deed
Casey John et al	Jennings Sallie	D	1816	D	402	25 00
Casey John et a	Lower Peter	D	1815	D	306	8 00
Condry Dennis	Lewis Fielding	D	1815	D	390	550
Casey John et al	Lickliter Peter	D	1815	D	415	Deed
Casey John et al	Mincha John	D	1815	D	430	12 00

Grantor	Grantee	Ins	Date	Book	Page	Amount
Casey John et al	Powell Joseph	D	1814	D	273	Deed
Clarkson Mathew	Robertson Edward	QC	1797	D	293	1 00
Casey John et al	Robertson Daniel	D	1814	D	383	50 00
Campbell Arthur L	Wallen John	D	1813	D	189	150 00
Cooper James	Waterson Edward	D	1814	D	250	12 50
Casey Samuel et al	Wallace William	D	1814	D	279	50¢
Condry William	Williams John	D	1814	D	334	1000 --
Casey John et al	Bullard John	D	1815	E	60	20 00
Casey John et al	Burch John	D	1814	E	82	50 00
Casey John et al	Burnet John et al	D	1814	E	94	50¢
Cadle Zack	Bowlinger Arch	D	1817	E	209	100 --
Condry Dennis	Baker Barnabas	D	1816	E	239	
Casey John	Bullard William	D	1815	E	383	100 --
Casey John et al	Crutchfield Palmer	D	1814	E	8	50¢
Casey John et al	Collins Elisha	D	1814	E	21	Deed
Casey John et al	Condry John	D	1816	E	27	Deed
Casey John et al	Henderson John	D	1814	E	92	Deed
Casey John et al	Hooper William	D	1816	E	278	Deed
Condry Dennis	Hamilton Andrew	D	1818	E	297	5 00
Crabtree Joe	Jones Isaiah	D	1815	E	24	5 25
Casey John	Johnston Thomas	D	1817	E	134	-
Cloud Benjamin	King Isaac	BS	1816	E	128	600 00
Casey John et al	Leabow John	D	1815	E	13	Deed
Casey John et al	Lay David	D	1815	E	25	20 00
Condry Dennis	Lewis Fielding	D	1817	E	303	150 00
Cox Joshua	Morgan William	D	1816	E	73	100 00
Cloud Isaac	Maddy William	D	1816	E	102	350 00
Casey John et al	Murphy John et al	D	1815	E	133	Deed
Casey John et al	Moore David	D	1814	E	341	125 00
Casey John et al	Moore Jonah	D	1814	E	374	Deed
Condry Dennis	McCarty Thomas	D	1818	E	307	1000 --
Carnes Levi	McNeil George	D	1816	E	313	525
Cotton Benjamin	McCarty Thomas	D	1819	E	315	50 00
Condry Dennis Sheff	McHenry William	D	1820	E	418	
Condry Dennis	Peck Jacob	D	1818	E	347	30 00
Casey John et al	Sweet Elizabeth	"	1815	E	37	40
Casey John "	Stone Thos	"	1815	E	213	Deed
Crawley John	Sharp George	"	1816	E	223	1000 --
Condray Dennis Shff	Stallings Griffin	Decree	1818	E	304	
Cammen Martin	Wolfenbarger Jacob	"	1812	E	55	80 --
Condray Denis	Wallen John	"	1818	E	273	500
Condray John	Yearlary Elizabeth	"	1816	"	20	20
Casey John et al	York William	"	1814	"	100	50 cts
Condray Denis et al	Beaty Martin	permit	1820	F	163	
Cloud Jerry	Berry Thomas	D	1822	F	325	25 00
Cocke John	Cocke William etal	D	1818	F	16	600 --
Casey John	Cloud Samuel	D	1818	F	67	4 00
Cloud Jacob clk	Condry Denis	BS	1820	F	36	--
Casey John	Cloud Samuel	D	1818	F	67	400 --
Condry Denis	Casey James	"	1818	F	143	300
Cardwell John	Claypole John	"	1821	F	161	60 --
Campbell George	Campbell Barnett	"	1821	F	203	100
Crutchfield Wm	Critchfield John	"	1822	F	206	400
Cloud Samuel	Cloud Tabithie	"	1822	F	267	110
Cloud Jacob	Davis Andrew	"	1821	F	306	200

Grantor	Grantee	Ins	Date	Book	Page	Amount
Casey James	Davis Benjamin	"	1819	F	317	150
Condry Dennis	Graham Hugh et al	BS	1821	F	125	200
Clark Elisha	Hopkins Jobish	D	1819	F	9	200
Campbell Arthur L	Hardy John L	D	1819	F	51	9 00
Condry William	Hurst John	D	1820	F	112	7 00
Cloud Benj et al	Hamilton Joseph	D	1824	F	319	30
Cunningham Thos	Landers John	D	1820	F	151	6 00
Cloud Jerry	Lanckford Benj	D	1821	F	260	10 00
Cloud Jerry	Murphy Abraham	D	1818	F	32	60 00
Condry Dennis	Marcum Peter	D	1821	F	162	800 00
Condry Dennis	Moss Ruben	D	1815	F	167	335
Casey John et al	Rogers William	D	1816	F	80	
Crowley John	Sharp John	D	1820	F	121	7 00
Cloud Benj	Smith Joseph W	D	1820	F	138	1 00
Carmack John	Smith James	D	1796	F	257	60 00
Casey John et al	Thompson John	D	1815	F	3	Deed
Cocke John et al	Yoakum George	D	1818	F	101	350 --
Chadwell Alex et al	Yearly Adam	D	1823	F	252	200 --
Crabtree Job	Bishop Johnathan	"	1815	G	80	----
Cain Jesse	Bolinger Fredrick	"	1821	G	221	300
Cloud Jacob	Condry Wm	"	1820	G	48	325
Campbell Arther L	Campbell Andrew	"	1816	G	23	100 --
Campbell John	Campbell Jacob	"	1823	G	245	300
Casey John et al	Cardwell John	"	1814	-	-	-
Condry Denis	Hurst Elijah	"	1821	G	78	
Casey John et al	Hurst Elijah	"	1815	G	86	Deed
Casey John "	Mayes Thos	"	1814	G	204	Deed
Condry Wm	Parkey Peter	"	1819	G	72	75 00
Cooper Joseph	Rogers Wm	"	1811	G	200	7 00
Casey John	Stephen John	"	1816	G	1	2 00
Cunningham John Guad.	Shipley Tideance et al	"	1820	G	62	Love
Condry Denis	Savage Wm	BS	1822	G	71	4 25
Condry Denis	Sharp Herry	S D	1820	G	259	1 00
Crutchfield John	Treece George	D	1827	G	252	1 08
Coats Jacob	Adams Jacob	D	1824	H	332	50 00
Cox Aaron	Austin Benjamin	D	1827	H	361	120 --
Carpenter James	Barnes Nathaniel	D	1823	H	72	200 00
Collins Elisha	Cupp Jacob	D	1817	H	23	150 --
Campbell George	Campbell Charles	D	1827	H	319	200
Casey John et al	Cardwell John	D	1814	H	123	25 00
Chadwell Alex H et al	Farris Robert	D	1821	H	53	2 00
Cox Joshua	Fulps John	D	1826	H	217	30
Condry Dennis	Henderson William	D	1826	H	349	500 00
Cannon Mitchell	Johnson Thomas	D	1821	H	93	93 50
Cardwell Ryol	Lebo John	D	1825	H	427	100 --
Cloud Samuel	McLain Thos	"	1826	H	192	-- --
Casey John et al	Nicholson Samuel	"	1814	H	95	1 00
Casey William	Ousley Robt	"	1827	H	247	100 --
Carpenter James	Pearson Micheal	"	1820	H	4	200
Casey John	Perry Nathan	"	1819	H	64	350
Cooper Joseph	Parkey James	"	1826	"	237	130
Condry Wm Ex	Richardson George	"	1819	H	36	300
Chapman Squire	Skidmore John	"	1811	H	43	100
Chisum Elijah	Simmons James	"	1816	H	414	83 53

Grantor	Grantee	Ins	Date	Book	Page	Amount
Condry Wm	Welch Joseph	D	1824	H	139	2 50
Condry Denis	Wallon John	"	1818	H	305	- --
Chapman Elizabeth	Baker John	D	1828	I	45	10 --
Clark Joseph	Clark Wm	"	1831	I43	348	Gift
Condry Wm	Condry Henry	"	1826	I	268	1 00
Cardwell Wm	Cardwell David	BS	1833	I	159	3 00
Cloud Greenberry	Carmack Wm	D	1828	I	95	2 00
Cain David	Cain James	"	1827	I	91	5 00
Cooper Cornelius	Cooper Hanuel	"	1829	I	69	1 00
Cain David	Cain Jesse	"	1823	I	30	1 00
Cupp Isaac	Cupp Jacob	"	1828	I	47	200 --
Cary Hardin	Dunn Joseph	"	1826	I	180	580
Cloud Benj	Fugate William	D	1829	I	103	250
Cloud Benj	Fugate William	D	1829	I	105	200
Cloud Benj	Fugate William	D	1829	I	106	400
Cupp Jacob	Ford George	D	1831	I	544	200
Clarkson David	Garrett Gray	D	1833	I	582	242
Claxton Farwise	Houston Harmon	D	1825	I	187	120
Cooper Harrett	Hurst Jesse Jr	D	1829	I	206	300
Collins Elisabeth	Keck Andrew	D	1825	I	231	100
Condry John	Nunn Elisha	D	1830	I	425	200
Condry William	Nunn Elisha	D	1829	I	569	400
Cupp Jacob	Owsley Stephen	D	1824	I	152	100
Cardwell Royal et al	Plank Chirestion	D	1824	I	263	300
Collins Edward	Perry Nathan	D	1829	I	401	150
Collins Edward	Perry Nathan	D	1829	I	403	50 00
Chadwell David	Sewell Benjamin	D	1830	I	321	400
Cupp Jacob	Shearman Charles	D	1831	I	358	300
Chisum Lewis etal	Acree John R	D	1833	K	130	200
Clarkson David J	Brabson J M et	TD	1835	K	473	416
Cardwell Wm	Cardwell David	BS	1833	K	159	300
Critchfield Wm	Critchfield John	PA	1831	K	543	
Corban Alford & wife	Colmon Esther	D	1833	K	549	100 --
Clarkson David	Garrett Gray	D	1833	K	45	1 00
Clarkson David J	Garrett Gray	TD	1833	K	80	1 00
Clarkson David C	Graham Hugh	BS	1834	K	363	83 --
Clarkson David C	Graham Hugh	TD	1834	K	367	1 00
Clark Peter	Graham William etal	TD	1834	K	462	- --
Chapman J H	Hodges Z & A	D	1828	K	179	500 --
Cooper Archibald	Hurst Elijah	D	1834	K	240	
Chapman J H	Houston William	D	1834	K	471	350
Carmack John	McNeil John	D	1830	K	435	200
Cooper Archibald	Sewell William etal	B	1834	K	443	500
Cooper Archibald & wife	Sewell William et al	D	1834	K	447	185
Crutchfield Wm	Smith Anderson	D	1835	K	551	225
Collins Conley	Barnard Jonathan	D	1833	L	216	250
Clark Joseph	Clark William	BS	1835	L	4	
Clark Joseph	Clark William	D	1835	L	5	100
Campbell Joseph Sr	Campbell Joseph Jr	D	1835	L	42	150
Chadwell David	Chadwell A J	D	1831	L	362	Love
Chadwell Alex H	Dickenson James	D	1835	L	136	100 --
Chadwell David	Dickenson James	D	1835	L	138	100
Chadwell William	Dickenson James	D	1835	L	139	100

Grantor	Grantee	Ins	Date	Book	Page	Amount
Cloud Benj & wife	Dickenson James	D	1836	L	153	1 00
Critchfield Wm	Dobkins Solomon	D	1825	L	209	800 --
Cain James & wife	Hunter Jesse	PA	1824	L	273	
Cain James	Hunter Jesse	D	1824	L	275	125
Carroll William	Rogers David et al	TD	1834	L	129	1 00
Coffet Daniel P	Rogers William etal	D	1836	L	268	2100 --
Carr John	Stennet Isham	D	1835	L	294	1 50
Carr James M	Stennet Isham	D	1835	L	296	250
Cowan Samuel	Shetter George	D	1820	L	309	350
Cheek Jesse	Woodall B	D	1833	L	203	150
Corban Alford	William George	D	1836	L	345	1 00
Coffett Daniel	Bracher John	D	1823	M	145	400
Cloud Green B et al	Barnard George	D	1838	M	367	ea.120 50
Cain James	Cain Jesse	D	1835	M	78	500 --
Clark William	Clark William R	D	1836	M	90	100 00
Cloud Samuel	Cloud Jacob	D	1836	M	91	10 00
Clark William	Clark Wm R	D	1837	M	105	Love
Clark William	Clark William R	D	1837	M	106	Love
Coleman Esther	Coleman Thos R	D	1837	M	167	60 00
Campbell Chas	Campbell Barney	D	1833	M	219	225 00
Carpenter William	Carpenter Jesse	D	1837	M	230	5 00
Cloud B F	Cottrell David C	D	1838	M	298	100 00
Cheek James	Crockett Robt etal	D	1838	M	301	
Carr John	Carr James	D	1837	M	344	1600 00
Capps Jacob	Capps John	D	1836	M	354	100 00
Cupp Charles	Cupp George	D	1838	M	429	20 00
Clark William	Cloud B F	D	1838	M	469	600
Cadle Mary et al	Corban Alford	D	1834	M	505	135
Cadle James	Cadle Mary	D	1834	M	506	50 cts
Cadle (Maks) heirs	Cadle Mary	D	1839	M	506	50 cts
Carr John	Carr James M	D	1839	M	531	300 00
Coleman Thos R	Coleman A P	D	1839	M	552	333
Clark William	Dolton Nancy S	D	1837	M	87	Love
Clark William	Dolton Nancy S	D	1836	M	88	Gift
Crutchfield John	Duncan Jerry	D	1831	M	255	300
Condry Dennis Shff	Dorum Dennis	D	1838	M	324	11 98
Casey John et al	Ford George	D	1815	M	130	30 00
Cailor John	Grarrett Gray	BS	1837	M	267	1 00
Carr John	Garrett Gray et al	D	1838	M	320	1 00
Clark William R	Hurst Henly	D	1837	M	246	6 00
Cloud B F	Hunt John	D	1837	M	303	75 00
Carroll William	Houston William	TD	1838	M	432	50 00
Cheek Jacob R	Hodges Thomas	D	1838	M	446	150
Condry Henry	Jennings Anderson	D	1830	M	371	100 00
Crutchfield John	Lea Gable	D	1831	M	136	200
Cook Joab	Laffoon William	D	1833	M	235	140
Cailor John	Marcum Peter	TD	1836	M	36	1 00
Chadwell David C	Murphy Pleasant D	D235	1835	M	180	300
Crabtree James	McCrary B C	TD	1838	M	394	1 00
Cock John et al	Neal Grimes	D	1819	M	211	23 00
Carpenter Jesse	Neil William	TD	1837	M	253	1 00
Croxdale Isham	Riley John	R	1833	M	33	--
Carpenter Elisabeth et al	Roe P	D	1837	M	229	250
Carpenter Jesse	Roe Farro	D	1837	M	272	70 --

Grantor	Grantee	Ins	Date	Book	Page	Amount
Carpenter E & J	Roe Farro	D	1838	M	290	365 --
Carr John	Stennet Isham	D	1836	M	6	150
Carr John	Sharp Christian	D	1833	M	404	450
Cloud Samuel	Treece Joseph et al	D	1838	M	476	200
Campbell A	Welch John	D	1833	M	65	50 00
Campbell A	Welch John	D	1833	M	66	50 00
Clark William R	Wood Allen M	PA	1838	M	289	--
Carr John	Branscome Joseph	D	1839	N	140	20 00
Cloud Samuel	Cardwell Perrin	D	1831	N	3	1 00
Campbell William et al	Campbell Jacob	D	1839	N	129	475
Campbell Jane	Campbell Jacob	R	1839	N	134	100 --
Campbell Jacob et al	Campbell William	D	1839	N	259	-- --
Cloud Samuel	Goin Richard	D	1835	N	119	25 00
Cloud B F	Hurst Henly	D	1838	N	50	900 --
Cloud Pleasant	Vancel Elias	D	1838	N	76	350
Chapman Elisabeth	Baker John Sr	D	1838	O	58	40 --
Chumbly Ballard et al	Chumbly John	D	1840	O	14	47 --
Cheek George H	Cheek Granvill A	D	1840	O	81	150
Carroll Benj	Cox William	D	1838	O	186	80 --
Claxton Fairwix	Claxton Sarah	D	1834	O	233	70 --
Crow J M	Campbell Alex	D	1840	O	269	-- --
Campbell Charles	Campbell B	D	1840	O	308	185 --
Cheek G H	Hurst William	D	1840	O	77	262 50
Cheek Geo H	Hodges Thomas	TD	1840	O	79	2 00
Cheek Geo H	Hurst Thomas	D	1840	O	198	262 50
Cheek Granville	Hodges Thomas	D	1840	O	205	-- --
Cheek Milton	Hodges Thomas	D	1840	O	207	100 --
Cloud B F	Kesterson Abel	D	1840	O	283	750
Cloud B F	Kesterson Abel	D	1840	O	285	100 --
Cabbage J & N	Lewis William	D	1835	O	83	25 00
Chapman J H	Murphy William	D	1840	O	47	150 --
Cope James	Brewer Isham	D	1834	P	117	300 --
Condry William	Barnard G W	D	1841	P	186	400 --
Clark Edward	Day Ronson	D	1835	P	35	7 50
Cloud Samuel	Ford Wesley A	D	1840	P	6	45 00
Cardwell Sarrah etal	Golehorn Isaac	D	1825	P	86	200 --
Corban Alford	Hardy Stephen	D	1841	P	180	1 00
Cloud Green B	Kesterson Abel	D	1842	P	405	60 00
Capps John	Moore Alford	D	1839	P	294	100 --
Capps Sampson	McDowell N S	D	1828	P	202	500 00
Chapman J H	Patterson J M	TD	1840	P	93	165
Cocke John	Posey Benjamin	D	1828	P	341	48 00
Campbell George et al	Smltz J	BS	1841	P	10	650 --
Cloud Calvin	Barnard George	BS	1842	Q	64	220 --
Cloud Jane	Barnard George	BS	1842	Q	248	225 --
Collins Sterling	Barnard George	D	1842	Q	263	50 00
Collins Sterling	Barnard George	D	1842	Q	264	60 00
Carroll Benjamin	Carroll James	D	1831	Q	112	50
Carroll Benjamin	Carroll James	D	1835	Q	114	150 --
Cloud B F	Davis Thos L	D	1837	Q	60	125
Collins Brice G	Evans James H	TD	1841	Q	56	5 00
Chapman J H Shff	Houston William	D	1842	Q	236	51 55

Grantor	Grantee	Ins	Date	Book	Page	Amount
Cloud Burwell	Mitchell James	D	1834	Q	251	60 00
Carroll James	Marcum Peter	TD	1842	Q	272	1 00
Critchfield John	Ritter William	D	1840	Q	36	375 --
Cox William	Roark William	D	1840	Q	65	200 --
Cadle Mark	Wallace James	D	1831	Q	179	6 00
Cumpton Henry	Bartlett Isaac	TD	1842	R	133	----
Cook Marcurious	Braden James	D	1841	R	158	180
Cottrell D C	Brewster John Sr et al	R	1843	R	296	--
Cloud Jane	Cloud Benjamin	BS	1842	R	29	Love
Carroll James	Cloud B F	TD	1842	R	94	20 --
Carroll James	Cloud B F	D	1842	R	94	300 --
Campbell Wm P	Campbell John W	PA	1842	R	101	--
Carpenter John	Collins Sterling	D	1840	R	167	50 --
Carpenter John	Collins Sterling	D	1840	R	168	150 --
Collins Brice G et al	Cocke F B S	A	1843	R	183	76 96
Cloud B F	Cox William	D	1838	R	232	50 --
Campbell J W & A L	Campbell W P	TD	1839	R	89	300 --
Cloud Burrel	Devault John	BS	1835	R	27	100 --
Cloud Jane	Devault John	BS	1842	R	45	120 --
Crockett Robert	Davis Joseph	BS	1838	R	165	1000 --
Collins Brice G	Evans J H	PA	1843	R	334	--
Collins Brice G	Evans Hamilton	D	1843	R	336	500 --
Chumbley Lewis	Freeman John	D	1840	R	190	200
Cloud Samuel et	Frazer John	TD	1843	R	316	5 00
Capps John	Greer Wm W	T	1842	R	97	1 00
Cardwell Obidiah	Garrett Gray	T	1843	R	255	1 00
Childs John W	Gerge Robert	D	1843	R	293	1000 --
Cloud Jane	Hall John D	D	1842	R	30	support
Chapman J H Shff	Houston Wm	D	1842	R	44	25 00
Cloud Jacob	Harrell Mariah	D	1842	R	119	100 --
Cooper A wife	Hodges A	PA	1842	R	307	--
Chapman J H	Hunter Joseph	D	1840	R	349	50 23
Campbell Wm P	Hamilton J & W	D	1842	R	105	2100 --
Carpenter James	Jones Hugh	TD	1843	R	229	5 00
Cawood Stephen et al	Moss W T	TD	1843	R	384	5 00
Cheek G A	Munn Elisha	D	1843	R	294	145 --
Cadle James	Pike Jacob	D	1831	R	41	150
Cloud Jenney	Roe Phorroh	D	1842	R	30	110
Cooper Joseph	Rowlett M	D	1833	R	55	60 00
Condry John	Rosanbalm John	D	1831	R	125	10 00
Chapman J H Shff	Ritchie James	D	1842	R	129	150 --
Chapman J H Shff	Rogers Jesse et al	D	1843	R	253	600
Cheek Granville	Riley Obideah	T	1843	R	285	1 00
Chapman J H Shff	Riley Obediah	D	1843	R	318	$53\frac{1}{2}$
Chapman J H Shff	Rose Ruben	D	1843	R	425	7702
Campbell John W	Sewell Benjamin	BS	1842	R	107	980 --
Claywood John	Shipley Jessee	D	1821	R	207	60 00
Chapman J H Shff	Sewell Benj	D	1843	R	300	5 00
Chapman J H Shff	Sewell Benj	D	1843	R	301	150 --
Cupp Charles S	Treece W C	D	1843	R	237	50 00
Carroll Benj	Wright Gideon	D	1829	R	252	50 00
Cloud B F	Acadmy Speedwell	D	1843	S	4	1 00
Cocke John	Arwine Albartis	D	1844	S	112	500 --

Grantor	Grantee	Ins	Date	Book	Page	Amount
Cooper Archibald & wife	Buchanan A & M	D	1845	S	275	175 --
Cooper Archibald et al	Buchanan A & M	D	1845	S	302	175
Cloud Jacob	Bufford John W	D	1845	S	318	5 00
Condry W H & wife	Barnard George	D	1842	S	536	25 00
Carnack Levi	Brown M T	D	1841	S	590	50 00
Carr John	Branscome Joseph	D	1834	S	565	70 00
Cloud Benj	Cloud B F	BS	1843	S	10	800 --
Cloud Benj	Cloud B F	D	1843	S	11	800 --
Cane William	Cane Hugh	D	1841	S	191	100 --
Cole Isreal	Cole George	D	1845	S	370	50 00
Casey John	Cloud Samuel	D	1818	S	429	4 00
Chittum Wesley	Chittum James	BS	1846	S	464	1000
Chittum Wesley	Chittum Wesley	BS	1846	S	464	400 --
Carroll James	Cox William	D	1842	S	517	100 --
Crabtree Richard	Carnack Levi	D	1842	S	566	25 00
Campbell Charles	Campbell Eldridge	D	1846	S	719	325 00
Collins Nathan	Dykes Charles	D	1846	S	478	100 --
Chapman J H	Evans N A	D	1845	S	412	700
Chadwell Britton	Evans W R	BS	1845	S	409	465
Cox William	Eastridge Lawson	D	1842	S	538	150 --
Carroll James	Ellison Thomas	D	1841	S	564	10 00
Campbell Alex	Fairchilds Jesse	D	1844	S	315	2 00
Cloud B F	Goin Levi	R	1843	S	159	-- --
Cloud B F	Garrett L A	D	1846	S	570	115 00
Corban Alford	Greer W W	D	1846	S	708	500 --
Chittum Wesley	Hooper Miles N	T	1844	S	74	800 --
Cox Josiah	Hunter Andrew	D	1830	S	97	25 00
Chittum Wesley	Howlingsworth J A	D	1845	S	259	6 00
Campbell James	Hooper J F	TD	1845	S	441	1 00
Cheatern James	Househol Andrew	TD	1845	S	443	1 00
Cardwell John	Jennings Sarah	B	1835	S	444	500 --
Corder Richard	Kincaid William	D	1844	S	117	31 25
Crabtree Richard	Kesterson & Brooks	M	1843	S	509	200 --
Cawood Stephen	Moss W T	D	1845	S	329	700 --
Cline Jefferson	Moody Joseph	D	1845	S	371	300
Cox Aaron	Massingill Bennet	D	1846	S	459	100 --
Cosby John	McAnis A A	D	1845	S	291	25 00
Collins Owen	McBee William	D	1830	S	389	50 00
Chadwell Britton	Neil William	TD	1844	S	161	265
Corban Alford	Rowlett S B	D	1845	S	199	300
Chapman J H	Russell Josiah	D	1844	S	243	9 00
Cloud Benj	Roe Pharroh	D	1845	S	503	100 --
Cloud Calvin	Roe Pharrah	D	1842	S	525	75 00
Crabtree Jacob	Readman William	D	1834	S	559	75 00
Chapman J H Shff	Scott K S	D	1844	S	62	
Casswell W R	Sowder Richard	D	1843	S	64	25
Crostick William	Smith G W	D	1845	S	449	50 --
Cawood Moses & wife	Sewell Benj	D	1845	S	450	150
Cloud B F	Shultz Jacob	D	1844	S	630	1 00
Cloud Jacob	Treece William	D	1846	S	516	25 00
Cain James	Anderson Andrew	D	1831	T	233	55 --
Cox Aaron	Bussell Bird	D	1845	T	66	50 --
Cottrell D C	Britton Levi	R	1847	T	195	--
Chittum James	Chittum Wesley	D	1847	T	264	2850 --

Grantor	Grantee	Ins	Date	Book	Page	Amount
Cloud B F	Cloud G B	R	1840	T	318	1 00
Carpenter Wiley	Cheek Geo H	TD	1848	T	388	72 48
Cardwell John	Cardwell Ann et al	D	1848	T	460	200 --
Carpenter Eliza	Carpenter Wiley	D	1848	T	477	500
Carroll James Sr	Carroll Augustus	D	1848	T	565	100 --
Carroll James	England Wesley	D	1843	T	239	50 --
Carroll James	Houston William	D	1847	T	166	300 --
Cloud B F	Hooper James F	D	1847	T	553	500 --
Cloud B F	Knight T D	D	1847	T	333	140
Cloud Green B	Longworth Wm	D	1847	T	281	50 --
Cardwell John et al	Littrell William	D	1825	T	376	150
Cawood J & M	McBee William	D	1843	T	274	100
Carr John Jun & wife	McNew Elisha	D	1841	T	457	30 --
Cloud B F	Newbey Wm	L	1847	T	254	--
Cloud B F	Neil William	D	1848	T	563	300 --
Carpenter Jesse	Pearson J M	T	1847	T	105	1 00
Chapman W B	Rose Geo W	A	1846	T	279	69 --
Cloud B F	Speedwell Acadmey	D	1847	T	108	175
Cloud B F	Sewell Benj	D	1847	T	322	250
Chapman W B	Sawyer Thos L W	T	1848	T	379	5 00
Cook Martin	Woods Stephen	D	1842	T	37	20 --
Chick James	Broom James	D	1850	U	327	150
Cloud B F	Carter William	D	1849	U	180	100
Chick Nelson	Chick Jefferson	D	1850	U	323	72 50
Crocket Robert	Chick Nelson	D	1850	U	326	300
Cupp Thomas L	Cupp John W	D	1838	U	374	50 --
Campbell Barnet	Campbell Benj	D	1850	U	413	300
Campbell Barnet	Campbell George	D	1850	U	414	30 --
Cunningham Mord	Cook William et al	D	1850	U	426	348 54
Cloud Breen B	Cloud John	D	1850	U	546	30 00
Cloud Abner	Cloud Elnathan D	D	1851	U	559	200 --
Cloud Abner	Cloud Elnathan D	D	1851	U	560	250
Campbell George	Campbell Jacob	D	1844	U	586	30 --
Cloud Jane	Devault John	BS	1850	U	270	--
Cloud Leander	Davis Abraham	D	1851	U	560	650
Clark Thomas	Ewing G	TD	1849	U	43	34
Cardwell John	Evans W R	TD	1850	U	298	175
Cardwell John	Evans W R	TD	1850	U	301	1 00
Cloud Green B	Estep William	D	1851	U	541	45 00
Cain Hugh	Fletcher George R	D	1850	U	235	300 --
Cunningham Wm	Fields Edward	D	1850	U	281	50 00
Circuit Court copy decree	Fulps Valentine	D	1851	U	588	--
Casewell W R Assignee	Garrett L A	D	1849	U	263	262 ½
Cupp Isaac	Harper Richard	D	1844	U	121	30 00
Cardwell David	Hardy Elisha A	D	1850	U	512	--
Cloud G B	Longworth Wm	D	1849	U	156	90
Chittum Wesley	Lanham Joseph	BS	1850	U	222	750 --
Cadle Mark	Lake James	D	1831	U	410	150
Cloud G B	Mustard Elisha	TD	1850	U	474	1 00
Circuit Court Decree	McBee Samuel Jr	D	1849	U	446	-- --
Clark Thomas	Powers Micheal	TD	1848	U	50	1 00
Cloud Green B	Rogers Nancy	D	1849	U	135	100 --
Collins Owen	Rowland George	D	1830	U	210	110 --
Cawood Elisabeth	Rogers James	BS	1822	U	364	140

Grantor	Grantee	Ins	Date	Book	Page	Amount
Chick James	Rogan Sheep	TD	1851	U	506	124 51
Conner Elijah	Roules Thos	D	1851	U	540	82 00
Campbell Andrew & J	Riley Obediah	D	1849	U	532	50 --
Carpenter James	Shultz Jacob	D	1850	U	384	800 --
Court Appointmeres	Thomas Isaac et al	-	1849	U	172	-- --
Chittum Joseph	Vanbebber J M	T	1849	U	1	1 00
Cain Jesse	Beeler Joseph	D	1851	V	186	150
Carroll James	Buford John W	D	1851	V	234	100 --
Cloud Green B	Cloud B F et al	D	1851	V	22	100 --
Cloud Green B et al	Campbell Martha	D	1851	V	66	160
Cloud B F	Carrigar Micheal	D	1852	V	312	600 --
Carpenter Wiley	Carpenter J M	D	1850	V	414	250
Crussell G W	Crussell Josiah etal	D	1851	V	64	200 --
Cloud Elnathan D	Daniel John	D	1851	V	73	5 75
Cain Hugh	Evans Jesse	D	1852	V	280	400 --
Cloud Green B	Estep William	D	1852	V	293	100
Cloud B F	Evans W R	D	1852	V	298	--
Cupp Jacob	Kelley Edward	D	1842	V	331	150
Cupp Jacob	Kelley Edward	D	1842	V	382	100 --
Carter William	Littrell Daniel	D	1852	V	237	100 --
Cupp Charles	Lindsay Jesse E	D	1852	V	330	150
Cloud Green B	Marcum W A	D	1849	V	14	35
Cupp John W	Mize Wm	D	1850	V	74	1 00
Cawood John & wife	McBee William	D	1849	V	229	600 --
Cloud Green B	Nevels George	D	1852	V	195	700 --
Cosby David	Richardson James	D	1841	V	251	50 --
Cloud Jacob	Stone Thos W	D	1849	V	18	50
Cook W & M	Smith Moses	D	1852	V	330	75 --
Crussel James et al	Simmons E C	D	1852	V	395	262 50
Circuit Court Decree	Southerland Joel	D	1852	V	290	550
Cress George W	Taylor James C	D	1853	V	404	75 00
Campbell Eldridge & wife	Walker Jacob	D	1851	V	6	400 --
Campbell Eldridge	Walker Isaac	D	1851	V	15	600 --
Collins Nathan	Weaver Gilbert	D	1848	V	46	7 00
Carroll James Sen	White Louisa	D	1851	V	83	125
Carter Sterling B	West John Jr	D	1852	V	320	207 90
Cress Nathaniel	Bowman T H	D	1852	W	165	80 00
Collins McDaniel	Brooks Thos	D	1854	W	321	50 00
Collins Elenor	Bussell Chas	D	1853	W	323	50 00
Carmack Wm & wife	Bussell James	D	1853	W	346	51 00
Circuit Court Decree	Brooks Gideon	D	1853	W	356	114 50
Clapp Henry	Branscome Joseph	D	1854	W	484	400
Crockett Robert	Buchanan Andrew	BS	1855	W	564	1000 --
Campbell Barnett	Campbell Eldridge	D	1850	W	48	1000 --
Cloud Jacob	Cloud G B	D	1853	W	79	400
Carroll Augustus	Carroll J & R	D	1853	W	107	100 --
Cloud Green B	Cloud B F	D	1852	W	187	50 00
Chick James	Carmack Isaac	QD	1851	W	195	1 00
Chick James	Carr James K	TD	1853	W	201	231 26
Carmack Levi	Carmack Wm	D	1851	W	249	30 00
Chancery Court Decree	Collins David	D	1854	W	344	-- --
Cunningham Mordica	Cunningham J P	D	1850	W	364	300
Chittum Wesley	Cottrell D C	D	1854	W	386	300 --

(See Errata for correction)

Grantor	Grantee	Ins	Date	Book	Page	Amount
Collensworth F	Campbell Joseph	D	1854	W	407	110050
Cloud B F	Chadwell Wm Jr	D	1854	W	476	- --
Cline Thos J	Carrigar M	L	1854	W	399	- -
Chumbly William	Cottrell D C	D	1855	W	529	125
Cloud B F	Garland Pryor	D	1852	W	73	2 00
Campbell Wm	Henderson Jerry	BS	1853	W	133	4 00
Chick James	Hodges James W	TD	1854	W	350	5 00
Chancery Court Decree	Houston Hugh	D	1855	W	513	17 11
Clark Elisha	Johnson Thos J	D	1853	W	183	1 00
Campbell Wm	Jones Daniel	D	1852	W	296	1300 --
Carroll James Sr & wife	Kelley Evans & Co	A	1854	W	275	--
Cloud G B (R C)	King James	D	1854	W	340	670
Cloud Green B	Littrell Daniel	D	1844	W	13	18 00
Chadwell P M	Longworth George	D	1852	W	68	150
Clapp Henry	Myers W H	D	1854	W	482	350
Chancery Court Decree	McBee John	D	1853	W	124	-- --
Carroll James Sr & wife	Poor Mason	D	1854	W	480	300
Campbell Eldridge	Runnions Geo W	D	1853	W	38	400
Cawood Elisabeth	Rogers James	D	1822	W	118	140
Carr James	Rednon Thos	D	1854	W	452	5 00
Cook Ruben M	Roark Wm	D	1850	W	581	750
Collins David	Sharp John	D	1854	W	338	100
County Court Decree	Thomas Isaac	D	1853	W	123	-- --
Cadle Mark et al	Trease George	D	1828	W	236	18 00
Critchfield A & J	Thomas Isaac	D	1853	W	259	200 --
County Court Decree	Woodson R C	D	1852	W	21	75
Carroll J & R	White Louisa	D	1853	W	325	40 --
County Court Decree	Buchanan W R	D	1855	X	9	100
County Court Decree	Burk A S	D	1852	X	314	173
County Court Decree	Brooks J	D	1855	X	333	270
Carrigar Micheal	Brown J M	D	1856	X	407	570
Carrigar Micheal	Brown John	D	1856	X	571	--
Coleman Alvis P	Coleman E E & S A	D	1855	X	17	Love
Carr Jesse	Carr Wm M	D	1855	X	63	6 00
Crocket Robt	Crockett Sarah A	BS	1854	X	73	Gift
*Crockett Andrew & wife	Crockett R	D	1837	X	119	3000 --
Campbell George	Campbell Chas	A	1855	X	224	- --
Campbell James H	Campbell David H	W	1820	X	220	- --
Cloud John et al	Cloud George W	D	1854	X	271	
County Court Decree	Campbell T D	D	1854	X	276	- --
Chancery Court Dec	Cardwell David	D	1856	X	365	412
Carr James M	Carr Jesse	D	1856	X	383	1333 --
Carroll James Jr	Carroll Ruben	D	1856	X	468	100 --
Campbell George	Campbell Benj	D	1857	X	538	12 00
Campbell Benj	Campbell George	D	1857	X	540	5 00
Chancery Court Decree	Day M & Stone R F	D	1852	X	20	
County Court Decree	Dunn M & M	D	1854	X	279	291
Clerk County Court	Day C M	D	1855	X	553	650 --
Crockett Robert	Evans Elisabeth	BS	1854	X	72	- --
Circuit Court Decree	Evans N A Admr &c	D	1856	X	361	
Carrigar M et al	Fulkerson F M	D	1856	X	357	
Carrigar Michal	Fulkerson F M	D	1856	X	360	20 00
Carrigar Michal	Fulkerson F M	D	1856	X	503	- --
Cline Jefferson	Grace William	D	1850	X	245	75 --
Crocket Robert	Harper Willis	BS	1855	X	53	4 00

Grantor	Grantee	Ins	Date	Book	Page	Amount
Collins Nathen	Huffaker Wiley	D	1856	X	294	17 00
Cloud Leander	Hitson David	D	1856	X	355	125 00
County Court Decree	Kelley John	D	1855	X	6	76 00
Circuit Court Land Title	Lykie R & M	D	1848	X	287	50 25
Cardwell John	Moore N H	D	1853	X	122	150
Cook Ruben M	Marcum Peter	D	1855	X	149	50 --
Cloud P L	Mays Johnson et al	D	1855	X	310	183 --
Caldwell John et al	Menning Co	A	1854	X	470	-- --
Collins Joshua	Owsley Mathew	D	1854	X	24	81 64
Carpenter Jas M	Pearson John	D	1840	X	144	35 00
Carpenter Wilson	Pearson John	D	1829	X	145	25 00
Crowley Caswell	Pearson John	D	1838	X	150	40 --
Cannon William & wife	Payne W G	D	1856	X	295	662 50
Crockett Robert	Rose Ruben	D	1855	X	125	6000 --
Creach Richard	Rice C Y	TD	1856	X	248	5 00
Crockett Robert	Rose Ruben	D	1856	X	322	5 00
Cawood Stephen	Rogers J & D F	D	1855	X	434	-- --
Cawood Stephen	Rogers M M	D	1856	X	54	8 00
Carpenter A J	Smith Wm	D	1853	X	42	350
Carrigar M	Simmons Jas	BS	1856	X	267	829
Carr Jesse	Sharp Mathew	D	1855	X	385	600
Cress Jacob	Thomas John	D	1856	X	425	300
Chumbly William	Wallen J F	PA	1856	X	371	
County Court Decree	Alexander C G	D	1853	Y	289	2050 --
Chick Jefferson	Brown James	D	1855	Y	351	300 --
Campbell J & H	Campbell Benj	D	1857	Y	199	750
Cress G W	Cawood Stephen et al	D	1855	Y	351	300
Chumbly Malinda	Cottrell D C	D	1856	Y	220	125
Cardwell John W	Cardwell David	D	1857	Y	235	100
Cadel James	Cadel Mark	D	1857	Y	263	Love
Cosby Wm	Campbell Benj	D	1858	Y	478	300 --
Cadle Mark	Cadle James	D	1859	Y	491	35
Cloud G B M	Cloud John	D	1858	Y	526	500 --
Cloud B F	Cloud John	D	1858	Y	528	100 --
Chancery Court Decree	Collins Joshua	D	1858	Y	526	-- --
Collinsworth John	Coleman A P	D	1859	Y	674	75 --
Collinsworth John	Coleman A P	D	1859	Y	675	500 --
Cupp Jacob	Drummons Stephen	D	1854	Y	600	100 --
Cunningham Mordica	Ellis Elisabeth	TB	1852	Y	579	600
Cloud B F	Fulkerson F M	D	1858	Y	346	-- --
Cloud B F	Forgerson John	B	1859	Y	606	-- --
Cloud Leander	Fletcher David	D	1859	Y	661	968
Cadle Z (heirs of)	Grimes J M	D	1857	Y	46	250
Carmack Isaac	Graham T P	T	1858	Y	591	5 00
Carr James M Exr &c	Hopper S	D	1857	Y	270	13 33
Chadwell F A	Harmon Wm	D	1858	Y	342	100 --
Carr John & J	Hodges P M	D	1858	Y	536	900 --
Campbell William	Jones Daniel	D	1856	Y	177	-- --
Chancery Court Decree	Jones Hugh	D	1858	Y	534	160 --
Collingsworth W S	Jones Lucy J	D	1859	Y	678	800
Chittum Wesley & wife	Johnson Thos J	TD	1854	Y	223	300
Cadle James	Lake James	D	1831	Y	492	100 --
Chadwell P M	Liford G W	D	1856	Y	609	-- --
Chittum Wesley	Mitchell A	D	1857	Y	274	25 00

Grantor	Grantee	Ins	Date	Book	Page	Amount
Cunningham Jas P	Mason John	D	1857	Y	311	250 --
Crockett Robert	McPherson Saml	D	1854	Y	27	425
Carroll William	McCarty James	D	1857	Y	90	2 00
Chick Nelson	Neil William	D	1857	Y	55	4 00
County Court Decree	Neil John	D	1854	Y	146	6 61
Cloud John	Neuels George	D	1858	Y	453	500
Chick Jefferson	Owens John O	D	1857	Y	216	300 --
Cloud Susana	Pearson John	D	1856	Y	155	1000 --
Cloud Leander	Pearson John	D	1856	Y	159	55 00
Crockett Robert	Rose Ruben	D	1857	Y	251	- --
Collingsworth J	Rice C Y	D	1857	Y	259	300
Cloud B F	Rose Ruben	D	1858	Y	356	55
Cheek Robt	Roddy P N	TD	1858	Y	507	5 00
Collins Joshua	Rice C Y	TD	1858	Y	560	5 00
Clark Thos L	Shoemaker W B	D	1856	Y	202	425
Carroll Ruben	Shoemaker W B	D	1857	Y	225	500 --
Carroll R & J	Smith Ruben	D	1855	Y	415	20 00
Carr W H	Sharp Mathew	D	1858	Y	695	900 --
Cosby William	Thomas David	D	1855	Y	435	100 --
Crank J R	Thomas J D	TD	1858	Y	448	10 00
Campbell Benj	Vandeventer Peter	D	1857	Y	124	2000 --
Campbell Benj	Willis Terry	D	1857	Y	200	Land
Cawood Stephen et al	Wilson Polly	D	1847	Y	511	-
Chancery Court Decree	Yeaden W P	D	1858	Y	640	-
Campbell George	Campbell Charles	A	1855	Z	10	-
Cole James	Cole Josiah	D	1859	Z	30	305
Coock Marcurious	Cook William	D	1852	Z	65	400 --
Clark T L	Carroll Ruben	D	1858	Z	151	700
Crockett Robert	Crockett A J & J H	PA	1859	Z	177	- --
Carmack Isaac	Chick James	TD	1860	Z	199	40 50
Cloud Evans	Cloud Geo W	D	1860	Z	211	500
Carr Wm M	Carr James	D	1856	Z	224	670 --
Carroll James Sr	Cloud B F	D	1854	Z	291	10 --
Campbell Tolliver D	Campbell Eldridge	D	1859	Z	395	600
Circuit Court Decree	Cottrell D C	D	1861	Z	452	100
Cloud Franklin	Cloud Leander	PA	1855	Z	465	-
Cantrell Wm	Cantrell Thos	D	1857	Z	504	250
Cook Wm	Campbell Wm	D	1851	Z	615	200
Condry W H	Corban W W	D	1862	Z	635	800
Corban W W	Corban A C et al	D	1862	Z	636	575
Cardwell David	Cardwell William	D	1857	Z	645	-
Chadwell David	Chadwell Alex	D	1860	Z	652	1000 --
Collins Mathew	Day Caswell	D	1841	Z	369	62 50
Collins Mathew	Day Caswell	D	1841	Z	370	62 50
Condry W H	Evans Henry	D	1859	Z	169	350
Cheek George H	Fulkerson F M	DT	1859	Z	54	5 00
Chadwick Josiah & wife	Fulkerson R F	DT	1860	Z	304	1 00
Chadwick M Josiah	Fulkerson R F	T	1860	Z	307	1 00
County Court Decree	Gibson W R	D	1859	Z	124	100
Chittum Wesley	Grantham Willis	D	1853	Z	442	500 --
Cain Jesse	Hunter Jordon	D	1851	Z	34	27 50
Capps D B et al	Hurst Isaac M	D	1858	Z	172	700 --
Cox Christian	Higgins James	TD	1860	Z	374	75 --
Campbell Hawkins &wife	Henderson J & C	D	1860	Z	521	51 00
Cloud Jacob	Harmon W L & wife	D	1858	Z	544	Love

Grantor	Grantee	Ins	Date	Book	Page	Amount
Cawood Stephen	Huffaker W B	D	1858	Z	653	- --
Cane Anderson & wife	Johnson James	D	1862	Z	639	95 --
Chancery Court Decree	Kelley Ann J	D	1859	Z	580	- --
Craft Samuel	Kyle W C	D	1865	Z	704	500 --
Cloud Evan & B F	Mustard James R	D	1858	Z	660	250
Chancery Court Decree	McVey J S W S	D	1859	Z	228	-
Cloud John	Netherland & Hieskell	TD	1860	Z	370	100
Cain Jesse	O Dell B H	D	1854	Z	183	75--
County Court Decree	Pace W A	D	1859	Z	387	128 32
Cloud Franklin	Pearson John	D	1859	Z	466	1,000 --
Cloud W R	Pearson John	D	1859	Z	467	- --
Cole Josiah	Roark Timothy	D	1859	Z	56	305
Cook Ruben M	Roark Timothy	D	1860	Z	320	250
Condry W H	Ritter John	D	1859	Z	643	300
Crawford John	Roark Timothy	D	1863	Z	696	500
Cheek Geo H & wife	Stone Thos M	TD	1859	Z	52	5 00
Cloud Evan	Southern Isaac	D	1859	Z	113	200
Cole Josiah	Stewart W H	L	1860	Z	225	-
Carpenter Wilson	Smith Wm	D	1857	Z	401	400 --
Cress Jacob	Sawyers Charles	D	1861	Z	513	100
Chadwell Josiah & wife	Schwab A	D	1861	Z	539	257
County Court Decree	Stone R F	D	1862	Z	636	26 75
Cline Thos J	Tribble Morris	D	1861	Z	553	25 00
Cole Micheal et al	Walter Martha J	D	1859	Z	366	35 00
Cupp William	Yeaden W P	D	1857	Z	459	110 --

Grantor	Grantee	Ins	Date	Book	Page	Amount
Donalson Stockley	Austin Nathaniel	D	1803	A	106	50 00
Donalson Stockly	Blye Jonathan et al	D	1792	A	92	100
Duke John	Baker Henry	D	1807	A	324	100
Davis Nathaniel	Bowman William	D	1808	A	363	500 00
Donelson Stockly	Clayton Archibald	D	1804	A	142	20 00
Davis Nathaniel	Cain Jess	D	1807	A	373	150
Doherty William Sr	Doherty William Jr	D	1803	A	61	200 --
Donaldson Stokely etal	Duncan Jessee et al	"	1804	A	228	20 00
Davis Nathaniel	Dauthet John	"	1808	A	377	307 50
Davis Nathaniel	Douthet Evan	"	1808	A	378	217 --
Donelson Stakeley	Fitch Abraham	"	1804	A	133	30 00
Donelson Stakley	Farest James	"	1804	A	242	10 00
Donelson Stockley	Forest Richard	"	1804	A	246	35 00
Donalson Stockley	Gossage John	"	1804	A	123	70 00
Donalson Stockley	Glasgow James	"	1800	A	198	2000 00
Davis Nathaniel	Gray Willis	"	1807	A	380	600 00
Dodson Jesse	Hunt John	"	1800	A	43	12 00
Donalson Stockley	Haly Barnabe	"	1799	A	67	50 00
Davis Nathaniel	Hunter Henry	"	1807	A	105	1187 50
Donalson Stockley	Hunt John Sr	"	1799	A	150	160 00
Davis Nathaniel	Hunter Abraham	"	1808	A	375	21 00
Durham Nancey	Hunter Henley	BS	1806	A	385	--
Duncan Jesse	James John	D	1805	A	250	150
Donelson Stockley	Murphy John	D	1804	A	134	150
Davis Nathaniel	Moyers Micheal	D	1807	A	371	8 00
Donalson Stockley	Orr James	D	1803	A	162	200
Donalson Stockley	Orr James	D	1803	A	163	100 --
Davis Nathaniel	Overton Moses	D	1806	A	334	14 00
Damson Christopher	Roddy James Col	BS	1807	A	107	--
Donalson Stockly	Renfro James	D	1803	A	164	100
Donalson Stockly	Rice Martin	D	1800	A	184	20 00
Damron Christopher	Roddy James	BS	1808	A	361	150 00
Davis Nathaniel	Russell Edward	D	1807	A	372	600 00
Davis Nathaniel	Rogers William	"	1807	A	3	250 00
Donalson Stockley	Savage William	"	1809	A	26	25 00
Donalson Stockley	Sharp Henry	"	--	A	37	20 00
Donalson Stockley	Sharp Daniel	"	1799	A	59	20 00
Donalson Stockley	Savage William	"	1804	A	132	27 00
Donalson Stockley	Whitner Lewis	"	1795	A	17	1000 00
Davis Winnie et al	Wallen Elisha	"	1807	A	342	Love
Davis Nathaniel	Alvis Walter	"	1807	B	109	1000 00
Davis Nathaniel	Berry John	"	1807	B	1	422 50
Davis Nathaniel	Beenleu William	"	1808	B	68	50 00
Davis Nathaniel	Bowman William	D	1808	B	80	100
Davis Nathaniel	Bowman William	D	1809	B	256	1000
Davis Nathaniel	Breeding John	D	1810	B	260	500
Denton Jonathan	Cameron John	BS	1808	B	70	500
Dodson Jeff	McCubbins Zack	D	1808	B	63	1550 -
Douthet Evan	McNew John	"	1808	B	215	500 --
Denton Jonathan	Peberly Jeremiah	BS	1808	B	71	500 --
Davis Nathaniel	Petree George	D	1808	B	72	800 --
Denton Jonathan	Peberly Jermiah	"	1810	B	313	300 00
Davis Nathaniel	Rodgers William	"	1807	B	3	250
Davis Nathaniel	Rogers David	"	1807	B	4	150
Davis Nathaniel	Rogers John	"	1807	B	6	200 --

Grantor	Grantee	Ins	Date	Book	Page	Amount
Duncan Jessee & L	Roberts James	"	1809	B	24	250 --
Douthet John	Walker John	"	1809	B	223	650 --
Davis Nathaniel	Weavers Samuel	"	1809	B	237	700 --
Davis Nathaniel	Ausmus Henry	D	1811	C	1114	20 00
Davis N & M Overton	Beeler Peter	D	1810	C	8	400 --
Davis Nathaniel	Bourouf Valentine	D	1810	C	10	100
Davis Nathaniel	Beeler Joseph	D	1811	C	53	2000 --
Day Ranson	Clark Isham	BS	1812	C	247	250
Daniel Archibald	Flecher George	D	1811	C	112	200
Davis Nathaniel	Jack John F	D	1811	C	87	100
Davis Nathaniel	Lynch John	D	1807	C	223	200
Davis Nathaniel	Peters George	D	1810	C	1	1 00
Davis Nathaniel	Russell Edward	D	1807	C	5	1 00
Day Ransom	Stubblefield George	D	1811	C	243	8 00
Davis Nathaniel	Vanbibber James	D	1807	C	11	136
Davis Nathaniel	Wilson David	D	1811	C	44	400
Dobkins John	Barttell John	"	1812	D	117	100 --
Dobkins Jacob	Brooks Daniel	"	1814	D	318	250 --
Dobkins Jacob	Campbell George	"	1814	D	223	150 --
Davis Nathaniel	Casey John	A	1816	D	401	
Davis Moses	Davis Aaron	D	1813	D	100	Love
Davis Moses	Estess Richard	"	1813	D	99	--
Davis Moses	Guthery John	"	1813	D	101	Love
Davis Nathaniel	Hunter Abraham	D	1811	D	206	12 00
Davis Thomas	Jennings William	D	1812	D	150	120
Dobson Jacob	Jones Elijah	D	1814	D	226	300
Denham David	Jones Samuel	D	1812	D	261	400
Davis Nathaniel	Moyers Micheal	D	1811	D	359	10 00
Dysart Cornelius	White James et al	D	1811	D	126	295 24
Damron Christopher	Cadle Zack	D	1814	E	30	20
Douerty William	Cloud Benj	D	1916	E	38	60
Duvel William	Coursey James	D	1796	E	286	--
Davis Aaron	Davis Moses	D	1816	E	68	500
Dobbs William	Dobbs Thomas	D	1818	E	332	40 00
Dobbs John	Forguson John	D	1816	E	98	150
Dobbs William	Graham Hugh	D	1818	E	325	80 00
Dobbs Thomas et al	Graham William & Co	D	1819	E	387	80 00
Dobbs William	Graham William et al	D	1819	E	402	260
Dobbs William	Murphy William	D	1816	E	76	400 00
Duval William	Martin Obadiah	D	1796	E	287	5 S
Davis Elnathan	Hayes Fredrick	D	1814	E	356	160 00
Day Ransom	Neal John	D	1818	E	214	300 00
Dobbs Thomas	Rogers William	"	1819	E	387	80 00
Davis Nathaniel	Rogers John	"	1810	E	118	800 --
Day Ransom	Simmons John	BS	1812	E	280	700
Moses Davis	Stinnett Isham	D	1820	E	311	6 00
Davis Nathaniel	Bolinger Fred Jr	D	1820	F	199	100 -
Davis Nathaniel	Coffett Daniel	"	1820	F	127	160 --
Dobkins Solomon	Critchfield William	"	1822	F	204	800 --
Davis Elnathan	Davis Benjamin	"	1822	F	308	500
Dameron Christopher	Graham Wm et al Exrs	W	1812	F	49	664
Donohue Patrick	McBroom Thos	QD	1805	F	219	

Grantor	Grantee	Ins	Date	Book	Page	Amount
Dobkins Jacob	Riley John	D	1821	F	154	350
Dobkins Jacob	Whiteaker John	D	1819	F	116	400
Doherty Wm	Cloud Benjamin	"	1818	G	41	50
Davis Moses	Davis Harmon	"	1818	G	8	300
Dobbs John	Dobbs Wm	"	1818	G	45	150
Day Ransom Sr	Evans John	"	1823	G	257	325
Dobbs Joel	Hurst John	QD	1821	G	193	400
Dougherty John	Murphey Wm	D	1822	G	136	50
Dobbs John	Mayes Thos	"	1821	G	198	50
Dobbs Wm	Rose Reuben	"	1818	G	32	150
Dobbs Wm	Rose Reuben	"	1818	G	34	450
Damron Christopher	Wallen John	"	1817	G	17	60 00
Dotson Edward	Welch Tandy	"	1820	G	167	225
Donelson Stockley	Adair James	PA	1799	H	148	
Donelson Stockley	Adair John	D	1800	H	152	300
Dunn Thomas	Dunn John	D	1820	H	39	325
Dodson Lazerous	Fore Augustine P	D	1827	H	291	282 50
Davison Blain	Goin James Sr	D	1815	H	14	2 00
Davis Aaron	Graham W H & Co	D	1825	H	85	208
Davis A	Graham Hugh & Co	D	1825	H	164	
Dobbs Joel	Hunt John	D	1820	H	88	200
Day Ransom	Hodges Bibby	D	1827	H	321	221 --
Dunn Drury et al	Loveless John	D	1828	H	376	82 00
Davis Aaron	McLane Thomas	D	1824	H	50	1 00
Davis Moses	McLane Thomas et al	D	1825	H	156	284
Davis Moses	McLane Thomas et al	D	1825	H	158	284
Davis Aaron	McLane Thomas	D	1826	H	195	50 00
Davis Moses	Shoemake Demarcus	D	1826	H	461	250
Dunn Drewry	Dobbs Hiram	"	1824	I	244	25 --
Dameron Joseph	Graham Hugh & Co	D	1831	I	313	100
Day Ransom Sr	Hurst Henly	D	1828	I	156	450
Dunn Drury et al	Jennings Isom	D	1829	I	136	20 00
Davis Moses	Long Jacob	D	1818	I	417	130
Dickenson James	McCallister James	D	1832	I	342	1166 00
Depast James	McCallister James	D	1796	I	415	6 shil
Davis Alex	Wilson James	D	1826	I	48	182 00
Davis Moses	Wilson William	D	1827	I	175	50 00
Dobbs William	Dobbs James	PA	1825	K	33	
Dobbkins Jacob	Dobkins Solomon	D	1830	K	35	500
Dodson Samuel	Dickenson James	D	1833	K	174	150
Dodson Samuel	Graham Hugh	D	1833	K	227	50 00
Dobbs James	Graham Hugh	D	1834	K	373	30 00
Dobbs James	Graham Hugh	D	1834	K	373	30 00
Dobbs John	Graham Hugh	D	1834	K	375	295
Dobbs John	Graham Hugh	D	1834	K	379	40 00
Dunn Drury et al	Hodges Z & A	D	1830	K	181	40 00
Dobbs Hiram & wife	Lewis William	D	1834	K	421	50 00
Davis William	Moses Robert P	D	1833	K	301	550
Davis William	Neal Jesse	TD	1833	K	186	
Dunn Drury	Wilson Samuel	D	1833	K	75	1 00
Dodson Samuel & wife	Barnard George	D	1826	L	226	500

Grantor	Grantee	Ins	Date	Book	Page	Amount
Dobkins Jacob (Heirs of)	Campbell Betsy et al	A	1835	L	177	
Day Ransom	Evans Jesse	D	1835	L	378	800
Dodson Sampson	Fults John	D	1834	L	320	50 00
Dobbs Caleb	Graham Hugh	D	1835	L	108	30 00
Davis Nathaniel	Hunter Henry	D	1835	L	14	1187 55
Dunn Drury	Hurst William	D	1834	L	30	75 00
Day Ransom	Hurst Henly	D	1833	L	182	300
Dinkins Mary A	Hamilton James A	TD	1833	L	359	1 00
Dobbs John	Mays Thomas	D	1835	L	236	500
Dunsmore W B	Miller Daniel	D	1836	L	317	500
Davis Benjamin	Mayse Jonathan	D	1830	L	388	50 00
Davis Benjamin	Mayse Jonathan	D	1831	L	390	150
Dobkins John	Posey David C	D	1830	L	168	10 00
Davison G	Sharp Henry	D	1816	L	373	300
Dodson Lazerus	Woodson Andrew	D	1833	L	23	1200 00
Donelson Stockley	Adair John	PA	1805	M	223	
Damron Dennis heirs	Brewster John	D	1837	M	326	200
Drummons Danl	Cloud Abner	D	1836	M	77	80 --
Drummons Wm	Dloud Abner	D	1837	M	107	27 00
Dunn Joseph	Dunn J & W	D	1836	M	72	600
Drummons Danl	Drummons Tabitha	D	1836	M	76	10 00
Day Ransom	Day John	D	1836	M	159	50 00
Dunsmore Wm D	Dunsmore Nathan	D	1832	M	252	65
Dobbs Hiram B	Fulps Micheal S	D	1835	M	80	50 00
Dobkins John	Fugate William	BS	1837	M	249	297
Donelson Stockly	Glasgow James	D	1800	M	223	2000 00
Day Ransom	Hurst Henly	D	1837	M	374	4 00
Day William	Hurst Henly	TD	1838	M	399	1 00
Dunn Drury	Killion William	D	1833	M	31	200
Dobbs William	Marcum William	D	1838	M	430	35 00
Dobbs Henry	Marcum William	D	1838	M	432	25 00
Dunn Drury	Presley Polley	D	1838	M	475	130
Day Ransom	Ritter Moses	D	1835	M	426	275
Davis Harmon W	Sharp Christian	D	1834	M	360	110 00
Dunsmore W D	Simmons Wesley	D	1838	M	415	1000 --
Dobbs James	Wilson Nathan	D	1831	M	171	300
Davis Joseph	Wilson James	D	1837	M	248	450
Dobbs Charly	Camp Groud	D	1837	N	192	
Davis Nathaniel	Cain Jesse et al	D	1832	N	250	30 00
Davis Aaron & wife	Davis Thomas	D	1820	N	190	00
Dorum Liddy	Huff Daniel	D	1839	N	55	106
Day Ranson	Stone Thos H	D	1838	N	97	600 --
Davis Thomas L	Chapman J H	D	1840	O	54	5 00
Dunn John	Dunn William	D	1840	O	191	300 --
Dunn Joseph	Dunn John	D	1840	O	193	400
Dobkins John	Fugate William	D	1839	O	163	200
Dodson James B	Hurst John	BS	1840	O	24	100 75
Dyer William	Hibbard David	D	1829	O	248	12 50
Day Ransom Sr	Day Ransom Jr	D	1840	P	416	100 --
Day Ransom Sr	Harrell Ezekiel	D	1840	P	71	400 --
Duncan J	Lynch Joseph	D	1837	P	311	300 --

Grantor	Grantee	Ins	Date	Book	Page	Amount
Day John	Neil William	TD	1841	P	305	5 00
Day Ransom Jr	Ritter James	D	1841	P	419	150 --
Delph Jacob	Thomas Isaac	TD	1841	P	380	1 00
Dunn Joseph	Corder Richard	D	1829	Q	165	120 --
Drummons Wm	Drummons Danl	D	1842	Q	73	100
Day John et al	Dunsmore W D	D	1841	Q	90	20 00
Davis Andy	Hodges David N	D	1840	Q	189	2500 --
Dobbs James	Jones Daniel	D	1834	Q	290	40 --
Day Ransom	McNew Isaac	D	1830	Q	142	400
Day John	Yoakum Isaac	BS	1838	Q	219	800 --
Dooley James	Brooks George W	D	1840	R	140	100 --
Davis John	Evans W R	TD	1842	R	57	1 00
Day Ransom	Evans Henry C	TD	1842	R	278	100 --
Day John	Graham Hugh	TD	1842	R	28	94 46
Dunn Drury	Graham Hugh	TD	1842	R	122	5 00
Dunn Drury et al	Graham Hugh et al	TD	1842	R	124	5 00
Davis Aaron	Houston Wm	TD	1842	R	49	79 38
Day John	Hurst Simpson	D	1842	R	141	200 --
Dobbs Wm	Hurst Hiram	D	1834	R	219	30 00
Dobkins L D	Johnson T J	TD	1843	R	228	1 00
Day Lewis	Miller D G	BS	1842	R	39	1 00
Day John	Michell A	BS	1842	R	308	350
Davis Thos L et al	Patterson J M	D	1842	R	53	600 --
Devenport William	Southern Robt	TD	1842	R	2	1 00
Dunsmore Nathan	Sanders John	D	1838	R	361	200 --
Davis Andrew	Shields John	D	1842	R	367	1000
Dunn Joseph	Ausmus Benj	D	1841	R	24	400 --
Dunn Joseph	Ausmus Benj	D	1841	S	26	200
Dobbs James	Barnard Jonathan	D	1827	S	560	175
Day Samuel	Corban Alford	D	1845	S	458	350
Devlin Charles	Chadwell Pleasant	D	1845	S	619	15 00
Davis Joseph	Davis Walter	D	1844	S	175	300 --
Dunn Francis et al	Dunn John	D	1841	S	500	400
Day Samuel et al	Evans Jesse	D	1841	S	188	290
Day Ransom	Harrell E P	D	1845	S	557	20 00
Dinkins George W	Johnson Thos J	TD	1846	S	636	1 00
Dunn W B	Like Micheal	D	1846	S	474	125
Dean Ruben	McGuire S Killin	D	1844	S	456	62 --
Devenport William	McClary Andrew	D	1845	S	657	200 --
Davis Thos L	Sewell Benj	D	1845	S	369	175
Davis Thos L	Sewell Benj	D	1845	S	420	100 --
Damron C	Wilson & Hamilton	D	1830	S	513	25 00
Dunn Joseph	Allison James	D	1836	T	398	100 --
Dowell Major	Brock Joseph	D	1808	T	55	5000 --
Dunn Drury	Brooks Hezkiah	D	1826	T	522	140
Day Ransom	Day Nancy	D	1846	T	229	2 00
Davis P L	Davis Isaac	D	1865	T	578	250
Day Polley	Evans Jesse	D	1846	T	145	145
Dean Ruben	Evans N A	TD	1847	T	339	1 00
Dunn W B	Ferrell Jonathan	D	1847	T	152	600 --
Day John	Ferrell Jonathan	R	1848	T	507	--
Dobkins Solomon	Hatfield Lynch	D	1848	T	485	38 96

Grantor	Grantee	Ins	Date	Book	Page	Amount
Dykes Lofton	McNew W J	D	1846	T	85	200
Dean Rubin	Overton John et al	D	1846	T	14	12 00
Dean Ruben	Rose G W	TD	1848	T	355	1 00
Dean Ruben	Rose G W	TD	1848	T	426	1 00
Dean Ruben	Yeary Henry	D	1846	T	15	250
Davis Thos L	Burchfield J H	TD	1850	U	350	5 00
Dobkins Solomon	Bullard Joseph	D	1851	U	459	1000
Dobkins Solomon	Bullard Joseph	D	1851	U	461	5000
Dunn Drury	Burchfield J H & J M	D	1851	U	527	800 --
Dobkins Solomon	Campbell A & J	D	1850	U	479	720
Devenport Wm	Cocke Wm M et al	TD	1851	U	557	
Davis Abraham	Cloud Leander	D	1851	U	570	6 25
Dobkins Solomon	Dobkins Jefferson	A	1850	U	436	heirs
Drummons Wm	Drummons Andrew	D	1850	U	489	35 00
Day Charles Mc	Duncan A J	D	1851	U	583	262 50
Dunn W B	Ellison Sarah	D	1848	U	338	35 00
Dickenson E H C	Epp Wm	L	1850	U	377	house
Dobkins Solomon	Fugate Wm	D	1851	U	469	6000 --
Dunn Drury	Graham Hugh	TD	1851	U	522	1 00
Dickenson E H C	Graham Hugh	BS	1851	U	547	250
Dobkins Solomon	M E C South	D	1849	U	344	5 00
Davis A & J	Moss W T	D	1850	U	432	80 --
Dickenson E H C	Mitchel James	BS	1851	U	558	12 00
Devenport William	McNeil James	TD	1850	U	271	1 00
Devenport Wm	McVey Joseph	T	1850	U	295	1 00
Davis Joseph H	Smith George W	D	1849	U	169	25 00
Davis Harmon & wife	Shoemate John	D	1848	U	193	25 00
Day John	Sharp Mathew	D	1851	U	531	400 --
Dooley James	Myrick Robt	D	1839	U	229	100 --
Devenport William	Walker Jacob	T	1851	U	590	100 --
Day Nancy	Ward Ollie	D	1850	U	419	Love
Dowell Major Jr	Brock Joseph Jun	D	1808	V	132	5000 --
Dunn N & R	Burchfield J H	B	1851	V	354	500 --
Dodson Sampson	Crockett R et al	D	1834	V	60	110 --
Dunn John	Dunn Henly A	D	1851	V	153	600
Dobbs Lucy	Fulkerson James	D	1852	V	235	110 --
Drummons Daniel	Goin Wilson	D	1850	V	289	500 --
Dean Sarah N	Harrell Roadmon	D	1852	V	284	300 --
Day Polly	Harrell Drury et al	D	1852	V	360	225
Dunn Drury	Johnson Thos J	D	1851	V	360	225
Denney John F	Kelly JohnM	D	1852	V	253	225
Davis Andrew	Hinton James	D	1852	V	400	110 00
Duncan A J	Payne W G	TD	1851	V	25	56 75
Dooley James	Pace Edward	D	1850	V	329	150
Dunn Wm B	Billingsly Lenneus	D	1852	W	252	250
Devault Hiram & wife	Carpenter James M	D	1854	W	355	250
Dobkins John	Dobkins Solomon	D	1836	W	3	300
Day Noah	Day Chas M	D	1851	W	370	150
Day Samuel	Day Wm	D	1854	W	409	700 --
Day Noah et al	Day Chas Mc	Bs	1854	W	505	75 --
Dickenson E H C et al	Evans N A	D	1853	W	470	425
Davis Andrew & wife	Harmon Lewis	D	1854	W	384	50 --
Dickenson Matilda	Houston Wm	D	1855	W	550	75 --

Grantor	Grantee	Ins	Date	Book	Page	Amount
Dickenson J D et al	Kelley J M et al	D	1853	W	177	17 00
Day Noah	Kelley Evans & Co	A	1854	W	298	
Day Colbert	Kelly Evans & Co	"	1854	W	300	
Day Enos	Martin Timothy	BS	1854	W	570	100 --
Devenport William et al	Netherland & Hieskell	D	1854	W	426	--
Day Samuel	Roark Timothy	D	1853	W	89	25 00
Day Enos	Shomate John	D	1853	W	149	900 --
Day Samuel	Simmons Wesley	D	1854	W	242	300
Day Nancy	Shultz George	D	1853	W	248	30 00
Drummons Preston	Shoemate S P	D	1854	W	280	350
Drummons (heirs)	Trease L J	D	1852	W	35	152 50
Davis John & wife	Trease Jefferson	TD	1857	W	357	40
Day Nancy	Ward Ollie	D	1854	W	306	Love
Day Enos	Wiley Robert	D	1854	W	448	100 --
Dickenson Wm & wife	Woodson A D	D	1853	W	523	5000
Dickenson J D	Buchanan John	D	1857	X	584	700
Dickenson J D	Buchanan A	D	1857	X	585	425
Day C M	Carr Wm M	D	1854	X	60	660 --
Davis Abraham	Cloud Leander	D	1851	X	151	100 --
Dunsmore Preston	Dunsmore W E	D	1855	X	16	300
Day Chas Mc	Day Noah	D	1855	X	112	--
Dunn Wm B	Dunn John	D	1853	X	258	100 --
Devault Hiram et al	Devault Abraham	D	1855	X	377	13 00
Devault Abraham	Devault John	D	1856	X	379	37 00
Drummons Daniel	Drummons A	D	1856	X	537	250
Day Sarrah	Day C M	BS	1857	X	563	-
Day Noah & Caswell	Day C M	D	1854	X	509	143
Dickenson J D	Evans W R	TD	1856	X	375	5 00
Dobbs James	Fulkerson W H	T	1856	X	475	1 00
Davis Andrew	Goin S & Eli	D	1855	X	394	2 00
Dodson Samuel	Murphey E J D	D	1855	X	154	100 --
Davis Andrew	Painter George	D	1852	X	23	250
Day Noah	Rice Cy	TD	1855	X	113	5 00
Dunn Wm B Sr	Snuffer V B	D	1855	X	27	75 24
Drummons Daniel	Treace Lewis J	D	1852	X	81	300 --
Dossett Robert el al	Wilson D	D	1853	X	95	88
Day C M	Wiley J B & J C	D	1857	X	559	8 00
Day Sarah	Wiley J B & J C	D	1857	X	561	2 00
Day Charles M	Wiley Robt et al	T	1857	X	565	5 00
Day Nancy et al	Brooks George W	D	1854	Y	29	450
Denney J F & wife	Burchfield M	PA	1857	Y	162	
Davis Charles J	Bracher John	D	1858	Y	482	500 --
Dickenson J D	Dickenson J S M	D	1858	Y	333	2000
Davis Harmon & wife	Darrberry Michal	D	1858	Y	361	1 00
Dunn John	Dunn Wm B	D	1854	Y	430	4 00
Dunn Wm	Dunn Mat	D	1858	Y	438	600 --
Dunsmore Margaret	Dunsmore Wm E	D	1858	Y	650	500 --
Dunn J	Easterly D et al	D	1856	Y	272	500 --
Day Nancy et al	Hurst Simpson	D	1856	Y	272	500 --
Dickenson E H C	Johnson Thos J	D	1848	Y	82	100 --
Dameron Sophea	Myers Vincent	BS	1858	Y	395	70 00
Davis Andrew	Mays Sterling	D	1858	Y	616	400 --
Davis Andrew	Robinson S M	D	1855	Y	60	28 90
Day Bryant	Trease L J	PA	1858	Y	454	--

Grantor	Grantee	Ins	Date	Book	Page	Amount
Davis Richard et al	Bowman Cornelias	B	1858	Z	227	1000
Day John & wife	Condry W H	D	1858	Z	167	333
Day John & wife	Corban W W	D	1858	Z	393	66 66
Day Caswell	Cockreham Thos G	D	1861	Z	478	1000 --
Davis Washington et al	Davis Walter	D	1851	Z	136	200
Day Nancy	Day Elisabeth	D	1859	Z	154	Love
Day Nancy	Day Elisabeth et al	D	1859	Z	155	Love
Dunn John	Dunn Benj	D	1856	Z	342	200 -
Devault John	Dunsmore Mathew	D	1861	Z	469	325
Devault John	Dunsmore E H	D	1863	Z	698	--
Dunsmore Preston	Grubb John	D	1860	Z	453	180
Day Samuel B	Jehue Hall	D	1863	Z	688	1000 --
Day Samuel B	Hopson Daniel & wife	D	1863	Z	696	400
Devault John	Hipsher Henry	D	1861	Z	526	1300 --
Dunsmore Preston	Lewis J B	D	1860	Z	673	500
Drummons Daniel	Mays J D	D	1858	Z	321	500 --
Day Caswell	Pike Benjamin	D	1860	Z	420	100
Dunn Franklin	Smith John	D	1830	Z	248	150
Day Samuel B	Shoemake Mark	D	1862	Z	620	500
Day J E it al	Stone W G	D	1863	Z	698	--
Dunsmore Preston	Walter J D	D	1860	Z	454	195

Grantor	Grantee	Ins	Date	Book	Page	Amount
Evans George	Baker Henry	D	1805	A	254	31 00
Evans Walter et al	Evans James Price	Birth	1806	A		
Evans W and J P		"	1806	A	199	
Evans Walter	Harrison Jonathan	D	1804	A	173	160 --
Evans Walter	Snuffer George	"	1804	A	143	30 00
Evans Jesse	Bradford Benj	D	1810	B	240	100
Evans George	Cheek Jesse	D	1808	B	104	75 --
Evans Jesse	Cardwell John	D	1810	B	315	60 00
Epperson Robert	Hoover Christena	D	1807	B	266	135
Epperson Robert	Nevels John	"	1807	B	106	40 00
Ewel Laton	Bayls Joel	D	1813	C	225	200
Earls S & J	Cain David Sr	D	1811	C	162	200
Evans George et al	Beaty Martin	A	1812	D	121	
Ewell Leighten	Bays Joel	D	1813	D	200	100 00
Edwards Lewis	Brock John et al	"	1807	D	217	500
Evans Walter et al	Botts John	"	1815	D	429	30 00
Evans Joseph	Coffett Daniel	"	1809	D	70	600 --
Evans Walter	Condry Dennis	"	1814	D	343	Deed
Evans Walter	Dobbs William	"	1812	D	104	15 00
Evans Walter	Dobbs John	"	1815	D	16	150
Evans Joseph	Evans Dennis	PA	1812	D	199	
Evans Walter	Fitch Abraham	D	1811	D	63	300 --
Evans Walter et al	Lathin John	D	1814	D	235	15 00
Evans Walter	Murphy John	D	1813	D	254	300
Evans Walter Clerk	Nichelson Samuel	D	1815	D	347	
Evans Walter et al	Powell Joseph	D	1814	D	270	50 c
Evans Walter et al	Tucker John	D	1814	D	269	Land
Evans Walter	Weaver William	BS	1813	D	65	200 00
Evans Walter	Yoakum George	D	1816	D	405	112 50
Evans Walter	Chadwell David	D	1817	E	145	3 00
Evans Walter	Casey John et al	D	1815	E	431	50c
Ely George	Ely William	D	1818	E	187	79 00
Evans Thos L	Evans Joe	PA	1820	E	433	
Evans John	Graham Hugh	D	1820	E	412	5 00
Evans Walter et al	Hopper Harmon		1814	E	61	
Evans John	Lewis William	D	1814	E	66	200 00
Evans Walter et al	Lewis Fielding	D	1814	E	285	1 00
Eads Archibal	Critchfield John	"	1820	F	234	1 00
Ewel Leighton	Cassell Jacob	"	1821	F	259	22 --
Evans Thos L	Evans Joe	PA	1820			
Ely Barton et al	Ely William	D	1819	F	98	227
Edwards Tuner	Ely William	D	1818	F	114	200
Evans Walter	Casey John	"	1815	G	92	Deed
Estes Micajah	Hurst John	"	1814	G	19	400
Ely William	Ely Barton	D	1828	H	435	11 00
Ely Isaac	Ely Catharine	D	1827	H	458	6 00
Evans Walter et al	Friar Daniel	D	1827	H	428	9 00
Ely Wm	Turner Wm	"	1825	H	137	2 00
Evans Elijah	Chisum Lewis et al	"	1831	I	580	25

Grantor	Grantee	Ins	Date	Book	Page	Amount
Evans John	--					
Eastridge John	Estridge James	D	1828	I	28	1 20
Ealy Solomon et al	Ely William	D	1828	I	35	3 20
Evans Walter	Stwart G & J	D	1828	I	13	15 00
Edwards Arther	Bullard C B	TD	1835	K	496	1 00
Evans Wm B	Cheek Corban	D	1831	K	467	2 50
England Thos & wife	Graham Hugh	D	1834	K	395	40 00
Evans Walter	Rose Ruben	D	1832	K	41	2 00
Evans Elijah	Sewell Benj	D	1829	K	44	55 00
Estis Elisha	Shakleford G P	D	1834	K	243	1 00
Evans Walter R	Evans Newton A	D	1833	L	376	2 00
Ellington David	Robertson Fields	D	1832	L	298	4 00
Ely Barton	White James	D	1836	L	171	3 00
Ely Barton	White James	D	1835	L	173	1 25
Edwards Arther	Bales Archibald	TD	1838	M	340	1 00
Edward A & O	Farmer John	TD	1838	M	339	1 00
Edwards Joshua	Fletcher Alford	TD	1838	M	408	62 00
Evans Elijah	Hansard R C	D	1838	M	345	65
Evans W & W R	Hooper William	D	1830	M	531	20 00
Englebarger William	McNeil George	D	1838	M	372	200 --
Edmonds Arther	Thomas Isaac	D	1833	M	15	459 59
Edward Spencer	Capps William	D	1838	N	31	100 -
Eastridge James	Furgerson James	D	1834	N	116	Gift
Eastridge James	Furgerson James	D	1832	N	117	Gift
Evans N A	Fultz John	D	1834	N	304	24 00
Ely Barton	Johnson Martin V	D	1837	N	1	362 62
Ellington David	Longmire Elijah	D	1835	N	188	2 50
Evans Newton et al	Neil William	TD	1840	N	199	1 00
Ely Barton	Smith James B	D	1838	N	263	30 00
England Wesley	Johnson Hiram	D	1837	O	98	75 --
Edward Joshua	Wheelis Josiah	TD	1840	O	70	20 00
Evans John	Evans William	D	1841	P	423	4 00
Evans Walter R	Houston William etal	TD	1841	P	13	314 --
Evans Walter R	Houston William	TD	1840	P	84	159 96
Ely A & E	Woodson A D	TD	1842	P	400	150 -
Evans Walter R	Bundren Rutha	D	1841	Q	24	223 12½
Eastridge Isaac	Fullington A	TD	1842	Q	84	1 00
Evans Walter R	Jones John	TD	1842	Q	274	1 00
Evans Walter R	Angel Nancy	D	1842	R	93	5 00
Ellington Nathan	Branscome Joseph	D	1843	R	388	4 50
Ely Robert & wife	Britton Levi	D	1842	R	347	200 --
Evans Ruth	Evans Wm W	BS	1842	R	115	Love
Evans James H	Evans Hamilton	TD	1843	R	335	76 96
Eastridge Lasson	Eastridge Terry	D	1841	R	359	100 --
Evans Elijah et al	Fields George	TD	1831	R	370	180 --
Evans Ruth	Godwin Jacob	TD	1842	R	24	7 30
Evans Ruth	Houston Wm	TD	1842	R	116	1 00
Evans Walter R	Houston Wm	D	1843	R	230	36 83

Grantor	Grantee	Ins	Date	Book	Page	Amount
Ely Solomon	Norvell Solomon	D	1834	R	181	100 --
Ely Elias et al	Sewell Benj	TD	1843	R	356	100
Evans George H	Bundren Green	D	1844	S	713	100 --
Eastridge Lawson	Cosby Wm	M	1845	S	518	100 --
Evans Ruth	Evans Hamilton	TD	1844	S	71	--
Evans Mary	Evans William	D	1844	S	173	Gift
Evans N A	Evans Walter R	D	1845	S	256	200 --
Evans H C	Epps William	D	1845	S	280	100
Epps Wm & wife	Easly John	D	1845	S	400	68 00
Evans James H	Easly John	D	1845	S	406	20 00
Evans Hamilton	Evans J P	D	1845	S	421	125 -
Eastridge Lawson	Eastridge J	D	1841	S	535	100 --
Easly John & wife	Epps William	D	1845	S	613	75 00
Eastridge Isreal	Eastridge Robt et al	D	1866	S	725	-
Evans William	Evans John (heirs of)	R	1844	S	246	325
Evans N A	Fullington A	D	1844	S	48	15 00
Evans Walter R	Graham Hugh et al	D	1844	S	181	385 76
Easly John & wife	Houston William	D	1846	S	621	110 00
Evans Henry C	Houston William	D	1846	S	627	50 00
Evans J H	Houston Wm	D	1845	S	647	50 00
Evans W R	Jones Penelope	TD	1845	S	299	--
Evans JamesH	Kirkpatrick Wm	D	1845	S	294	75 00
Ellington John	Lay Lewis	D	1822	S	410	300 --
Epps William	McAmis A A	D	1845	S	292	20 00
Eastridge J	Sewell Benj	D	1853	S	119	28 00
Evans H C et al	Sewell Benj	D	1845	S	555	117 00
Edwards Hiram	Thompson John	D	1825	S	157	80 --
Evans N T	Dean Ruben	R	1848	T	355	--
Evans LaFayett	Evans J H	D	1847	T	267	150 --
Evans Elijah (heirs)	Easly John	D	1847	T	271	350
Epps William	Evans Walter R	D	1847	T	417	1000 --
Evans Walter R et al	Epps Wm	D	1848	T	466	450 --
Evans Henry C	Easly John	D	1848	T	480	75 00
Eastridge James	Eastridge E & G W	D	1848	T	486	Love
Evans Walter R	Garrett Henry A	D	1847	T	226	99 97
Evans Lafayatt	Houston Wm	D	1847	T	276	175
Evans Walter R	Houston Wm	D	1847	T	293	235 --
Evans Walter R	Hurst Mark	D	1846	T	327	25 00
Evans Elijah	Hurst Allen	A	1848	T	434	1049 20
Evans J H	Kirkpatrick Wm	PA	1847	T	292	--
Ellison Thomas	Netherland John et al	D	1848	T	411	400
Evans George	Ritter John	D	1848	T	495	300 --
Evans N A	Vaden Wiley	D	1846	T	142	20 00
Evans N A	Waller Amos	D	1845	T	549	60 00
Eastridge Lawson	Cook Ruben	D	1848	U	62	200
Evans Henry C	Evans Hamilton	BS	1849	U	10	7 30
Eastridge Isaac	Easly John	TD	1849	U	28	187 28
Ely Elias	Ely Annias	D	1849	U	46	3 50
Evans W R	Evans N A	D	1849	U	346	100 --
Ely Elias	Ely Wm J	D	1850	U	409	160
Evans M R (Trustee)	Garrett Matilda	BS	1849	U	"	5 50
Evans W R	Goin Isaac	D	1847	U	177	--
Ellison Robert	Gower A J	L	1866	U	598	8 pr ct

Grantor	Grantee	Ins	Date	Book	Page	Amount
Ewing Samuel	Hansard Samuel E	D	1849	U	101	Love
Evans Henry C	Houston William	D	1849	U	106	30 --
Easly John	Houston Wm	TD	1849	U	123	450 --
Ewing Samuel	Hansard S E et al	D	1849	U	154	Love
Evans Elijah (heirs)	Houston Wm	D	1844	U	257	7 20
Evans Walter R	Kincaid William	T D	1850	U	243	5 50
Evans Walter R	Kincaid William	TD	1850	U	245	1205
Evans Walter R Trustee	Maynard Horace	D	1850	U	291	107 25
Easly John & wife	McAmis A A	D	1849	U	207	300 --
Evans LaFayatt	McAmis A A	T	1850	U	308	1 00
Elliott Hiram et al	Prichard Laban	PA	1849	U	109	-
Evans Newton A	Rogers A & C	D	1850	U	347	300
Evans James P	Shultz Jacob	D	1851	U	579	23 00
Easly John	White H G	D	1851	U	522	125
Evans Walter R	Yoakum E B	D	1849	U	183	12 55
Evans William	Breeding John	D	1850	V	72	8 00
Easly John & wife	Buchanan W R	D	1853	V	409	9 25
Evans Jesse	Day Samuel	TD	1851	V	245	300 --
Evans Wm W	Epp William	D	1852	V	273	100 --
Ellison B & E	Ellison Sarah	D	1849	V	327	100 --
Evans James	Epps William	D	1853	V	423	75 00
Easly John	Houston Hugh	D	1852	V	185	175 --
Easly John & wife	Houston Wm	D	1852	V	205	300
Epp Wm	Houston Wm	D	1853	V	224	75 --
Estes William	Jones Hugh	D	1853	V	268	125
Eads Thos	Russell R J	TD	1853	V	401	5 00
Evans N A	Buchanan C & M	D	1854	W	473	375
Estes Elisha	Collins Elinor	M	1853	W	106	-
Evans N A	Crocket Robt	D	1854	W	402	6000
Evans N A	Evans W R	D	1854	W	435	600 00
Evans J L	Fugate Jehiel et al	D	1855	W	565	475
Evans N A et al	Hodges James W & Z	D	1854	W	436	500 --
Evans N A	Miller Isaac	TD	1853	W	400	1 00
Estes William	McVey W S	D	1852	W	61	2 00
Estes Elisha	Neil William	D	1854	W	294	1 50
Evans J L & wife	Patterson J M	QD	1854	W	571	-
Evans Walter R	Cole James	D	1855	X	132	6 00
Eastridge Temothy	Cook Ruben M	D	1855	X	525	10 00
Evans W R	Dickenson J D	D	1857	X	582	-
Epperson J L & wife	Fugate Jehiel	PA	1857	X	529	-
Evans William	Houston William	D	1853	X	236	25 00
Epps William	Houston William	D	1855	X	402	2 00
Evans Wm W	Kirkpatrick Wm	D	1853	X	57	125 --
Evans J L	Kelly John M	D	1855	X	367	862 50
Evans John L	Kelly John M	D	1856	X	389	2 25
Evans Walter R	Kelly J M	D	1852	X	493	53 36
Evans Walter R	McClure Nathaniel	D	1855	X	130	600 --
Evans Jesse	Nunn Abner	D	1855	X	69	800 --
Ellis John M	Stone Thos H	D	1856	X	430	123 10
Evans Hamilton	Barnard S J	TD	1858	Y	352	5 00
Evans H	Barnard S J	TD	1858	Y	363	5 00
Eastridge Isaac	Buchanan W R	D	1858	Y	556	1 00

Grantor	Grantee	Ins	Date	Book	Page	Amount
Ely W J	Chumbly Lewis	D	1855	Y	98	60 ---
Ely W J	Ely Annias	D	1857	Y	120	162 50
Ely Balinda	Ely Annias	D	1857	Y	319	200 00
Evans Lou Ann	Evans Jesse	D	1859	Y	680	67 50
Evans George et al	Hurst Andrew	D	1856	Y	173	800 ---
Easly John & wife	Johnson Thos J	D	1857	Y	206	150
Epps Wm et al	Mining Co	C	1859	Y	631	-
Eastridge Timothy	Roark Timothy	D	1858	Y	459	500 ---
Eades Jesse	Thomas Isaac	D	1859	Y	634	150 ---
Ely Ananias	Wiley Robert	D	1854	Y	45	Land
Evans Walter R	Brown John	D	1856	Z	143	100 ---
Evans J P & W R	Brown John	D	1853	Z	146	200
Evans Jesse	Breeding Samuel	D	1858	Z	362	350 ---
Ely Elias	Huff Daniel	TB	1860	Z	191	-
Epps Wm	Houston Thos G	D	1860	Z	310	475
Evans W R	Kincaid John	D	1852	Z	24	-
Easly John	Moore Charles	D	1861	Z	663	225
Edwards Hiram	Neel William	D	1860	Z	251	1500 ---
Eastridge James	Roark Timothy	D	1859	Z	58	40 ---
Evans Tipton et al	Stone Wm	D	1862	Z	685	2060 ---

Grantor	Grantee	Ins	Date	Book	Page	Amount
Fitspatrick John Jr	Fitchpatrick John Sr	D	1802	A	72	102
Fitspatrick John	Jones John	D	1802	A	51	27 lbs
Fitspatrick	Jones John	D	1803	A	108	230
Fugate William	Parrott John	D	1804	A	166	60 00
Flanery Daniel	Wallen Thomas	"	1805	A	196	700 00
Fields David	Dunn Thomas	D	1808	B	124	4 00
Fields David	Huddleston Thos el al	D	1810	B	245	3 00
Forrast Richard	Forrast James	D	1811	C	237	35 --
Forrest Richard	Harper Richard	D	1813	C	259	100
Fitch Abraham	Shermas Thomas	D	1811	C	207	100
Flowers James	Ewel Laton	"	1811	D	47	160 00
Forrest James et al	Harper Richard	D	1811	D	76	150
Fletcher George	Jones Samuel	D	1812	D	237	250
Fields Richard	Nimrod Cyrus	D	1815	E	1	4 00
Fortner Levi	McDowell John	D	1817	E	225	300 00
Fitch Abraham	Wallis William	"	1819	E	382	700 --
Fugate Martin	Brasfield Dennis	D	1825	H	108	100- -
Furgerson Larkin	Crocket A & R	D	1820	H	62	320
Forgason John	Eastridge James	D	1825	H	134	96 00
Fields Jerremiah	Eastridge James	D	1827	H	350	20 00
Furgerson Larkin	Furgerson John	D	1824	H	76	60 00
Forrest James	Harp Elijah	D	1812	H	112	100
Forrest James	Harp Elijah	D	1812	H	113	200
Ferrell Joseph	Sowder Emanuel	"	1827	H	400	600
Forrell Joseph	Clark Peter	"	1826	I	169	299
Fugate Henly	Riley John	D	1829	I	139	100
Fugate Henly	Riley John	D	1829	I	140	20 00
Freeman Luke	Cottrell D C	D	1833	K	170	50 00
Farrell Joseph	Kincaid William	D	1833	K	93	450
Ferrell Joseph	Norvell Thos C	D	1831	K	565	500 --
Flemming James & wife	Houston William	D	1836	L	325	2200 00
Farris Robert et al	Montgomery James	D	1834	L	149	100
Fugate Henly	Croxdale Isham	D	1837	M	344	Gift
Felps Volentine	Felps Solomon	D	1827	M	26	133 00
Fulps George	Fulps Micheal	D	1836	M	79	200 00
Ferrell Joseph	Garrett Gray	DT	1837	M	233	-
Freeman James & wife	Jenkins Henry	D	1828	M	325	75 00
Farris Mable	Montgomery James	D	1836	M	96	150
Fullington David	McCrary B C	TD	1838	M	419	100
Ferrell Joseph	Owens William	D	1831	M	25	800 --
Fugate William	Riley John	D	1832	M	32	500
Fugate Martin	Snider John	TD	1838	M	325	85 15
Friar Thomas	Collins B G	D	1831	N	229	30 00
Freeman John	Chumbly Lewis	D	1839	N	233	250
Fugate Martin	Marcum Peter	TD	1839	N	53	53

Grantor	Grantee	Ins	Date	Book	Page	Amount
Fulps George et al	Lynch Lea et al	D	1840	O	46	5 00
Felps Micheal	Lynch Lewis	D	1828	O	108	75 00
Fullington Alex	Bullard Boyer	TD	1841	P	80	100 --
Fulkerson R C	Fulkerson James	PA	1839	P	289	- -
Fields George	Hurst A	TD	1841	P	301	420
Farrell Joseph	Kincaid John	D	1841	P	392	3000 --
Farrell Joseph	Lea Sally	BS	1840	P	362	650
Furgerson James	Roark William	D	1838	P	247	100 --
Farrell Joseph	Vanbebber Isaac	TD	1841	P	175	800 --
Furgerson James	Eastridge Lawson	D	1836	Q	132	105
Fugate Henly (estate of)	Fugate Heirs	A	1838	Q	287	-
Fullington Alex	Houston William	D	1843	Q	26	200 --
Furgason John	Marcum Peter	D	1842	Q	260	300
Ford George	Camp Ground Fords	D	1843	R	311	Gift
Fletcher Alford	Ely John T	DT	1841	R	37	160
Fultz John	Friar Thomas	TD	1842	R	64	100 --
Frost John	Goin John	D	1839	R	363	150 --
Freeman John	Norvell Thos C	T	1843	R	191	100
Freeman John	Neil William	TD	1841	R	380	1 00
Farmer John	Thomas W S	TD	1843	R	296	5 00
Farmer John	Thomas W S	T	1843	R	308	5 00
Friar Thomas	Whiteaker William	D	1831	R	145	100
Fugate Elisabeth	Wyrick John	D	1831	R	234	100 --
Farmer James	Baker Wm	D	1846	S	633	50 00
Fields S & wife	Collins J	D	1844	S	521	75 00
Fairchilds Joel	Fairchild Elijah	D	1843	S	8	1 00
Farmer Micheal	Farmer Aqulla	D	1843	S	81	100
Ford George	Ford Wiley A	D	1839	S	92	150
Fugate Racheal et al	Fugate Henly	D	1846	S	669	1000
Ferrell James	Huffaker Peter	D	1845	S	206	120 --
Ferrell James	Huffaker Peter	D	1845	S	206	120
Fortner Jonathan	Lanham Sarah	D	1844	S	83	2 00
Fugate Racheal	Parkey Peter	D	1846	S	670	5 00
Fults John	Roark Jerry	D	1845	S	336	3 00
Ferrell Joseph	Sharp David	D	1834	S	476	116
Farmer John	Thomas Isaac	D	1843	S	217	623 20
Fugate William	Croxdale Isham	D	1848	T	416	10 --
Farchilds James M	Fairchilds Wayne	D	1843	T	67	150
Fugate Racheal et al	Hobbs Solomon	D	1846	T	27	150
Fulks D & N	Marcum Peter	D	1847	T	297	5 00
Friar Thos	Owens Raymond	D	1818	T	567	150
Ferrell Jonathan	Wiley Robert	D	1845	U	385	500 --
Farrell Jonathan	Ausmus Hiram	D	1848	U	385	600
Fletcher George	Cain Hugh	D	1850	U	241	350
Fullington Alex	Estridge Timothy	D	1849	U	150	200 --
Fortner Jonatha	Fortner James	D	1849	U	176	300
Ferrell Joseph	Ferrell R G	A	1849	U	201	-
Fullington Alex	Furgerson James	D	1849	U	349	20 00
Farchilds Wayne	Howerton Richard	D	1849	U	8	-

Grantor	Grantee	Ins	Date	Book	Page	Amount
Fatchilds Wayne	Howerton Richard	D	1849	U	9	- --
Fox Aquilla	Harmon L	TD	1849	U	79	1 00
Farmer John	Harrell Calvin	D	1844	U	470	50 --
Fugate W & Bullard W	Parks Levi	D	1850	U	265	533 --
Fuller Bartholimen	Rojan Sheop	TD	1849	U	17	1 00
Fullington Alex	Rose G W	D	1849	U	33	6 00
Fullington Alex	Rose George W	D	1849	U	92	500 --
Fults John	Roark Timothy	D	1850	U	334	200 --
Friar Thomas	Brooks Andrew	D	1844	V	201	18 00
Ford Wiley A	Cupp Charles S	D	1845	V	67	200 --
Ford George	Ford James P	D	1851	V	136	200
Fields Edward	Hurst John	D	1851	V	247	25 00
Fugate William	Mehaffy Joseph	D	1852	V	236	5 00
Fultz John	Owens John	D	1850	V	162	100 --
Fletcher Geo R	Walter Levern et al	D	1851	V	321	300 --
Fulkerson F M admr	Bullard Barthena	D	1853	W	225	- --
Fortner James	Cupp Jacob	D	1852	W	82	180
Ford George	Ford James P	D	1853	W	37	350 --
Ford George	Ford Wm P	D	1853	W	159	400 --
Fugate Jehuel	Fugate Henly	D	1854	W	251	25 00
Fortner Jonathan	Kelly Evans & Co	A	1854	W	282	
Fortner James	Kelly Evans & Co	A	1854	W	297	
Fulps Solomon	Lankford J C	D	1854	W	506	30 00
Friar Thomas	Monday Elisabeth	D	1851	W	40	100 -
Fulps Valentine	Myers Vincent	D	1853	W	330	250 --
Fugate William	Riley William Sr	D	1854	W	316	---
Flenning Byrd M	Rogers James	D	1824	W	335	140
Fox Aquilla	Thomas David	D	1852	W	188	275 --
Fulkerson F M Admr	Bullard B et al	D	1855	X	233	-
Fulps Valentine	Birdseye E et al	L	1854	X	317	
Furgerson James	Bussell Chas	D	1856	X	336	75 --
Freeman Hugh L	Blackborn W A L	T	1856	X	391	1 00
Fugate Wm	Cloud Leander	D	1852	X	158	400
Fulkerson F M C & M	Devault Abraham	D	1855	X	169	-
Fults Volentine	Fulps George (Heirs)	D	1856	X	337	250 --
Friar Thomas Gurd	Jones W E et al	D	1855	X	223	25 --
Fox Aqilla	Lewis William	D	1856	X	496	310
Fullington Alex	Neil William	TD	1855	X	22	483 28
Friar Thomas	Owens Raymond	D	1855	X	184	75 --
Freeman John	Sharp Christian	D	1854	X	116	450
Foyth Joseph	Yoakum Thomas	D	1845	X	92	150
Fullington Alexander	Buis Joseph	D	1858	Y	603	190 --
Fulkerson F M	Cloud B F	D	1858	Y	347	-
Fulkerson F M	Creach Richered	TB	1858	Y	584	1000
Fugate Jehiel	Day J E et al	TB	1853	Y	537	10000
Furgerson John	Evans N A	D	1840	Y	322	10 00
Findley W S	Epps Wm	TD	1858	Y	408	1 00
Fullington A	Fulkerson F M	D	1858	Y	284	5 00
Fugate Jehiel	Hawthorn H T	R	1856	Y	40	- --
Fields Obediah	Willis Terry	D	1841	Y	197	1 00
Freeman H L	Blackborn W A	TD	1860	Z	331	190 25
Fields Edward et al	Brooks James	D	1853	Z	631	75 --

Grantor	Grantee	Ins	Date	Book	Page	Amount
Fields Jacob	Brooks James	D	1854	Z	632	25 00
Fults, M M	Branham John	D	1863	Z	699	4 00
Fulkerson F M	Cloud B F	D	1859	Z	281	37 50
Forgerson John	Cloud B F	D	1859	Z	289	200 --
Fugate Wm	Campbell Wm	D	1852	Z	617	13 00
Fulkerson F M	Evans W R	D	1862	Z	665	350
Ford George	Ford Isaac	D	1855	Z	14	2 00
Fulps Volentine	Fulps Augustin	D	1859	Z	170	6 50
Fortner James	Fortner John	D	1860	Z	266	4 00
Freeman H L	Fukerson W H	TD	1860	Z	322	25 00
Ford Wiley A	Fortner John	D	1860	Z	399	135
Fullington Alex	Fulkerson F M	TD	1860	Z	499	416 40
Fulkerson F M (Trustee)	Fullington Elisabeth	D	1861	Z	506	- --
Ford George	Ford JamesP et al	D	1861	Z	583	1 00
Fortner John	Goin Sterling	D	1862	Z	709	35 00
Forester G C et al	Aarrmon Wm	D	1857	Z	174	2 00
Fulkerson F M	Hodges Z	D	1859	Z	86	4 00
Fultz John	Lanham P L	TD	1860	Z	349	5 00
Fultz John	Lanham P L	TD	1861	Z	574	1 00
Fulkerson F M adm	Marcum Peter	D	1859	Z	122	- --
Fletcher David	Minton S & L	D	1859	Z	179	3 00
Fultz John	Mason Lewis	D	1860	Z	244	42
Fletcher David	McNeil Wm M	D	1859	Z	295	1300 -
Fulps Volentine	Simmons J C	D	1859	Z	240	120
Fulkerson F M	Sewell Houston	D	1860	Z	410	5 0
Fletcher Wm	Sharp Nicholas	D	1860	Z	598	1500 --
Fugate Jehiel	Venable J M	D	1860	Z	283	205

Grantor	Grantee	Ins	Date	Book	Page	Amount
Glasgow James	Ashley Edward	D	1805	A	244	30 00
Glasgow James	Ashley Edward	"	1805	A	245	25 00
Grubb John	Boyer Micheal	"	1806	A	6	150
Glasgow James	Brooks John	"	1805	A	29	10 00
Glasgow James	Brock John	"	1805	A	231	20 00
Glas Joseph	Baker Henry	D	1805	A	231	1 00
Glasgow James	Barnes Thomas	D	1805	A	251	50 00
Guest Joseph	Carpenter Jesse	D	1805	A	10	375 --
Glasgow James	Chadwell David	D	1805	A	20	51
Glasgow James	Edwards Lewis	"	1806	A	53	12 00
Glasgow James	Evans Walter	"	1806	A	284	100 00
Glasgow James	Evans Walter	"	1806	A	365	150 00
Glasgow James	Goin William	"	1805	A	3	20 00
Glasgow James	Harper Richard	"	1806	A	261	25 00
Gilpin George et al	McIver John	D	1803	A	179	
Gibbs Daniel	McNutt Alexander	D	1801	A	222	75 00
Gibbs David	Rice Martin	D	1805	A	205	215
Glasgow James	Stillings Griffin	"	1805	A	232	16 66
Gossage William	Shelton William	"	1806	A	258	805
Gossett Edmon	Troxel Daniel	"	1807	A	318	200 00
Glasgow James	Williams William	"	1805	A	16	50 00
Glasgow James	Whiteaker Robert	"	1805	A	252	10 00
Glasgow James	Campbell Jeremiah	D	1808	B	115	75
Greening Ruben	Dougherty John	BS	1808	B	222	4 00
Glasgow James	Evans Walter	D	1809	B	153	30 00
Glasgow James	Gowing William	D	1809	B	136	100 --
Glasgow James	Lay David	"	1808	B	117	60 00
Glasgow James	Lay David	"	1795	B	38	400 00
Gowen William	Mayes Thomas	"	1808	B	61	660 00
Gowen William	Mayes & Bridges	"	1808	B	62	1550 00
Glasgow James	Powell Thomas	"	1805	B	159	32 00
Glasgow James	Adair John	R	1812	C	245	
Glasgow James	Adair John	PA	1811	C	248	
Glasgow James	Botts Seth	D	1811	C	194	60 00
Glasgow James	Botts John	D	1811	C	208	25 00
Glasgow James	Cadle Mash	D	1811	C	78	75 --
Glasgow James	Clark Silas	D	1810	C	140	10 00
Glasgow James	Critchfield Richd	D	1811	C	205	25 --
Glasgow James	Davis Nathan	D	1811	C	166	17 50
Glasgow James	Dameron Christo	D	1811	C	176	20 00
Glasgow James	Forrest James	D	1811	C	235	25 00
Glasgow James	Goin Uriah & L Goin	BS	1811	C	36	50 00
Glasgow James	Givens Edward	D	1811	C	191	30 00
Glasgow James	Gray John	D	1811	C	203	35 --
Glasgow James	Henderson Wm	D	1810	C	4	4 50
Glasgow James	Harper John	D	1810	C	94	75 --
Glasgow James	Harper Willis	D	1811	C	96	14
Glasgow James	Hurst Thomas	D	1810	C	113	10 00
Glasgow James	Majors Nancy	D	1809	C	115	30 --
Glasgow James	Perry Nathan	D	1811	C	221	37 00
Glasgow James	Smith Hezekeah	D	1811	C	200	25 00
Glasgow James	Wallas William	D	1812	C	218	100
Glasgow James	Wallace William	D	1817	C	225	100
Glasgow James	Williams Nancy	PA	1812	C	246	

Grantor	Grantee	Ins	Date	Book	Page	Amount
Glasgow James	Adams Jacob	D	1810	D	16	22 00
Glasgow James	Anderson Thomas	"	1813	D	342	15 00
Griffeth James	Brassfield John	D	1811	D	1	115 --
Glasgow James	Bunch Martin	"	1811	D	10	100 --
Glasgow James	Bridges William	D	1812	D	38	40 00
Glasgow James	Bridges Thomas	"	1812	D	44	40 00
Goss John	Breeding John	D	1812	D	187	436 --
Glasgow James	Critchfield Palmer	"	1811	D	32	25 00
Glasgow James	Condry Dennis	"	1810	D	57	500 --
Glasgow James	Collins David	"	1812	D	186	25 00
Glasgow James	Cardwell John	D	1813	D	194	50 00
Glasgow James	Condry Dennis	"	1812	D	345	50 00
Glasgow James	Davis Elnathan	"	1812	D	336	25 00
Glasgow James	Evans Walter et al	"	1809	D	210	2 00
Glasgow James	Goin William	"	1812	D	142	50 00
Griffith James	Griffith Aaron	"	1812	D	358	Love
Glasgow James	Harper Richards	D	1812	D	81	10 00
Glasgow James	Hurst Abraham	D	1812	D	419	25 00
Glasgow James	Jones Jesse	D	1811	D	128	25 00
Glasgow James	Lickliter Peter	D	1811	D	54	15 00
Glasgow James	Latham John	D	1812	D	61	15 00
Glasgow James	Lebow John	D	1811	D	133	50 00
Glasgow James	Mays Thomas	D	1811	D	37	20 00
Glasgow James	Monday Arther	D	1811	D	135	50 00
Glasgow James	Moore Daniel	D	1812	D	274	25 00
Glasgow James	Moore Samuel	D	1814	D	428	Deed
Glasgow James	Savage William	D	1810	D	162	40 00
Glasgow James	Stallings William	D	1813	D	337	15 00
Glasgow James	Tucker John	D	1813	D	109	20 00
Glasgow James	Wright James	D	1809	D	155	75 00
Glasgow James	Whitehead Thos	D	1811	D	159	25 00
Glasgow James	Yoark William	D	1810	D	264	25 00
Glasgow J W	Arnell William	A	1820	E	406	
Glasgow James	Bullard John	D	1812	E	150	5 00
Glasgow James	Condry John	D	1812	E	26	10 00
Glasgow James	Collensworth John	D	1812	E	90	25 00
Gross John	Carpenter James	D	1818	E	186	500 --
Goin William	Cardwell John	D	1818	E	274	100
Glasgow James	Casey John et al	D	1813	E	429	50 00
Glasgow James	Dobbs John	D	1814	E	17	25 00
Glasgow James	Davis Elnathan	D	1820	E	189	20 00
Glasgow James	Damron Christopher	D	1814	E	235	250
Glasgow James	Monday Arthur	D	1815	E	12	20 00
Glasgow James	Murphy John	D	1811	E	129	7 50
Graham William	McCubbin Zack	BS	1819	E	401	800 00
Glasgow James	Rogers William	D	1813	"	22	70 00
Glasgow James	Brown William	PB	1820	F	53	--
Glasgow James W	Bullard John	D	1820	F	156	60 --
Glasgow James	Casey John	"	1810	F	26	150
Graham Hugh et al	Collingsworth Covington	"	1823	F	238	289
Glasgow James W	Day Ranson	"	1820	F	42	60 --
Glasgow James W	Graham Hugh	D	1820	F	47	100 00
Glasgow James W	Graham Hugh	D	1820	F	82	25 00

Grantor	Grantee	Ins	Date	Book	Page	Amount
Glasgow James W	Graham Wm	D	1820	F	83	20 00
Glasgow James W	Hodges Biddy	D	1820	F	72	50 00
Graham William et al	Hill William	QD	1821	F	135	--
Glasgow James W	Harper Ruben	D	1820	F	144	1 00
Glasgow James W	Jennings Edward	D	1820	F	156	30 00
Glasgow James W	Lewis Fielding	D	1820	F	109	41 00
Glasgow James W	Lickliter Peter	D	1820	F	126	15 00
Glasgow James	Moore Nathaniel	D	1820	F	110	1 00
Glasgow James	Moore Jonah	D	1821	F	213	40 00
Glasgow James	Moore Jonah	D	1821	F	315	25 00
Glasgow James	McMinn Nancy et al	W	1820	F	21	
Glasgow James	Stallings William	D	1820	F	132	1 00
Glasgow James	Stone Thomas	D	1811	F	249	50 00
Glasgow James W	Thompson John	D	1820	F	148	4 00
Glasgow James W	Bullard Wm	D	1820	G	114	15 00
Grubbs John	Boyers Abraham	"	1821	G	132	170
Glasgow James W	Day Ransom	"	1820	G	113	15 00
Glasgow James	Day Ranson	D	1821	G	223	30 00
Glasgow James W	Huddleston David	"	1821	G	67	50 00
Glasgow James W	Hurst Elijah	"	1820	G	79	10 00
Glasgow James W	Huddleston John	"	1820	G	130	60
Glasgow James W	Hopson Daniel et al	"	1820	G	135	65
Glasgow James W	Housley Isaac	"	1820	G	195	15
Gowey Stannley P	Houston Wm	BS	1822	G	182	266 25
Glasgow James W	Jennings Dickson	D	1821	G	91	10
Gipson George	Jones Samuel	"	1819	G	12	2 50
Glasgow James W	Murphey Wm	"	1820	G	90	40
Glasgow James W	Moyes Thos	D	1820	G	197	6 00
Grubbs John	McBee Isaac	"	1820	G	142	-- --
Glasgow James	Noel Alford		1820	G	115	40 00
Glasgow James W	Noel Alford	"	1820	G	117	50
Glasgow James	Ousley Stephen	"1	1812	G	139	25
Glasgow James W	Rose Reuben	"	1820	G	31	45
Guttery J & W	Yoakum Isaac	"	1822	G	175	300
Graham Wm et al	Davis Aaron	D	1826	H	238	280
Givens Zack et al	Fairchilds Joel	D	1824	H	296	100
Given Zack et al	Fairchilds Joel	D	1825	H	288	120
Glasgow James W	Goin William	D	1820	H	57	6 00
Glasgow James W	Goin William	D	1820	H	58	6 00
Glasgow James W	Goin William	D	1820	H	59	100 --
Gobble William	Gobble Abraham	D	1826	H	337	50 00
Glasgow James	Graves John	D	1813	H	430	27 00
Goble William	Grimes James	D	1826	H	46	50 00
Glasgow James W	Hurst John	D	1820	H	25	25 00
Glasgow James W	Harrell Drury	D	1825	H	87	40 00
Goin William	Harris John	D	1826	H	443	180
Goin James Sr	Harris John	D	1825	H	448	200
Gray Clarisey	Hart Elisha	D	1827	H	451	50 00
Glasgow James W	McCubbins John	D	1820	H	70	45 00
Glasgow James	Simmons John	D	1821	H	279	35
Glasgow James	Simmons John	"	1821	H	281	10 00
Graham Wm et al	Stone Susanna	"	1824	H	103	325
Garrett Gray	Stewart J & G et al	"	1827	H	360	436

Grantor	Grantee	Ins	Date	Book	Page	Amount
George Robt	Beaty Wm	BS	1828	I	126	400
Gratton Henry	Davis Joseph	D	1828	I	259	200
Gouge William	Evans George et al	D	1828	I	3	165
Graves Jacob	Graves John	TD	1832	I	413	1 00
Graham H & Co	Huff Daniel	BS	1829	I	51	350
Gibson Drury	Houston William	D	1832	I	506	105 -
Graham William et al	Monday James	D	1830	I	273	262
Garrett Gray	Payne Henry	BS	1833	I	572	51
Graham William et al	Robenson Comfort	D	1832	I	434	115 00
Glasgow James W	Thompson John	D	1813	I	386	50 00
Graves John	Garrett Gray	TD	1833	K	12	1 00
Graham John	Graham Hugh	DT	1834	K	289	95 00
Graves John	Graham William	TD	1834	K	311	1 00
Graham William	Graham Hugh	R	1834	K	365	1 00
Gibson Drury	Hunt John	TD	1831	K	251	1 00
Grimes John	Mannon William	D	1833	K	247	1 00
Gibson George	McClary Andrew	PA	1835	K	413	- --
Gibson Drury	Patterson James M	D	1827	K	71	35 --
Grubb Polley	Rogers Joseph	D	1833	K	521	50 00
Grubb William	Rogers Joseph et al	D	1833	K	535	50 00
Grubb Mary	Rogers Joseph	D	1834	K	536	50 00
Graham Hugh	Banders Isaac	D	1832	K	259	50 00
Gresham Robert	Barnard George	D	1817	L	222	200
Grimes William	Cloud B F	BS	1835	L	381	1000 --
Gresham Charles	Gresham Robt	D	1819	L	221	50 00
Goin Burton	Goin Pleasant	D	1836	L	350	160
Graham Hugh	Huff Daniel	R	1835	L	44	2800 00
Graham Hugh	Huff Daniel	R	1835	L	55	- --
Graham William	Jones Daniel	R	1835	L	124	387 59½
Graham Hugh	Sanders Isaac	D	1830	L	93	50 00
Garrett Lewis A	Adkins Harrison	D	1836	M	177	100
Glasgow James	Arwine Albartens	D	1811	M	212	8 50
Gibson Drury	Buthcer J B	D	1837	M	256	160
Graham Hugh	Blain Jesse B	D	1838	M	285	150
Garrett L A C & M	Beeler Woolry (heirs)	D	1838	M	379	- --
Gibbins John	Cain William	D	1833	M	84	50 00
Goings Uriah	Carr John	TD	1839	M	522	1 00
Garrett Gray	Carr John	R	1839	M	520	
Graham William et al.	Dotson Samuel	D	1833	M	85	300
Gibson Drury	Garrett L A	TD	1836	M	47	83
Gibson Drury	Garrett L A	TD	1836	M	47	88
Gibson Drury	Graham Hugh	BS	1838	M	488	133 00
Goin Uriah Jun	Goin Levi	D	1839	M	546	200 00
Graham William	Houston William	D	1837	M	168	1000 00
Graham Hugh et al	Hurst Charles	D	1830	M	268	286
Grower John C	Hooper James T	D	1823	M	385	150
Glasgow James W	Hobson Daniel et al	D	1820	M	440	65 00
Gilbert James	Houston William	D	1839	M	554	400
Graham Hugh	Kibert John	D	1839	M	525	150
Graham William	Marcum Peter	D	1836	M	35	75 00
Gibson Drury	Marcum Peter	TD	1837	M	263	1 00
Goin Levi	Philps Micheal	D	1833	M	79	125
Graham Hugh	Peck Peter	D	1838	M	361	1 00

Grantor	Grantee	Ins	Date	Book	Page	Amount
Goins G J	Ritchie Joseph	M	1836	M	50	-- --
Graham William	Sewell Benj	D	1837	M	167	400 00
Gibson Samuel et al	Shoemate Mark	D	1833	M"	314	60 00
Graves Sebastin	Stiner Henry	D	1838	M	464	407 51
Graves Boston	Sewell Benj	TD	1838	M	367	1 00
Gibson Tenny	Alexander D B	D	1839	N	222	1 00
Gibson Burrell	Alexander D B et al	D	1839	N	224	1 00
Grose Close Peter	Chumbly John	D	1839	N	199	8 50
Green John	Lane J C	D	1839	N	315	600 --
Goin William	Keck John	D	1839	O	330	300 --
Gibson Samuel	Owens Christian	D	1840	O	19	220 --
Grarland Pryor	Johnson T J	TD	1841	P	91	1 00
Gollehorn Isaac	Plank Christian	D	1827	P	89	300
Gibson D	Shultz George	TD	1841	P	167	21 33
Gibson Archibald	Evans W R	TD	1842	Q	228	1 00
Graham Hugh	Houston William	PD	1841	Q	50	-- --
Graham Hugh	Hansard R C	L	1842	Q	106	193 90
Goin Richard D	Lynch George	D	1841	Q	28	150
Goin Richard	Lynch George	D	1841	Q	30	150 --
Gibson Drury	Marcum & Lane	D	1842	Q	41	265 40
Graham Hugh	Nunn Wharton	D	1841	Q	249	150 --
Goin Isaac	Evans W R	TD	1842	R	25	1 00
Goin Levi	Evans W R	TD	1842	R	88	1 00
Glasgow James	Graves John	D	1813	R	346	78 --
Gibson Drury	Graham Hugh	D	1843	R	401	300
Garrett L A C & M	Kincaid John	D	1843	R	197	-- --
Goodman Sampson & wife	Lingar J H	D	1842	R	65	1 00
Gilmore Robt N	Ridge Ransom	PA	1843	R	341	-- --
Graves Solomon	Sharp John	D	1842	R	358	150 --
Gibson Samuel	Surry Peter	D	1834	R	407	500 --
Graves Boston	Thomas Isaac	D	1843	R	153	55 00
Garrett Gray	White Joseph	TD	1843	R	22	5 00
Gibson Samuel	Woodson Wm	D	1838	R	166	9 00
Graham Hugh	Baptist Church Tazewell	D	1845	S	373	
Grimes Wm	Brown John	D	1840	S	547	50 --
Goin Levi	Cloud B F	TD	1843	S	1	1 00
Gillispie Simon	Chapman W B	TD	1845	S	337	-- --
Grimes Wm	Cardwell Wm	TD	1844	S	477	25 00
Garratt Gray	Evans W R	TD	1845	S	426	1 00
Gibson D D	Easley John	DB	1845	S	448	1 00
Graham John	Graham John W	D	1844	S	126	500 --
Garrett Gray	Graham William	T	1835	S	127	485
Graham J W & J	Graham Hugh	B	1830	S	130	400
Gallahorne George (Heirs)	Hopkins Isaac	D	1842	S	102	350
Gibson D D	Hooper J F	TD	1846	S	593	4 00
Garrett L A C & M	Hodges James	D	1846	S	631	254
Garrett Gray et al	Houston William	B	1846	S	717	396
Goin Isaac	Keck Phillip	D	1837	S	641	50 --
Gibsonson Drury	Marcum Wm	D	1836	S	45	50 --

Grantor	Grantee	Ins	Date	Book	Page	Amount
Goin Levi	Marcum Peter	TD	1844	S	160	317 --
Gibson Drury	Marcum Peter	TD	1845	S	288	1 00
Garrett L A C & M	Moore David	D	1841	S	393	- --
Goin William	Marcum Peter	T	1846	S	457	5 00
Goin William	McAmis A A	TD	1840	S	6	5 00
Gray William	McConkey John	D	1834	S	9	94 00
Greer W W Sheff	McClary Andrew	D	1845	S	229	13 72
George Robert	Ross F A et al	D	1843	S	87	8 50
Gilbert Joseph & wife	Rhea John	D	1845	S	274	50 --
Greer William W Sheff	Sewell Benj	D	1844	S	89	321 15
Greer W W Shff	Sewell Benj	D	1844	S	185	25 00
Graves Boston	Sharp Isaac	D	1843	S	398	230
Greer W W Shiff et al	Sewell Benj	D	1846	S	552	126
Goin John	Walker Jonathan	D	1844	S	122	178
Grimes Henry	Wineger David	D	1845	S	308	100 --
Garrett L A C & M	Barnard George	D	1847	T	111	
Graham Hugh	Burchfield Wm	D	1846	T	146	400 15
Graham Hugh	Campbell George	D	1847	T	312	125
Graham Hugh	Dunn W B	D	1847	T	151	375
Garrett Gray	Evans Walter R	D	1847	T	225	100
Goin W & L	Felps Volentine	D	1847	T	456	15 00
Goin Levi Sr	Goin L & W	D	1845	T	79	44 81
Garrett L A C & M	Gist Joshua H	D	1847	T	93	- --
Goin Levi	Goin S & E	BS	1847	T	155	150 --
Gibson Drury et al	Gibson Isham	D	1847	T	177	90 --
Garrett L A C & M	Garrett Matilda	D	1847	T	303	- --
Goin L & W	Goin Richard D	D	1844	T	530	150 --
Gibson James et al	Gibson W R	D	1848	T	531	- --
Gray Lucy A	Harp Elijah	D	1847	T	189	20 --
Goin Isaac	Houston Wm	D	1847	T	335	343
Goin Isaac	Hitson Thomas	DT	1848	T	484	5 00
Garrett L A C & M	Kincaid Wm	D	1847	T	90	- --
Greer W W Shff	Kincaid Wm	D	1847	T	96	1000 --
Grimes William	Moore Samuel	D	1846	T	210	700 --
Graves Peter	Russell R J	TD	1847	T	391	5 00
Graves John	Russell R J	D	1847	T	392	5 00
Goin William	Rose George W	TD	1848	T	440	5 00
Gibson Drury et al	Sewell Benj	D	1847	T	174	450 --
Graham Hugh	Stiner Henry	D	1847	T	199	17 50
Goin William	Skaggs Solomon	D	1848	T	528	300 --
George Robt	Turner William	D	1848	T	363	15 00
Garrett Lewis A	Burchfield Martin	D	1850	U	253	85 00
Glass George H	Dickenson John S M	D	1850	U	140	1 00
Gray Luch Ann	Dickenson John S M	D	1850	U	372	- --
Guthry John	Ely A & E	D	1848	U	38	75 --
Gibson Archibald	Evans Walter R	T	1850	U	350	1 00
Goin Isaac	Fortner Jonathan S	D	1847	U	178	300
Goin Richard	Ford George	D	1849	U	225	200 --
Goin Levi	Goin Wilson	D	1850	U	328	312 --
Gibson W R	Gibson Z S & T S	D	1850	U	478	125
Garrett L A C & M	Hurst Allen	D	1848	U	75	125
Graham Mariah	Johnson Thos J & wife	D	1849	U	181	Love
Goin William	Kirkpatrick Wm	BS	1849	U	25	974 00
Goin Burton	Moore Samuel	D	1840	U	562	145 --

Grantor	Grantee	Ins	Date	Book	Page	Amount
Graves John	Nash Arther	D	1849	U	232	4 00
Gibson Samuel	Woodson William	D	1849	U	56	25 00
Garrett Lewis A	Whiteted William	D	1850	U	424	100 --
Goin John A	Burk James	D	1851	V	256	450 --
Graham Thos P	Buchanan W R	R	1852	V	278	- --
Goin Richard D	Ford Wiley A	D	1850	V	19	200
Grimes John	Grimes William	D	1850	V	17	50 00
Gibson Enoch & wife	Gibson W R et al	D	1851	V	76	200
Goin Levi	Graham Thos P	TD	1851	V	77	1 00
Gipson Enoch & wife	Gibson W R & Bro	D	1852	V	210	200
Goin Levi	Goin Wilson	BS	1852	V	246	4 00
Goin Wilson	Goin Levi	BS	1852	V	278	
Goin Richard B	Goin S & E	D	1848	V	325	50 --
Goin William	Hall John	D	1849	V	143	120
Goin Francis M et al	Hall John	D	1851	V	144	220
Gibson Isham	Jones Hugh	D	1852	V	175	271
Gibson Drury D	Jones Hugh	D	1852	V	267	- --
Goin Levi	Johnson Thos J	D	1852	V	402	4 50
Graham Hugh Admrs &c	McAmis A A	D	1852	V	184	3 50
Graham William	Nunn Henry	D	1840	V	274	100 --
Goin William	Owsley Spencer	D	1851	V	92	2 25
Greer W W	Plemming Lavina	D	1851	V	47	96
Goin Levi	Priddy G W	D	1852	V	250	150
Goin Wilson	Priddy G W	D	1850	V	327	500 --
Garland Pryor	Rose G W	TD	1852	V	363	1 00
Goin Levi	Soard Henry	D	1852	V	311	420
Garland Pryor	Bowsher Elisha	D	1853	W	22	500
Garrett L A	Buchanan Andy	TD	1853	W	31	600
Goin Wm	Buchanan W R	D	1853	W	138	8 75
Greer Wm W Shff	Brooks Gideon	D	1854	W	396	29 50
Graham Hugh	Breeding John	D	1854	W	461	400 --
Greer Wm W Shff	Farmer Hugh	D	1854	W	437	10 60
Goin Wilson	Jesse John F	D	1854	W	318	500 --
Graham Mariah	Johnson Thos J & wife	D	1852	W	554	175
Graham Hugh	Margraves Tennessee	D	1855	W	518	300
Garrett L A C & M	Owen Wm	D	1854	W	363	525 --
Goin/et al E	Payne W G	T	1855	W	547	260 --
Garland Pryor	Reddy P N	TD	1854	W	445	100 --
Graves John	Reuse Alex	D	1855	W	555	40 --
Green John	Sharp Nicholas	D	1853	W	144	225
Green Joseph	Sharp Nicholas	D	1853	W	145	250
Graham Hugh	West John Jr	D	1854	W	247	96
Graham Hugh	Chittum Wesley	D	1856	X	505	120
Greer W W Sheff	Devault Abraham	D	1855	X	167	-
Graham Hugh	England Wesley	D	1856	X	467	200 --
Givens John	Farmer Micheal	D	1834	X	75	60 --
Garrett Henry A	Fulkerson F M	D	1851	X	574	- --
Greer W W Sheff	Graham Hugh	D	1855	X	1	127 --
Goin Levi	Goin Calip	D	1855	X	178	Love
Gilbert A B et al	Gibson W R et al	D	1855	X	196	16 00
Gibson Z S & T S	Gibson W R	D	1850	X	201	- --
Gibson W R & T S	Gibson Z S	D	1855	X	205	- --
Gibson W R & Z S	Gibson T S	D	1855	X	207	- --

Grantor	Grantee	Ins	Date	Book	Page	Amount
Gray Mary	Gray John	PA	1856	X	268	- -
Green Ewell	Loveless John	D	1856	X	282	185 --
Going William	Murphey B F	D	1855	X	155	36 00
Greer W W Sheff	Maynard Horace	D	1857	X	534	5 00
Graham Hugh	Overton W T	D	1856	X	270	191
Greer W W	Parker John B3	BS	1856	X	340	11 00
Garrett L A	Rice C Y	D	1854	X	249	700 --
Greer Wm W Sheff	Simmons Wesley	D	1855	X	38	18 19
Gibbs Daniel et al	Sharp Isaac	D	1841	X	411	2 30
Gill Samuel	Brown John	D	1857	Y	75	80
Greer W W Sheff	Buchanan John	D	1859	Y	691	152 88
Grimes Wm	Chadwell Wm	D	1853	Y	247	300 --
Graham Hugh	Cosby Wm	D	1858	Y	480	200 --
Greer W W	Cardwell Green	D	1858	Y	523	12 00
Greer W W Sheff	Cloud Leander	D	1859	Y	659	14 50
Goin Uriah	Goin L & N	D	1857	Y	99	100 --
Goin Uriah	Goin Levin	D	1857	Y	176	50 00
Gose Levina	Gose Steven	D	1856	Y	374	50 --
Goodman Joseph	Harmon Lewis	TD	1857	Y	166	175
Greer W W Sheff	Huffaker Wyley	D	1857	Y	185	3 02
Goodman Joseph	Harmon Lewis	TD	1858	Y	474	- --
Greer W W Sheff	Houston Wm	D	1859	Y	654	85 --
Greer W W Sheff	Hodges Zack	D	1859	Y	687	400 --
Gray G W H	Lanham P L	TD	1859	Y	619	5 00
Goin Levi	Myers Vincent	BS	1858	Y	394	500 --
Greer W W Sheff	McCrow G	D	1856	Y	164	35 85
Graham Hugh	McCarty Thos	L	1858	Y	412	- --
Greer W W Sheff	Parkey & Overton	D	1852	Y	132	15 00
Greer W W Sheff	Phillips A	D	1858	Y	292	72 93
Greer W W Sheff	Parkey M G	D	1858	Y	458	781 22
Grimes John M	Rose James	D	1857	Y	49	3 00
Greer W W	Sewell Houston	D	1858	Y	400	1000 --
Gose William	Smith John W	D	1856	Y	433	15 00
Greer W W	Sewell Houston	D	1857	Y	722	1000 --
Gibson Thomas S	Thomas Isaac	D	1856	Y	623	5500 00
Greer W W Sheff	Bussell Charles	D	1858	Z	28	10 00
Gray John	Blackburn G W	T	1859	Z	69	1 00
Greer W W	Burchfield J H et al	D	1857	Z	139	5 00
Grason W E	Bostic V M	D	1859	Z	149	400 --
Grubb Thos W	Billingsly G M	TD	1860	Z	356	80
Greenlee George	Buis Joseph	TD	1861	Z	715	1 00
Greer W W Sheff	Carr James	D	1859	Z	277	176
Graham Willis	Davis T L	TD	1861	Z	444	5 00
Greer W W Sheff	Fulkerson F M	D	1859	Z	47	4 00
Goin Levi	Goin Eli	D	1859	Z	404	Love
Greer W W Sheff	Harmon A J	D	1859	Z	99	17 00
Graham Hugh	Huff Daniel	D	1855	Z	491	475
Goin Wilson	Hiet John	D	1861	Z	571	6 00
Goin Caleb	Kick Mathew	D	1860	Z	368	600 --
Greer W W Sheff	Lewis William	D	1857	Z	17	130
Goin Sterling	Mountain P F	R	1857	Z	435	-
Greer W W Sheff	Nevels George	D	1859	Z	255	25 00
Greer W W	Powers Annie	D	1861	Z	547	1 00
Greer W W Sheff	Rose G W	D	1859	Z	79	40

Grantor	Grantee	Ins	Date	Book	Page	Amount
Greer W W	Southern Neil	D	1859	Z	98	200 --
Gourley John C	Seard Henry	D	1859	Z	119	155
Grimes James	Thomas Allen	D	1856	Z	3	-
Greer W W Sheff	Trease L J	D	1858	Z	192	211
Greer W W Sheff	Teague JameS	D	1860	Z	204	1 00
Gibson W R & Z S	Venable James	D	1859	Z	670	275
Goin Joseph G	Walker Isaac	D	1857	Z	70	162 50
Greer W W Sheff	Woodson A D	D	1860	Z	212	93 53
Grubb John & wife	Walker James D	D	1860	Z	457	100 00

Grantor	Grantee	Ins	Date	Book	Page	Amount
Hord William	Adams George	D	1806	A	271	1 00
Hord William	Armstrong Isaac	D	1806	A	272	50 00
Henderson Thomas	Bird William	D	1805	A	42	12 00
Hunt John	Burk Samuel	D	1805	A	47	200 00
Hunt John	Brooks George	D	1805	A	169	100 --
Hunt John Sheff	Burton Robert	D	1804	A	178	3822 24½
Houston Robert	Burton Robert	D	1802	A	192	1000
Hunt John	Craft Ezekiel	D	1803	A	135	11 00
Hunt John	Coffer Joseph	D	1804	A	137	25 00
Hunt John	Chadwell David Sr	D	1805	A	189	10 00
Hunt John Sr	Chadwell David Sr	D	1805	A	191	200 --
Hunt John	Coffer Joseph	D	1805	A	214	10 00
Hoard William	Campbell James	D	1806	A	282	1 00
Hart Nathaniel	Davis Nathaniel	D	1800	A	1	25 lbs
Howard Peter	Deery William	BS	1806	A	266	150 00
Hill Jacob	Edwards L Heirs	D	1802	A	"	300 --
Hord William	Harrison Elisha	Qt I	1806	A	25	1 00
Hodges Thomas	Hodges John	D	1803	A	91	100 00
Hunt John Sr	Hunt John Jr	"	1804	A	135	185 50
Hodges John	Hodges James	"	1804	A	162	300 00
Hogg James	Hooper George	"	1804	A	209	2500 00
Hudson David	Joeston Amos	D	1802	A	41	400 --
Hord William	Jones William	D	1803	A	96	10 00
Hart Nathaniel	Cawood Stephen	D	1803	A	81	275 50
Hord William	Martin Alexander	D	1806	A	260	120
Henderson Thomas	Martin Alexander	D	1806	A	260	120
Henderson Thomas	McDaniel Randolph	D	1803	A	144	50 00
Hart Nathaniel	McLane Thomas	D	1806	A	262	32 50
Hoggs James	Owen William	D	1804	A	369	4 00
Hudson David	Reynolds John	D	1802	A	62	dollars
Hord William	Reddy James	D	1803	A	93	1 00
Henderson Thomas	Spradling James	D	1805	A	240	200 00
Hart Thomas	Vanbebber John	"	1806	A	348	3250 00
Hunt John Sheff	Wyatt Sammie	"	1803	A	108	38 70
Hunt John Sheff	Wynn Harmon	"	1807	A	222	125 00
Henderson Thomas	Yancey Robert	"	1802	A	64	200 00
Hall John	Cocke William	D	1809	B	119½	33 00
Hord William	Dodson Jeff	D	1789	B	25	10 00
Henderson Thos	Dobbs Chesley	D	1808	B	95	5 00
Hughes Hardy	Fields David	D	1809	B	272	2 00
Henderson Thomas	Graham William	D	1809	B	148	15 00
Harrison Jonathan	Harrison Eleas	D	1809	B	219	170
Harrison Eleas	Hord William	D	1809	B	230	1 00
Hord William	James George	D	1802	A	5	4 00
Henderson Thomas	Jack John F	D	1808	B	254	500 00
Harrison John	Kile Robert	TD	1808	B	48	53 00
Henderson Sammie	Lea Abner	D	1810	B	282	14 50
Harrison John	Maiden Isaac	TD	1807	B	39	53 00
Henderson Thomas	McCarty Thos & Wm	D	1809	B	269	3 00
Henderson George	McVey Thomas	D	1809	B	286	2 00
Hall John	McCubbins Zack	D	1810	B	296	700 --
Hall Thomas	Neal Joseph	"	1810	B	292	600 --
Henderson Thomas	Patterson Jessee	"	1810	B	290	300 -
Hord William	Sumpter Henry et al	"	1810	B	268	350 --
Hord William	Wyatt Samuel	"	1808	B	19	1 00

Grantor	Grantee	Ins	Date	Book	Page	Amount
Hall John	Claxton James	PA	1810	C	58	
Hall John	Dougherty John	BS	1810	C	13	1 40
Hill Joab	Devault Henry	D	1809	C	117	14 00
Hunter Abraham	Dunn Thomas	D	1812	C	216	11 00
Hudson Ezekiel	Fields Benj	D	1810	C	105	4 00
Hunt John	Hall John	BS	1810	C	57	2 50
Hall John	Posey Benj	D	1810	C	65	5 48
Hall John	Posey Benj	D	1810	C	68	5 48
Hunter William	Beeler George	"	1808	D	247	250 --
Hall John	Claxton James	"	1811	D	94	10 00
Hunt John	Debbins Jacob	"	1813	D	161	400 --
Huffaker Peter	Ely William	"	1812	D	125	200 --
Huddleston Thomas	Ellington John	"	1812	D	148	100 --
Harrison Elias	Hoskins Thomas	D	1812	D	28	60
Harrison John	Hord William	D	1808	D	78	15 00
Hodges James	Hedges John	D	1811	D	109	2 00
Hunter Andrew	Hunter Mathew	D	1814	D	243	4 50
Hodges Thomas	Hodges John	D	1815	D	416	5 00
Hoover Christenia	James David	D	1811	D	42	2 00
Hord William	Jenkins Henry	D	1812	D	140	100 --
Hord William	Lengar John	D	1812	D	102	2 20
Hunter Henry	Lynch Jesse	D	1813	D	177	4 00
Hunt John	Lenghlin Thomas	D	1816	D	403	50 00
Hillegas Micheal	Nichelson Samuel	D	1795	D	298	1 00
Henderson Thomas	Patterson Robert	D	1812	D	33	2 00
Hunt John et al	Posey Benjamin	D	1812	D	50	15 00
Hill Joab	Patterson Francis	D	1812	D	116	5 75
Harper John	Powell Joseph	D	1812	D	208	4 00
Harper Richard	Rose Ruben	"	1813	D	145	30 00
Harper Richard	Rose Ruben	"	1813	D	164	66 00
Hord William	Rice Daniel	"	1813	D	183	14 00
Harper Richard	Sherman Thos	D	1812	D	113	120 00
Harper Richard	Shermon Thos	D	1812	D	114	200 00
Henderson William	Thompson John	D	1813	D	129	1150 --
Hord William	William Joseph	D	1811	D	83	300
Hobbs Isaac	Baker Solomon	D	1816	E	44	400
Henderson William	Birch John	D	1814	E	369	400
Henderson Jerry	Barton Anderson	D	1819	E	371	40 00
Hughes Hardy	Cyrus Nimorod	D	1815	E	2	1 00
Hamilton Andrew	Cloud Isaac	D	1818	E	375	525 00
Hemphill James	Crocket A & R	D	1819	E	440	50 00
Hogan William	Dotson Lazrous et al	D	1819	E	366	5000
Harris John	Harris Silas	D	1816	E	110	1 00
Harper Richard	Harper Ruben	D	1816	E	205	3 00
Hord William	Jones William	D	1819	E	442	10 00
Hord William	Kesterson David	D	1817	E	282	75 00
Hooper Archabald	Mahan Joseph	D	1819	E	372	400 00
Hunt John et al	Neil Grimes	D	1818	E	327	50 00
Hord William	Posey Benj	D	1815	E	4	350 00
Harper Richard	Sherman Thos	"	1816	E	201	15 00
Hall John	Simmons John	BS	1810	E	238	400 --
Hill Joab	Shultz Jacob	D	1819	E	331	150
Henderson John	Whitaker John	"	1817	E	138	333 331/3
Howard Ignations et al	Yoakum George	"	1817	E	177	150

Grantor	Grantee	Ins	Date	Book	Page	Amount
Hord William & wife	Yoakum George	"	1817	E	181	150 -
Hord Wm	Baptist Church Cedar fork	"	1818	F	243	--
Hurst Elijah	Burch William	"	1823	F	253	1 00
Huddleston John	Broch John	"	1819	F	264	2 00
Hunt John Shff	Campbell A L	"	1820	F	38	15 00
Huffacre Peter	Davis Aaron	"	1822	F	278	10 --
Hitson Richard	Graham Hugh	D	1820	F	74	5 50
Hill William	Graham H & W et al	D	1820	F	77	230 --
Hurst Jessee	Gobble Isaac	D	1823	F	262	250 --
Hunt John et al	Graham Hugh	D	1823	F	272	1 00
Hurst Elijah	Hurst Joseph	D	1818	F	69	3 00
Hodges Miles	Hodges Biddy	D	1823	F	284	300
Hogan William	Huffaker Peter	D	1821	F	291	66 00
Henderson John	Jennings Edward	D	1820	F	157	500 00
Hogan William	Johnson Chas C	D	1823	F	230	1 00
Hunt John Sheff	Jennings Sally	D	1823	F	232	55 17
Hurst Jeremiah	Keen Anderson	D	1823	F	250	150 00
Hughes Hardy	Lower Peter	D	1805	F	12	- --
Henderson Thomas	McCarty John	D	1819	F	14	25 00
Hill Joab et al	Posey Betty	R	1820	F	191	
Hill Joab	Ritter William	D	1822	F	305	70 00
Hill William	Walker Thos L	D	1821	F	137	3 30
Haynes Joshua	Walker James	D	1819	F	147	160 00
Hurst Harmon	Berry Thos	D	1818	G	18	30 00
Hunt John Sheff	Beaty Wm	"	1822	G	80	50 --
Hurst Elijah	Burch Wm	"	1822	G	88	2 00
Hopson Daniel et al	Bunch James & W	"	1820	G	123	Love
Hopson Daniel et al	Bunch J & David et al	D	1820	G	125	Love
Harper Reuben	Hoges James	"	1820	G	99	2 00
Hopson Herod	Hopson Daniel	"	1821	G	148	1 00
Hunt John Shff	Houston Wm	"	1822	G	178	35 50
Harper H & R	Hurst Jeremiah	"	1820	G	186	140
Hurst John Sr	Hurst Wm	"	1821	G	234	300
Henderson Thos	Henderson Jeremiah	"	1823	G	237	4 00
Howerton Wm	Howerton James	"	1820	G	248	180
Hunt John Sheff	Jennings Isom	"	1822	G	161	50 ct
Hunt John	Jennings Joseph	"	1822	G	158	100 --
Hunt John	Leabow John	BS	1821	G	164	180
Hall Wm	Lane Wm	D	1797	G	261	4 00
Hunt John Shff	Marcum Peter	D	1821	G	91	100 61½
Henderson Thos	McCarty John	"	1819	G	145	25
Hord Wm	Rice Daniel	D	1819	G	4	1 00
Hunt John Shff	Richie Alex	"	1825	-	-	-
Hopper Thos	Spencer Edward	"	1819	G	21	75
Hill Joab	Shultz George et al	"	1800	G	60	2000
Hunt John Sheff	William Joseph	"	1821	G	126	7 50
Hunt John "	William Joseph	"	1821	G	128	4 85
Hill William	Bartlett John	D	1820	H	11	300 -
Hunt John Sheff	Barnard George	"	1821	H	105	52 50
Hurst Elijah	Cupp Jacob	D	1824	H	98	350
Hunt John Sheff	Cloud B F	D	1826	H	471	-
Hunt John Sheff	Davis Aaron et al	D	1824	H	161	41 00

Grantor	Grantee	Ins	Date	Book	Page	Amount
Hurst Hiram	Day Samuel	D	1826	H	226	5 20
Hurst Hiram	Day Samuel	D	1828	H	433	530 --
Hunt John Sheff	Evans Walter	D	1825	H	197	-- --
Harrell Drury	Graham Hugh & Co	D	1825	H	83	142
Hamilton James	Hamilton James A	D	1824	H	22	1 00
Hurst William	Hurst William	D	1822	H	32	3 00
Hurst Elijah	Hurst William	D	1822	H	33	2 00
Hurst Jesse	Hurst George	D	1823	H	74	50 00
Herd William	Hurst Abraham	D	1822	H	81	300
Hise Jacob	Hamilton Joseph	D	1825	H	149	300
Hise Henry Exr &c	Hamilton Joseph	B	1825	H	150	-
Hair James	Houston MathewH	D	1826	H	205	3000 Irn
Hunt John Sheff	Hurst Hiram	D	1826	H	222	50 20
Hodges John	Husley Mathew	D	1823	H	311	15 00
Hurst Abraham	Hurst Aaron	D	1825	H	343	1 00
Harper Ruben	Harper Richard	PA	1826	H	352	
Herd William	Lawson Drury	B	1819	H	359	
Hunt John Sheff	McHenry Wm	D	1825	H	124	50 00
Hunt John Sheff	McHenry William	D	1825	H	127	177 00
Hurst Joseph	McCarmack John	D	1826	H	175	150 00
Hunt John Sheff	McKenney John A	D	1828	H	408	200
Hurst Abselum	Nunn Elisha	"	1823	H	235	300 --
Hunt John	Nunn Elisha	"	1827	H	367	300
Hodges John	Ousley Mathew	"	1823	H	462	800
Hord Wm	Parkey Joseph	"	1823	H	305	Bond
Hunt John Sheff	Ritchie Alex	"	1825	H	118	-
Hurst Abselom	Riley John	"	1824	H	214	400
Hunt John et al	Rose Reuben	"	1825	H	266	57 00
Hunt John Sheff	Roberts Samuel	"	1826	H	293	163 40
Hord Wm	Rice --	B	1827	H	348	
Hurst Elijah	Sherman Charles	D	1827	H	263	600
Hord Wm	Taylor John	"	1824	H	121	70 --
Hunt John Sheff	Tucker John	"	1828	H	402	42
Hunt John	Vanbebber Isaac	"	1828	H	396	
Hord Wm	Walker Joseph	"	1818	H	190	400 --
Hord Wm	Barnard James	"	1822	I	119	200 --
Hunt John Sheff	Barnard George	"	1826	I	37	275
Hughes Hardy	Bledsan David	"	1823	I	121	1200 --
Hunt John Shff	Ball Moses	"	1830	I	443	-
Hurst Squire	Brooks Hezekiah	"	1831	I	429	160 --
Hunt John Shff	Collingsworth Francis	"	1831	I	562	-
Hunt John "	Cloud B F	"	1828	I	241	45 45
Hurst Abselom	Campbell Barney	"	1823	I	145	2 00
Hogan Wm	Dodson Lazaris et al	"	1826	I	285	35 00
Hurst Hiram	Day Samuel	"	1830	I	447	2 00
Hurst Hiram	Evans John	D	1828	I	1	30 00
Hardy John L	Ewing David C	BS	1829	I	199	300 00
Hopper William	Estis Richard	D	1826	I	220	130
Hill Thomas	Graham Hugh & Co	BS	1829	I	50	208
Huff Daniel	Graham Hugh & Co	BS	1829	I	52	2000
Henderson W G	Graham H & Co	D	1829	I	61	75 00
Hopson Harod	Graham H & Co	D	1829	I	63	42 50
Hardy John et al	Graham Hugh & Co	BS	1829	I	138	3 00
Hurst Elijah	Gowen William	D	1823	I	147	150 --
Hunt John Shff	Graham William	D	1824	I	503	79 92

Grantor	Grantee	Ins	Date	Book	Page	Amount
Huff Daniel	Graham William	BS	1832	I	505	675 00
Hansford Robert	Graham Hugh	TD	1832	I	585	1 00
Hansford R C	Graham Hugh	A	1833	I	588	
Hurst Squire	Hurst Delilah	D	1825	I	80	200 00
Hurst Hiram	Hodges Bibby	D	1828	I	149	33 00
Hurst Elijah	Hurst Delelah	BS	1828	I	195	4 00
Hurst Delilah	Hurst Squire	D	1830	I	220	300 00
Hurst Hiram	Hurst Henly	D	1829	I	233	20 00
Harrell Elisabeth	Harrell Dempsey	D	1829	I	239	1 00
Hunt John	Hardy John S	D	1831	I	299	4 00
Hardy John S	Hardy Samuel E	D	1831	I	325	8 61
Hunt John Sheff	Hopson Salley	D	1832	I	435	
Hunt John Sheff	Huff Daniel	D	1830	I	512	
Hardy John S	Hardy Samuel E	D	1831	I	526	1 00
Hows Thos	Hunt John	D	1830	I	534	2 50
Hunt John Sheff	Hows Thomas	D	1824	I	536	1 50
Hamilton Mathew	Hamilton Joseph	D	1830	I	543	10 00
Hamilton Mathew	Hamilton Joseph	D	1830	I	551	50 00
Hunt John	Hunt F S et al	D	1831	I	578	4 00
Henderson John	Jennings Edward	D	1827	I	134	2 00
Hurst Thomas	Jennings Isom	D	1829	I	151	20 00
Hunt John Sheff	Jennings W D	D	1830	I	208	
Hurst Hiram	Johnson James	D	1829	I	267	38
Hunt John	Lane Isaac C	D	1830	I	352	26 00
Hurst Thomas	Leveless John	D	1831	I	448	410
Hunt John Sheff	McLane Thos	D	1829	I	18	276
Hunt John Sheff	McLane Thos	D	1829	I	21	
Hurst Joseph	McClary Thos R	D	1829	I	59	2 00
Harkins Samuel R	McClary Thos R	D	1837	I	68	20 00
Hamilton James A	McVey Eli	D	1825	I	186	63 00
Hunt F S	Queen James	D	1833	I	577	15 00
Howard T A	Reece William B	D	1830	I	315	
Hurst Squire	Rowlett John H	D	1831	I	510	250
Hurst Aaron	Simmons John	D	1828	I	34	5 50
Hurst Hiram	Simmons Wesley	D	1828	I	86	10 00
Hunt John Sheff	Smith James	BS	1833	I	556	2 50
Hunt John Sheff	Tieman Luke	D	1829	I	211	5 00
Hurst Elijah et al	Vance Seon	D	1830	I	368	75 00
Hunt John Sheff	Vanbibber Isaac	D	1830	I	427	
Hobbs Enos	Yeary William	D	1827	I	158	500 --
Hobbs Enos	Yeary William	D	1829	I	317	11 00
Hunt John Sheff	Anthony John et al	D	1833	K	73	
Hail William	Cleud B F	D	1831	K	154	50 00
Huff Daniel	Cottrell D C	BS	1834	K	337	1 00
Hunt John Sheff	Cloud Benj	D	1835	K	476	
Hunt John Sheff	Farrell Joseph	D	1834	K	293	250
Hill Thomas	Graham Hugh	TD	1832	K	199	8 00
Hunt John Sheff	Graham William	TD	1834	K	354	
Houston William	Graham Hugh	R	1834	K	363	4 00
Heard Eldridge	Graham William	D	1834	K	383	Bond
Hardy John S	Graham Hugh	D	1835	K	517	3000 --
Harrell Drury	Houston William	D	1833	K	96	50 00
Hill James	Houston William	D	1832	K	172	70
Hunt John Sheff	Houston William	D	1834	K	208	
Hunt John	Huff Daniel	D	1831	K	216	125 --

Grantor	Grantee	Ins	Date	Book	Page	Amount
Hardy John L	Hunt John	D	1833	K	223	1 00
Hunt John Sheff	Hunter John	D	1829	K	231	
Huff Daniel	Hunt John	TD	1834	K	286	1 00
Hunt John sheff	Hurst Elisha	D	1829	K	231	
Hurst John	Hurst Elijah	D	1831	K	352	2 00
Hurst Nancy	Hurst Hiram et al	D	1834	K	417	1 00
Hurst Elijah	Hurst Delilah	D	1834	K	440	75 00
Hurst William et al	Hurst Delilah	QD	1834	K	442	75 --
Hardy John S	Hunt John	D	1835	K	488	--
Hodges James	Hodges W C	D	1832	K	540	150
Hodges Bibby	Hodges William	D	1833	K	542	100 --
Hunt John Sheff	Kincaid William	D	1833	K	57	--
Howlingsworth Wm	Kincaid William	D	1833	K	119	3 50
Hunt John Shff	Kincaid William	D	1834	K	204	363 26
Hunt John Sheff	Lake James	D	1831	K	68	
Hurst William	Martin Lucy	BS	1833	K	91	35 00
Hunt John sheff	Miller Thomas et al	D	1833	K	145	--
Hunt John et al	Margraves Tennessee	D	1831	K	335	20 00
Hunt John et al	Marcum Peter	D	1833	K	509	10 00
Hill James	McNeil John	D	1831	K	430	3 75
Hill John (Heirs)	McNeil Neil	D	1834	K	432	-
Hunt John sheff	McClain Thos	D	1827	K	512	
Hunt John Sheff	Peck Jacob	D	1834	K	277	300 89
Hunt John et al	Rose Ruben et al	D	1833	K	55	30 00
Hunt John Sheff	Rogers David	D	1833	K	357	--
Hunt John Sheff	Rogers John Sr	D	1830	K	519	
Hunt John Sheff	Wallen John	D	1831	K	213	
Hunt John Sheff	Wilson Peter	D	1833	K	219	
Hance James	Alexander D B	D	1835	L	53	3600 --
Huff Daniel	Brabson J M	DT	1835	L	46	
Hunter Jesse et al	Bowlinger Fred	PA	1831	L	276	
Hooper Charles & wife	Bowlinger Fred	PA	1835	L	281	
Hooper Chas & wife	Bowlinger Fred	D	1835	L	283	1 00
Hurst William	Dickenson James	D	1834	L	133	40 00
Harp Elijah	Evans W R	TD	1836	L	379	1 00
Hill John	Farmer John	D	1836	L	364	4 85
Hurst William	Graham William	D	1835	L	63	4 25
Hunt John Sheff	Graham William	D	1834	L	75	135 45
Hill Joab	Graham William et al	D	1833	L	175	500 00
Houston William	Hance James	D	1835	L	51	-
Hamilton Wm & wife	Hunter Joseph	D	1825	L	66	125
Hunt John Sheff	Hooper William	D	1831	L	73	25 00
Hill William	Hill James	D	1827	L	92	3 00
Huff Daniel	Huffaker Wiley	BS	1835	L	115	1 00
Huzzie Hannah et al	Huffaker Wiley	DT	1835	L	121	50 00
Hurst Delilah	Hurst William Jr	D	1835	L	126	2 00
Hunt John Sheff	Hunt T S	D	1833	L	200	15 15
Harrell Drury	Houston William	D	1836	L	240	1 00
Hurst Hiram	Hurst Aaron	D	1830	L	332	10 00
Hurst Thomas	Hurst Aaron	D	1835	L	333	500 00
Harp Elijah Sr	Harp Elijah Jr	TD	1833	L	403	375
Huddleston John	Marcum Peter	D	1832	L	156	40 00
Hodges William	Monday Samuel	D	1833	L	205	150
Hall John	Moore Samuel	D	1836	L	349	100 --
Hooper William	Mays Jonathan	D	1834	L	393	65 --

Grantor	Grantee	Ins	Date	Book	Page	Amount
Hill James	McNeil William	D	1834	L	85	1 00
Hill John	McNeil William	D	1835	L	88	11 00
Hunt John Sheff	McHenry William	D	1834	L	187	-
Hunt John et al	McConnell Wm	D	1819	L	263	25 00
Hatfield Moses	Parkey Peter	D	1834	L	158	1 00
Henderson James	Rogers William et al	D	1820	L	305	1000 --
Hurst Elijah	Shakleford G P	D	1835	L	183	5 00
Hurst Elijah	Thompson William	D	1833	L	102	1 00
Hunt Fidella S	Baker Wells W	D	1836	M	9	
Hunt John Sheff	Bowlinger Fred	D	1836	M	125	248 25
Hunter Barbra	Bowlinger Fred	Agt	1829	M	133	-- --
Hurst Thomas	Breeding John	D	1835	M	151	6 25
Hill James	Bartlett John	D	1829	M	204	70 00
Hill Joel	Bartlett John	D	1831	M	216	5 00
Hicklen Barnett	Bullard William	R	1837	M	269	6 74
Hunter Joseph	Baptist Church D Creek	D	1838	M	294	15 00
Hicklen Barnett et al	Bullard C B	BS	1838	M	449	80 00
Hamblin John	Brooks George	PA	1839	M	499	
Hatfield Lynch	Brown William	D	1837	M	152	30 00
Hunt & Cocke	Baker William	D	1820	M	210	1 75
Hoskins James C	Critchfield John	D	1834	M	184	4 25
Hunter Joseph	Cox Hickenson	D	1828	M	243	50 00
Houston William	Condry William	D	1838	M	322	-
Hunter James	Cosby William	D	1835	M	526	2 00
Hunter James	Cosby William	D	1835	M	527	400
Hurst Elijah	Davis Andrew	D	1834	M	8	65
Harrell William	Dean Ruben	D	1835	M	63	20 00
Hurst Hiram	Day John	D	1829	M	160	10,000
Hurst Henly	Dunsmore Wm D	D	1838	M	495	15 00
Hurst Simpson	Evans Jesse	D	1836	M	183	15 00
Hogan William	Gibson Drury	D	1837	M	262	150
Hargis Samuel	Harp Elijah	D	1834	M	2	125
Hopper Harmon	Hopper Hezekiah	D	1835	M	49	37 00
Hurst Henley	Hurst Thomas	D	1837	M	158	300 00
Houston William	Hardy W B	D	1836	M	187	95 00
Hurst Elijah	Huddleston J C	D	1835	M	192	450
Huddleston D	Huddleston W B	BS	1834	M	350	200 00
Hurst Henly	Hedges George W	D	1838	M	378	100 00
Huffaker Wiley B	Hurst William	TD	1838	M	402	1 00
Hunter Joseph	Hunter Jefferson	D	1838	M	434	325 00
Hill James (Heirs of)	Hill John	D	1857	M	437	800 00
Hunter Henry	Hunter John	D	1835	M	438	50 00
Hunter John	Hunter Joseph	D	1835	M	438	50 00
Hill James (Heirs of)	Hill Ruben M	R	1837	M	441	-- --
Huddleston John	Huddleston W P et al	D	1838	M	442	400 00
Hodges James et al	Hodges Thomas	D	1838	M	491	50 00
Hodges Thomas	Hodges George W	D	1838	M	492	250 00
Huddleston Wm	Hodges G W	D	1838	M	493	25 00
Hooper Richard	Hodges James	D	1830	M	540	24 00
Henderson Jerry	James Tandy	D	1836	M	40	900 00
Hurst William	Janeway Wm	D	1835	M	42	60 00
Harper John et al	Johnson James	D	1835	M	118	100 00
Hurst Thomas	Johnson James	D	1830	M	150	300 --
Houston Mathew M	Kilso Edgar C	D	1834	M	197	50

Grantor	Grantee	Ins	Date	Book	Page	Amount
Hurst Mark	Lambert Joseph	D	1836	M	447	2 50
Huddleston J L	Mays Thos	D	1836	M	39	4 75
Hopson Richard	Mathew John	D	1838	M	364	30 00
Holland William	Marcum Peter	TD	1838	M	388	1 00
Hogan William	Moss Marcellus	D	1829	M	412	8 00
Henderson James	Moss Ruben	D	1823	M	459	700 00
Huffaker Wiley	Murphey Pleasant	R	1838	M	481	-- --
Hurst William	Murphy M J	TD	1839	M	491	1 00
Hunt F S	Marcum Peter	PA	1838	M	474	
Hunt John Sheff	McClain Thos	D	1833	M	16	276 70
Hunt John Sheff	Norvell Timothy	D	1830	M	11	25 00
Holt Henry	Neal Peter	D	1836	M	89	150 --
Hunt John	Rice Abraham	D	1837	M	242	30 00
Harris John	Shultz Jacob Jr	D	1830	M	27	-- --
Hurst William et al	Smith Joseph W	D	1833	M	109	30 00
Hunt John	Southern Robt	D	1837	M	292	1000
Hoskins Thomas	Sharp Christian	D	1832	M	405	2 00
Hurst Aaron	Simmons John	D	1838	M	409	5 50
Hunter J & H	Sharp P et al	TD	1838	M	494	450
Harmon Lewis	Thompson G W	D	1838	M	283	500
Henderson Thomas	Vaden Wiley	D	1832	M	549	400
Houston William	Wilson Samuel	D	1832	M	10	150
Hunter Andrew	Burk Daniel	D	1822	N	89	450
Hunter Andrew	Burk James	D	1822	N	90	50 00
Houston William	Bartlett James	D	1837	N	207	100 --
Houston William	Bartlett James	D	1837	N	206	50 00
Harkins Samuel R	Campbell William	D	1838	N	257	1 00
Harmon Henry	Dickenson James	D	1838	N	184	2 00
Hardy Stephen	Green John	D	1837	N	14	6 00
Hardy W B	Hardy Thos J	D	1837	N	7	5 00
Hurst Elijah	Hamilton J & W	D	1839	N	9	5 00
Hurst Simpson	Hurst Aaron	D	1838	N	41	8 00
Hurst Henly	Hurst Thomas	D	1839	N	56	400
Hurst William	Hamilton J & W	D	1839	N	107	500 --
Hooper William	Harmon Henry	D	1838	N	182	50 00
Harrell William	Huffaker Wiley	DT	1839	N	253	49 --
Hamilton Heirs	Johnson William	D	1839	N	72	-- --
Hamilton Mathew	Lane Isaac C	D	1830	N	218	50 00
Hamilton Mathew	Lanham Joseph	D	1831	N	240	300
Hooper James F	Marcum Peter	TS	1839	N	105	1 00
Hill Joab	Neal Peter	D	1839	N	123	24 00
Houston William	Patterson James M	D	1839	N	111	25 00
Houston William	Patterson Francis	D	1839	N	114	35 00
Holland William	Rose G W	TD	1839	N	84	1 00
Huddleston W P	Southern Neal	D	1838	N	95	450 --
Hurst Thomas	Shultz George	D	1839	N	99	1 00
Hunter J & H	Sharp Peter & Co	D	1839	N	147	535 00
Huffaker Wiley	Sewell Benjamin	TD	1840	N	285	75 00
Hanson Coonrod	Shultz George	D	1839	N	319	100
Hunt John Shff	Bowlinger Jacob	D	1827	O	109	33 --
Hurst Thomas	Cheek G H	D	1840	O	80	1 00
Hayse John	Condry William	TD	1840	O	209	1 00
Hunt John Shff	Cloud B F	D	1840	O	229	50c
Hurst William	Cheek George H	R	1840	O	252	262 50

Grantor	grantee	Ins	Date	Book	Page	Amount
Hazlewood Peter	Evans W R	TD	1840	O	199	1 00
Hardy Samuel E	Gibson Samuel	D	1834	O	34	12 50
Huff Daniel	Graham Hugh	TD	1841	O	287	1872 85
Hurst Hiram	Hurst John	D	1839	O	17	1000
Hopson George	Hopkins William	D	1840	O	63	400 --
Hopkins Stephen	Hopkins Isaac	TD	1840	O	64	--
Harrell Z	Huffaker Wiley	TD	1839	O	187	40
Hurst Henly	Miller I et al	TD	1840	O	90	293 80
Hill John	McNeil George	D	1840	O	35	5 50
Hodges David & wife M	Southern Neal	D	1838	O	104	100 --
Henderson W G	Williams John	D	1832	O	40	50 --
Hurley Robertson	Brewer Isham	D	1837	P	115	250
Hurley Robertson	Brewer Isham	D	1830	P	120	200
Hurley David	Brewer Isham	D	1838	P	122	130
Hurst John	Barton William	D	1840	P	397	1000
Harrell Ezekiel P	Day Samuel	D	1841	P	371	4 00
Hurst Thompson	Evans Walter R	TD	1841	P	338	1 00
Hurst Allen	Fields George	D	1841	P	300	2 00
Hurst Hiram	Hopson Penelope	D	1841	P	208	10 00
Hurst Henly	Hurst Simpson	D	1841	P	394	50 00
Hurst Thomas	Hurst Simpson	D	1841	P	395	450 --
Hurst Abraham	Hurst John	D	1824	P	406	500
Hodges James	Hurst John	D	1840	P	408	10 00
Hurst Sarah	Hurst John	BS	1840	P	411	410 00
Hurst John	Hodges David M	D	1840	P	412	450 --
Hurst John	Hodges D M	D	1840	P	414	50 00
Hamilton Joshua & wife	Johnson James	D	1841	P	273	75 00
Hurst Hiram et al	Jennings A	D	1834	P	421	40 --
Houston William	Kirkpatrick Wm	D	1841	P	378	8 00
Hufaker A	Lindsey Jessee	TD	1841	P	11	100 --
Hammers George W & wife	Lane G W	D	1841	P	221	80 --
Kibert David	Moyse Thomas	D	1839	P	63	20 00
Hurst John	Neil William	PA	1841	P	287	- --
Houston William	Nunn Elisha	D	1841	P	320	511 --
Hurst Henly	Nunn Elisha	D	1841	P	333	600 --
Hurst Hiram	Stone John	TD	1841	P	342	5 00
Holt Henry	Walker Samuel	D	1839	P	25	100
Hatfield Ralph	Brewer Martial	D	1835	Q	135	85 --
Hord Thomas	Devault John	D	1836	Q	98	6 00
Hurst Henly	Evans Jesse	D	1842	Q	39	30 00
Hamblin E R et al	Farner John	TD	1842	Q	67	623 20
Hunt John	Graham Hugh	TD	1842	Q	15	124 --
Harrison R H	Graham Hugh	TD	1842	Q	82	57 75
Hardy Stephen	Hardy Thomas	TD	1841	Q	37	1 00
Hardy Stephen	Huffaker & white	TD	1842	Q	108	1 00
Hitson Dricilla et al	McCullah William	D	1836	Q	93	185 00
Hurst Henley	Ritter Hannah	D	1842	Q	46	5 00
Hill William R	Shakleford G P	D	1842	Q	168	25 --
Hatfield Isaac	Brooks George W	D	1840	R	139	50 --
Hurst Henly	Barllett James	D	1841	R	243	20 00
Hardy Stephen	Carroll James	TD	1842	R	9	1 00
Hamilton William	Campbell John W	BS	1842	R	102	200 --

Grantor	Grantee	Ins	Date	Book	Page	Amount
Huffaker Wiley	Carroll James	D	1842	R	106	
Holt Preston	Campbell Barnet	D	1842	R	160	100 --
Herrell William	Cheek Granvill	T	1843	R	261	2 50
Hurst Charles	Day Samuel	D	1843	R	288	800 --
Howlingsworth W H	Davis Andrew	D	1841	R	289	15 --
Harrison William	Evans W R	TD	1842	R	7	1 00
Hasford Carter	Evans J H	BS	1842	R	114	1 00
Hurst Delilah	Fullington Alex	D	1843	R	165	87 00
Hopkins Jabez et al	Farmer John	TD	1843	R	277	500 --
Hurst Hiram	Graham Hugh	D	1842	R	43	50 --
Hurst Henly	Houston Wm	D	1842	R	5	4 50
Hopkins (Heirs of)	Hopkins Jabez	D	1835	R	164	100 ea
Houston William	Hurst William	D	1843	R	169	200 --
Hurst Henly	Houston Wm	D	1843	R	182	15 --
Hodges James & P	Hodges Thomas	D	1838	R	201	150
Hurst Hiram	Hurst Charles	D	1843	R	208	10 00
Hodges W C	Hodges James	D	1842	R	240	400
Hopkins Catharine & heirs	Hopkins Isaac	D	1835	R	250	300 ea
Hurst Campbell	Hurst Allen	D	1843	R	423	50 00
Hollen William	Johnson T J	TD	1842	R	31	1 00
Honeycutt Moses S	Morris Robert	D	1842	R	136	60 --
Huff Daniel	Marrow Robert	TD	1843	R	205	1 00
Hill John	McNeel Neil S	D	1842	R	30	4 00
Harrison R H	Neil William	T	1843	R	270	1 00
Hurst Thompson	Plank C B	TD	1842	R	42	35 00
Houston William	Patterson J M	D	1842	R	51	320 28
Hurst Daniel	Plank C B	TD	1842	R	92	1 00
Hord Thomas	Parker Joseph	D	1842	R	362	315
Hunter John	Russell Joseph	TD	1842	R	74	5 00
Hansmon Benjamin	Savage William	D	1842	R	73	30 --
Hopson Richard	Smith Sparkman	D	1842	R	412	200
Hodges Thos & wife	Smith Sparkman	D	1841	R	413	100
Hatfield Isaac	White Joseph	DT	1842	R	75	1 00
Hill Jonas & wife	Yoast George	D	1829	R	249	80 00
Houston William	Bowman J E & W	D	1845	S	268	895
Hatfield Lynch	Brooks Geo W	D	1845	S	385	210 --
Henderson Jermiah	Brooks G P	D	1831	S	606	100 -
Hopkins Stephen	Bishop Elisha	D	1846	S	640	310 --
Hobbs Isaac	Ball Wm	D	1845	S	445	9 00
Hudson Wm T	Chittim Wesley etal	PA	1844	S	14	-
Hudson Wm	Chittim Wesley	Agt	1844	S	15	
Hamilton Joseph	Chittim Wesley	B	1845	S	465	750 --
Hunter James	Cosby Wm	D	1845	S	519	50 00
Hatfield Isaac	Chadwell P	D	1843	S	549	-
Hardy Elisha	Carr James	D	1866	S	726	300
Harkins Samuel R	Devenport William	D	1844	S	189	200 --
Huff Daniel	Davis Thos L	D	1843	S	367	125
Hamblin Thos & wife	Dunn F	PA	1841	S	499	-
Houston William	Evans Walter R	PA	1844	S	268	
Hardy Thos J	Fugate William	BS	1844	S	615	305
Hunter John	Garrett L A	BS	1845	S	316	300 --
Hodges Sally et al	Gibson Drury	D	1846	S	596	180 --
Hamilton Washington	Graham Hugh	BS	1846	S	659	80 --
Harmon W L	Goin A	L	1866	S	728	-

Grantor	Grantee	Ins	Date	Book	Page	Amount
Hodges Z	Greer W W Sheff	SD	1843	S	260	31 36
Hooper William	Huffaker Wiley et al	D	1843	S	2	4 00
Hurst Thompson	Hurst Allen	D	1843	S	33	1 00
Hunter Mathew	Hunter Andrew	D	1821	S	95	4 00
Hunter Squire	Hunter Andrew	D	1821	S	96	3 50
Hurst Andrew	Harrell E P	D	1837	S	105	3 25
Howlingsworth W A	Hunter Joseph	D	1842	S	232	2 50
Hatfield Abner	Hatfield Adam	D	1835	S	253	Love
Hopper Harmon	Hopper Hezekiah	D	1844	S	407	50 00
Harrison E & E	Hurst John	D	1827	S	563	1 00
Hewlingsworth John A	Houston William	D	1846	S	610	237 --
Hopkins Catharine & wife	Hopkins Stephen	D	1835	S	637	150
Hasford Carter	Johnson Thos J	TD	1845	S	440	1 00
Hatfield Isaac	Kesterson Abel	D	1843	S	124	50 00
Hopper Harmon	Keck John	D	1844	S	228	50 00
Hansard R C	Knight T D	D	1845	S	278	600 --
Huff Daniel	Kesterson Abel	BS	1845	S	334	550
Hopper Harmon	Keck Phillips	D	1844	S	397	12 00
Hunt John Sheff	Marcum William	D	1836	S	46	65 00
Harrison Ruben	Marcum Peter	TD	1844	S	70	200 91
Hamilton Joseph	Mullins Arch	D	1839	S	80	400 --
Hopson Richard	Marcum Peter	TD	1845	S	260	1 00
Hansard R C	Margraves Tennessee	D	1845	S	293	800 --
Hurst Allen	Messer Lewis	D	1844	S	310	400 --
Hardy Thomas J	Minton Jacob	D	1845	S	571	600 --
Harkins Samuel R	McClary Andrew	D	1844	S	190	60 00
Hurst Jesse	Nunn Abner	D	1843	S	21	9 00
Hurst John	Nunn Abner	D	1846	S	646	16 00
Hunter John Const	Rogers David	BS	1845	S	674	100 --
Hurst Allen	Sharp Peter	D	1844	S	229	600 --
Hoard Eldridge	Spradling James	D	1844	S	252	500 --
Hunter J & H	Sharp Peter & Co	D	1845	S	309	550 --
Huffaker W et al	Sewell B	TD	1845	S	338	-
Hollingsworth J A	Sewell Benj	BS	1845	S	363	500 --
Hollingsworth J A	Sewell Benj	T	1845	S	364	600 --
Hunter John	Sharp John	TD	184 5	S	438	5 00
Hunter John	Sharp John	T	1846	S	634	50 --
Huff Daniel	Beaty J M et al	D	1843	T	53	300
Hurst Allen	Brogan A	D	1847	T	326	250
Hardy James	Buis Abraham	D	1847	T	330	100 --
Harrell E P	Bartlett James	D	1845	T	441	10 --
Hill Alex & wife	Brooks Lewis	D	1848	T	474	30 00
Harrell E P	Bartlett Wm	D	1848	T	488	400 --
Hoages Thos & wife	Barnard Jonathan	D	1848	T	498	800
Hatfield Lynch	Brooks Geo W	D	1848	T	546	50 00
Houston Wm	Carroll James	D	1847	T	167	2 00
Hurst Thomas	Cheek Oliva	D	1847	T	235	Love
Hatfield Lynch	Dobkins Solomon	D	1846	T	173	77 96
Hopson Richard	Day Pelley	D	1846	T	215	160
Hopper Thomas	Easly John	TD	1846	T	71	55 50
Hollingsworth J A	Easly John	TD	1846	T	73	1 00
Householder Mathew	Evans W R	T	1847	T	224	1 00
Hopson Richard et al	Evans George	D	1848	T	494	45
Hurst William	Fletcher Geo R	D	1847	T	240	350

Grantor	Grantee	Ins	Date	Book	Page	Amount
Hamblin & Ramsey	Fritts James R	D	1846	T	433	6 00
Hamilton Jas A	Graham Hugh	D	1846	T	48	180
Huff Daniel	Graham Hugh	BS	1847	T	110	550 --
Huff Daniel	Graham Hugh	A	1835	T	369	
Hollingsworth J A	Houston William	D	1847	T	294	7 00
Hollingsworth J A	Houston Wm	D	1846	T	70	10 --
Honeycutt John	Honeycutt Alvis	D	1847	T	133	Love
Honeycutt John	Honeycutt Ezekiel	D	1847	T	134	Love
Honeycutt John	Honeycutt John A	D	1847	T	135	Love
Huddleston David	Huddleston Willie	Gift	1847	T	310	5 00
Householder Mathas	Householder A J	D	1847	T	315	72 18
Hopper Thomas	Houston William	D	1847	T	338	69 34
Hurst Hiram	Hurst Simpson	R	1848	T	357	150
Howerton Richard	Howerton Wm	D	1847	T	407	20 --
Hodges Cannada	Hedges Wm	D	1848	T	420	600 --
Harrell E P	Harrell L L	D	1848	T	450	-
Hodges James et al	Hodges D M (Heirs)	D	1838	T	454	-
Hodges James et al	Hodges D M (Heirs)	D	1838	T	454	-
Hardy Thomas J	Hard Elisha	D	1847	T	469	1 00
Hatfield Isaac	Hatfield Lynch	D	1848	T	491	30 00
Honeycutt Jacob	Honeycutt John	TD	1848	T	527	85 15
Hodges Zack	Hedges Sarah	BS	1843	T	566	4 90
Hansard R C	Johnson Thos J	D	1846	T	185	75
Hedges James	Kelley Daniel	D	1847	T	287	350
Harrell L L Tax Col	Kincaid Wm	D	1848	T	346	5 00
Harrell L L " "	Kincaid Wm	D	1848	T	348	7 70
Harrell L L Tax Col	Kincaid Wm	D	1848	T	350	4 00
Harrell E P	Loveless John	D	1846	T	49	40 --
Harrell Ezekiel P	Loveless John	D	1847	T		
Huff Daniel	Lanham Joseph	BS	1847	T	179	300
Harris Edward & wife	Minter Landon C	D	1845	T	130	100
Houston William	McNeil Neil S	D	1847	T	284	67 00
Houston William	McNeil Neil S	D	1847	T	286	133
Hearn John	Nickelson Riley	D	1848	T	387	200
Harrell L L	Powell Harvey	D	1848	T	352	
Houston William	Rose Ruben	D	1848	T	303	100 --
Huddleston Fleman	Southern Neal	D	1846	T	13	100
Householder Matheas	Sawyers Thos L W	D	1847	T	119	5 00
Hooper James F	Sewell Benj	D	1847	T	253	6 50
Hardy Stephen	Sewell Benj	D	1847	T	321	2 00
Huddleston David	Thompson Phebe	D	1846	T	5	Love
Hill John	Venable William	D	1848	T	307	6 00
Harper Richard	Whitehead Wm	D	1847	T	157	500
Hooper James F	White Wm	D	1848	T	502	150
Hooper James F	White Louisa	D	1848	T	551	150 --
Hodges Thos & wife	Young Wm	D	1846	T	1	125
Henderson Thos	Brooks Armsted	D	1829	U	58	150
Hatfield Lynch	Brooks George W	D	1849	U	223	50 00
Harrman Lewis	Bullard William	D	1859	U	230	30 12½
Holland William	Cardwell David	TD	1849	U	31	1 00
Hardy Elisha A	Cardwell D	D	1849	U	88	1 00
Hoskins Thomas & wife	Carr John H	D	1847	U	195	24 00
Hunt John Sheff	Cardwell John	D	1835	U	296	76 62½
Hamilton Joseph	Chittum Wesley	TB	1845	U	368	1560 --
Hunter James	Dodson Samuel	D	1847	U	142	15 00

Grantor	Grantee	Ins	Date	Book	Page	Amount
Harrell Montgomery	Devenport William	T	1849	U	208	1 00
Hurst Simpson et al	Day Nancy	D	1850	U	417	3 00
Houston William	Easly John	D	1849	U	107	30 00
Hill Joab	Evans W R	PA	1849	U	128	
Hansard R C	Ewing Samuel	R	1849	U	151	5 00
Houston Wm Exr &c	Evans W R	D	1850	U	233	311 --
Houston Wm	Evans John L	D	1851	U	503	250
Hamilton Wm	Graham Hugh	BS	1848	U	132	240
Hedges W C	Graham Hugh	D	1858	U	447	1 00
Hedges/Exr & c (Z)	Graham Hugh	D	1850	U	227	34 20
Hamblin George	Hamblin Daunt	D	1848	U	12	100 --
Hamblin George	Hamblin Daunt	D	1848	U	13	7 00
Hopkins Stephen	Houston Fulkerson	D	1843	U	119	50 --
Housten William	Hill John	D	1849	U	124	425 --
Hill William et al	Hill John	PA	1834	U	129	-
Hodges Elijah & wife	Hedges Bibby R	D	1848	U	139	5 00
Honeycutt Alvis	Honeycutt Urias	D	1849	U	175	3 00
Hodges James	Hodges Pleasant M	D	1848	U	185	2 00
Harkins Samuel R	Henderson Thos	D	1850	U	458	1 00
Hopkins Nehemiah	Hopkins Steven	D	1835	U	465	150 --
Hardy Elisha A	Hodges William	D	1851	U	518	120
Housten Hugh & wife	Houston Mary L	Gift	1851	U	535	Love
Hedges Thomas	Hedges W C	D	1851	U	548	554 25
Harper J & S	Laffoon Wm	PA	1849	U	161	-
Hamblin George	Leforce J B S	D	1849	U	322	100
Hollingsworth W W	Lynch Andrew	D	1840	U	573	20 --
Hamilton J A & W	Murphy E D	D	1849	U	164	800 --
Hollensworth W H	Myers Henry et al	TD	1850	U	242	35 22
Hooper James F	Mays Jereld D	D	1849	U	335	2 00
Hord Thos	Mitchell James	D	1832	U	514	2 50
Hopson James C	Myers Vencent	D	1849	U	592	1 00
Houston William	McNeil Neil S	R	1849	U	69	-
Houston William	McNeil John	D	1849	U	180	100 --
Houston Wm	McNeil John	D	1850	U	255	250
Hopper Jesse	Odell Marshal	D	1866	U	600	150
Hooper James F	Parker John B	D	1851	U	589	650
Hurst A Allen et al	Russell Josiah	D	1849	U	102	125
Hall John	Reynolds Jno R	D	1849	U	224	-
Huff Daniel	Rojan Theop	D	1850	U	236	500 --
Hodges Sally et al	Rose Ruben	D	1850	U	415	2500 50
Holland William	Roddy P N	T	1851	U	549	5 00
Honeycutt John	Sharp John	D	1844	U	260	175
Huddleston S F	Southern Neal	D	1850	U	382	110 --
Honeycutt J & U	Sharp John	D	1850	U	490	100 --
Houston Wm	Sharp John	D	1850	U	491	150
Huffaker Wiley	White Joseph	D	1849	U	213	1825 --
Huff Daniel	Wallen John	S	1851	U	552	-
Hamilton J & W	Beach Henry	D	1844	U	95	125
Hamblin George	Bowman Nelson C	D	1851	V	148	125
Huddleston D N	Carriger M	D	1851	V	28	200
Harrell James C	Davis Sarah A	D	1851	V	279	225
Huff Daniel	Evans W R	D	1852	V	232	1319 38
Honeycutt Urias	Eades Thos	D	1850	V	386	100 --
Hicks William	Fields Edward	D	1851	V	121	100 --
Hurst John	Fields Edward	D	1851	V	313	35 --

Grantor	Grantee	Ins	Date	Book	Page	Amount
Huff Daniel	Graham Hugh	D	1851	V	50	7 00
Huff Daniel	Graham Hugh	D	1852	V	178	32 60
Huff Daniel	Graham Hugh	D	1852	V	181	7708 --
Harp Elijah	Goin S & E	D	1852	V	326	200 --
Honeycutt Urias	Honeycutt M	D	1850	V	58	100 --
Hurst Henly S	Harper Rice	D	1851	V	93	162 50
Hamblin George	Hamblin D & R	D	1851	V	128	5 00
Hamblin George	Hamblin D & R	D	1851	V	130	700 --
Hamblin George	Hamblin D & R	D	1851	V	130	500
Hurst James M	Hurst Harmon	D	1849	V	224	500
Hurst Harmon	Hurst James M	D	1849	V	226	500 --
Henderson Thos	Henderson John	D	1852	V	385	120 --
Honeycutt M	Heuston Benj	D	1851	V	384	100 --
Hatfield Lynch	Jones Moses	D	1852	V	331	-
Hunter Solloma	Lewis George W	D	1851	V	5	150 --
Harrell E P	Leveless John	D	1851	V	107	400 --
Harrell E P	Loveless John	D	1851	V	108	150 --
Harrell E P	Leveless John	D	1851	V	109	50 --
Hardy Joseph A	Marcum John M	D	1851	V	37	100 --
Hardy Joseph	Marcum John M	D	1851	V	38	15 00
Honeycutt James	Miller Eli	D	1851	V	31	100 --
Heuston William	Mitchell Almarion	D	1852	V	142	950
Hall John Mason	Mason Ruben	D	1852	V	160	300 --
Hill Alexander	McHaffey Joseph	D	1852	V	315	200 --
Hodges Zack	Neil William	D	1851	V	123	290
Henderson Jerry	Rutledge Thos	D	1851	V	3	50 --
Hunter James	Southern Robert	TD	1846	V	39	1000 --
Hurst J M & H	Stone Ruben F	D	1852	V	294	140 00
Honeycutt James M	Woods Stephen	D	1851	V	138	105
Henderson W G	Whiteaker Joseph	D	1851	V	336	50 --
Helton A G	Adkins Peter	D	1853	W	434	500 --
Hurst John	Burchett H A	D	1853	W	264	2000 --
Hopson David	Bunch James	D	1852	W	285	13 00
Hopson Jane	Bunch James	D	1851	W	286	40 00
Huddleston Jemineah	Burchfield Martin	D	1854	W	332	55 --
Hurst Allen et al	Burdseye Ezekiel	D	1854	W	389	- -
Huff Daniel	Bowman A & D	D	1853	W	534	27 50
Houston Wm	Buchanan M & A	D	1852	W	549	3 50
Homsted Claim	Burk Anderson	HS	1855	W	575	-
Huffaker Wiley	Gardwell Green	D	1852	W	74	116 --
Harper Richard H	Cupps Jacob	D	1849	W	83	1 00
Hurst Allen et al	Chadwell & Birdseye	D	1854	W	391	15 00
Hunt John Sheff	Crocket A & R	D	1826	W	418	-
Hill John	Campbell Joseph	D	1854	W	512	2000 --
Hipsher Henry	Day Samuel	D	1854	W	240	1000 --
Hurst Charles	Day Cornelius	PA	1854	W	376	-
Hamilton Wm & wife	Dickenson Wm	D	1852	W	521	47 00
Huff Daniel	Evans John L	BS	1853	W	167	Love
Hamilton James A	Eastridges Timothy	D	1853	W	193	15 00
Houston William	England Wesley	D	1853	W	203	100 --
Harp Elijah	Ford George	D	1852	W	4	950
Harp Elijah	Ford Richard B	D	1852	W	6	250
Hamblin George	Hamblin Dan & R	D	1853	W	142	100
Hopson Caroline	Hipsher Henry	D	1853	W	241	50 --
Hurst James M	Hurst Harmon	D	1854	W	463	600 --

Grantor	Grantee	Ins	Date	Book	Page	Amount
Huddleston J L et al	Huddleston W B	PA	1853	W	526	
Hurst Chas C	Hipsher Henry	D	1854	W	546	40 00
Houston Wm	Hollengsworth W W	D	1855	W	580	498
Hopper Jesse	Hopper David	D	1866	W	583	150
Hall John W	Johnson Thos J	D	1851	W	168	250
Hall John et al	Keyes A et al	D	1854	W	228	700 --
Harper Ruben & wife	Lewis Jesse	PA	1852	W	11	-
Huddleston John et al	Leforce J B S	D	1853	W	429	50 --
Hunter James	Moore Enoch	TD	1846	W	34	350
Huffaker Wiley	Moore Samuel	D	1852	W	55	100 --
Harp Elijah et al	Moore Samuel et al	D	1853	W	538	2 00
Hall John	Netherland John et al	M	1854	W	212	150
Houston William	Neil William	D	1855	W	520	300
Hurst Hiram	Plank C B	D	1854	W	497	5 00
Houston William	Rogers Jesse	D	1854	W	272	80 --
Hurst Simpson	Rice Harper	D	1854	W	406	4 00
Harrell Noah	Soard Henry	D	1854	W	257	65 00
Huddleston Rachel	Southern Neal	D	1854	W	378	300
Hurst James M	Stone Thos H	D	1854	W	457	350
Harrell L L	Stout G W	D	1854	W	569	450
Harper William	Teague William	D	1853	W	205	200 --
Harper William	Teague William	D	1853	W	206	100
Harper William	Teague William	D	1853	W	208	50 --
Huddleston Jerry	Thompson Jas A	A	1854	W	382	-
Harp William	Teague William	D	1854	W	562	200 --
Hollengsworth Wm W	Wolf John P	D	1853	W	182	300 --
Hopson Willard A	Bunch James	D	1855	X	20	20 00
Hall William	Buchanan A	T	1855	X	192	1 00
Hurst Delila	Berry Mary	D	1853	X	238	7 00
Hitson David	Brooks George	D	1856	X	547	500 --
Hunter Joseph	Dunn Wm B	D	1852	X	26	250
Huffaker W et al	Drummon D	D	1854	X	289	500 --
Hurst Simpson	Day Nancy	D	1854	X	386	300
Hooper J F	Debusk Martin	D	1855	X	489	250
Hodges Thos	Evans H C	TD	1855	X	228	1 00
Hollingsworth W W	Fox Abraham	D	1855	X	88	136
Hollingsworth W W	Fox A	D	1856	X	454	360
Huff Daniel	Graham Hugh	D	1855	X	54	303 00
Hollingsworth W W	Goin Levi	TD	1856	X	392	1 00
Hurst Andrew (heirs of)	Hurst Levi	D	1855	X	82	30 00
Hurst Hiram	Harrell Drury	D	1828	X	91	80 00
Hatfield Murry	Hatfield Lynch	D	1855	X	147	100 --
Howerton James & wife	Howerton Richard	D	1855	X	189	75 00
Hurst Wm S	Hurst Isaac M	D	1855	X	297	1 00
Houston Wm	Houston Hugh	D	1856	X	334	14 40
Huddleston Wm F	Henderson Gray G	D	1856	X	460	475
Hurst Hiram	Hurst Isaac M	D	1856	X	462	110 --
Harrison (Heirs)	Hurst Mark	D	1856	X	507	50 ea
Harrison B F C	Hurst Mark	D	1856	X	508	75 --
Hodges P M	Mountain P F	D	1855	X	108	1300 --
Hollingsworth W W	Painter G	D	1855	X	58	Love
Hundley Thos	Pike Benj	D	1857	X	569	400 --
Hall William	Shultz J P	TD	1855	X	152	76 84
Harrell L L	Snodgrass F K	D	1854	X	213	600 --

Grantor	Grantee	Ins	Date	Book	Page	Amount
Harrell M et al	Brooks J	D	1857	Y	240	75 --
Hurst John	Burchett A F	D	1859	Y	681	1200 --
Harrell Rachel et al	Bundren J B	D	1858	Y	715	35 00
Hopson Richard	Corban Elisabeth	D	1857	Y	331	350 --
Hooper M W	Debusk Martin	D	1859	Y	683	100 --
Huff Daniel	Evans W R	BS	1858	Y	279	900 --
Harper Willis	Harper Lee W	D	1855	Y	269	300 --
Hurst Sarah	Hurst Isaac M	D	1858	Y	297	1000 --
Hurst Charles	Hurst Simpson	D	1854	Y	338	112 00
Hurst Harmon et al	Hurst Simpson et	D	1855	Y	339	ea 9 00
Hodges James	Hodges Z	D	1858	Y	574	250 --
Hollingsworth W W	Hodges P M	D	1859	Y	594	325 --
Howerton John	Howerton Richard	D	1858	Y	595	110 --
Hurst Harmon & J M	Hurst I M	D	1859	Y	624	560 --
Hopson Richard	Harrell Thos B	D	1865	Y	720	150 --
Hurst Simpson	Jones Hugh	D	1857	Y	329	675 --
Howerton Richard	Jones Hugh	D	1857	Y	334	--
Hodges Z	Johnson Thos J	D	1857	Y	349	325 --
Houston Wm	Janeway Wm	D	1858	Y	548	150 --
Hopper W H	Kincaid M	D	1857	Y	88	139 35
Huff Daniel	Kincaid Margaret	BS	1858	Y	437	Love
Hodges Pleasant M	Kelly John	D	1855	Y	500	- --
Harper L W	Loveless John	D	1858	Y	299	450
Harper Sarah	Laffoon Wm	PA	1852	Y	357	-
Hollingsworth W W	Mountain P F	D	1857	Y	63	350 --
Hodges P M	Mountain P F	D	1856	Y	126	40 00
Henderson James	Moss Marcellus	D	1823	Y	424	12 00
Hollingsworth W W	Minton Phillips	D	1856	Y	518	125 00
Hollingsworth W W	Mountain P F	D	1856	Y	588	68 00
Hollingsworth W W	Mountain P F	T	1859	Y	592	1 00
Hodges Z	Neely Charles	D	1858	Y	421	350
Homstead	Poore Jesse	D	1857	Y	93	-
Hodges Z	Parker W P	TD	1858	Y	456	5 00
Hurst Simpson	Rice Harper	D	1847	Y	144	400 --
Harrell L L	Stone Thos H	D	1858	Y	327	600 -
Huffaker Wiley	Woodson A D	D	1856	Y	79	3000
Hodges James W	Yoast George W	D	1858	Y	565	450 --
Hodges James W	Yoast George W	D	1858	Y	567	5 00
Hodges James	Arnwine Hiram	D	1858	Z	481	50 --
Hunter Squire	Atkins Samuel	D	1860	Z	607	15 00
Hitson David	Brooks Geo W	D	1858	Z	261	50 --
Hansard A C	Burchfield M	BS	1860	Z	348	14 00
Harp Levi	Bowman Cornelias heirs	D	1860	Z	533	100 --
Harp Jesse B	Bowman C W	D	1861	Z	535	16 --
Hooper N W	Chadwell J Y	D	1859	Z	142	195
Houston Wm	Craft Franky	D	1860	Z	236	180 --
Hamilton Jas A	Cook M R E L et al	D	1860	Z	301	Love
Harrell Montgomery	Cosby David	D	1860	Z	336	300
Huff Daniel	Cadle Martin	D	1860	Z	340	200
Huff Daniel	Cadle Martin	D	1860	Z	341	100 --
Hurst Sarah et al	Cardwell Ann	D	1844	Z	617	100
Harper Green M	Cheek Eliza	D	1863	Z	710	250
Harper Leander W	Cheek Eliza	D	1863	Z	711	250
Harper Rosana	Cheek Eliza	D	1863	Z	712	-

Grantor	Grantee	Ins	Date	Book	Page	Amount
Hurst Levi	Day William	D	1859	Z	472	300
Hurst Allen	Dunn Robert	D	1862	Z	675	1000 --
Huff Daniel	Ely Eleas	TB	1860	Z	533	
Hollingsworth W W	Fortner John	D	1860	Z	221	75 --
Hansard John H	Fulkerson F M	PA	1859	Z	256	-
Houston Wm et al	Goin Isaac	PA	1854	Z	653	-
Hurst Eldridge	Hurst Nelson	M	1859	Z	72	1 00
Hill Rachel	Hill John	D	1859	Z	81	Support
Howerton Green B	Howerton Richard	D	1860	Z	258	125
Hurst Crispon	Hurst Azariah	PA	1860	Z	299	-
Hatfield Lynch	Hatfield A H	D	1860	Z	312	300
Hatfield Lynch	Hatfield A H	D	1860	Z	313	50 --
Houston Mary A et al	Hurst RobT	D	1861	Z	475	600
Honeycutt Austin & wife	Hopson Catharine	D	1859	Z	487	50 --
Hopson Daniel & wife	Harrell D P et al	D	1861	Z	489	2 00
Henderson G G	Henderson Calvin	D	1860	Z	519	Love
Henderson G G	Henderson J & C	D	1860	Z	520	24 00
Henderson G G	Henderson J & C	D	1860	Z	530	51 00
Hollingsworth W W	Hodges Z	D	1861	Z	577	300
Hurst Wm	Hurst Robt	D	1861	Z	585	2000
Hunt Robert	Hurst Wm	D	1861	Z	586	8 00
Hatfield A H	Longworth George	D	1860	Z	314	25 00
Hunter Squire et al	Lewis Wm	TD	1860	Z	428	1 00
Hopper W H	Moyers W H	TD	1860	Z	324	41 47
Hutson Harmon	McDowell John et al	D	1833	Z	87	250
Hamilton J A	Roark Timothy	D	1859	Z	117	93
Hill Alex	Rowlett S B	D	1859	Z	163	23 --
Hatfield A H	Rowlett S B	D	1860	Z	316	50 --
Harmon Lewis Sr	Rector W R	D	1857	Z	383	280
Hatfield A H	Rowlett S B	D	1861	Z	473	100 --
Harrall Drury P	Ritter Henry	D	1856	Z	662	300
Hollingsworth W W	Rector W K	D	1861	Z	668	-
Hodges P M	Rector W K	D	1861	Z	669	6 00
Henderson Thos	Rice C Y	D	1861	Z	714	15 75
Kern Levi & W B Phillips	Simmons J C	TD	1859	Z	26	30 00
Harper Willis	Stone Thos H	BS	1860	Z	292	1000 --
Hansard A C	Simmons J C	DT	1860	Z	292	1127 50
Hipsher Henry	Stone Thos H	BS	1861	Z	531	10 75
Hansard A C	Stern Edward	D	1862	Z	682	15 00
Henderson Thos	Southern Robert	Land Dc	1861	Z	703	-
Hall Jehue & wife	Venable William	D	1860	Z	327	275
Hodges P M	West John Jr	D	1860	Z	365	15 00
Hayes William et al	Whiteaker Andrew	D	1861	Z	600	30 00

Grantor	Grantee	Ins	Date	Book	Page	Amount
Inglebarger Wm	McNeal Neil	D	1817	G	214	50 00
Inglebarger Wm	Lewis William	TD	1840	P	132	25 00
Idol Adam	Lewis William	D	1833	T	367	300

Grantor	Grantee	Ins	Date	Book	Page	Amount
Jeffers Thomas	Clark Isham	D	1807	A	77	1 00
Jeffers Thomas	Chisum James	D	1803	A	99	1 00
Jack John F et al	Evans Walter	"	1810	A	131	50 00
Jourden Hezekiah	Huffaker Peter	"	1808	A	362	200 00
Jenes John	Pearson Thomas	D	1803	A	152	2 00
Jenes John	Pearson Thomas	D	1804	A	158	200
Jeffers Thomas	Stroud William	D	1803	A	152	200
Jeffers Thomas	Shipley Edward	"	1807	A	374	1 00
Jeffers Thomas	Shipley Edward	"	1807	A	376	- --
Jones John & wife	Carnes Levi	D	1809	B	210	3 00
Jones John & wife	Campbell Arther	D	1809	B	321	150
Jones John & wife	Campbell Arther	D	1788	B	322	
Jorden Hezekiah et al	Lunuford Elias	"	1808	B	211	600 00
Jourden Hezekiah	McKenny Archibald	"	1799	B	11	200 --
Jack John F	McReynolds David	"	1810	B	277	50 00
Johnson Enos	Ousley John	"	1807	B	268	200 00
Jack J F & J Cocke	Baker Henry	D	1811	C	129	262
Jack J F & J Cocke	Chadwell David	D	1810	C	18	25
Jack J F & J Cocke	Dobbs William	D	1810	C	133	150
Jones Isaac	Carnes Levi	"	1814	D	262	200 00
Jones Isaac	Carnes Levi	"	1814	D	264	400 00
Jack John F et al	Dobbs William	"	1815	D	329	15 00
Jack John F et al	Dobbs William	"	1815	D	331	12 00
Johnston Amos	Hunter Andrew	D	1812	D	127	423 33
Johnston Amos	Henderson John	D	1813	D	163	3 00
Jones Jess	Hunt John	D	1813	D	283	1 00
Jenkins Timothy	Jenkins James	PA	1813	D	107	
Johnson Amos	Belcher John	D	1816	E	9	50 00
Johnson Thomas	Bunch Annie	D	1817	E	265	15 00
Johnson Thomas	Campbell Alex	D	1817	E	446	26 50
Jones Elijah	Dobkins Solomon	D	1816	E	184	400
Jones William	Davis Aaron	D	1820	E	444	300
Johnson Amos	England Thomas	D	1816	E	10	75
Johnson Thos et al	Gratner Henry	D	1816	E	115	188
Jones Jesse	Hunt John	D	1813	E	377	226 25
Jones Samuel	Inglebarger Wm	D	1815	E	52	3 00
Jennings William	Jennings Isham	D	1817	E	124	15 00
Johnson Thomas	Leger Peter	D	1818	E	240	80 00
Jack John F et al	McCubbins Zach	D	1816	E	28	20 00
Johnson Thos	Shelton Ralph	"	1817	E	251	60 --
Johnson Thos	Smith John	D	1820	E	451	60 --
Jones Samuel	Vandeventer Jacob	"	1815	E	42	450
Johnson Thos et al	Brock John	"	1820	F	164	200
Jones Samuel	Clark Elisha	"	1819	F	"	200
Johnston Thos	Campbell Joseph	"	1820	F	117	50 --
Jennings Edward	Condry William	"	1821	F	190	250
Johnson Thomas	Gratner Henry	D	1817	F	1	103
Johnson Thomas	Givens James	D	1819	F	64	135
Jones John	Hughes Hardy	D	1803	F	209	150
Jennings Edward	Jennings Joseph	D	1820	F	244	500 --
Jennings John	Jennings Joseph	D	1820	F	245	250
Johnson Thomas	Lower Peter	D	1823	F	260	10 00

Grantor	Grantee	Ins	Date	Book	Page	Amount
James John	Munjus William	D	1818	F	169	150 --
Johnson Thomas	Maden Isaac	D	1823	F	301	44 --
Jones Elijah	McHenry William	D	1823	F	282	-- --
Jones Abraham	Stockley John	D	1819	F	55	100 --
Jackson Jacob	Stinnet William	D	1821	F	159	100 --
Jones Isaiah	Stockley John	D	1819	F	57	142
Johnson Thomas	Slavins Daniel	D	1819	F	269	375 --
Jones Isahiah Jr	Vendeventer Thos	D	1821	F	172	800 --
Jones Thomas	Wallen John	D	1818	F	173	650 --
Johnson William	Walker Thos L	D	1822	F	235	100 --
Jacobs (Heirs)	Yoakum George	B	1815	F	100	
Jennings Wm	Bunch David	D	1823	G	254	250
Johnson Thos	Dodson George	"	1823	G	225	250 --
Johnson Thos	Dodson George	"	1821	G	228	150
Johnson Thos	Givins Zach et al	"	1821	G	101	135
Johnson Thos et al	Hoper Wm	"	1819	G	156	76 50
Jennings Dickson	Jennings Joseph	"	1821	G	250	5 00
Johnson Thos	King Andrew	"	1821	G	168	37 50
Johnson Thos	Willburn Lewis	"	1822	G	119	182
Johnson Thos	Bundren Richd	D	1822	H	30	110 --
Johnson Thos	Boyne Jesse	D	1823	H	146	300 --
James David	Borough Valentene	D	1817	H	373	50 00
Jones David C	Crocket A & R	D	1814	H	66	25 00
Johnson Thos et al	Capps Sampson	D	1823	H	141	75 00
Jones Thos	Cook Jacob	D	1821	H	144	2 00
Johnson Thos et al	Ceeck Corbin	D	1825	H	468	1 00
Johnson Phillip	Eastridge James	D	1826	H	234	26 00
Jennings Joseph	Jennings William et al	D	1826	H	176	12 00
Jennings Dickerson	Jennings Isham	D	1823	H	207	110 00
Jennings William	Jennings Joseph	D	1826	H	297	12 10
Jennings Samuel	Jennings Anderson	D	1826	H	300	Love
Johnson Thos	Nicholson Samuel	"	1818	H	92	1 00
Johnson Thos	Savage Wm	"	1823	H	29	25 00
Johnson Thos et al	Sharp Henry	"	1819	H	353	3 00
Johnson & Peck	Simmons John	"	1822	H	276	30
Johnson Amos	Whiteaker John	"	1821	H	40	200 --
Johnson Thos	Willburne James	"	1824	H	231	30 --
Jones Elijah	Crockett R & A	"	1825	I	88	100
Jennings Joseph	Condry Wm	D	1826	I	115	225
Jones John & wife	Campbell Arthur	"	1788	I	300	150 ₤
Jones David C	Crockett A & R	"	1814	I	336	700 --
Johnson Thos	Dodson Thos	"	1823	I	172	35 --
Johnson Thos	Gratner John	D	1815	I	192	268 50
Johnson Thomas	Hurley Robertson	D	1821	I	408	200 50
Jennings William	Jennings W & P	D	1829	I	165	500 00
Jones David C Admr	Jones Elijah	D	1823	I	213	1000 --
Jones David C "	Jones Richard K	B	1831	I	308	
Johnson Thomas et al	Jenkins James	D	1825	I	502	35 00
Jennings W D	Jennings Anderson	D	1832	I	524	16 00
Jones David C	Jones R K	D	1831	I	527	
Johnson Thomas	King Burrell	D	1823	I	353	30 00
Johnson Thomas	Mayse William	D	1822	I	325	200 --

Grantor	Grantee	Ins	Date	Book	Page	Amount
Johnson Thomas et al	McBee Samuel	D	1819	I	42	100 --
Jennings Isham	Breeding John	D	1829	K	329	200
Jennings Edward et al	Campbell Chas	D	1833	K	538	225 00
Jennings John	Jennings Edward el al	D	1832	K	453	150
Jones Abraham et al	Jones John	D	1834	K	456	650 --
Jennings Edward	Jennings W H	D	1834	K	460	425
Jones William	Jones Thomas	D	1833	K	558	600
Jenkins James	Marcum Peter	D	1834	K	523	180
Johnson Thomas	Stubblefield G R	D	1834	K	549	300
Jones Thomas	Woodson A D	D	1835	K	555	7 50
Jones Joseph	Browning William	D	1835	L	37	2 50
Johnson Chas C	Fleming James	D	1829	L	20	7 50
Jackson A B	Houston William	TB	1835	L	82	1 50
Jennings W H	Hurst John	D	1835	L	96	6 15
Johnson Thomas	Hatfield Ralph	D	1822	L	214	30 00
Jackson A B & wife	Jones Joseph	D	1835	L	81	350 00
Jackson A B & wife	Jones Joseph	B	1835	L	87	1000 00
Jerrell John C	Noel M A et al	D	1836	L	396	5 00
Jennings Anderson	Baptist Church B Spring	D	1834	M	160	1 00
Jones Elijah	Beaty W & M	D	1838	M	421	900 00
Johnson A M	Charlott John	TD	1838	M	386	1 00
Jones John	Crockett A & R	D	1831	M	416	
Jenkins Henry	Day John	D	1838	M	336	500 00
Jones Thomas	Gilbert James	D	1837	M	128	20 00
Jennings Royal et al	Hurst Hiarm	D	1832	M	144	600 00
Jones Joseph	Houston William	D	1837	M	206	145
Jenkins William	Hamilton J A	D	1838	M	362	225
James David	Lynch John	D	1816	M	138	5 00
Jones Joseph	Lane Isaac C	D	1838	M	462	2 75
Jones Hugh & wife	Miller Daniel G	D	1838	M	538	500 --
Jones Samuel	McNeil George	D	1823	M	382	4 00
Jenkins Henry	Norton Isaac & wife	PA	1837	M	133	
Jones John	Riley John	D	1830	M	30	2 00
Jones Joseph	Sewell Benj	PA	1838	M	452	-
Jones Elijah	Woodson A D	TD	1837	M	92	505 50
Jones Elisha & wife	Campbell William et al	D	1839	N	125	187 50
Jones Elisha & wife	Campbell Jacob	D	1839	N	127	71 37
Jones Benjamin	Evans J H	TD	1840	N	278	1 00
Jones Thomas	Houston William	D	1839	N	139	127 --
Johnson Thomas	Staton Gabriel	D	1824	N	308	300 --
Johnston Lewis	Wilborne James	D	1833	N	296	100 --
Jones Elijah	Beaty M & W	A	1837	O	305	-
Johnson James	Hurst John	D	1839	O	42	35 00
Johnson Thomas	Johnson Ashel	PA	1817	O	41	- --
Johnson Martin B	Sewell John	D	1840	O	211	307 --
Jones Benj & wife	Evans Walter R	TD	1841	P	204	1 00
Johnson Lewis	Hurley Robenson	D	1831	P	118	300 --
Jackson A B & wife	Houston William	D	1841	P	240	150

Grantor	Grantee	Ins	Date	Book	Page	Amount
Jennings James R	Runnions Chas et al	TD	1841	P	212	40 --
Jenkins Henry	Snuffer Alford	TD	1841	P	353	5 00
Jenkins Henry	Suffer Alford	TD	1841	P	360	250
Johnson William	Barnard S J	D	1842	P	122	100 --
Johnson & Nichelson	Cloud Joseph	D	1818	Q	62	4 00
Jenkins William	Ferrell Johnathan	D	1838	Q	7	4 00
Johnson Thomas	Hitson Richard	D	1822	Q	75	200 --
Jones Elihu E	Jones A C	TD	1842	Q	116	5 00
Johnson Martin V	Sewell Benjamin	D	1841	Q	32	450
Johnson Almond	Cloud B F	T	1843	R	173	5 00
Jones John	Evans Walter R	TD	1843	R	160	1 00
Jones John	Farmer John	TD	1843	R	291	1 00
Jones Hezekiah	Garrett L A	TD	1843	R	275	1 00
Johnson James	Hooper Miles N	T	1842	R	275	1 00
Johnson Hiram	Henderson Thos	D	1842	R	184	500 --
Johnson Thomas	Hitson Richard	D	1820	R	260	275
Jones Elihue E	Houston Wm et al	TD	1842	R	333	236
Jones Samuel	Holt Henry	D	1843	R	371	300
Jones John Sr	Jones William	D	1841	R	12	Gift
Jones John	Jones Benjamin	D	1841	R	13	Love
Jones Ben & W	Jennings J R	TD	1841	R	17	1 00
Jones John Sr	Jones Hezekiah	D	1841	R	274	Love
Jones Wm	Jennings W H	D	1843	R	287	266
Janway Wm	Johnson Thos J	D	1842	R	367	200 --
Jones D	Kirkpatrick Wm	T	1843	R	295	5 00
Johnson William	Kincaid Wm	D	1843	R	421	166 --
Jones Benj F	McClary Andrew	D	1841	R	50	28 --
Johnson Thos J	McAmis A A	D	1843	R	319	266 50
Jones Benjamin	McClary Andrew	D	1843	R	325	3 00
Jefferson Lewis & wife	Ridge Ransom	PA	1843	R	342	- --
Jones Daniel	Shultz George	TD	1843	R	262	5 00
Jenkins William Jr	Sewell Benj et al	D	1843	R	366	100 --
Jones Benjamin & wife	Arnwine Albartis	D	1844	S	88	25 00
Jones Joseph	Burchfield Wm	D	1844	S	67	300 --
Jones Samuel	Branham Martin	D	1845	S	655	450
Jackson A B et al	Buchanan A & M	D	1845	S	263	100
Jones Mary Y et al	Croxdale Isham	D	1843	S	630	40 00
Jones Joseph	Graham Hugh	D	1844	S	165	500 --
Jones Robert & wife	Gibson Robt (Heirs)	D	1846	S	480	16 00
Jones Sally	Gibson W R	TD	1845	S	608	100 --
Jones Benj & wife	Houston William	D	1844	S	91	55 00
James Tandy	Hurst Samuel	D	1843	S	171	12 00
Jones John	Houston Fulkerson	D	1844	S	358	157 --
Jackson Alford & wife	Jones Joseph	D	1846	S	698	350
Jones Elijah	Lee Sally	M	1844	S	51	-
Jones S & E	Lee Jubal	D	1846	S	693	3 25
Jennings J R & W H	McClary Andrew	D	1845	S	239	430 70
Johnson James	Pike Jacob	D	1844	S	128	50 --
Jenkins James	Poor Jesse	D	1843	S	416	20 00
Jones Elijah	Scott H S	R	1844	S	63	480
Johnson James	Sewell Benj	D	1845	S	366	50 --
Johnson William	Barnard Jonathan	TD	1846	T	4	50

Grantor	Grantee	Ins	Date	Book	Page	Amount
Johnson Lewis	Brewer Isham	D	1844	T	38	200 --
Jones John Jun	Brooks John	D	1848	T	518	400 --
Jennings Thos W	Evans W R	T	1848	T	508	500
Jennings W H	Fugate William	D	1846	T	22	550
Johnson Thomas et al	Graves John	D	1819	T	60	45 00
Jennings Edward	Jennings Thos W	D	1846	T	2	Love
Johnson Thos J	Roark Temothy	D	1848	T	482	75 --
Jones Thomas	Stubblefield G R	D	1833	T	207	75 00
Jones John	Thomas Isaac	TB	1847	T	209	575 00
Jennings W H	Walker Joseph	D	1846	T	41	550 --
Jennings Sarah	Cardwell John	D	1835	U	300	100 --
Johnson William	Chettum Wesley	D	1851	U	483	450 --
Jenkins John	Ely A & E	D	1848	U	39	400 --
Jones John	Hill Alexander	D	1848	U	157	138 50
Johnson Thos J	Hansard A C	D	1851	U	551	600
Jennings Thos W	Jennings Royal	T	1850	U	219	1 00
Jones E & S	Kincaid William	D	1849	U	115	325 14
Johnson Thos J Trustee	Marcum Daniel	D	1849	U	144	277 15
Jennings Edward	McVey Joseph	D	1849	U	49	50 --
Jennings Thos W & wife	Neil Joseph Sr	Bs	1851	U	582	700
Jennings Edward	Runnions G R	D	1850	U	351	27 00
Margraves Tennessee	Spear Arther	D	1849	U	171	100 --
Moser Lewis (see "M"-- by mistake)	Sharp Peter	D	1849	U	446	500 --
Jennings W H	Souther Robert	D	1840	U	247	50
Jones E & S	Thomas Isaac	D	1849	U	117	59 --
Jones Elijah	Cosby William	D	1851	V	322	62 --
Jones Elijah	Evans N A	D	1852	V	306	1 00
Jones Elijah	Friar Thomas	D	1851	V	97	10 00
Jones John Sr	Jones John Jr	D	1840	V	26	Love
Jennings Thos W	Jennings R	TD	1851	V	119	157
Jenkins James	Kelly John	D	1836	V	387	150
Jenkins John	McMahan John	D	1848	V	349	2 00
Jennings Thos W	Rose G W	TD	1851	V	101	1 00
Jennings Edward	Runnions G W	D	1852	V	188	50 00
Johnson Thos J et al	Whited Thos	D	1823	V	34	50 --
Jones Elijah	Bussell Chas	D	1853	W	405	1 00
Jones Elijah	Bussell James	D	1854	W	430	1 00
Jones Elijah	Cheek W & R	D	1853	W	150	1 75
Jones Henderson et al	Cantwell John	D	1854	W	269	20 25
Jones Elijah	Chadwell David	D	1854	W	323	30 00
Jones Elijah	Cloud John	D	1854	W	334	30 00
Jones George W & Wife	Cottrell David C	D	1854	W	441	125 00
Johnson T J	Evans John L	D	1853	W	78	300 --
Jones Elijah	Forgerson James	D	1853	W	359	50 --
Johnson Thos J (Clk)	Hurst John	D	1853	W	134	305
Johnson Thos J (Clk)	Hurst John	D	1853	W	147	305 --
Jones Henderson et al	Hitson David	D	1855	W	533	100 --
Johnson Almarian	Netherland John et al	D	1854	W	427	150
Johnson Thos J	Payne W G (Chm)	D	1853	W	181	3 00
Jones Thos	Sweat Nancy	MC	1853	W	108	-- --

Grantor	Grantee	Ins	Date	Book	Page	Amount
Jones Samuel C	Buis Abraham	BS	1855	X	45	750
Jones Hugh	Edward Hiram	D	1855	X	79	50 --
Johnson Hiram	Forgerson James	D	1832	X	74	128
Jones Hugh	Hitson David	D	1856	X	419	100 --
Johnson Almarion	Murphey Eli D	TB	1855	X	117	5 00
Jennings Thos/et al	Overton W T	D	1856	X	397	67 50
Jones John H et al	Smith F M	D	1855	X	30	1500 --
Jones Elijah	Thomas Isaac	D	1854	X	84	100 --
Jennings John	William James	D	1855	X	165	360
Johnson Martin & wife	Wallen J F	PA	1856	X	369	
Jones Elijah & wife	Yoakum Thos	D	1854	X	91	-
Jones Moses	Collingsworth W S	D	1858	Y	532	1000 --
Jones Hugh	Dunsmore Mat	D	1857	Y	336	345
Jones Elijah & wife	Eads Jesse	D	1857	Y	546	100 --
Jones John H	Fletcher Wm	D	1856	Y	503	12 00
Jones Elijah	Forgerson Elijah	D	1858	Y	704	47 50
Jones Hugh	Hurst Simpson	D	1858	Y	326	75 00
Jennings Isham	Harper John	D	1828	Y	330	20 00
Jennings James R & wife	Jennings Edward	D	1858	Y	406	- --
Jones Moses	Liford G W	D	1857	Y	611	25 00
Jones Elijah	Mason Ruben	D	1858	Y	520	50 --
Jones Elihue E	Rice C Y	TD	1858	Y	280	156 30
Jones E & Sally	Thomas Isaac	D	1859	Y	668	280
Jones John H	William Wilson S	D	1855	Y	180	500 --
Janeway Wm	Arnwine Hiram	D	1859	Z	482	400
Jones Elijah et al	Fultz Frederick	D	1853	Z	357	100 --
Jones Lewis	Fulkerson W H	TD	1861	Z	479	75 --
Jones Charity	Gibson W R & Z S	D	1859	Z	101	13 00
Jones Nancy	Jones Arther L (Heirs)	D	1860	Z	358	1 00
Janeway Joseph	Janeway Wm	D	1859	Z	426	500 --
Janeway William et al	Lewis James M	D	1860	Z	474	7850 --
Jones Elijah	McMiller D C	PA	1859	Z	9	-
Jones Hugh	Ramsey Joseph	D	1860	Z	570	50 --

Grantor	Grantee	Ins	Date	Book	Page	Amount
Kile William	Dobbins Jacob	D	1805	A	190	4 00
King James	Donalson Stockly	D	1799	A	197	2000 --
King Robert	DeVault Abraham et al	D	1805	A	216	500 --
Keewood Stephen	Davis Nathaniel	"	1806	A	266	2000 --
King Walter	Evans George	"	1806	A	105	250 00
Kiles William	Hurst Jesse	"	1805	A	194	10 00
King Robert	Jennings William	D	1801	A	42	3 00
King Robert	Muir Robert	D	1798	A	222	1 00
Kenney Larrah et al	Simmons John	"	1806	A	288	100 00
King Robert	Webster John	"	1803	A	83	40 ½
King Robert	Hord William	R	1807	B	135	- --
Kellems James	Cowan Samie	D	1814	D	281	400 00
Karr John	Mitchell Richard	D	1813	D	255	400 --
Knott James	Moss Marcellus	D	1815	D	404	400
Karr George	William Wilson	"	1817	E	207	675
Karr George	William Wilson	"	1817	E	212	-
Kearns Levi	McNeal Neil	"	1817	G	215	80 ½
Kenada John	Rhea Joseph	"	1823	H	19	1 00
Killion William et al	Hodges James	D	1827	I	7	60 00
Killion William et al	Lane Colmon et al	D	1826	I	100	19 00
Killion William et al	Miller Daniel G	D	1830	I	256	1 00
Kincaid William	Wilson Peter	D	1831	I	369	25 00
Killion William	Dunn Drury	D	1833	K	29	200 --
Killion William	Graham Hugh	DT	1834	K	295	100 --
Kelley John	Hodges James	TD	1831	K	86	1 00
Killion William	Cloud B F	D	1828	L	104	10 00
Killion William et al	Hurst William	D	1828	L	7	1 00
Kirk William	Sharp John	D	1835	L	179	500 00
Kentuckey State of	Bowman Wm	G	1831	M	411	
King James	Donalson Stockley	D	1899	M	222	2000 --
Killion William	Graham Hugh	D	1836	M	34	200 00
Kesterson David	Kesterson Abel	D	1825	M	454	50 00
Keen Francis & wife	Lewis William	D	1837	M	400	50 00
Kentucky state of	Bruce Thomas	G	1839	N	149	-
Kentucky state of	Burnett George	G	1839	N	153	-
Kentucky state of	Burnett Reece	G	1837	N	154	-
Kentucky State of	Gibson Tiney	G	1837	N	220	-
Kesterson David	Jennings W H	D	1839	N	294	35 00
Kincaid William	Owens Pleasant	D	1839	O	12	11 50
Kesterson Abel	Kesterson Wm	D	1838	P	335	1 00
King Andrew et al	Lea Anderson	D	1836	P	382	150 --
King Andrew	Brewer Martial	D	1832	Q	133	19 50
Kincaid William	Lanham Abel	R	1834	Q	267	363 26

Grantor	Grantee	Ins	Date	Book	Page	Amount
King A	Brewer Joab	D	1831	R	80	100 --
Kincaid William	Edwards Martin	D	1843	R	374	4 00
Kincaid William	Bruce Major	D	1846	S	473	50 00
Kincaid William	Dunn W B	D	1844	S	468	125
Kirkpatrick Wm	Evans W R & N A	D	1844	S	61	
Kincaid William	Ellison James	D	1846	S	496	200
Keck William	Fortner Jonathan	D	1838	S	569	100 --
Keck Phillip	Goin Richard	D	1844	S	662	150
Keck John et al	Hopper Hezekiah	D	1840	S	402	50 --
King John	Hunter James	D	1825	S	520	100 --
Knight Tristram D	Houston William	D	1846	S	598	350
King A	Hurly David	D	1838	S	604	20 00
Kirkpatrick Wm & wife	Houston William	D	1846	S	614	50 00
Kincaid William	Johnson William	D	1844	S	534	75 --
Kincaid William	Linch Aaron	D	1846	S	493	300
Kesterson William	Markum Peter	TD	1846	S	454	5 00
Kibert John	Shelton Thos	D	1846	S	722	200 --
Kincaid William	Beeler Daniel	D	1847	T	242	5 50
Kirkpatrick William	Houston Wm	D	1848	T	400	8 00
Kelley Daniel	Soard Henry	D	1847	T	282	4 00
Kibert John	Turner William L	D	1848	T	542	5 00
Kincaid William	Vanbebber Isaac	PA	1848	T	468	-- --
Kincaid William	Vanbebber John M	D	1849	T	568	11 50
Kesterson Abel	Evans W R	TD	1849	U	161	5 00
Kentuckey State of	Faulkner James	G	1846	U	113	-- --
Knight T D	Gill Samuel	D	1850	U	303	1 00
Kelley John	Garrett L A	TD	1850	U	429	600 --
Kincaid William	Hodges William	D	1850	U	381	450
Kesterson Abel	Kesterson Ruben	D	1849	U	198	375
Kesterson Abel	Kesterson Ruben	D	1849	U	393	375
Kincaid John	Kincaid William	D	1851	U	477	30 00
Kesterson Abel	Longworth William	D	1850	U	537	40 --
Kincaid John	Monday Samuel	D	1851	U	476	40 --
Kelley Daniel	Minton Phillip	D	1857	U	536	100 --
Keck Coonrod (heirs)	Poindexter S W	D	1836	U	285	143 --
Killion John	Recktor W R	D	1849	U	51	125
Killion John	Recktor W R	D	1849	U	55	25 00
Kesterson Abel	Rogers Nancy	D	1849	U	134	4 00
Kentuckey State of	Bowman John	G	1831	V	149	-- --
Kentuckey State of	Bowman John	G	1839	V	150	-- --
Kincaid William	Dunn Thomas	D	1851	V	378	1000 --
Koger Isaac	Kincaid William	D	1851	V	74	798 --
Kincaid S C	Kincaid Wm	D	1851	V	81	50 --
Kesterson Abel	Liford G W	D	1852	V	189	150
Kincaid Wm	McCrary Geo C	D	1852	V	411	800 --
Kesterson Mary	Smith Moses	D	1851	V	291	200 --
Kincaid William	Braden John	D	1853	W	79	450
Kesterson Abel	Brooks Gedeon	D	1852	W	366	150
Kesterson Abel	Brooks James P	D	1854	W	368	346
Kincaid Wm	Birdseye Ezekiel	L	1854	W	390	1 00
Kentuckey State of	Chadwell Duff	G	1851	W	126	-

Grantor	Grantee	Ins	Date	Book	Page	Amount
Kincaid John	Capp John	D	1854	W	504	50 --
Knight T D	Cottrell D C	D	1854	W	579	1 00
Kelly J M et al	Dickenson J D	A	1854	W	254	-
Kincaid William	Evans W R et al	A	1854	W	456	-
Kelley Daniel	Fox Aquilla	D	1851	W	460	10 00
Kincaid William (Gard)	Koger Isaac	D	1853	W	88	2212 25
Keck John Sr	Kelly Evans & Co	L	1854	W	329	- --
Kincaid William	Lankford J C & wife	D	1854	W	349	150
Kincaid J M	Moss T	D	1862	W	584	2 00
Kincaid William	McNew W J	D	1851	W	96	275 --
Kilborn Elijah C	Wewley John G	D	1834	W	360	2000 --
Keck Phillip et al	Perry James	D	1851	W	498	10 00
Kesterson Abel	Rojers Nancy	D	1853	W	75	400 --
Koyer Isaac	Sharp Labon	D	1853	W	179	40 80
Keck John	Treace L J	D	1854	W	517	300 --
Kincaid John	Alexander M et al	D	1855	X	543	46 00
Kincaid William	Beason Isaac	D	1855	X	181	550 --
Kelley Evans & Co	Claiborne County M Co	A	1854	X	64	-
Knight T D	Cadle Martin	D	1854	X	94	100 --
Knight T D	Crockett Robert	D	1854	X	224	60 --
Kesterson Abel	Cloud Barthena	D	1856	X	427	-
Kelley J M	Evans John L	D	1855	X	363	112 50
Kelley J M	Evans J L	D	1836	X	395	300 --
Kincaid William	Hopper Daniel	D	1855	X	526	200
Kesterson Abel	Jones M et al	D	1855	X	78	712
Kincaid William	Kincaid M L	D	1855	X	46	25 00
Kincaid John	Moss M B	D	1852	X	545	40 00
Kincaid William	Owens M H	TB	1842	X	179	700 --
Keck John	Scalf Ira	D	1850	X	319	16 45
Keck Phillip	Scalf Ira	D	1849	X	320	50 --
King Wm F	Teague James	D	1854	X	263	25 00
King Wm F	Teague James	D	1854	X	264	45 00
King Wm F	Teague James	D	1853	X	265	50 --
Kincaid Wm	Vanbebber James	TB	1848	X	558	250
Kincaid Wm	Bowman J E	D	1851	Y	191	12 00
Kesterson Abel	Buis Joseph	D	1857	Y	470	1200 --
Kelley John	Carr John H	D	1855	Y	265	2 00
Kesterson Abel	Cosby James	D	1858	Y	468	5 00
Kesterson Abel	Cosby William	D	1858	Y	530	2 00
Kesterson Abel	Chadwell P M	D	1856	Y	613	194 40
Kesterson Abel	Chadwell P M	D	1859	Y	615	5 50
Kelley Ann J	Graham Hugh	BS	1859	Y	43	792 00
King David A	Hodges J	TD	1858	Y	267	500
Kincaid Wm	Hopper Martha	D	1855	Y	607	200 --
Kincaid S E	Kincaid J M	D	1859	Y	636	2 00
Kerkpatrick Wm	Lankford J C	D	1856	Y	354	-
Kelley Daniel	Moore N H	TD	1857	Y	246	150
Kesterson Abel	Mitchell J	D	1858	Y	466	800 --
Kincaid William	Moyers W H	TB	1843	Y	362	700 --
Kelley Ann Jane	Neil Wm	D	1858	Y	549	2000 --
Kincaid William	Powell G W	TB	1850	Y	121	450
Kincaid William	Vanbebber M J	D	1853	Y	37	1000 --

Grantor	Grantee	Ins	Date	Book	Page	Amount
Kelley Ann Jane	Brown John	D	1859	Z	38	1 00
Kelley Ann Jane	Brown John	D	1859	Z	39	1 50
Kincaid John	Braden John	D	1859	Z	334	2852 51
Kincaid William	Cain John & A	D	1855	Z	108	1000 --
Kincaid William	Cawood John et al	D	1853	Z	207	100 --
Keck Mathew	Craft Franklin	D	1861	Z	563	200 --
Kesterson Ruben & wife	Henderson J & C	D	1860	Z	523	51 00
Kincaid John Junr & wife	Harbison J M	D	1862	Z	628	200 --
Kincaid S C	Kincaid Wm C	D	1858	Z	292	13 50
Kesterson Abel	Liford Thomas	D	1861	Z	431	00
Kincaid James	Moss Wm T	D	1861	Z	590	6933 25
Kesterson Abel	Mustard Elisha	D	1858	Z	658	1000 --
Kincaid James M	McBee Samuel	D	1839	Z	188	1 00
Kesterson Abel	Nevels George	D	1861	Z	433	1 00
Kelley John	Roddy P N	TD	1860	Z	284	258 72
Kesterson Abel	Thomas Allen	D	1856	Z	1	125
King James	Teague Calvin	D	1861	Z	623	50 --
Kincaid S C	Vanbebber J M	D	1856	Z	418	47 00
Kincaid James M	White Joseph	D	1859	Z	37	137 50
Kincaid W C	Wilson G W	T	1866	Z	719	90 --

Grantor	Grantee	Ins	Date	Book	Page	Amount
Lane Isaac	Clark Isaham	D	1803	A	57	1 00
Lane Isaac	Cunningham Thos	D	1807	A	353	300 --
Lackey J W	Evans Walter	PA	1806	A	B	
Lane Isaac	Estes Micajah	D	1807	A	268	2 00
Lane Isaac	Harper Richard	"	1802	A	7	66 2/3
Lay Jesse	Lay David	D	1803	A	98	50 00
Lea Major	Lea Abner	D	1804	A	133	3 00
Lay Jesse	Miller Martin	D	1807	A	317	250
Lynn William et al	Overton James et al	D	1801	A	15	100 lb
Lusk Samuel	Quigley Joseph	D	1807	A	320	5 00
Lea James	Strange Obidiah	"	1805	A	248	150 00
Lane Isaac	Simmons John	"	1808	A	379	300 00
Lower Peter	Whitehead Robert	"	1804	A	49	10 00
Lea James	Wyatt Samuel	"	1804	A	228	150 00
Latham John	Cocke William	D	1809	B	141	700 --
Lea Abner	Dotson Lazerous	D	1810	B	316	14 00
Lea John	Fugate Mariah	D	1807	B	35	150 --
Lay Jesse	Fields David	D	1807	B	125	300
Lower Peter	Fields Richard	D	1810	B	320	160
Lane William	Lea John	"	1808	B	88	900 00
Lay Jesse	Lay David	"	1808	B	119	400 00
Lusk James W	Loony John	"	1809	B	158	700 00
Lander Peter	Pugh David	"	1809	B	220	400 00
Lea John	Brumbly David	D	1810	C	49	500
Lane Tidence	Day Ransom	D	1811	C	254	300
Lunsford Elias	Evans Walter	PA	1811	C	63	
Lunsford Elias	Ely Isaac	D	1810	C	81	800
Lea John	Huffaker Peter	D	1810	C	34	64 50
Lane Tidance	Lane Isaac	BS	1811	C	77	4 00
Laird James	Condry William	PA	1811	D	91	
Lanham Abel	Cook Marcurous	D	1815	D	222	50 00
Laird John et al	Martin Salathiel et al	D	1811	D	91	1000 --
Laird John et al	Martin Salathiel	D	1811	D	93	1000
Lane Samuel	Neal John	BS	1814	D	330	110 00
Lea William	Smith Anderson	D	1814	D	242	210 00
Lane George	Brock George (heirs of)	D	1817	E	146	200 -
Luttrell Thomas	Brooks Charles	D	1819	E	359	500 --
Lea John	Condry Dennis	D	1818	E	271	1 00
Luttrell John & wife	Elmore Thomas & wife	D	1812	E	231	2 00
Laughlin Thos	Henderson Jerry	D	1817	E	176	325
Lewis Fielding	Hooper William	D	1816	E	294	60 00
Lee Abner et al	Hagan William	B	1810	E	360	25 00
Lee Abner et al	Hojan William	B	1819	E	360	25 00
Laughlin Thomas	McClary Thomas	D	1816	E	87	70 00
Lane Isaac	McCubbins Zach	D	1816	E	222	0 1 cent
Lingar John	McClary Thos R	D	1820	E	435	320 --
Lane Isaac	Rose Reuben	"	1816	E	96	50 00
Lyford John et al	Yoakum George	"	1817	E	179	150
Lay Jesse	Anderson Thomas	"	1827	F	214	50- -
Leabow Henry	Collingsworth Covington	"	1820	F	227	6 00

Grantor	Grantee	Ins	Date	Book	Page	Amount
Lanham Abel	Casterson David	"	1823	F	228	50
Lanckford Benjamin et al	Cloud Jermiah	"	1821	F	310	4 00
Lower Peter	Hughes Hardy	Q	1805	F	11	
Lane William	Huffaker Peter	D	1822	F	276	10 00
Lea John	McHenry William	D	1821	F	185	500
Lea John	McHenry William	D	1821	F	186	500
Lea John	McHenry William	D	1821	F	187	25 00
Lea John	Roddy John	D	1819	F	92	
Lea John	Smart William	D	1821	F	288	150 --
Lathan John	Archer John	"	1815	G	95	6 00
Lankford Benj J et al	Bullard Wm	BS	1822	G	111	355
Lane William	Davis Aaron	PA	1819	G	85	- --
Lane Isaac	Hurst Hiram et al	D	1821	G	151	200
Lankford Benjam	Rose Reuben	BS	1820	G	66	500
Lewis Fielding	Simmons Enoch	D	1822	G	176	Love
Lane Wm	Wallen J & E	"	1819	G	83	110
Lewis William	Adoms Jacob	D	1827	H	327	364
Linch John	Bouroff Valentine	D	1823	H	370	300
Lea John	Condry Dennis	D	1827	H	304	
Lewis William	Housman Benj	D	1824	H	37	224 50
Lane Isaac	Hurst Elijah	D	1822	H	221	1 00
Lynch John Sr	Lynch Alford	D	1823	H	46	25 00
Lea Thos	Church Baptist old town	"	1830	I	295	- --
Lanham Abel	Dickenson James	BS	1833	I	571	200
Lanham Abel	Dickenson James	BS	1833	I	571	437
Lanham Randolph	Hurst John	D	1832	I	437	25 00
Lanham Randolph	Hurst John	D	1832	I	439	2 50
Lea James	Huffaker Peter	D	1800	I	441	100
Lebow John	Hunt John	D	1833	I	564	1 00
Lanham Abel	Lanham William	D	1820	I	252	1 00
Long John	Queen James	D	1825	I	261	220
Lynch William	Root Daniel	D	1830	I	277	1000
Lane Isaac C	Graham Hugh	A	1833	K	386	174 25
Lane Isaac C	Graham Hugh	D	1834	K	388	20 00
Lewis Jesse	Hurst Elijah	D	1832	K	483	400
Lawson Stockley	Jones Samuel Sr	D	1833	K	544	300
Lake James	Marcum Peter	D	1835	K	531	10 00
Lankford Benj & wife	Posey Bennet	D	1832	K	53	100 00
Lane J C	Rose Ruben	D	1833	K	121	15 00
Long Jacob	Sharp John	D	1833	K	265	300
Lynch Choney et al	Bowlinger Fred	D	1829	L	278	300 00
Lanham Abel	Hurst John	D	1834	L	218	7 00
Lynch John	Lynch Alford	D	1829	L	271	500 00
Lanham Abel	Marcum Peter	TD	1836	L	238	100
Letcher John	Rosanbalm John	D	1829	L	39	150
Lane Isaac Sheff	Bunch James	D	1835	M	61	50 00
Lebow J & M	Bowls Witten S	D	1835	M	83	Love
Lane Isaac Sheff	Bundren Green	D	1837	M	104	149 49
Lovely James	Bayels C & A	D	1823	M	213	150

Grantor	Grantee	Ins	Date	Book	Page	Amount
Lower Henry	Braden James	D	1837	M	429	75 00
Long John	Carr James M	D	1831	M	58	2 00
Lake James	Corban Alford	D	1834	M	511	15 00
Lane Isaac C Shff	Davis Harmon	D	1838	M	428	100 00
Lane Isaac	Evans W R & N A	D	1838	M	472	5 50
Lane Isaac C	Fults John	D	1837	M	274	200 00
Lea John	Freeman John	D	1837	M	504	200 00
Laurence Thos	Greene John	D	1836	M	53	500 00
Lebow Daniel	Hurst Thomas	D	1825	M	156	700 00
Lebow Daniel	Hurst Thomas	D	1825	M	157	300
Lower Henry	Hurst Allen	D	1837	M	278	75 00
Lowson William	Hatfield Henry	D	1838	M	357	300 --
Lynch Albert	Lynch Aaron	D	1833	M	139	300
Lewis Fielding	Lewis Jessee	D	1825	M	351	Love
Lanham Abel	Lanham Joseph	D	1820	M	458	500 00
Lane Isaac C	Mason John	D	1836	M	54	200
Lynch Jesse	Moyers John	D	1831	M	70	400
Lewis Jesse	Moore David	D	1825	M	146	200
Lankford Benj	Murphy William	D	1823	M	258	150
Lewis Jesse	Moore Samuel	D	1832	M	352	5 00
Light Jonathan	Rhea James D	D	1836	M	117	250 00
Lamb Esau	Rose G W	TD	1838	M	410	11 00
Lane J C Sheff	Wallen J & J	D	1838	M	447	53 00
Lane Isaac Sheff	Bartlett James	D	1837	N	201	-- --
Lane Isaac Sheff	Dickenson E H C	D	1840	N	306	167 09
Lane Isaac	Lanham Joseph	D	1830	N	240	50 00
Lewis Fielding	Moore Samuel	D	1821	N	79	350
Letcher John	Rosanbalm John	D	1829	N	318	150
Lane Isaac C	Woodson G W	D	1839	N	131	77 64
Lane George W	Barnard Jonathan	D	1840	O	181	80 00
Lynch Lew	Lynch Judy	D	1840	O	139	50 00
Large J C	Rose William S	D	1841	O	214	150 --
Lynch John	Simmons Wm	D	1835	O	18	220
Lane George W	Barnard Jonathan	D	1841	P	229	80 --
Lager Peter	Barnard S J	TD	1842	P	383	151 14
Loveless John	Day Ransom Jr	D	1840	P	417	20 00
Large J C	Johnson Thos J	D	1840	P	194	100 --
Large Joseph C	Lane Isaac C	D	1841	P	278	500 --
Lynch Joseph	Niel William	TD	1841	P	348	1 00
Lynch Nelson	Dunn W R	TD	1842	Q	77	150
Large J C	Evans W R	TD	1842	Q	223	1 00
Lanham Randolph et al	Hurst John	D	1827	Q	269	200 --
Lower Henry	Bundy Thos	D	1837	R	332	30 --
Lambert David	Furgerson John	TD	1842	R	36	406
Lane Isaac	Graham Hugh	TD	1842	R	20	1 00
Lingar Harvey	Hooper Miles N	TD	1842	R	66	88 86
Large J C	Johnson Thos J	D	1843	R	414	100 --
Lee John	Kibert John	D	1843	R	369	6 00
Lee Jubal	Kincaid Wm	T	1842	R	382	5 00
Lee Jubal	Kincaid Wm	D	1842	R	392	300
Lee Sally	Lee Jubal	R	1843	R	382	1 00

Grantor	Grantee	Ins	Date	Book	Page	Amount
Lane Isaac	Marcum Peter	TD	1842	R	68	1 00
Lane Isaac C	Moss W T Et al	T	1843	R	388	650 --
Lane Isaac C et al	Marcum William	R	1843	R	377	400
Lane Isaac C	Neil William	T	1843	R	239	1 00
Lee Sarah	Neil William	D	1843	R	315	80 67
Lee Jubal	Neil William	T	1843	R	410	5 00
Lower Catharine	Owsley Stepen	D	1839	R	403	175
Lane R B	Paine W G	TD	1843	R	211	1 00
Lingar J H	Smith J B	TD	1842	R	87	1 00
Libon Henry	Shipley Peter	D	1821	R	210	12 00
Lynch Joseph	Treece Susanna	D	1842	R	273	200
Lee Jubal	Wilson Samuel	TD	1843	R	248	5 00
Lee Jubal	White Joseph	BS	1843	R	330	318
Lawson William M	Brewer Ambrose	TD	1843	S	13	1 50
Long Jacob	Barnard Jonathan	D	1832	S	545	100 --
Lay Lewis	Cook P	D	1836	S	546	325
Lawson William	Green Benjamin	D	1845	S	383	250
Lynch George	Houston William	D	1844	S	115	127
Lynch Neil W & J	Hardy Thos J	TD	1845	S	574	200 --
Lee Jubal	Jones E	PA	1844	S	52	
Lee Jubal	Jones Salley	C	1845	S	690	400
Lee Jubal	Jones Salley	D	1845	S	690	300
Lemar James et al	Kincaid Wm	D	1844	S	214	425
Lingar J H	Kincaid Wm	D	1845	S	314	135
Leger Peter	King G W	D	1843	S	604	125
Lawson Drury Sr	Lawson William	D	1842	S	321	10 --
Leger Peter	Lawson William N	D	1842	S	382	200 --
Lewis Fielding	Lewis Isibel	D	1846	S	518	-
Linidsay Robert	McClung & French	BS	1846	S	492	358 25
Lane Robt B & wife	McNew Wm estate of	D	1844	S	666	-
Lee Jubal	Norvell Thos C	D	1845	S	386	50 00
Lingar J H et al	Patterson J M	D	1846	S	529	150 27
Lawson Thos	Riley John	D	1843	S	209	150 --
Lane Robt B	Spillers William	D	1845	S	432	-
Lawson Wm M	Seals Solomon	D	1843	S	606	10 00
Lynch George	Treace W C	D	1844	S	195	150
Leger John	Wenkler Abraham	D	1846	S	523	500 --
Lea Jubal & wife	Wilson Samuel	D	1846	S	694	80 --
Lingar James H	Billingsly Geo M	D	1848	T	447	375 --
Large Joseph	Cline J	TD	1846	T	45	30 00
Lea Jubal	Evans W R	TD	1846	T	10	5 00
Lanham Sarah	Estes Elisha	D	1847	T	290	50 --
Lanham Sarah	Hurst Dilelah	D	1846	T	35	1 00
Loveless John	Harrell E P	D	1846	T	50	40 00
Lay David	Lay John	D	1845	T	116	800
Lay David	Lay Jesse	D	1847	T	118	100 --
Lindsay Robert	Maynard Horace	TD	1847	T	75	1 00
Lay David	Williams William	D	1846	T	115	300
Lane Jesse B	Warnacott Thos K	L	1866	U	598	-
Lanham Sarah	Bellemy Thos	D	1849	U	188	300 --
Lane G W	Barnard Jonathan	D	1850	U	542	50 00
Long Jacob	Barnard Jonathan	D	1832	U	572	100 --
Lanham Sarah	Cunningham W H	D	1846	U	16	50 --

Lynch Andrew	Crussel George	D	1850	U	279	350 --
Lynch Anddrew	Crussel George	D	1850	U	280	10 --
Lane Robt B	Graham Thos P	TD	1849	U	120	1 00
Lea Stephen	Gibson W R	D	1850	U	360	125 --
Lemar J M & wife	Gower A J	L	1866	U	598	-
Lambdin J & W	Houston William	BS	1849	U	153	100 --
Lewis William	Lewis James M	D	1849	U	130	400 --
Lynch Andrew	Lynch Jeptha	D	1850	U	248	300 --
Lebow John	Lebow Royal	D	1850	U	315	Love
Lebow John	Lebow Royal	D	1850	U	316	Love
Lewis Fielding	Lewis Geo W	D	1829	U	439	Love
Littrell William	McBee W C	D	1849	U	399	200
Lawson Thos	Parkey William	D	1850	U	425	787 50
Lewis George W	Priddy Joseph	D	1851	U	504	400 --
Lake James	Smith Ruben	D	1848	U	412	20 00
Lynch Andrew	Whited Wm	D	1848	U	37	35 00
Lay David	Woods Stephen	D	1849	U	103	5 00
Large Joseph C & wife	Watterman Levi L	PA	1850	U	455	-
Lea Andrew	Clark Elisha	D	1852	V	242	2 00
Loveless John	Harper Willis	D	1851	V	96	450
Loveless John	Harrell E P	D	1847	V	98	10 00
Leach David	Hunter Jorden	D	1851	V	171	50 --
Lewis William	Janeway Joseph	D	1851	V	5--332	150
Lickliter Peter	Keck Henry	D	1851	V	100	250 -
Lynch George & wife	Lynch Jesse M	D	1850	V	21	100
Lewis Isabel	Lewis Fielding	D	1852	V	236	200 --
Lane Jesse B et al	McCarty Thos	D	1852	V	339	375
Lay David	Shofner David	D	1849	V	307	Love
Lewis William	Aruwine Chesly	D	1851	V	58	4 00
Lewis William	Arnwine Hiram	D	1849	W	100	4 00
Lanham Martin	Bellomy Thos W	D	1854	W	309	37 50
Lea Mary et al	Gibson W R et al	D	1854	W	276	600 --
Lea William T	Gibson W R & Bros	D	1854	W	573	100 --
Lankford John & wife	Kincaid William	D	1854	W	348	350 --
Lankford John C	Kirkpatrick Wm	TD	1855	W	507	1 00
Lewis Ewing	Lewis Jesse	PA	1853	W	26	-
Lewis Jesse	Moore Samuel et al	D	1853	W	42	2 00
Lankford John C & wife	Myers Carey	D	1849	W	160	100 --
Lewis William	Moore Samuel et al	D	1853	W	537	2000
Lynch Judy	McCrow Nelson	D	1853	W	221	175
Lankford John C	Payne W G	TD	1853	W	23	130 --
Lankford John C	Payne W G	TD	1853	W	54	60
Lebow John & wife	Ritter Joel P & wife	BS	1853	W	173	Gift
Lawson Nathan	Remsey Josiah	D	1837	W	577	650 --
Lane J C sheff et al	Scott H S	D	1853	W	25	-
Lankford John C	Simmons Albert	D	1853	N	90	250
Loveless John C	Breeding Thos W	D	1856	X	542	15 00
Littrell Daniel	Estep William	D	1855	X	71	200 --
Lankford John C	Fulkerson W H	TD	1856	X	441	1 00
Lane Jesse B	Hodges James W	TD	1855	X	232	350 --
Lankford J C & wife	Hundly Thomas	D	1856	X	488	4 00
Lankford J C	Kirkpatrick Wm	TD	1856	X	484	5 00
Laffoon Wm	Laffoon Drury	D	1855	X	218	180 --
Lankford Jonathan	Lankford J C	TD	1856	X	291	45 04

Grantor	Grantee	Ins	Date	Book	Page	Amount
Lewis William	Lankford J C	D	1856	X	479	4 00
Lewis Wm	Lankford J C	BS	1856	X	483	4 00
Lebow John	Lebow Mary	BS	1856	X	504	Gift
Lankford John C	Moore N H	TD	1856	X	443	1 00
Lankford John C	Rice C Y	TD	1856	X	480	5 00
Lankford J C & wife	Toliver Wm	D	1856	X	494	300
Lankford J C	Andrew E M	T	1859	Y	630	30 00
Lankford J C	Andrew E M	TD	1859	Y	709	50 00
Lebow J & Mary	Barnard Levana	BS	1858	Y	703	-
Lay James	Davis T L	TD	1857	Y	92	50 --
Lundy Benj	Davis Bradford	D	1858	Y	557	300 --
Lambert Jefferson	Evans N A	D	1840	Y	320	200 --
Laffoon Wm	Hurst Simpson	D	1852	Y	359	318
Lewis Fielding	Harmon Lewis	D	1852	Y	542	300
Lay Cock John & wife	Howerton Richard	D	1858	Y	596	125 00
Lakey James	Jones Elijah	D	1857	Y	96	40 --
Lankford J C	Moore M H	TD	1858	Y	413	1 00
Lankford J C	Moyers Hezekiah	D	1854	Y	486	40 --
Liford George W	Rowlett S B	D	1859	Y	685	550 --
Lane J C	Whiteaker Joseph et al	D	1857	Y	307	285 -
Lowery R A et al	Walker Isaac	D	1857	Y	554	900 --
Lankford J C	Anderson E M	T	1859	Z	73	60 --
Lankford J C	Anderson E M	TD	1826	Z	661	120
Lankford J C	Bunch J J	TD	1862	Z	377	5 00
Lyford G W	Buis J W & L R	D	1860	Z	464	250
Lewis William et al	Bowyers Joseph	D	1861	Z	516	-
Land Division of	Carr J H James	D	1856	Z	276	-
Lankford J C & wife	Cupp Jacob	D	1861	Z	501	100 --
Lewis William	Davis Benj	D	1861	Z	557	800 -
Lewis William	Davis Hespen	D	1862	Z	677	1000 --
Lane J C (Tax Col)	Day Samuel	D	1863	Z	704	-
Lanham William	Eastes Jekenias	D	1859	Z	496	300 --
Lankford J C & wife	Fortner John	D	1861	Z	503	100 --
Lanham P L (Trustee)	Fults John	D	1861	Z	573	150 --
Lea Jerusha	Gibson W R	D	1860	Z	375	100 --
Lane J C	Huff Daniel et al	A	1860	Z	444	-
Lewis James	Hopson Catharine	D	1859	Z	488	30 00
Lanham S R & wife	Henderson J & C	D	1860	Z	517	80 --
Lanham Perlina	Henderson J C	D	1860	Z	528	51 --
Lankford J C & wife	Keck M & J	D	1859	Z	378	100
Lewis C J	Kincaid William (heirs)	D	1857	Z	717	40 --
Lambert Wm	Lambert Lucy J	D	1856	Z	2	130
Lewis James B	Lewis G W	D	1853	Z	5	200 --
Leach Hiram	Leach David	D	1834	Z	20	75 -
Lebow John	Lebow Isham	BS	1860	Z	262	Gift
Lemar Edward	Lemar V C	PA	1861	Z	475	-
Lankford J C	Lewis Wm	D	1861	Z	515	100 --
Lankford John C	Lewis Wm	D	1856	Z	642	1000 --
Laffoon Wm	Mason John	D	1859	Z	104	400 --
Laffoon Wm	Mason John	D	1859	Z	105	6 00
Lewis G W	McBee Calvin	D	1855	Z	450	15 00
Lambert Joseph Sr	Roark Timothy	D	1859	Z	57	50 --
Lankford J C	Rice C Y	TD	1860	Z	326	25 --
Land Division of	Thomas Isaac et al	D	1860	Z	274	-

Grantor	Grantee	Ins	Date	Book	Page	Amount
Lebow John & wife	Wells Richard & wife	BS	1859	Z	153	Gift
Lankford J C & wife	Yaden W P	D	1859	Z	267	4 00

Grantor	Grantee	Ins	Date	Book	Page	Amount
Marshal Charles &c	Alvis Walter	D	1804	A	175	3220 22
Miller Frederick	Brooks James	D	1807	A	319	3 30
Miller John	Baker Henry	D	1807	A	322	50 00
Maberry Francis	Campbell James	D	1802	A	60	1000 --
Miller John	Craft Joseph	D	1805	A	172	3 00
Moore Lewis	Frost Jonas	"	1805	A	73	150 ₺
Morgan John	Jones Thomas	D	1804	A	172	100 ₺
Miller John	Miller Frederick	D	1805	A	174	50 00
Martin Alexander	Martin Obidiah	D	1806	A	255	140 ₺
Moore James	Russell Samuel	D	1806	A	40	3 00
Mitchell Richard	Rector George	"	1806	A	360	300 --
Maybery Francis	Sharp William	"	1803	A	76	150 00
Mabry Francis	Sowder Adam	"	1804	A	141	150 00
Miller John	Stinnett John	"	1805	A	171	400 00
Mitchell Richard	Sharp George	"	1808	A	382	100 00
Moore James	Turnadge Micheal	"	1805	A	229 (old 271)	500 00
Mitchell Richard	Carr John	D	1809	B	244	1000 --
Mays Thomas	Condry Dennis	D	1810	B	291	1 00
Mustard John	Hord William	D	1808	B	65	347
Morgan Benjamin Morgan	Cage John	"	1805	B	36	300 00
Majors Nancey	Wyatt Samuel	D	1808	B	102	350 --
Mabry Francis	Ward John	"	1808	B	175	102 00
Merrett Benj	Britton James	D	1811	C	158	100
Martin Salathicl et al	Lard S et al	D	1812	C	250	1000 --
Morgan John	Morgan William	D	1808	C	17	150 --
Myars Christopher	Sharp Henry	D	1811	C	196	650
Munkus William	Graves John	"	1810	D	45	170 00
Mayes Henry	Hobbs Isaac	D	1813	D	185	300 --
Martin Obidiah	Martin McNan	BS	1812	D	134	200 --
Martin Obidiah	Martin Thos D	D	1812	D	134	50 00
Martin Salathiel	Neal Grimes	BS	1813	D	103	333 33
Martin Salathiel et al	William Joseph	D	1812	D	89	200 00
Moore Henry & Samuel N	Bouroff Samuel	D	1818	E	392	50 00
Monday Arther	Ely Barton	D	1817	E	194	
Murphy William	Graham Hugh	D	1816	E	48	300 --
Mitchell Richard	Greene James or Queen	D	1817	E	220	
Murphy John	Huddleston David	D	1814	E	201	150 --
Morgan William	Harrison Daniel	D	1817	E	334	150
Murphy John	Huddleston John	D	1815	E	349	500 --
Mahan Joseph	Lovely James	D	1817	E	203	100 --
Moss Marcellus	Long John	D	1816	E	301	128 00
Mitchell Richard	McNabb Nathaniel	D	1813	E	53	400 00
Maddy William	Neele Jesse	D	1817	E	160	200 00
Moore Jonah	Powers Jesse	D	1817	E	339	400 --
Moore Samuel	Powers Jesse	D	1819	E	385	1 00
Murphey John	Stallins Griffin	"	1816	E	131	20 --
Murphey Abraham	Sherman Thos	"	1816	E	228	100
More Samuel	Savage Wm	"	1817	E	355	290
Moore Jonah	Whitehead Thos	"	1816	E	196	100

Grantor	Grantee	Ins	Date	Book	Page	Amount
Moore Jonah	Coots Joaob	"	1817	F	8	50
Maddy William	Graham Hugh	D	1820	F	44	350
Mayse Richard	Hodges Miles	D	1820	F	140	268
Meek Daniel	Houston William	BS	1824	F	294	610
Miller James	Roark David	D	1821	F	145	1 00
Martin Meran	Rily John	BS	1820	F	153	
Murphy William	Simmons Enoch	D	1823	F	208	300
Moore Samuel	Savage William	D	1819	F	221	7 50
Maddy William	Vanbebber James	D	1813	F	179	5 00
Maddy William	Vanbebber James	D	1814	F	181	150
Morgan Elizabeth	Buis Caleb	"	1821	G	165	200
Moore Nathan	Burch Wm	"	1822	G	206	300
Murphy Abraham	Goin Wm	"	1818	G	51	34
Murphy Wm	Sherman Thos	"	1817	G	208	1 00
Mahaiel Robt	Walter Thos L	"	1822	G	144	20 --
Marcum Peter	Whiteaker Joseph	"	1822	G	209	250
Moore Jonah	Breeding John	D	1827	H	475	125 --
Moss Marcelles	Collins Moses	D	1824	H	170	50 00
Mitchell John	Davis Alex	D	1824	H	78	60 00
Marcum Peter	Dickenson James	D	1826	H	216	675 --
Marcum Beverly	Frier Daniel	D	1827	H	425	5 00
Monday James	Graham Hugh & Co	D	1828	H	416	261
Moss Ruben	Graham Hugh & Co	BS	1828	H	419	350
Moss Marcellus	Long Henry	D	1826	H	242	1 00
Moss Marcellus	Root Daniel	"	1826	H	228	800 50
Martin Wm Heirs of	Richardson Wm	"	1826	H	313	200
Moss Reuben	Smith Julielums	"	1823	H	56	390
Moore David	Wiser Henry	"	1824	H	210	500 --
Moss Marcellus	Yoakum Isaac	"	1828	H	378	12 00
Moss Reuben	Beaty Wm	BS	1829	I	123	Gift
Martin Lathiel	Beaty Wm	BS	1826	I	125	365
Moss Reuben	Beaty Wm	TD	1830	I	218	1 00
Moss Marcillus	Beaty Wm	"	1830	I	218	1 00
Maddy Wm	Berry John	D	1830	I	383	500 --
Michel Richard	Collins Moses	"	1826	I	"	150
Mayes Wm	Cupp Isaac	"	1818	I	545	25 --
Miller Isaac	Davis Wm I	"	1830	I	293	625
Moss Ruben	Ferrell Joseph	D	1830	I	500	200 --
Margraves Tennessee	Graham Hugh	D	1830	I	283	25 00
Margraves Tennessee	Graham Hugh	D	1832	I	379	1 00
Moss Ruben	Nance James	D	1829	I	71	500 00
Moss Ruben	Hance James	D	1828	I	72	1200 00
Maroney P N	Hurst Elijah	TD	1830	I	196	1 00
Moss Ruben	Hance James	D	1830	I	275	800 --
Marcum Peter et al	Hunter John	D	1832	I	405	1 00
Moss Marcellus	Long Jacob	D	1825	I	179	20 00
Moore Jonah	Lynch Andew	D	1831	I	521	340
Monday James et al	Miller Isaac	D	1830	I	270	500 00
Murphey Abraham	Morgraves Tenn	D	1823	I	287	5 50
Murphy William	Pearson William	D	1828	I	182	60 00
Moss Marcellus	Stennet Isham	D	1825	I	14	10 00
Moss Marcellus	Stennit Isham	D	1827	I	16	15 66

Grantor	Grantee	Ins	Date	Book	Page	Amount
Murphy Pleasant	Bullard C B	BS	1835	K	567	1005 --
Murphy William	Cloud A M	TD	1833	K	138	5 00
Murphy William	Cloud B F	TD	1833	K	140	5 00
Margraves Tennessee	Graham Hugh	D	1834	K	370	140
Marcum Peter	Houston William	D	1833	K	238	200
Moss Marcellus	Huffaker Peter	BS	1834	K	415	500 --
Moyes Micheal	Kincaid William	D	1834	K	323	700 00
Moyes Micheal	Kincaid William	D	1834	K	397	50 00
Mitchell Richard	Kincaid William	D	1834	K	403	100 --
Murphy John	Marcum Peter	D	1830	K	526	17 50
Mason Ruben	McClary Andrew	BS	1834	K	281	
Mason Ruben	Sims Mathew	D	1831	K	178	50 00
Moss Robert	Cloud B F	D	1836	L	394	100
Malicoate William	Fugate William	D	1834	L	237	250
Marcum Peter	Hooper William	D	1835	L	90	50 00
Montgomery Hugh	Marcum Josiah	D	1834	L	128	100 --
More Samuel	Moyse Jonathan	D	1826	L	387	100 --
Miller (Heirs of)	Miller Daniel	D	1826	L	401	325 00
Moss Robert B	Woodson A D	D	1836	L	360	587 50
Morgan William	Cheek James	PA	1838	M	300	- --
Marcum Peter	Chapman J H	D	1828	M	407	125 00
Mitchell Richard	Davis Joseph	D	1835	M	221	300 00
Moss R & M	Davis Moses	D	1818	M	453	800 00
Moyers Peter	Houston Wm	TD	1837	M	161	760 85
Marcum Peter	Houston Wm	TD	1837	M	170	100 50
Moss Marcellus	Huff Daniel	D	1837	M	241	100 00
Monday William	Huffaker Wiley	TD	1837	M	265	1 00
Murphy Pleasant	Huffaker Wiley	TD	1837	M	315	1 00
Moyers John	Hunter Joseph	D	1837	M	361	500 --
Miller Daniel G	Jones Hugh	D	1838	M	532	300 --
Miller Daniel G	Jones Hugh	D	1838	M	533	600
Miller Isaac	Jones Hugh	D	1837	M	534	550
Miller Leander	Jones Hugh	D	1838	M	536	600
Miller Hiram W	Jones Hugh	D	1837	M	536	550
Miller Harrell W	Jones Hugh	D	1837	M	537	550 --
Maples William	Keck Andrew	D	1834	M	400	80 00
Maddy Mann H	Kincaid William	TD	1836	M	425	1 00
Mann Robert	Light Jonathan	BS	1836	M	94	30 00
Moore Samuel	Moore David	D	1825	M	147	1 00
Martin Thomas	Martin Lucy	D	1837	M	287	5 00
Martin Menan	Martin Lucy	D	1837	M	288	1 00
Martin John S	Martin Lucy	D	1837	M	295	5 00
Miller Martin	Miller David	D	1838	M	427	Love
Miller Martin	Miller William	D	1838	M	427	Love
Miller Martin	Miller David	D	1838	M	428	Love
Miller Martin	Miller P & E	D	1838	M	428	Love
Murphy Pleasant	Marcum Daniel	D	1838	M	482	600
Marcum Peter	Marcum Daniel	D	1838	M	483	40 00
Miller John	Miller Francis	D	1837	M	550	30 00
Miller J & A	Miller Francis	D	1839	M	551	80 00
Moss M & W	Renfro James	BS	1834	M	484	375
Mays Thomas	Shields John	D	1836	M	36	25
Murphy William	Shakleford G P	D	1829	M	257	250
Marcum Peter	Spillers William	D	1838	M	296	150

Grantor	Grantee	Ins	Date	Book	Page	Amount
Martin Lucy	Sewell Benj	PA	1838	M	449	
Mason John	Walker Joseph	D	1837	M	201	12 50
Moore Alford & wife	Bullard C B	D	1839	N	45	350
Monk Ezekiel	Fulps John	D	1838	N	30	50 00
Marcum Peter	Graham Hugh	D	1839	N	86	150
Marcum Peter	Graham Hugh	D	1839	N	86	150
Monk Ezekiel	Houston William	TD	1840	N	256	1 00
Marcum Peter	Hooper James F	D	1839	N	290	1 00
Marcum Peter	Large J C	D	1840	N	288	325 --
Murphy P & W	Marcum Peter	TD	1840	N	274	112 25
Moss M & W	Renfro James	D	1839	N	26	-
Murphey William	Dickenson E H C	D	1840	O	66	350
Marcum Peter	Graham Hugh	TD	1841	O	279	1 00
Marcum Peter	Graham Hugh	D	1841	O	281	150
Marcum Peter	Moody Joseph	D	1840	O	60	500 --
Messer Hiram	Margraves T	TD	1840	O	102	1 00
Martin Anson C	McCletten Mary	D	1840	O	137	50 --
Martin Anson C	Overton W D	D	1840	O	132	350 --
Moore Samuel	Thompson G W	D	1839	O	38	650 --
Mills James	Brewer Isham	D	1837	P	43	400 --
Marcum Daniel	Dobbs Lucy	D	1841	P	351	60 00
Monday James	Evans J H	TD	1841	P	33	1 00
Murphy William	Goin Levi	D	1833	P	343	150 --
Miller Isaac	Houston William	TD	1841	P	126	-
Marcum Peter	Houston William	D	1833	P	182	200 --
Moss Mary	Kincaid William	PA	1841	P	150	-
Mays William	Mills John	D	1835	P	112	400 --
Martin Lucy	Moore Enoch	D	1841	P	262	1200 -
Moody Joseph	Mays Jonathan	D	1840	P	365	700 --
Mundy James	Sewell John	TD	1841	P	50	1 00
Mathis John	Bunch James	D	1842	Q	54	150 --
Moore Nathan	Davis Andrew	D	1834	Qx	148	300 --
Mayers Henry	Evans W R	TD	1842	Q	104	1 00
Moore Samuel	Goin William	TD	1822	Q	167	150 --
Miller Elisabeth	Hurst A	D	1842	Q	282	40 --
Messer Hiram	Johnson Thos J	TD	1842	Q	191	5 00
Mullens Jeffery	Mullens Andrew	PA	1838	Q	292	-
Miller Daniel G	McKeeham W L	D	1842	Q	86	600 --
Mitchel A J & wife	Shackleford G P	PA	1852	Q	158	-
Monday James	Sewell Benj	D	1842	Q	245	65 --
Moyrs Abraham	Goin Levi	D	1818	R	83	4 00
Marshal John et al	Hamilton J & W et al	D	1842	R	387	1400 --
Marcum Peter	Johnson T J et al	D	1843	R	251	250
Marcum Peter	Johnson Thos J	D	1843	R	222	275
Moss Mary	Kincaid John	D	1843	R	192	750 --
Mays William	Neil William	D	1842	R	27	1 00
Marcum Peter	Powers George	D	1839	R	157	750 --
Mahan Joseph	Parrott John	D	1828	R	187	200 --
Morris Robert	Profit Elisha	D	1843	R	365	1 00
Mountain James	Ritter Joel	D	1842	R	189	300
Moyers Phillip	Robinson Henry	T	1843	R	360	5 00

Grantor	Grantee	Ins	Date	Book	Page	Amount
Moyers Phillip	Vanbebber Isaac	TD	1842	R	100	104 --
Margraves Tennessee	Angel W F	D	1844	S	193	700 --
Mitchell James	Barnard John	BS	1842	S	27	225 00
Marcum Wm	Bartlett John	D	1844	S	42	400 00
Moyers John	Bowman Wm	D	1842	S	326	5 00
Mayor & Alderman	Corporation of Tazewell		1844	S	39	-
Moss W T	Cawood Stephen	D	1844	S	183	915 91
Marcum William	Chittum James	D	1846	S	466	700 --
Miller Joel (Mills)	Dotson Thomas	D	1833	S	137	20 00
Madden William	Devault John	D	1835	S	487	70 --
Mason Elijah	Farmer John	TD	1845	S	375	5 00
Miller Bussell	Garrett L A	BS	1845	S	380	265
Marcum Daniel	Houston Wm	D	1844	S	67	1000 --
Mills Hardy	Harkins Samuel R	D	1840	S	184	150 --
Moss W T	Hopper Solomon	D	1846	S	712	150
Marcum Peter	Johnson Thos J	D	1844	S	353	62 50
Moyers Phillip	Kincaid William	D	1843	S	220	250
Madden William	Leger P	D	1835	S	587	200
Madden William	Leger P	D	1835	S	537	200 --
Montgomery Hugh	Montgomery Hugh W	D	1845	S	331	Love
Montgomery Hugh	Montgomery A	D	1845	S	333	Gift
Mays Jonathan	Mayse J D et al	D	1845	S	355	Love
Moore Alford	Moore Samuel	D	1845	S	403	100 --
Marcum Josiah	Marcum Daniel	D	1838	S	505	100
Moore Samuel	Moore Nathan H	D	1836	S	687	300
Miller G W	Marcum Peter	T	1846	S	635	150
Manpin Fountain	McCairs heirs	D	1844	S	114	100
Miller G W	McKinney John A	D	1845	S	305	200 --
Moore Samuel	Owsley John	D	1844	S	611	50 00
Marcum Samuel	Parkey Joseph	D	1846	S	508	100 --
Mitchell James	Roe Pharroh	D	1844	S	661	75 00
Mitchell Monday James	Sewell Benj	D	1842	S	120	165
Marcum William	Sawyers T L W	TD	1844	S	148	5 00
Monday James	Sewell Benj	D	1844	S	178	10 00
Marcum Peter	Shelton Joseph	D	1845	S	417	105 --
Mays J D	Treece Wm	D	1844	S	139	100
Mills Joel	Wilson Nathan	D	1845	S	395	50 --
Moore Alford & wife	Bullard C B	BS	1841	T	156	80 --
Mustard Elisha	Ball Geo S	D	1847	T	463	32 50
Malicoate Anderson	Evans W R	TD	1847	T	138	1 00
Marcum Peter	Hansard A C	D	1847	T	144	600
Mustard Elisha	Hardy Joseph A	D	1847	T	462	15 --
Marcum Daniel	Johnson Thos J	TD	1847	T	170	5 --
Murry David & wife	Kincaid John	PA	1841	T	577	-
Mize Nathan et al	McClary Andrew	D	1845	T	16	25 ea
Marcum Peter	Mayor and Alderman	D	1842	T	150	
Mason John	Mason Lewis	D	1847	T	373	750 --
Mason John	Mason Lewis	D	1848	T	375	50 --
Moss W T	McBee Samuel	D	1848	T	540	300 --
Marcum Peter	Neil William	D	1847	T	147	105 --
Meyers J E & wife	Powell Joab	PA	1848	T	442	-
Miller Isaac	Posey Geo W	D	1848	T	534	-
Moore Nathan H	Snodgrass Moses	D	1847	T	141	400 --

Grantor	Grantee	Ins	Date	Book	Page	Amount
Marcum Peter	Spear Arther	D	1847	T	149	95 00
Madden John	Slattern John	D	1846	T	161	100 --
Mills Joel	Wilson Nathaniel	D	1847	T	154	90
Moore Samuel	Bullard Boyer	D	1848	U	202	100 --
Moore Samuel	Birch John M	D	1850	U	433	412
Martin Hugh P	Coleman A P	D	1851	U	510	530
Mitchell James	Cloud Leander	D	1851	U	565	650
Mosier Lewis	John Graves	D	1849	U	34-35	
Marcum William	Dobbs Belinda	D	1849	U	127	4 00
Morton Joseph B	Fox Aquilla	D	1849	U	77	180 --
Martin Hugh	Fugate William	T	1850	U	420	1 00
Moore Samuel	Fox Abraham	D	1850	U	422	1000 --
Marcum Daniel	Graham Hugh	D	1849	U	158	500 --
Mise William	Hicks Wm	D	1850	U	356	25 00
Marcum Peter	Johnson Thos J	D	1850	U	283	600 --
Moore Tilford	Leforce Struvan	D	1846	U	482	50 --
Matlock Jane	Matlock Isaac	PA	1848	U	51	-- --
Moore Nathan H	Moore Samuel	D	1850	U	294	250
Mays Johnathan	Needham George B	D	1850	U	404	400
Marcum Daniel	Neil Joseph	T	1851	U	524	59 15
Moore Samuel	Netherland John et al	D	1851	U	564	150 --
Murphy Pleasant	Powers M	TD	1849	U	472	5 00
Marcum Gabriel	Rojan Theop	TD	1849	U	30	168 62
Margraves Tennessee	Spear Arthur	D	1849	U	171	100 --
Moser Lewis	Sharp Peter	D	1849	U	446	5 00
Marcum Daniel	Tribble Morris	D	1849	U	259	300 --
Morgan William	Willis John	D	1849	U	172	25 00
Marcum Peter	Whitaker Joseph	D	1850	U	581	1 50
Marcum John M	Bales Robt M et al	D	1851	V	30	325
Marcum John M	Bales Robt M et al	D	1851	V	31	25 00
Marcum Wm A	Bales Robt M et al	D	1851	V	32	50 --
Miller Isaac Adm	Chittum Wesly	D	1850	V	1	750 --
Mustard Elisha	Campbell James heirs	D	1851	V	65	75 --
Mathis John D	Chadwell Josiah	TD	1851	V	103	1 00
Mize William	Chadwell A J	TD	1852	V	301	55 15
Moore Enoch	Cosby William	D	1852	V	323	470
Moss William T	Carr John	BS	1842	V	396	500 --
Mathis J D	Chadwell Josiah	T	1852	V	356	5 00
Myers Henry	Daniel John	D	1851	V	176	250
Marcum William et al	Easly John	D	1851	V	139	50 --
Myers Vincent	Fulps Solomon	D	1852	V	239	150
Marcum Peter	Furgerson John	D	1851	V	362	Land
Margraves Tennessee	Hansard A C	D	1852	V	204	350
Murphy Pleasant	Lane J C	TD	1851	V	62	833 21
Murphey Pleasant et al	Lane J C	TD	1852	V	196	1 00
Murphy William & wife	Moore Samuel	D	1851	V	238	64 00
Moyers Henry	Moyers Vincent	D	1852	V	244	4 00
Moore Enoch	Moore John	D	1852	V	259	300 --
Monday Samuel	McCarty Jane	D	1851	V	135	80 00
Moore Samuel	McKee Andrew	D	1851	V	147	72 50
Moore Enoch	McNeil George	D	1852	V	391	11 00
Mayse Jereld D et al	Needham Wm	D	1840	V	42	200 --
Moore Enoch Adm	Neil Wm et al	D	1851	V	68	9 00

Grantor	Grantee	Ins	Date	Book	Page	Amount
Martin Mary	Newman Jacob	PA	1851	V	113	- --
Mays Jonathan	Needham Wm et al	D	1840	V	213	100 --
Mays Jonathan	Needham Wm	D	1840	V	213	200
Mays Johnathan	Needham Wm	D	1840	V	216	200
Moore John	Rowlett S B	D	1852	V	333	15 00
Marlar John	Taylor James C	D	1852	V	168	15 00
Mays Wiley & wife	Yoakum Moses	PA	1852	V	365	-
Mahaffa Joseph & J	Brooks George W	D	1853	W	104	1000 --
Marcum Peter et al	Carmack Isaac	D	1851	W	194	100 --
Mathis John D	Chadwick Josiah	TD	1853	W	204	100 --
Mays Sterling	Davis Andrew	D	1854	W	491	400 --
Mays J D	DeBusk Martin	D	1855	W	558	325 --
Moore Enoch	Fugate Wm	D	1853	W	70	1400 --
Mays Johnson	Garrett L A	TD	1853	W	171	1 00
Moore David	Gose C & Wm	D	1854	W	301	500 --
Miller Isaac	Hurst Sally A	BS	1853	W	98	Love
Miller Isaac	Hurst Emly	BS	1853	W	99	300
Mays J D	Houston Wm	D	1855	W	551	175
Myres Isham	Kelley Evans & Co	A	1854	W	267	- --
Myers Vincent et al	Kelley Evans & Co	"	1854	W	278	
Moody Joseph	Kelley Evans & Co	"	1854	W	324	-
Marcum Peter	Kesterson Ruben	D	1854	W	367	116 --
Myers V et al	Kirkpatrick Wm	TD	1855	W	502	187 50
Miller Geo W et al	Kincaid Wm	D	1854	W	319	2 00
Mays Jonathan	Mays J D	A	1851	W	28	
Mays Jonathan heirs of	Mays Jerald D	D	1853	W	189	7 00
Mays Wm & J	Mays Sterling	D	1854	W	447	6 00
Mays W H & Sterling	Mays Johnson	D	1854	W	493	600 --
Mitchell Stockly et al	Mitchell J R & J G	D	1854	W	494	125
Moore Nathan et al	Moore Samuel et al	D	1853	W	540	200
Margraves Tennessee	Neil William	D	1855	W	510	1000 --
Martin Lucinda	Parkey Wm	D	1853	W	151	15 00
Myer Isham	Priddy Geo W	D	1854	W	411	150
Myer Vincent	Phillips Wiley B	D	1854	W	424	100 --
Moore Samuel	Robinson John	D	1853	W	56	6 00
Marcum Peter	Richardson James	D	1853	W	233	250
Myers Carey	Yaden W P	D	1853	W	162	100 --
Mays John et al	Cloud Pryor L	PA	1855	X	97	-
Marcum Peter	Cook Ruben M	D	1855	X	524	40 --
Mitchell Malinda	Devault John	BS	1851	X	237	500 --
Myers W H	Dunn John	D	1855	X	256	160
Miller Leander et	Dickenson J D	D	1855	X	342	18 00
Myers Vincent	England Alex	D	1854	X	194	25 00
Murphy William	Evans J L	TD	1856	X	451	129 75
Murphy E D	Fulkerson F M	TD	1856	X	300	130 03
Minton V A	Fugate & Roddy	T	1857	X	556	10 00
Mays Wm	Goin Hugh H	D	1855	X	176	300 --
Miller Isaac	Jones Ferney	D	1856	X	447	5000 --
Murphy William et al	Jesse J T	D	1856	X	457	178 00
Moss W T	Maynard Horace	N	1854	X	52	790
Murphy B F	Murphy Hugh L	D	1856	L	486	-
Mason John	Mason R F & Wm	D	1855	X	512	1400 --
Mays Johnson et al	Mays W H	D	1854	X	549	600 --
Monday Samuel	McCarty James	D	1855	X	352	45 00

Grantor	Grantee	Ins	Date	Book	Page	Amount
Murphy Pleasant	Roddy P N	TD	1856	X	274	4 25
Murphy E D	Robinson A	TD	1856	X	420	1 00
Murphy Wm	Roddy P A	TD	1836	X	565	5 00
Moore N H	Spivey David D	D	1855	X	134	4 00
Mason Levi	Chick Jefferson	D	1857	Y	39	275
Moody Joseph	Cannon J R et al	D	1858	Y	287	1350
Marcum Peter	Eastridge Timothy	D	1855	Y	52	10 00
Massingill George	Ellison Joseph	D	1856	Y	713	112 50
Margraves Tennessee	Fulkerson F M	A	1858	Y	417	-
Murphy Wm & P	Fugate Jehiel	BS	1858	Y	552	2900 --
Myers Abraham	Fulkerson F M	TD	1858	Y	581	5 00
Murphey Eli D	Howthorn H T	D	1856	Y	41	-
Minton James	Hodges P M	TD	1858	Y	369	5 00
Myers W H	Huffaker Wiley	D	1858	Y	375	300 --
Mitchell A	King H C	D	1857	Y	242	17 25
Myers Vincent	Lundy Benjamin	D	1858	Y	398	450
Murphey Pleasant	Murphy William	BS	1856	Y	135	5 00
Mays Wiley et al	Mays Johnson et al	D	1852	Y	194	152 --
Mays Jonathan et al	M E Church South	D	1850	Y	276	5 00
Minton James	Minton S L	T	1858	Y	367	5 00
Myers Vincent & H	Myers Abraham	D	1855	Y	383	250
Mays William H	Moore Samuel et al	D	1858	Y	460	2000 --
Massengill Bennet	Massengill G W	D	1843	Y	712	Love
Murphy Wm & P	Roddy P N	T	1857	Y	152	5 00
Myers Vincent	Rice C Y	TD	1858	Y	381	5 00
Miller John	Rice Cy	Td	1858	Y	446	95 25
Myers Abraham & wife	Simmons J C	BS	1857	Y	212	40 --
Minton Phillip	Stone Thos H	TD	1858	Y	520	1 00
Minton Jacob	Thompson William	D	1857	Y	231	81 --
Moore Charles	Thompson William	D	1857	Y	232	23 00
Mays W H & S	Whiteted William	D	1854	Y	379	300 --
Moss Wm T	Yoakum George	D	1856	Y	233	11 16
Moyers Henry D	Branscom Joseph	D	1860	Z	542	70
Mason Ruben	Brooks Thos	D	1863	Z	697	-
Miller Thomas & Ruth	Cain John F	D	1855	Z	110	275
Moore Samuel	Cole Nathaniel	D	1859	Z	150	25 00
Moore Samuel & wife	Cole Nathaniel	D	1859	Z	217	25 00
Monday James & E	Coleman A P	D	1860	Z	233	400
Minton James	Chance Samuel	D	1860	Z	608	526 25
Morgan J F & wife	Crawford Samuel	D	1860	Z	647	36 --
Mitchell Elmarion	Cadel Martin	D	1849	Z	344	350
Marshall Wm & wife	Debusk James	D	1856	Z	45	275
Minton James	Debusk Elisha	D	1859	Z	582	800 --
Moore Samuel	Edmonson Andrew	D	1859	Z	103	1500 --
Murphy Wm & wife	Edmonson Andrew	D	1859	Z	210	400
Monday Samuel	Ellison McKender	D	1857	Z	424	27
Moore Samuel & wife	Edmondson Andrew	D	1860	Z	541	1500 --
Moore Charles	Evans W R	PA	1862	Z	665	-
Moss Wm T	Evans W R	TD	1861	Z	592	6933 25
Murphy William et al	Fugate Jehul	BS	1861	Z	536	209 00
Margraves Tennessee	Graham Hugh	BS	1860	Z	216	13 75
Minton James & Jacob	Goin Sterling	D	1859	Z	403	325 --
Moore Charles	Hodges G	PA	1862	Z	678	-
Myers Vincent	Hamlet S A	D	1858	Z	700	

Grantor	Grantee	Ins	Date	Book	Page	Amount
Moyers Hezekiah	Keck John	D	1859	Z	380	100 --
Moss Wm F	Kincaid James M	D	1860	Z	397	605
Mason R F & Wm	Lundy Benj	D	1859	Z	186	23 50
Moss Wm T	Lane Isaac C	D	1860	Z	285	700 --
Myers Henry M	Lane J C	D	1859	Z	458	1 50
Mitchell John	Liford G W	D	1859	Z	462	1000
Moore N H & wife	Moore Samuel	D	1859	Z	106	13 00
Myers W H	Myers Henry W	D	1859	Z	189	250
Mustard J R	Mustard W P	D	1860	Z	430	300
Miller Pleasant	Musey F A	D	1861	Z	555	4 50
Mays J D	Mason Ruben	D	1859	Z	559	195
Mays Jonathan	Minton James	D	1849	Z	594	250
Mason R F & Wm	Neil Barthy	D	1859	Z	129	23 00
Marcum Peter	Nevels Henry	D	1859	Z	614	5 00
Marcum Peter	Roark Timothy	D	1859	Z	118	10 00
Monday Delila	Rogers J A	D	1859	Z	271	50 --
Marcum Peter	Roark Timothy	D	1861	Z	548	100 --
Moyers Abraham & wife	Simmons Martha	D	1860	Z	222	-- --

Grantor	Grantee	Ins	Date	Book	Page	Amount
McLain Thomas	Cary Robert	D	1808	A	A	4 00
McLain Thomas	Crowley John	D	1808	A	C	4 00
McLain Thomas	Cloud John	D	1808	A	388	100 --
McLain Thomas	Lemore John	D	1809	A	386	200
McBroom John	McBroom James	D	1801	A	74	50 L
McBroom James	McBroom John	D	1804	A	165	1000
McBroom John	Shropshire John	D	1801	A	69	33 S
McLane Thomas	Carey Robert	D	1808	B	99	90 00
McLane Thomas	Carey Robert	D	1808	B	101	200
McCubbins Zack	Hodges John	D	1809	B	132	800 --
McLane Thomas	Lea William	"	1808	B	23	100 00
McLane Thomas	McCulley John	"	1809	B	217	300 00
McDonald Randolph	Parsons George	"	1809	B	140	600 00
McLane Thomas	Pevely Elijah	"	1810	B	222	200 00
McLane Thomas	Rose William	"	1808	B	27	200 00
McLane Thomas	Roberts Edward	"	1808	B	29	200 00
McLane Thomas	Seberly Jeremiah	"	1808	B	31	800 00
McLane Thomas	Walker James	"	1810	B	299	1 00
McLane Thomas	Walker James	"	1810	B	301	300 00
McLane Thomas	Evans Joseph	D	1808	C	23	400
McLane Thomas	Helms James	D	1809	C	28	400
McKinney Archibal	Huffaker Peter	D	1810	C	40	100
McCubbins Zack	Hall John	BS	1810	C	59	550 --
McIver John	Jack John F	PA	1811	C	89	
McReynolds David	McReynold James	D	1811	C	138	450
McLean Thomas	James David	D	1812	D	5	100
McLane Thomas	Lynch John	D	1813	D	69	50 00
McLane Thomas	Owens John	D	1811	D	75	200
McCullah John	Walker John	D	1814	D	341	400 00
McCarty Thomas	Condry Dennis	D	1818	E	260	1000 --
McCrary John	Crockett Robert	D	1819	E	439	320 00
McKeon John	Dickenson Levina	BS	1817	E	188	Love
McCubbins Nicholas	Hamilton Jas A	D	1818	E	365	150
McClary Robert W	Lanham William	D	1817	E	448	160 00
McIver John	Moss Marcellus	D	1816	E	289	2650
McClary Thomas	McBee Samuel	D	1816	E	126	12 00
McClary Andrew	McClary Thos R	D	1818	E	258	400 --
McClary Thomas	McClary Robert	D	1819	E	410	297 00
McNeal George	Clapper Peter	"	1821	F	280	60
McCubbins John	Murphey Abraham et al	D	1821	F	134	200 00
McClary Andrew Sr	McClary Andrew Jr	D	1821	F	176	1 00
McKee John	McWilliam N	D	1824	F	304	1 00
McNiel George	Stockley John	D	1819	F	59	300
McCarty Thomas	Walker James	D	1819	F	71	150
McClary Thos R	Walker James	D	1821	F	178	250
McBroom James	Brock George	D	1816	G	3	200
McClary Thos R	Barton Andrew	"	1821	G	68	135
McConnel Wm	Cloud Benjamin	"	1819	G	39	50 --
McBee Samuel	Grubbs John	"	1820	G	141	150
McReynolds James	Graham Hugh	"	1823	G	235	15 --

Grantor	Grantee	Ins	Date	Book	Page	Amount
McClary Thos R	Jones John	D	1817	G	13	33 33
McHenry Wm	Monday James	"	1821	G	166	150
McNabb Nathaniel	McLain Thos	"	1819	G	183	420
McCubbins John	Graham Hugh	D	1825	H	101	7 00
McGennis C H	Lebo Daniel	D	1823	H	1	300
McGennis C H	Lebo Daniel	D	1823	H	3	7 00
McDowell John	McDowell Mitchel	D	1824	H	54	Love
McDowell Mitchel	McDowell John	D	1824	H	55	Love
McAnally Wm	Woodall Bluford	"	1818	H	9	30 --
McNeil Neil	Davis Eli	"	1829	I	567	1 00
McAnally David	Evans W B	D	1829	I	203	50 00
McCarty Thomas	Fugate William et al	D	1826	I	254	1200
McLane Thomas	Farrell Joseph	D	1830	I	424	254
McClary Thomas R	Houston William	R	1832	I	588	
McCubbins John	Hunt John	D	1832	I	188	1 00
McClary Andrew	McClary Andrew J	D	1831	I	359	50 00
McClary Andrew Jr	McClary Thos R	D	1831	I	361	20 00
McClary Andrew Sr	McClary Thos R	D	1831	I	363	150
McNew John et al	McNew William	D	1831	I	397	300
McConnell William	McClary Thos R	D	1831	I	410	180
McCubbins Zack	McCubbins John	D	1829	I	431	200
McNew William	Owens Elijah	D	1826	I	237	4 00
McCraw Gabriel	Parkey Joseph	D	1827	I	87	Bond
McClary Nancy Ann	Parks Levi & Frank	D	1826	I	200	200 00
McClary Robt W	Parks F & L	D	1826	I	202	650
McCubbins Zack	Rose Ruben	L	1830	I	162	
McCubbins Zack	Rose Ruben	D	1830	I	245	40 00
McAllister James	Sevier Samuel R et al	D	1830	I	215	1100 --
McIsaac & W						
McBee Isaac & wife	Boyers Joseph	D	1833	K	451	50 00
McClary Thos R	Graham William etal	D	1833	K	98	10 00
McCubbins John	Graham Hugh	D	1834	K	379	600
McCubbins Sallie	Graham Hugh	R	1836	K	382	1 00
McCubbins John	Hunt John	D	1832	K	48	1 00
McCubbins John	Houston Wm	BS	1834	K	427	3 25
McClain Thos	Houston Wm	BS	1833	K	428	600 --
McNew Isaac	Miller Daniel	D	1832	K	157	125
McCubbins Sarah	McCubbins Wm	BS	1834	K	275	300
McCubbins Zack	McCubbins ----	BS	1829	K	303	100 00
McClary Andrew	McClary Nancy	BS	1833	K	399	11 00
McClary William	McClary Andrew	D	1834	K	401	
McClary Thomas R	McClary Andrew	D	1834	K	500	600
McClary Thomas R	Neil McNeil	TD	1833	K	235	300
McClary Thos R	Packs Frank N	D	1833	K	426	150
McCubbins William	Rose Ruben	PA	1833	K	113	
McCubbins William	Rose Ruben	D	1834	K	305	285
McCubbins Sallie	Rose Ruben	D	1834	K	307	300 00
McNabb Nathaniel & wife	Rose Ruben	D	1833	K	341	205 00
McCubbins (Heirs of)	Rose Ruben	D	1834	K	344	2000
McCraw Gabriel	Wilson Joseph	D	1829	K	161	Bond
McCubbins William	Wilson Samuel	D	1830	K	326	120

Grantor	Grantee	Ins	Date	Book	Page	Amount
McConkey John	Campbell Alex	D	1833	L	119	6 00
McClain Thos	Ferrell Joseph	D	1830	L	32	254
McDowell Micheal	McDowell S & W	D	1832	L	16	₺
McDomoth T M	Owens John O	D	1865	L	404	
McClary Andrew	Parks Frank	D	1835	L	398	1200 00
McClary Thomas R	Bartlett John	D	1829	M	203	100 --
McClary Thos R	Bartlett John	D	1830	M	205	300
McClellen W C	Bishop Alex	TD	1839	M	547	
McNew John S	Collins Mathew	D	1832	M	99	85 00
McNew John S	Collins Mathew	D	1832	M	99	45 --
McCubbins William	Huddleston John F	PA	1836	M	112	-
McDowell Nathan	Harrell Larkin	D	1834	M	127	200 00
McVey Daniel	Marcum Peter	TD	1838	M	389	1 00
McVey James	Marcum Peter	TD	1838	M	391	1 00
McBroom Margret et al	Miller Pleasant	D	1837	M	436	1000 --
McBroom Margret	Miller Pleasant	D	1838	M	468	-
McBee Samuel	McBee William	D	1835	M	23	1 00
McBee Samuel Sr	McBee Samuel Jr	D	1835	M	29	200
McBee Samuel S	McBee Laban	D	1835	M	60	10 00
McWilliams Nelson	McWilliams Joseph	D	1837	M	133	500
McBee Samuel	McBee Caswell	D	1835	M	169	50 00
McNeil William	McNeil John	D	1838	M	312	125 --
McNeil William	McNeil John	D	1838	M	313	25 00
McClary Thos R	ParkeyPeter	D	1833	M	165	200 --
McDowell Nathan S	Stone Thomas	D	1829	M	245	200
McCrary George	Evans W R	TD	1839	N	27	1 00
McVey Daniel	Graham Hugh	TD	1839	N	68	1 00
McNeelanee John	Graham Hugh	BS	1839	N	219	156 50
McWilliam Joseph	Houston William	D	1839	N	170	1 00
McCubbins William	Johnson Hiram	D	1836	N	103	100 --
McBee Pleasant	McBee Samuel	D	1837	N	302	135
McDowell John P	Rose G W	D	1839	N	162	10 --
McClain Thos	Rogers David	D	1839	N	262	600
McClellen W C	Yeary Henry	TD	1839	N	268	1 00
McDowell Micheal et al	Martin Anson C	TD	1840	O	135	5 00
McBee William	McBee Caswell	D	1839	O	293	1000 --
McCraw Gabriel	Davis Joseph	D	1841	P	231	125
McNeil George	Davis James	D	1842	P	425	400 --
McCrow Gabriel	Fairchilds Abijah	D	1847	P	163	20 00
McCraw Gabriel	McCullah Daniel	D	1841	P	97	190
McClellen Mary	Overton W D	D	1840	P	318	50 00
McVey Daniel	Rose G W	TD	1840	P	137	1 00
McBroom Thos	Roark William	D	1841	P	245	200 --
McDowell N S	Yeaden David	D	1841	P	214	600
McClain Thos	Kincaid John	TD	1842	Q	212	400
McCraw Gabriel	Mitchell James	D	1842	Q	253	12 50
McKeehan Weston L	Rose Ruben	D	1842	Q	88	400
McCraw Gabriel	Brewer Braxton	D	1842	R	170	15 00
McCraw Gabriel	Brewer Martial	D	1843	R	172	15 00
McCraw Gabriel	Barnard Geo W	D	1842	R	348	20 00

Grantor	Grantee	Ins	Date	Book	Page	Amount
McCrow Gabriel	Cloud B F	D	1842	R	138	200 --
McFarland Arthur	Ellison James	TD	1843	R	304	27 00
McClary Thos R	Jones John	TD	1820	R	323	90 --
McNew Tobias	Kincaid Wm	D	1843	R	389	225 --
McNew Elisha	Kincaid Wm	D	1842	R	390	300 --
McBee Laban	Marcum Peter	T	1843	R	417	1 00
McCrary George Sr	McCrary N & G	D	1842	R	15	500
McCrary George	McCrary N & G	D	1842	R	16	500
McCrary Lida	McCrary Lettie	TD	1842	R	118	1 00
McNeil George	McNeil Neil S	D	1842	R	146	300 --
McBee Samuel	McBee Isaac	D	1835	R	188	1 00
McBee Isaac	McBee Samuel Sr	D	1843	R	355	500 --
McCrow Gabriel	Roe Phoraroe	D	1842	R	6	75 --
McDowell N S	Sewell Benjamin	D	1839	R	7	10 85
McCrow G	Barnard Jonathan	D	1840	S	561	30 00
McCrow G	Brannom Martin	D	1845	S	652	100 --
McAnally Charles	Cloud B F	D	1843	S	47	1 00
McNew Elisha	Clapp Henry	D	1843	S	223	6 00
McCrow G	Condry Wm	D	1845	S	491	87
McCrow G	DeVault John	D	1841	S	532	1 00
McCrow G	DeVault John	D	1841	S	544	30 00
McNight Joseph	Grimes William	D	1831	S	411	1 00
McCullah Daniel	Hutson Henry	D	1845	S	481	200 --
McCraw G	Jones Daniel	D	1842	S	279	50 --
McVey Daniel	Johnson Thos J	TD	1845	S	284	1 00
McCraw G	Jones Daniel	D	1842	S	423	50 --
McDowell N S	Kincaid William	D	1844	S	28	2000 -
McNew John S et al	Kincaid William	D	1846	S	81	100 --
McCraw G	Leger Peter	D	1840	S	384	75 --
McNew William	Moyers John	D	1839	S	79	500 --
McAllister James	Miller Isaac	D	1844	S	179	16 00
McCraw G	Mills Joel	D	1846	S	577	20 00
McCullah William	McCullah Daniel	D	1842	S	234	185 --
McCrary Nelson	McCrary George	D	1845	S	306	100 --
McCrary Nelson	McCrary George	R	1845	S	307	- --
McBee John et al	McBee Samuel	D	1845	S	409	100 --
McNew Elisha	Rogers D W	D	1844	S	155	325
McCraw G	Ramsey Josiah	D	1838	S	685	60 00
McFarland Wm	Sowder Daniel	D	1844	S	53	5 00
McCrow Gabriel	Wilson Nathan	D	1844	S	101	10 00
McClary Andrew	Cloud L & G	D	1847	T	212	200
McClary Andrew	Cloud L & G	D	1847	T	213	100 --
McReynolds Mary	Cawood Stephen	D	1844	T	248	150
McClary Andrew	Easly John	TD	1847	T	201	1 00
McNeil George	Garrett L A	D	1837	T	548	200 -
McCrow Gabriel	Hurley David	D	1845	T	121	100 --
McBee Samuel	Hodges Geo W	D	1847	T	255	50 --
McKeehan Weston L	Norville L L et al	D	1847	T	334	650
McDawell Nathan S	Hurst S & A	D	1848	T	500	1 00
McNew William G	Kincaid Wm	D	1848	T	514	300 --
McClary Andrew	Lanham S & E	D	1847	T	206	630 --
McClary Andrew	Lanham Wm	D	1847	T	371	300 --
McCrow G	Mayse John	D	1846	T	46	50 --
McBee Caswell	Moore Lemuel	BS	1848	T	380	- --

Grantor	Grantee	Ins	Date	Book	Page	Amount
McClary Andrew	McClary Thos R	D	1847	T	203	4 00
McKeeham Wesley L	Neal Royal	D	1846	T	33	375
McClary Andrew	Parks Jacob J	TD	1847	T	196	1 00
McClary Andrew	Rowlett Sidner D	D	1846	T	20	12 00
McClary Andrew	Ritchie John	D	1847	T	269	400
McNew Tobias	Alder John	TD	1851	U	554	5 00
McFarland Wm	Bartlett Rebecca	TD	1848	U	27	- --
McMahan John	Barlow P C	PA	1849	U	65	
McMahan John	Day Enos	D	1850	U	238	1000 --
McNeil James	Devenport Wm	TD	1850	U	274	200 --
McVey W S	Devenport Wm	B	1851	U	486	60 00
McAmis A A	Easly John & wife	D	1849	U	251	-
McClary Andrew	Fletcher David	TB	1846	U	494	800 --
McBee William	Greer W W	D	1851	U	485	40 --
McClary Andrew	Lanham Stokly R	B	1847	U	149	1600 -
McHenry Wm	Lanham Joseph	BS	1851	U	574	550 --
McDowell N S	Marcum Peter	PA	1849	U	11	- --
McNew Elisha	Mondy Samuel	D	1851	U	496	3 00
McNeil Neils S	McNeil John	D	1848	U	7	3000 --
McBee Samuel Sr	McBee Calvin	D	1850	U	501	300 -
McNeil James	McVey Wm S	D	1850	U	579	-
McBee Samuel Sr	McBee Isaac	D	1850	U	593	40 --
McClary Andrew	Parks Levi	TB	1850	U	235	10 67
McNew Elisha	Rogers J A et al	D	1851	U	515	15 00
McNeil John	Venable Wm	D	1850	U	314	50 --
McCarty Thomas	Cannon William & wife	D	1852	V	345	125
McAmis A A	Houston Wm	D	1852	V	206	100 -
McNeil Neil S	McNeil John	D	1852	V	271	2 00
McBee James H	McBee Calvin	D	1850	V	398	50 --
McMahahan E	Sharp William	D	1851	V	304	10 50
McClure Samuel	Shelton Joseph	D	1852	V	417	400 --
McBee W C	Walker Henry	D	1850	V	265	150
McAmis A A	William L A	D	1852	V	353	350
McBee Calvin	Yoakum E B	D	1852	V	388	18 00
McBee John	Campbell George	D	1853	W	245	1000 --
McClary Thos R	Cunningham Mordica	D	1836	W	362	240
McClary Nelson	Campbell George	D	1854	W	487	400
McBee William	Harp W H	D	1854	W	379	500 --
McBee William	Harp William	D	1854	W	380	100 --
McBee Samuel et al	Kincaid Wm	D	1855	W	543	120
McAmis A A	Lane Jesse B	D	1852	W	163	300 --
McNeil George	Martin Lucinda	D	1853	W	475	400
McNeil George	McNeil John	D	1852	W	51	700 --
McNeil Neil S	McVey W S	D	1852	W	393	3000 --
McBee Pleasant	Peck Jacob	D	1855	W	567	- --
McReynolds J	Rogers James	D	1818	W	120	150
McKee W F H	Robinson Samuel M	D	1852	W	495	2 20
McCrary George	Shoemate Elisabeth	D	1853	W	185	171
McNeil John Sr	Venable William	D	1852	W	399	250
McVey William S	Walker Jacob	D	1853	W	116	2000 --
McClary Nelson	Yoakum E B	D	1854	W	230	150 --
McKee Andrew T	Mountain James	D	1855	X	250	100 --

Grantor	Grantee	Ins	Date	Book	Page	Amount
McVey W S	McNeil John	D	1855	X	302	1000 --
McVey W S	Pleasant J M	D	1855	X	212	50 --
McCrow Gabriel	Stevenson Thos	D	1856	X	501	50 --
McBee Samuel	Vanbibber Isaac	D	1856	X	203	12 00
McBee Isaac	Wiley F H	D	1855	X	388	537
McVey W S	Cloud Leander	D	1856	Y	154	-
McNew Isaac & wife	Corban Wm et al	D	1858	Y	440	150
McVey W S	Greer W W	TD	1858	Y	316	241 68
McCarty Thos	Graham Hugh	D	1858	Y	410	243
McCarty Thos	Graham Hugh	D	1858	Y	570	650
McGough James A et al	Harmon Lewis	D	1855	Y	540	55 --
McNew Tobias	Jones John H	D	1855	Y	179	600 --
McCarty Thos	Neil Wm	D	1858	Y	572	650
McCarthy Thos	Neil William	TD	1858	Y	577	100
McCrow G	Pearson John	D	1851	Y	157	50 --
McKee W T H	Robinson S M	D	1855	Y	62	40 --
McVey W S	Rice C Y	TD	1858	Y	314	1 00
McCarty Thos	Thompson J W	BS	1858	Y	576	850 --
McNeil John	Venable William	D	1855	Y	78	15 00
McBee Calvin	Yoakum R G	D	1859	Y	666	25 00
McClure Nathaniel	Cole Josiah	PA	1859	Z	27	- --
McKee Andrew	Edmonson Wm	D	1859	Z	115	12 00
McBee Samuel & wife	Evans Tipton	D	1865	Z	705	27 50
McClain Thos	Kincaid John	D	1862	Z	599	25 00
McBee Calvin	Lewis James M	D	1859	Z	33	500 --
McKee Andrew	Laramore Akins	D	1859	Z	422	400
McLain Thos et al	Longmore J F et al	D	1861	Z	439	50 --
McKee Andrew et al	Minton James	D	1859	Z	596	450
McKee W T H	Minton James	D	1856	Z	601	850
McBee N B	McBee William	D	1854	Z	160	282
McNeil John	Routh Asa	D	1861	Z	697	- --
McBee Caswell	Yoakum R G	D	1855	Z	405	32 00

Grantor	Grantee	Ins	Date	Book	Page	Amount
Neil Peter	Buice Elisha	D	1807	A	65	3 00
North Carolina	Berry James	G	1778	A	86	50 S
North Carolina	Blair John	G	1794	A	168	200 S
North Carolina	Chisum Elijah	G	1802	A	14	100 S
North Carolina	Chapman Abner	G	1786	A	356	200 00
North Carolina	Dodson Nimroad	G	1801	A	327	100 L
North Carolina	Donaldson Stakely	G	1794	A	328	500 S
Norvell William	Grant James	D	1804	A	128	462 00
North Carolina	Hord William	G	1794	A	256	320 S
North Carolina	Hord William	"	1779	A	289	320 S
Noth Carolina	Hord William	"	1779	A	290	320 S
North Carolina	Hord William	"	1779	A	292	125 S
North Carolina	Hord William	"	1794	A	293	125 S
North Carolina	Hord William	"	1779	A	293	100 S
North Carolina	Hord William	"	1794	A	295	320 S
North Carolina	Hord William	"	1779	A	298	320 S
North Carolina	Hord William	"	1795	A	301	320 S
North Carolina	Hord William	"	1791	A	303	125 S
North Carolina	Hord William	"	1794	A	305	160 S
North Carolina	Hord William	"	1790	A	306	100 S
North Carolina	Hord William	"	1779	A	307	320 S
North Carolina	Hord William	"	1792	A	309	150 S
North Carolina	Hord William	"	1779	A	310	320 S
North Carolina	Hord William	"	1779	A	311	175 S
North Carolina	Hord William	"	1794	A	332	200 S
North Carolina	Hord William	"	1794	A	332	200 S
North Carolina	Hord William	"	1794	A	337	320 S
North Carolina	Henderson Richard	"	1794	A	337½	150 S
North Carolina	Handerson Richard	"	1794	A	338	200 S
North Carolina	Henderson Richard	"	1794	A	340	320 S
North Carolina	Hord William	"	1794	A	341	320 S
North Carolina	Jeffers Thomas	G	1801	A	329	64 L
North Carolina	King Robert	G	1793	A	28	250 S
North Carolina	King Robert	G	1791	A	313	300 S
North Carolina	King Walter et al	G	1794	A	314	--
North Carolina	Lynn Edmon	G	1779	A	321	320 S
North Carolina	Lea James	G	1790	A	333	100 S
Nation William	Miers Christopher	D	1801	A	202	375
North Carolina	Mabry Francis	G	1801	A	325	320 S
North Carolina	Merrett Benj	G	1793	A	368	150 S
North Carolina	McCallister John	G	1796	A	168	Gift
North Carolina	Pain William et al	G	1797	A	335	320 S
North Carolina	Ridley George	G	1779	A	281	100 S
Nation William	Sharp George	D	1801	A	204	105 00
Nation William	Sharp Aaron	"	1803	A	224	270 00
Nance Phillip	Smith Henry	"	1806	A	352	100 00
North Carolina	Whiteside Jenkins et al	G	1801	A	72	1000 S
North Carolina	Blair John	G	1793	B	57	100 S
North Carolina	Briston John	G	1797	B	97	50 S
North Carolina	Hord William	G	1793	B	151	300 S
North Carolina	Hord William	G	1795	B	229	50 S
Nations Thomas	Huddleston John	D	1810	B	314	72 00
North Carolina	King Robert	G	1790	B	232	---
North Carolina	Lackey James W	G	1790	B	169	500 S

Grantor	Grantee	Ins	Date	Book	Page	Amount
Nation Joel	Powell Joseph	D	1809	B	306	375
North Carolina	Chapman Abner	G	1808	C	189	40 ₤
Nation Isaac	Nation Thomas	D	1808	C	25	135 --
Nation Jeritha	Brock John	"	1811	D	228	30 00
Nation Jeritha et al	Brock John	"	1811	D	233	755 --
North Carolina	Brister John	G	1797	D	316	services
Nevells Thomas	Cain David	D	1812	D	7	40 00
Norvell William	Casey John	BS	1813	D	73	170 --
North Carolina	Campbell Arthur	G	1812	D	74	
North Carolina	Campbell Arthur	"	1794	D	153	320 S
Nichalson Samuel	Cope James	D	1814	D	248	25 00
Nichalson John	Clarkson Mathew	"	1795	D	287	5 S
Nance Phillip	Grimes John	"	1815	D	363	80 00
North Carolina	King Thomas	D	1813	D	66	-- --
North Carolina	King Robert	D	1814	D	256	62 S
Norvell Nathaniel	Lamar James	D	1812	D	35	5 00
North Carolina	Lard James	D	1793	D	87	320 S
Neil Peter Sr	Neil Peter Jr	D	1813	D	215	190
Nichalson Samuel	Stinnet John	D	1814	D	314	-
Nichalson John	Teretorial Company	A	1795	D	365	
North Carolina	Wallen Berryman	G	1793	D	171	
Norvell William	Crichfield John	D	1815	E	193	100
Nealy Peter Jr	Cardwell David et al	D	1818	E	247	7 00
Neal Grimes	Graham William	D	1819	E	329	170
Noel Alford	Graham Wm et al	D	1819	E	388	171
Nichalson Samuel	Johnson Thomas	D	1816	E	172	100 --
Nunn W	McClary Thos R	D	1820	E	434	320 --
Neil Peter Sr	Neil Peter Jr	D	1818	E	292	1200 --
Norvell William	Ousley John	D	1816	E	41	300 00
Norvell William	Perry Nathan	D	1817	E	262	80 00
Norvell William	Perry Cornard	D	1817	E	264	40 00
Nichalson Samuel	Peck Jacob	D	1815	E	316	1000 00
Norvell William	Perry Luke	D	1817	E	437	80 00
Neal Joseph	Weaver William	"	1819	E	449	60
Neal Peter Sr	Dobbs Joel	"	1818	F	28	122
North Carolina	Donelson Stockley	"	1794	F	129	20 ₤
Noel Alford	Graham Hugh & Co	"	1823	F	223	410 --
Noel Alford	Graham Hugh & Co	D	1824	F	327	390
Norvell William	Hodges John	BS	1826	F	309	250
Naance Phillip	Neil William et al	D	1818	F	105	
Neal Jesse	Harrison Elias	D	1819	G	105	160
Neal John	McGinnis C H	"	1821	G	187	7 00
Neal John	McGinnis C H	"	1821	G	189	3 00
Neal Peter Sr	Neal Jesse	"	1818	G	53	4 00
Norvell Mary	Norvell James	"	1823	G	210	3 00
Neal Grimes	Rose Reuben	"	1818	G	35	8 00
Norvell Wm & M	Webb Joseph	"	1823	G	217	4 00
Nichelson Samuel	Hair James	D	1825	H	203	1000 --
Nunn Elisha	McNight Robt	"	1827	H	444	200
Nunn Elisha	McNight Robt	"	1827	"	445	200

Grantor	Grantee	Ins	Date	Book	Page	Amount
Nichelson Samuel	Rigler George	D	1825	H	274	100 --
Neal Jesse	Sewell Benjamin	"	1828	H	412	500 --
Norvelle James J	Williams Thos L	BS	1827	H	317	500
Nichalson Samuel	Botts John	D	1825	I	5	5 00
Norvell Wm	Carr John	"	1825	I	28	300 --
Nunn Elisha	Condry Wm	BS	1829	I	307	300
Norvell William	Farrell Joseph	D	1824	I	40	480
Noel Alford	Graham Hugh	BS	1832	I	382	325
Noel Alford	Garrett Gray	D	1833	I	558	1 00
Nichelson Samuel	Mays Thomas	D	1827	I	131	15 00
Nunn Elisha	Perry Nathan	D	1830	I	328	300
Noel Alford	Rogers D	TD	1833	I	561	1 00
Norvell James J	Sharp Isaac	D	1830	I	258	66 00
Noel & Graham	Bullard C B	TD	1834	K	331	1 00
Novell Thos C	Farrell Joseph	BS	1831	K	515	- --
Noel Alford	Graham Hugh	TD	1834	K	368	1 00
Nichelson Samuel	McCluskey John	D	1830	K	82	
Nation Christopher	McClain Thomas	D	1834	K	410	15 00
Noel Alford et al	Noel Catharine	TD	1833	K	19	1 00
Neil Landon	Rose Ruben	D	1833	K	110	65 00
Noel Alford	Sewell Benjamin	BS	1832	K	439	450
Noel Alford	Sewell Benjamin	BS	1832	K	440	250
Norvell Thos C	Carr Jesse	D	1835	L	B15	50 00
Norvell Thos C	Garrett Gray	D	1835	L	98	100
Neil Jesse & wife	Holt Henry	D	1834	L	56	500
Norvell Timothy	Kincaid William	D	1835	L	27	10 00
Neal Peter	Lane Isaac C	D	1835	L	58	325 00
Norvell William	Martin Mathew	D	1815	L	314	400
Norvell Timothy	Owsley John	D	1835	L	62	12 50
Nunn Whorton	Rose Ruben	D	1834	L	25	1 00
Nunn Elisha	Bundren Green	D	1838	M	439	600 --
Norvell Thos C	Carr Jesse	D	1836	M	185	30 00
North Carolina	Cobb William et al	G	1795	M	444	
Nichelson Samuel	Dodson George	D	1830	M	350	1200 00
Newton Isreal & wife	Day John	D	1838	M	502	50 00
Norvell Wm & wife	Jenkins Henry	D	1828	M	344	50 00
Norvell Timothy	Lea Gabel	D	1837	M	179	150
Noel Alford	Marcum Peter	TD	1836	M	1	1 00
Neal Joseph	Mitchell A	D	1836	M	59	150
Norvell Mary	Norvell Timothy	D	1834	M	178	80 00
Nunn Wharton	Nunn Elisha	D	1836	M	243	250
Noel Alford	Noel Mary	BS	1838	M	264	44 00
Neal John	Neal Madison	PA	1837	M	272	- --
Nicely Elisabeth	Nicely James	D	1838	M	422	- --
Needham John	Shelby Samuel	D	1828	M	390	200
Neal Obediah	Smith Anderson	D	1832	M	514	450
Neal Obediah	Smith Anderson		1832	M	515	450
Nelson Samuel	Willborn Richard	D	1830	M	309	31 00
Nichelson Samuel	Wilson James	D	1830	M	349	15 00
Noel Alford	Evans E & H	A	1838	N	62	32 60
Neal Jesse	Grose close Peter	D	1838	N	186	9 00

Grantor	Grantee	Ins	Date	Book	Page	Amount
Nash Thomas	McDaniel J P	D	1838	N	157	10 --
Nash Thomas	McDowell John P	D	1838	N	159	4 20
Noel Flavins S	Noel Alford	BS	1822	N	175	- --
Norvell James	Jewell Benjamin	TD	1840	N	312	1 00
Nickelson Samuel	Beetry Margret	D	1830	O	268	12 --
Neal Peter	Mason John	TD	1840	O	154	380 --
Neal Peter	Neal Madison	PA	1840	Q	153	- --
Neal Peter	Robinson Absolem	D	1840	O	140	3000 --
Nicely John	Beeler Woolery	B	1819	P	254	220 --
Nunn Warton	Hurst William	D	1841	P	335	105 --
Neil William	Large J C	TD	1841	P	95	132 47
Nunn Wharton	Nunn Elisha	D	1840	P	265	50 00
Nunn Elisha	Rose Ruben	D	1841	P	124	200 --
Nunn Elisha	Rose Ruben	D	1841	P	266	75 --
Nunn Elisha	Rose Ruben	D	1841	P	268	500 --
Nunn Elisha	Rose Ruben	D	1841	P	270	25 00
Neil Joseph	Scott J G	D	1865	P	429	100 --
Neil Spencer & wife	Shultz George	D	1840	Q	3	- --
Nichelson Sarah	Brewer Joab	D	1832	R	81	37 50
Nunn Harmon	Bartlett John	D	1843	R	231	20 00
Neal Peter	Fullington Alex	D	1843	R	286	250
Nunn Whorton	Hurst William	D	1842	R	19	250 --
Nunn Elisha	Houston William	D	1843	R	420	600 --
Norvell Wm J	Norvill James J	D	1840	R	180	100 --
Neil Peter	Neil William	PA	1843	R	283	- --
Nunn Elisha	Nunn Abner	D	1843	R	402	200 --
Nickelson Sarrah	Brewer Joab	D	1832	S	167	
Nunn Wharton	Gibson Drury	D	1845	S	287	250
Nunn Abner	Hurst William	D	1844	S	85	150
Nunn Abner	Hurst John	D	1844	S	89	9 00
Nunn Thomas	Lanham Abel	D	1837	S	103	50 00
Nicely James	Long Peter	TD	1845	S	250	5 00
Nickelson Samuel	Lewis Fielding	D	1825	S	428	6 00
Needham Henry	Lewis William	D	1829	S	658	300 -
Norvell William	McClain Thomas	TD	1824	S	236	4 21
Norvill Thos C	McBee William	D	1845	S	391	30 00
Neil William	Owens Pleasant	D	1846	S	682	333 07
Neil William	Ritter Joel	D	1846	S	703	68 00
Nunn Wharton	Shoe Maker James	B	1842	R	19	25
North Carolina	Wallen Elisha	G	1791	S	485	-
Nunn Thomas	Books Hezkiah	D	1821	T	519	4 00
Nunn Thomas	Brooks Hezkiah	D	1821	T	520	40 00
Needham William	Drummons Wm	D	1847	T	221	200 --
Neil William	Hall John M	D	1847	T	304	130 --
Neil William	Mason John	D	1848	T	421	1100 --
Norvell Thos C	McBee H	T	1848	T	445	100 --
Neil William	Neil Bartley	D	1848	T	423	1150 --
Norvell William	Sharp Daniel	D	1821	T	250	200 --
Norvell William	Yoakum Isaac	D	1826	T	193	80 -

Grantor	Grantee	Ins	Date	Book	Page	Amount
Nash Arther	Missionary B Church	D	1850	U	568	Gift
Norvell Timothy	Netherland & Maynard	D	1850	U	287	200 --
Neil William	Neil Joseph Jr	D	1851	U	525	200 --
Nunn Henry	Ritter James	D	1848	U	160	30 00
Nunn Elisha	Ritter James	D	1850	U	367	10 00
Nunn Wharton	Shoemaker James	D	1849	U	64	350 --
Neil William (Trustee)	Stone Ruben F	D	1845	U	310	445
Neil William	Billingsly George	D	1843	V	342	68
Nunn Abner	Barnard S J	D	1852	V	346	150
Nunn Abner	Evans Jesse	D	1852	V	281	300 --
Nunn Henry	Evans Jesse	D	1852	V	282	525
Neal William	Graham Hugh	D	1851	V	40	65
Netherland John et al	Gibson W R & Bros	D	1852	V	402	296
Nunn Henry	Rose Ruben	D	1852	V	296	15 00
Neil David et al	Shultz George	D	1851	V	131	20 00
Needham Wm et al	Burch J M	D	1847	W	312	400 --
Needham Wm et al	Burch J M	D	1847	W	314	275 --
Nash Arther	Dyer Isaac C	D	1851	W	244	325
Needham George	Harp Elijah	D	1847	W	2	15 00
Neal Royal	Hurst Simpson	D	1852	W	442	400
Netherland John	Lankford John C	D	1852	W	262	400 --
Needham G B	McKee Wm T H	D	1841	W	307	665
Neil William	Moore Enoch	D	1855	X	243	235 --
Netherland J et al	McKee Andrew	D	1855	X	498	300 --
Nicely David	Nicily James	D	1856	X	438	11 50
Nicely David	Nicely James	D	1856	X	439	150
Neil William	Buis Abraham	D	1857	Y	59	150
Neil Thomas J	Bullard B P	D	1858	Y	476	18 00
Neil T J	Buchanan W R	TB	1858	Y	481	200 --
Neil William (Trustee)	Fulkerson F M	D	1858	Y	586	62 60
Neely Charles	Hodges Zach	D	1857	Y	117	350
Newley John G	Miller John	D	1856	Y	104	200 --
Neely Charles	McDaniel John	D	1848	Y	422	6 25
Neil William & others	Nave Levi	D	1859	Y	652	14 96
Newby James & wife et al	Powers James	D	1857	Y	257	120
Neil William	Shoemaker W B	D	1857	Y	170	50 --
Nevells Henry et al	Brooks Travis	D	1859	Z	93	350
Neil William Wm	Brown James	D	1863	Z	687	500
Neil William	Blackborn John A	D	1863	Z	692	150
Neil John & wife	Bullard D C	D	1858	Z	609	Land
Napier Edward F	Ely Ananias	D	1858	Z	260	2 00
Nunn Sterling et al	Hall John	D	1859	Z	245	100 --
Neil Wm	Hall H C	D	1861	Z	567	-- --
Nunn Ellis	Jones Hugh et al	D	1866	Z	483	50 --
Neil Bartley	Mason R F & Wm	D	1859	Z	128	4 00
Netherland John	Moore Charles	D	1860	Z	196	4 00
Netherland John et al	Moore Charles	D	1860	Z	197	50 --
Neil Thos J	Neil Martha J	D	1859	Z	68	Negro
Neil Joseph B	Neil William	D	1860	Z	691	175 --

Grantor	Grantee	Ins	Date	Book	Page	Amount
Neil Joseph	Patterson J M	D	1855	Z	133	10 00
Neil Wm (Trustee)	Tribble Morris	D	1857	Z	438	2 00

Grantor	Grantee	Ins	Date	Book	Page	Amount	
Owens John	Branson Hezekiah	D	1805	A	287-241	350	--
Owen William	Cox Josiah	D	1805	A	23	270	
Outlaw Alexander	Campbell John	D	1802	A	33	4	00
Overton Moses	Beeter James	D	1808	B	78	2	00
Ousley John	Savage William	"	1808	B	214	300	00
Owens John	Devins Benjamin	BS	1811	C	191	3	00
Ozamus Phillip	Morvelle Nathaniel	D	1808	C	93	4	00
Owens John	Owens Jacob	D	1809	C	24	3	00
Owens John & B	Wallen John	D	1811	C	50	1000	
Owens Jacob	Graves Boston	"	1812	D	165	300	--
Overton James	Sharp Benj	D	1816	D	433	10	00
Owens John	Yoakum George	D	1811	D	72	300	00
Ousley John	Keck John	D	1817	E	397	--	--
Overton James	Riley John	"	1815	E	35	400	50
Overton James	Ritchie Alex	D	1820	F	87	500	
Owens Wm	Graves Boston	D	1818	G	202	1150	
Overton John Exr &c	Doherty Elisabeth	W	1825	H	385	--	
Overton John Exr	Richie Alex	D	1825	H	355	450	
Owens Elijah	Kincaid William	D	1830	I	291	400	
Owens Isaac	Stennet Isham	D	1833	I	554	450	
Owens Claiborne	Stennet Isham	D	1833	I	590	45	00
Owens William	Ferrell Joseph	D	1832	K	123	500	00
Owens William et al	Kincaid William	D	1835	K	507	300	
Owens Isaac	Stinnet Isham	D	1833	K	1	50	
Owens James	Vanbebber James	R	1834	K	393	50	
O'Donnel Daniel & wife	Dickenson James	D	1835	L	141	100	53
Owens John	Stoetler George	D	1818	L	307	410	00
Owsley John	Drummons Wm	D	1832	M	209	100	00
O'Donnel Daniel & wife	Sewell Benj	D	1838	M	331	43	--
O'Donnel Daniel et al	Posey George	BS	1835	N	33	753	53
O'Donnel Daniel	Posey Benjamin	T	1839	N	35	600	--
Owens Joseph	Evans N A	TD	1839	O	44	0	--
Owens Joseph	Evans N A	TD	1840	O	179	100	--
Owens Pleasant	Gibson William	T	1843	R	362	200	--
Owens P	Neil William	TD	1842	R	98	5	00
Owens Pleasant	Neil William	T	1843	R	175	5	00
Owens William	Owens Pleasant	D	1841	R	314	175	--
O Dannel Susan (estate of)	Sewell Benj et al	A	1840	R	213	--	--
Owens Pleasant	Critchfield P	D	1844	S	692	200	--
Owens Pleasant	Gibson W R	TD	1844	S	124	165	30

Grantor	Grantee	Ins	Date	Book	Page	Amount
Owsley Mathew	Haynes Penelope etal	D	1844	S	35	Gift
Owsley Mathew	Haynes Penelope etal	D	1844	S	36	Gift
Owens Martin H	Owens William	D	1844	S	245	100
Overton James et al	Fugate William	D	1846	T	102	100 --
Owsley Mathew	Haynes Penelope	D	1847	T	186	Love
Owsley Mathew	Haynes Penlope	D	1847	T	188	Love
Owsley William	Harrell L L	D	1848	T	451	Dvs
Owens Martin	Sarp Isaac	D	1847	T	259	13 00
Owens William	Gibson W R et al	D	1848	U	14	150
Owens William	Jones E	TD	1851	U	466	50 --
Ousley Stephen	Needham Wm	D	1847	U	72	700 --
Owsley Stephen	Needham Wm	D	1847	U	74	1 00
Owsley Stephen	Owsley John	D	1851	U	561	500
Ousley John	Day Noah	D	1840	V	118	150
Overtstreet Sherrad L	Littrell Daniel	D	1844	V	407	100 --
Overton James	Overton Melburn	D	1852	V	374	1000 --
Owens Hilliard	Rogers A	D	1852	V	421	56 25
Owens Pleasant	Woodson William	D	1846	V	198	320 --
Owens Wm	Carr John H	D	1854	W	450	400
Owens Wm	Carr James	D	1854	W	453	400 --
Owens Wm	Day Chas Mc	D	1854	W	464	1000 --
Owsley S & M	Keck John	D	1854	W	559	200
Owens Pleasant	McCrary Geo Jr	D	1854	W	431	100 --
Owsley William	Owsley Mathew	D	1849	W	85	21 --
Owsley Spencer	Owsley Stephen	D	1853	W	325	25 00
Ousley John	Owsley Stephen	D	1854	W	395	400
Owens William	Redmon Thos	D	1854	W	451	300 --
Owsley William	Spivey David C	D	1854	W	268	500 --
Owens Pleasant	Treace Jefferson	D	1852	W	130	15 00
Owens D H	Cosby David	D	1856	X	216	500 --
Owens Raymon	Harrell Montgomery	D	1855	X	215	400 --
Owens James & wife	Moore Enoch	D	1856	X	373	135
Owens Raymon	Southern Joseph	D	1855	X	437	250
Owens John O	Roark Timothy	D	1857	Y	210	300 --

Grantor	Grantee	Ins	Date	Book	Page	Amount
Porter Chas T	Bullock Richard Exr	D	1803	A	101	60 00
Powell Joseph	Church on War Creek	D	1803	A	167	
Prother David	Casey James	D	1805	A	257	20 00
Pearson Thomas	Crockett Anderson	D	1806	A	283	230
Pain William	Gest Joseph	M	1803	A	88	100 00
Parhouse Abraham	Roddy James	D	1801	A	25	500 --
Pearson Thomas	Reynolds John	D	1805	A	250	300
Powell Thomas	Botts John	D	1807	B	203	200 --
Powell Joseph	Bullard John	D	1810	B	271	11 00
Pebeerly Jeremiah	Cameron John	D	1808	B	59	200
Posey Benjamin	Chadwell David	D	1809	B	163	Love
Pryor John & Thos	Graham William	BS	1805	B	180	358
Plummer Thomas	Jack John F et al	D	1808	B	170	1000
Pearson R	Wallen John	BS	1808	B	69	350 --
Powell Joseph	Williams William	D	1807	C	14	333 00
Prothero David	Arnwine Albertis	D	1811	C	107	500 --
Perryman Jas A	Bartlett John	D	1810	C	168	165
Perryman Jas A	Beaty Martin et al	D	1811	C	219	100
Porter Chas T	Campbell James H	D	1811	C	170	59 54
Porter Chas T	Campbell James H	O	1811	C	173	
Porter Chas T	Campbell James H	D	1811	C	175	59 54
Patterson Robert	Cloud Benj	M	1813	D	201	350 --
Petty William	Harper William	BS	1815	D	352	333 33
Peveyhouse John	Monday Arther	D	1815	D	432	40 00
Patterson Robt	Pearson George	D	1813	D	354	100
Pebley Jeremiah	Rogers David	M	1811	D	152	1200 00
Pevyhouse Jacob	Roddy James	PA	1812	D	174	
Petree George	Beeler Joseph	D	1817	E	74	800 --
Perryman Benaney	Jones Samuel	D	1812	E	113	400 --
Patterson Jesse	Shultz David	M	1815	E	67	300
Posey Leander	Bullard William	M	1822	F	322	70 00
Powers Jessey	Hopper Jesse	D	1822	F	324	300
Purvine William	Jackson Jacob	D	1817	F	200	100 00
Phillips Andrew	Murphy William	D	1823	F	292	225 00
Powell Joseph	Nicely Jacob	D	1819	F	20	300
Perry Luke	Owsley John	D	1820	F	119	120 00
Powers Jesse	Spaks William	D	1821	F	240	300
Posey Susanah et al	Bullard Wm	BS	1820	G	112	250
Perry Nathan	Cook James	D	1821	G	74	230
Posey David C	Chadwell David	M	1819	G	46	250
Perkepile Jacob	Keck John	M	1822	G	185	200 --
Pugh David	Minton Nancy	M	1822	G	153	MT
Pugh David	Minton Nancy	M	1822	G	154	50 00
Pugh David	Minton Nancy	M	1822	G	162	50 00
Parker William	Austen Benj	D	1827	H	363	7 00
Pearson George	Bundren Francis	D	1817	H	90	4 00
Peck Jacob	Barnwell Wm	D	1827	H	432	5 00
Peck Jacob	Bullard William	D	1827	H	454	25 00
Peck Jacob	Bowyer Joseph	D	1827	H	474	25 00

Grantor	Grantee	Ins	Date	Book	Page	Amount
Peck & Johnson	Day Ransom Sr	D	1823	H	253	200 --
Peck & Johnson	Day Ransom Sr	D	1824	H	255	100 --
Peck Jacob	Goin Levi	D	1827	H	439	20 --
Peck Jacob	Goin William	D	1827	H	440	10 00
Peck Jacob	Houston Benj	D	1827	H	411	60 00
Peck Jacob	Hurst Hiram	D	1827	H	434	25 00
Peck Jacob	Hopper William	D	1827	H	471	30 00
Peck Jacob	Jennings Anderson	D	1827	H	387	10 00
Peck Jacob	Killion William	D	1827	H	452	75 00
Parks Robt G	McClary Thos R	"	1824	"	130	200
Peck Jacob	McBroom James	"	1827	"	346	45
Peck Jacob	Nicholson Samuel	"	1825	H	110	1 00
Powell Richard	Nash Thos	"	1826	H	339	300
Peck & Johnson	Perry Nathan	"	1823	H	131	24
Peck Jacob	Poindexter Samuel	"	1827	H	357	25
Peck Jacob	Prichard Jesse	"	1827	H	441	35 00
Porter Chas T marshal	Pierman Luke et al	"	1823	"	184	127 16
Pervine Wm	Spencer Edward	"	1819	H	65	1 00
Pace John	Cottrell David	"	1831	I	344	400
Posey David C	Dickerson James	"	1829	I	133	15 --
Peck Jacob	Dobbs John	"	1827	I	189	-
Powers Jesse	Edward James	D	1822	I	83	170
Posey Bennet	Graham Hugh	D	1831	I	354	300 --
Peck Jacob	Hopson Richard	D	1828	I	154	25 00
Plank Christian	Hodges William	D	1828	I	183	400 --
Peck Jacob	Hooper William	D	1829	I	390	12 50
Peck Jacob	Keck Andrew	D	1828	I	229	12 00
Peck Jacob	Miller Martin	D	1829	I	127	13 75
Peck Jacob	Myers Henry	D	1828	I	518	19 00
Parkey Peter	McConnell Wm	D	1826	I	76	100
Perry Nathan	Nunn Elisha	D	1808	I	129	300
Pain Henry	Noel Alford	TD	1833	I	573	100
Powell Joseph	Powell Abraham	D	1831	I	532	500 --
Poindexter Samuel	Queen James	D	1829	I	520	5 00
Pearson William	Robinson Comfort	D	1829	I	9	105 00
Peeveyhouse Jacob	Roddy John	D	1825	I	54	130 00
Peck Jacob	Russell Joseph	D	1828	I	193	10 00
Posey David C	Sewell Benj	D	1829	I	164	500 00
Peck Jacob	Smith Fredreck	D	1827	I	176	40 00
Perry Edmon	Stillings Griffin	D	1831	I	584	250
Peck Jacob	Wallace William	D	1828	I	99	40 00
Parker William	Wright Gideon	D	1827	I	108	5 00
Posey Benjamin	Bullard William et al	D	1833	I	151	110 00
Posey David C	Cloud B F et al	D	1832	K	150	115 00
Posey Bennet	Dickenson James	D	1832	K	10	150 00
Posey George W	Dickenson James	D	1835	K	554	2 50
Peck Jacob	Marcum Peter	D	1834	K	533	50 00
Preston John	McHenry William	D	1832	K	38	400 --
Pain Henry	Noel Alford	D	1833	K	24	1 00
Posey Bennet P	O Donal Daniel	BS	1833	K	160	375
Parks Levi	Parks Franklin	D	1832	K	423	300
Posey Bennet	Posey George	BS	1835	K	482	200
Posey Bennet	Sewell Benj	D	1832	K	31	238 --
Posey Bennet	Sewell Benj	D	1833	K	196	40 00

Grantor	Grantee	Ins	Date	Book	Page	Amount
Parks Frank et al	Wilson Joseph	D	1832	K	167	470 00
Peck Jacob	Botts John	D	1826	L	1	1 00
Parker Franklin	Bowlinger Fred	D	1832	L	290	1 50
Parks Levi	Croxdale Isham	D	1833	L	17	300
Peck Jacob	Drummons D	D	1836	L	384	50 00
Peck Jacob	Edwards Spencer	D	1831	L	319	20 00
Post Henry	Mason John	D	1835	L	106	280
Posey David C	Marcum William	D	1836	L	340	10 00
Peck Jacob	Mays Jonathan	D	1834	L	391	50 00
Parks Frank	McClary Andrew	D	1835	L	185	1150 00
Peck Jacob	Sharp Henry	D	1828	L	367	37 50
Peck Jacob	Sharp John	D	1828	L	371	12 00
Prichard Jesse	Sharp John	D	1834	L	383	120 00
Peck Jacob	Beeler Woolery	D	1827	M	9	70 00
Powell Absolom	Bledsoe Isaac	D	1833	M	45	600 00
Peck Jacob	Bales Martin	D	1834	M	232	80 00
Peck Jacob	Bullard Boyer	D	1829	M	281	75 00
Parker Luke	Brooks Gideon	TD	1838	M	485	-
Posey Benj	Chadwell David	D	1829	M	16	200
Peck Jacob	Cupp Charles	D	1836	M	71	80 00
Parkey Peter	Colman A P	D	1837	M	166	100 00
Peck Jacob	Capps John	D	1837	M	280	100 00
Peck Jacob	Graves John	D	1837	M	132	25 00
Peck Jacob	Goin Isaac	D	1836	M	248	35 00
Potect Jacob	Gilbert James	D	1834	M	529	47 00
Potect Jacob	Gilbert James	D	1834	M	530	21 00
Purvine William	Goin Uriah	D	1828	M	542	3000
Peck Jacob	Harper Richard	D	1836	M	86	600 00
Peck Jacob	Keck John	D	1836	M	181	10 00
Peck Jacob	Lickliter Peter	D	1831	M	74	25 00
Peck Jacob	Lay David	D	1828	M	359	30 00
Peck Jacob	Lanham Joseph	D	1830	M	456	25 00
Pike Jacob	Lanham Joseph	D	1838	M	460	525
Peck Jacob	Moyers Henry	D	1830	M	73	102
Peck Jacob	Moys Thos	D	1837	M	137	12 00
Peck Jacob	Mays Thos	D	1837	M	137	6 00
Patterson Francis	Mason John	D	1837	M	244	20 25
Posey Bennett	Marcum William	D	1835	M	376	7 00
Perry Luke	Norvell Timothy	D	1832	M	13	55
Powell Absolom	Powell Jonathan	D	1831	M	487	600
Parker Luke	Rose George W	BS	1837	M	199	
Parker Luke	Rose George W	TD	1837	M	272	70 00
Peck Jacob	Sharp John et al	D	1837	M	217	40 --
Peck Jacob	Sharp John et al	D	1837	M	218	10 --
Peck Jacob	Whitehead William	D	1836	M	357	10 --
Peck Jacob	Bullard William	D	1827	N	210	75 00
Powers George	Dickenson James	D	1838	N	181	50 00
Peck Jacob	Loveless John	D	1839	N	174	40 00
Peck Jacob	Margraves T	D	1836	N	238	50 --
Patterson J M	Mason John	D	1840	N	280	150
Peck Jacob	McDowell N S	D	1828	N	46	7 00
Posey Benjamin	Posey Bennet	R	1839	N	36	- --
Posey Benjamin	Posey George W	R	1839	N	37	- --

Grantor	Grantee	Ins	Date	Book	Page	Amount
Posey George W	Posey Benjamin	R	1839	N	40	-- --
Posey Bennet	Posey Benjamin	R	1839	N	69	-- --
Posey Bennet	Bullard William	BS	1839	O	43	500 --
Posey Laden	Bullard William	D	1839	O	300	300
Posey Benjamin Heirs of	Bullard William et al	A	1832	O	323	-- --
Plank Benidict et al	Lewis William	D	1839	O	8	50 00
Pruett Jonathan et al	Lewis William	D	1839	O	88	40 --
Peck Jacob	Mays Thomas	D	1840	O	237	5 00
Prewett John et al	Prewett Jonathan	D	1837	O	85	40 --
Peck Jacob	Rogers Jesse	R	1841	O	288	200
Powers George	Sewell Benj	D	1840	O	176	250
Prichard David	Sharp Peter	D	1841	O	259	1000
Patterson J M	Houston William	D	1841	P	368	165
Plank Christian	Jennings Anderson	D	1832	P	148	225
Peck Jacob	Mays Thomas	D	1837	P	210	10 --
Perry John S	Perry J G	D	1841	P	46	100 --
Pitman James	Stone Ruben F	D	1832	P	74	300
Peck Jacob	Arwine Albartis	D	1842	Q	120	200
Peck Jacob	Arwine Albartis	D	1842	Q	221	150
Plemmings S W	Evans W R	TD	1842	Q	225	1842 --
Plank Christian B	Farmer Hugh	D	1841	Q	12	700 --
Peck Jacob	Hurst Daniel	D	1841	Q	14	25 00
Parrott Eozaly	Henderson Jerry	D	1842	Q	146	15 00
Parrott John	Parrott Ensely	D	1842	Q	145	11 00
Peck Jacob	Breeding John	D	1843	R	178	50 --
Peck Jacob	Bunch John	D	1843	R	379	30 00
Peck Jacob	Condry John	D	1828	R	110	75 00
Pace John	Cottrell D C	D	1831	R	405	50 --
Plank John	Claxton Henry	D	1836	R	324	150 --
Price Wm Y	Hooper Miles N	TD	1842	R	33	1 00
Peck Jacob	Kellion Wm et al	T	1843	R	306	-- --
Powell Jefferson	Norvell Thos C	TD	1842	R	72	80 00
Parrott Stephen	Parrott Wm	D	1843	R	149	750
Parrott Stephen S	Parrott Wm	D	1843	R	152	750
Posey Benjamin	Posey George	BS	1842	R	153	600 --
Parrott John Jr et al	Parrott John SR	D	1828	R	185	50 --
Powell John	Powell Absolom	D	1828	R	206	600 --
Parker John	Payne W G	TD	1843	R	212	1 00
Perry Nathan	Perry Luke	D	1831	R	375	150 00
Pearson John	Barnard S J	D	1846	S	689	12 00
Peck Jacob	Cadle Mark	D	1829	S	152	75 --
Plemmings Alex	Evans Oliver P	TD	1845	S	265	1 00
Phillips Andrew	Fulps M	D	1842	S	515	10 00
Peck Jacob	Graves John	D	1829	S	649	30 00
Peck Jacob	Harp Henry	D	1836	S	203	20 00
Poindexter S W	Honeycutt John	D	1838	S	276	250
Parkey Peter	Moore Enoch	D	1841	S	212	750
Peck Jacob	Miller Pleasant	D	1845	S	395	5 00
Parks Simpson	McClary Andrew	D	1843	S	37	300
Peck Peter	Neil William	TD	1844	S	98	5 00

Grantor	Grantee	Ins	Date	Book	Page	Amount
Parkey Peter	Parkey Joseph	D	1839	S	194	5 00
Parrott (heirs)	Parrott Degraffin reed	D	1843	S	664	8 00
Posey George W	Sewell Benj	D	1844	S	75	40 00
Pike Jacob	Sewell Benj	D	1844	S	128	50 00
Peck Jacob	Sharp Peter	D	1845	S	249	5 00
Parkey Joseph	Walker Joseph	BS	1844	S	323	350
Proffitt E	Yeaden B A	D	1844	S	133	100 00
Peck Jacob	Yeaden W P	D	1845	S	247	30 00
Posey Bennet	Bullard Wm	BS	1833	T	65	250
Posey Bennet	Bullard Wm	BS	1835	T	65	300
Parks Jacob J	Brooks John H	D	1847	T	358	312 32
Pecks Jacob	Carr James M	D	1847	T	89	5 00
Plank Christian	Cardwell John	D	1842	T	306	100 --
Posey G W	Evans James H	T	1848	T	555	5 00
Peck Jacob	Goin John A	D	1847	T	266	- --
Plank C B	Hurst Andrew	D	1838	T	104	250
Pearson John	Howerton William	D	1847	T	406	50 --
Posey George W	Johnson Thos J et al	T	1848	T	558	1 00
Posey George W	Miller Isaac	TD	1848	T	471	4000 --
Poor Jesse	Poor Turner	D	1847	T	169	100 --
Posey Benj	Posey George W	BS	1847	T	273	750
Posey Geo W	Sewell Benj	D	1846	T	7	26 00
Parks Levi	Buchanan Mathew	D	1850	U	267	
Pike Jacob	Bruce Jesse	D	1849	U	379	150
Peck Jacob	Cupp Abbie	D	1841	U	324	12 50
Peck Jacob	Drummons Daniel	D	1836	U	340	10 00
Posey George W	Easly John	T	1849	U	190	1 00
Perry John S et al	Easly John	D	1849	U	249	150
Posey George W	Easly John	TD	1850	U	288	225 61
Parks Jacob J et al	Fugate Wm	D	1848	U	332	180 --
Peck Jacob	Garrett Gray	D	1836	U	290	50 --
Parker James	Henderson Thos	D	1848	U	3	45 --
Posey Geo W	Houston Wm	T	1849	U	192	1 00
Powell Jonathan	Kincaid William	D	1851	U	553	25 00
Peck Jacob	Laffoon Wm	D	1848	U	23	10 00
Peck Jacob	Lankford Ruth	D	1849	U	205	50 --
Priddy Joseph	Lewis William	D	1851	U	528	365
Peck Jacob	Myers Vincent	D	1849	U	94	25 00
Parks Levi	Martin Hugh P	D	1851	U	508	700 --
Parks Jacob J	Parks Levi	D	1850	U	254	60 --
Patterson Robt et al	Patterson J M	D	1850	U	354	- --
Poindexter Samuel	Sharp John	D	1848	U	325	325 00
Powell Jonathan	Sharp William	D	1851	U	572	106
Peck Jacob	Walker Henry	D	1849	U	95	10 00
Powers Micheal	Woods John M	D	1850	U	352	120 --
Pitman Selvia et al	Breeding Neal	D	1849	V	193	130
Phillips Andrew	Burchfield H A	D	1853	V	405	Love
Parks Simpson	Collingsworth John	D	1852	V	169	50 --
Parks Jacob J	Collinsworth John	D	1850	V	170	250
Parks Simpson	Callaham David	D	1852	V	309	1 00
Parks Simpson	Hatfield Murry	D	1852	V	332	- --

Grantor	Grantee	Ins	Date	Book	Page	Amount
Peck Jacob	Lynch Andrew	D	1837	V	61	10 00
Parrott James	Marlar John	D	1851	V	167	10 00
Paul John	McBee Andrew	D	1851	V	51	200 --
Peck Jacob	Scalf Wm	D	1850	V	408	15 00
Parks Jacob J	Walker Samuel	D	1850	V	165	150 --
Parker John B	Burchfield Martin	D	1853	W	8	650
Peck Jacob	Balltrip C & J	D	1852	W	146	12 50
Parks Simpson	Chadwell P M	D	1854	W	420	15 00
Perry John S et al	Epps Wm	D	1854	W	370	550 --
Pain W G	Epps Wm	D	1854	W	372	250
Peck Jacob	Goin Isaac	D	1840	W	16	5 00
Parrott James	Harp James	D	1854	W	256	93 00
Priddy G W	Jones Jesse T	D	1853	W	154	150
Perry Nathan	Jenkins James	D	1831	W	235	150
Peck Jacob	Jones Elijah	PA	1853	W	315	- --
Parks Simpson	Jones Nancy	D	1854	W	432	70 --
Poore Jesse	Kelly Evans & Co	L	1854	W	373	- --
Parker James	Moore Enoch	D	1853	W	97	30 25
Priddy Geo W	Mayse J D	D	1854	W	425	150
Patterson J M	McVey W S	D	1853	W	200	100 --
Peck Jacob	McBee Pleasant	D	1848	W	566	25 00
Phillips Wiley B	Reynolds John	D	1854	W	440	45 00
Peck Jacob	Trease George	D	1834	W	237	15 00
Pitman Salem R	West John Jr	D	1854	W	320	50 -
Plemming Levina	Yoakum E B	D	1854	W	488	225
Peck Jacob	Balltrip J & C	D	1855	X	14	300
Parker James	Bryant George	D	1853	X	261	300 --
Peck Jacob	Brayden John	A	1855	X	313	- --
Peck Jacob	Cardwell David	D	1855	X	44	- --
Posey David C	Cloud B F	D	1846	X	477	20 00
Parker J P	Greer W W	D	1856	X	346	14 00
Peck Jacob	Laffoon Drury	D	1855	X	32	5 00
Phillips Wiley B	Mays W H	D	1857	X	551	125 --
Phillips Wiley B	Neal William	TD	1856	X	473	5 00
Poor Jesse	Neil William	TD	1857	X	586	5 00
Peck Jacob	Phillips Wiley B	D	1852	X	100	40 --
Poor Jesse	Poor Turner	D	1855	X	253	100 --
Powers M M C F	Powers Ann	D	1856	X	321	100 --
Patterson J H	Patterson John	PA	1866	X	591	- --
Peck Jacob et al	Shelby Samuel	D	1823	X	284	50 --
Peck Robert	Butcher Eliza	Mc	1859	Y	160	- --
Poor Richard T	Cline Thos J	D	1855	Y	495	10 00
Peck Jacob	Lankford J C	D	1852	Y	484	10 00
Peck Jacob	Lewis Wm	D	1849	Y	559	15 00
Penalton Jackson	Lewis Isaac	D	1864	Y	720	175
Parkey M G	McVey F L	D	1859	Y	694	1128 45
Poor Jesse	Poor Henry	D	1855	Y	73	100 --
Prichard Labon	Sharp Harry	BS	1850	Y	107	Love
Petree G W	Alexander Daniel	D	1866	Z	720	900 --
Parrott Ruben	Bowman Th H	D	1860	Z	360	100 --
Peck Jacob	Balltrip C & J	D	1859	Z	425	300 --
Parrott James	Bunch Henry	D	1859	Z	434	200

Grantor	Grantee	Ins	Date	Book	Page	Amount
Parks J J	Colemon A P	TD	1859	Z	49	15 18
Pearson John	Carpenter J M	D	1856	Z	449	12 72
Parrott Ruben	Hamblin Rany	D	1860	Z	283	1 00
Petree G W	Kincaid John	TD	1860	Z	338	398
Phillips Andrew	Lankford R L	D	1859	Z	134	300
Parker James & wife	Monday P J	D	1859	Z	238	25 00
Peck Jacob	Mason Ruben	D	1860	Z	560	15 00
Patterson J M	Neil Joseph	D	1855	Z	66	221
Payne W G	Neil Wm	D	1861	Z	448	1300 --
Parkey Peter Jr	Parkey William	D	1859	Z	416	24 00
Parrott James	Parrott Allen	D	1861	Z	618	50 --
Parrott James	Parrott Allen	D	1859	Z	621	200 --
Powers Ann	Woods John T	D	1863	Z	703	-- --

Grantor	Grantee	Ins	Date	Book	Page	Amount
Qualls Jessee	Evans Walter	PA	1817	E	335	
Queen Joseph	Queen James	D	1836	L	324	90 00
Queen (Heirs)	Pitman William	D	1839	O	148	350 --
Queen Ann et al	Honeycutt Moses	D	1839	R	134	25 ea
Queen Francis	Honeycutt M S	D	1839	R	137	75 00

Grantor	Grantee	Ins	Date	Book	Page	Amount
Reynolds William	Allen John	D	1802	A	38	50 00
Rowen Henry	Acklin Samuel	"	1809	A	236	50 00
Reynolds Sherred	Belcher John	D	1804	A	173	150
Rowan Henry	Mussick Catharine	D	1802	A	44	300 00
Rice Martin	Rice James	D	1805	A	18	450
Reynolds John	Reynolds Sherrod	D	1803	A	109	140
Rice Henry	Rice James	D	1805	A	253½	1 00
Rector George	Stinnett Isham	"	1808	A	2	500 00
Renfro James	Stephenson Edward	"	1808	A	103	94 00
Rice Henry	Smith David	"	1806	A	253½	400 00
Robison William	Graham William	BS	1808	B	179	4 00
Rogers William	McReynolds David	D	1808	B	15	200 00
Robinson William	Condry William	PA	1812	C	244	- --
Roark Timothy	Johnson Amos	D	1809	C	30	240
Robinson Edward et al	Clarkson Mathew	"	1795	D	295	1 00
Rogers John	Davis Elnathan	"	1810	D	258	150 00
Rash Joseph	Lea Major	D	1813	D	98	50 00
Rhea John	Rhea Joseph	"	1814	D	201	125 00
Rhea John	(not mentioned)	QD	1814	D	253	
Rose Ruben	Shearman Thomas	D	1812	D	56	16 00
Rash William	Shoemake Mark	D	1810	D	196	400 00
Rash William	Shoemaker Mark	D	1810	D	197	250 00
Robinson William et al	Beaty Martin	D	1816	E	140	2100 00
Robinson John et al	Beaty Martin et al	D	1816	E	143	150 --
Rose Ruben	Dobbs William	D	1818	E	391	600 --
Rogers William	Evans John	D	1819	E	399	1500 00
Rogers William	Graham Hugh	D	1820	E	413	600 --
Rose Ruben	Harper Richard	D	1813	E	39	450 --
Rowan John	Himmel Micheal	D	1818	E	236	640 --
Rice Thomas	Jones Isiah	D	1819	E	338	6 25
Rowan John L	McClellon David	PA	1817	E	234	
Rose Ruben	Noel Alford	D	1819	E	320	500 --
Riley John	Overton James	D	1816	E	70	400 --
Rogers John Sr	Rogers David	"	1812	E	120	75 00
Roberts Edward	Rogers David	"	1817	E	343	300
Reece Daniel	Wheeles Isham	"	1816	E	34	568
Renfroe Wm	Sharp Christian	"	1817	E	191	5 00
Rogers William	Yoakum George	"	1818	E	183	7 00
Riley John	Condry Wm	QD	1819	F	146	- --
Roddy James	Critchfield John	D	1814	F	225	50 00
Riley John	Fugate Henly	D	1807	F	182	300
Roddy James	Lea John	D	1819	F	90	50 00
Roddy James	Lea John	D	1819	F	94	50 00
Roddy James	Lea John	D	1819	F	95	50 00
Roddy John	McHenry Wm et al	D	1823	F	217	25 00
Roddy James	Roddy John	D	1819	F	97	50 00
Rice Daniel	Robinson Absolom	D	1820	F	123	350
Reed Daniel	Weaver William etal	D	1820	F	17	198
Rogers John	Beeler Peter	"	1818	G	103	400
Rogers John	Beeler Peter	"	1818	G	133	75 00

Grantor	Grantee	Ins	Date	Book	Page	Amount
Renfro Wm	Graham Hugh et al	D	1823	G	230	316 --
Ritchie John	Ritchie Alex	"	1818	G	122	300
Roberts Samuel	Campbell James	D	1825	H	269	194 68
Richardson Wm	Eastridge James	D	1825	H	132	200 --
Richardson Rueben	Friar Daniel	D	1825	H	426	125 --
Renfro James	Gibson Robert	D	1825	H	463	25 00
Renfro James	Gibson Robert	D	1825	H	464	15 00
Rowland George	Hodges John	D	1824	H	80	350
Roberts James	Keck Coonrod	D	1814	H	68	29 00
Ritter William	Landers Isaac	D	1819	H	201	1 00
Roddy John	McHenry Wm et al	"	1825	H	456	320
Rogers William	Rogers David	"	1826	H	382	240
Reece Martin	Ray John	"	1827	H	302	20 --
Ritler William	Smultz Jacob	"	1827	H	451	7 00
Rowland Samuel	Spencer Peggy	BS	18--	H	309	Love
Ritchie Alex	Taylor John	D	1826	H	405	1 00
Ritchie Alex	Taylor John	"	1826	H	407	100 --
Ritchie Alex	Walker Samuel	"	1825	H	182	- --
Rice Martin	Campbell Joseph	"	1829	I	101	300
Riley John	Fugate Henley	D	1829	I	37	100 --
Riley John	Fugate Henley	D	1829	I	327	100
Riley John	Fugate Henley	D	1829	I	330	100
Rose Ruben	Graham Hugh et al	D	1831	I	332	25 00
Robinson James B	McVey Eli	TD	1830	I	249	1 00
Ritchie Alex	Neil Joseph	D	1822	I	523	4 00
Reece Martin	Ray John	D	1829	I	26	200
Russell Edward	Russell Joseph	D	1821	I	55	600
Rogers Stephen	Rogers William Jr	D	1832	I	393	30 00
Rogers David	Rogers William	D	1831	I	395	4 00
Rice James	Simmons John	D	1828	I	32	150
Ritchie Alex	Walker Joseph	D	1826	I	31	11 00
Rogers James	Bowlinger Fred	TD	1834	K	560	1 00
Rogers David	Cloud A M	TD	1833	K	142	500
Riggles George	Frost John H	D	1832	K	359	195 00
Renfro William & wife	Huff Daniel	D	1821	K	404	300 --
Rowen Salem	Rose Ruben	B	1833	K	115	- --
Rogers David	Rogers John	D	1831	K	257	4 00
Rogers Benj	Rogers William	D	1831	K	261	30 00
Runions Laton et al	Rose Ruben	D	1833	K	263	Bond
Rose Ruben	Rose G W	D	1830	K	234	Love
Rogers Ruben	Rogers William	D	1833	K	249	30 00
Riley John	Croxdale Isham	QD	1833	L	19	
Rogers David W	Cawood Stephen	D	1836	L	256	50 00
Rogers David W	Cawood Stephen	D	1836	L	258	400
Rogers David W	Cawood Stephen	D	1836	L	260	400 --
Robinson James B	Hurst Harmon	BS	1835	L	117	20 00
Reece W B	Johnson Lewis	D	1833	L	36	2 20
Rommines Layton	Marcum Daniel	B	1833	L	148	
Rogers Samuel	Rogers David	D	1827	L	155	30 00
Rose William	Rogers Samuel	D	1814	L	266	480
Rogers William	Rogers David W	D	1830	L	311	5 00
Russell Joseph	Russell John et al	D	1830	L	321	5 00

Grantor	Grantee	Ins	Date	Book	Page	Amount
Robinson Comfort	Spillers Jane	D	1832	L	100	5 00
Rogers John	Sowder Emanuel	D	1835	L	293	800 --
Rice Susanah	Baker W & H	D	1836	M	41	1 00
Rogers James	Bowman Jas E	D	1838	M	450	1 00
Roberts Claiborne	Davis Abraham	D	1836	M	375	250
Rhea John	Fairchilds Joel	D	1836	M	172	1 00
Ritchie Alex	Fugate William	D	1837	M	220	700 --
Rutledge Thos	Huffaker Wiley	TD	1837	M	191	18 50
Rhea James D	Mahone Joseph et al	TB	1837	M	240	1000
Riley John et al	Martin Lucy	D	1838	M	353	1 00
Rice Thomas et al	Rice Susanna	D	1832	M	44	400
Ritchie Joseph	Ritchie James	PA	1836	M	64	- --
Rogers William	Rogers Lewis J	D	1833	M	82	700 --
Russell John	Russell Robert	D	1836	M	129	250
Rogers David	Rogers Jessee	D	1835	M	131	300
Riley John	Riley Obediah	D	1837	M	199	1200 00
Riley John	Riley William	D	1837	M	200	800 00
Rhea John	Rhea James D	D	1831	M	238	20 00
Rose Ruben	Rose G W	D	1838	M	355	4 00
Renfro James Sr	Renfro James Jr	TD	1834	M	486	1 00
Robinson James D	Sherman Chas	D	1832	M	75	25 25
Roark John	Southern Joseph	D	1834	M	459	150
Reece W B	Wilborn R	D	1833	M	356	15 00
Rose Ruben	Chiles John G	D	1839	N	38	5 50
Rose Ruben	Marcum Peter	D	1839	N	81	1500 50
Rose Ruben	Sims Henry	D	1831	N	109	200
Rhea John	Campbell Robt	D	1840	O	275	150
Rosanbalm Jacob	Evans William	D	1840	O	165	1 00
Ramsey David et al	Fugate William	TD	1840	O	68	5 00
Rose W S	Hooper James F	D	1838	O	22	350
Ramsey Elisabeth	Hamblin D et al	D	1840	O	111	45 50
Runnels John	Runnels Henry	D	1840	O	26	120
Ramsey Elisabeth	Ramsey Thomas	D	1840	O	105	45 00
Ramsey Elisabeth et al	Ramsey Josiah	D	1840	O	115	350 ea
Ramsey Thomas et al	Ramsey Elisabeth et al	D	1840	O	118	350 ea
Ritchie Alex	Ritchie Robert	D	1840	O	241	100 --
Ritchie John	Ritchie Robert	D	1840	O	243	50 --
Ritchie Alex	Ritchie John	D	1840	O	244	100 --
Ritchie Alex	Ritchie James	D	1840	O	246	100 --
Ritchie James Sheff	Shultz Jacob	D	1840	O	310	509 92
Ramsey David	Thomas Isaac	D	1840	O	109	200 --
Ramsey Thos et al	Wheelis Josiah et al	TD	1840	O	49	1 00
Ramsey Thos et al	Wheelis Josiah	TD	1840	O	51	1 00
Ramsey Elisabeth et al	Wheelis Elisabeth	D	1840	O	121	350 ea
Russell James	Woodson A D	D	1840	O	319	20 00
Reagan Jess	Jennings Andrew	TD	1841	P	257	1 00
Rose George et al	Moss W T	BS	1840	P	358	475
Rose G W	Rose William S	TD	1841	P	133	100
Rhea John	Rhea Andrew	D	1841	P	187	Love
Richie James Sheff	Russell John	D	1840	P	316	- --
Rhea John	Rhea Anderson	BS	1841	P	336	Love
Rose William S	Sawyers Thos W	D	1841	P	296	300 --

Grantor	Grantee	Ins	Date	Book	Page	Amount
Ritchie James Sheff	Veden Wiley	D	1841	P	314	- --
Rogers Jesse	Kincaid William	D	1842	Q	200	150 75
Ritchie James Sheff	Moss W T et al	D	1842	Q	242	12 00
Russell Josiah	Russell R J	D	1842	Q	215	250 --
Rogers Lewis I	Sowder Emanuel	D	1840	Q	1	750
Root Daniel	Yoakum Isaac	D	1829	Q	152	600 --
Ritchie James Sheff	Yoakum Marcellus	D	1841	Q	193	4 50
Roark John	Allen Thomas	D	1840	R	303	60 --
Rhea Andrew	Farchild Wayne	D	1842	R	56	150 --
Ramsey James	Farmer John	TD	1842	R	85	1 00
Ramsey James	Farmer John	TD	1842	R	85	5 00
Robinson Comfort	Garrett Gray	TD	1842	R	199	10 00
Ritchie James Sheff	Hurst Wm	D	1842	R	63	51 50
Rosanbalm John	Hurst Jesse	D	1842	R	129	15 00
Reece Isaiah	Huffaker Wiley	T	1843	R	156	1 00
Rogers Royal	Hopkins Isaac	D	1837	R	258	25 00
Rogers David W	Hunter Joseph	D	1843	R	316	25 00
Roark Wm	Huffaker & White	D	1843	R	376	150
Robinson Fielding	Kincaid Wm	D	1842	R	330	425 --
Ritter William	McBee William	D	1842	R	127	250
Ritter Joel	Neil Wm	T	1843	R	195	1 00
Rowlett McNeece & wife	Nevells George	D	1843	R	259	Love
Rogers J R & J	Rogers David M	TD	1842	R	14	14 75
Russell R J	Russell Josiah	TD	1842	R	133	65 00
Reynolds Henry	Reynolds John	D	1843	R	284	120
Rogers William	Rodgers David W	D	1832	R	320	5 00
Rogers William Sr	Rogers David	D	1852	R	321	200 --
Rogers Lewis J	Rogers D W	D	1843	R	373	25 00
Russell John	Sewell Benj	TD	1842	R	130	1 00
Russell John	Sewell Benj	TD	1842	R	131	1 00
Rowlett Morris P	Sewell Benj	TD	1843	R	238	1 00
Readman Wm	Ball George S	D	1842	S	107	300 --
Roe Pharroh	Barnard S J	D	1845	S	241	- --
Ramsey Josiah	Baker Thomas	D	1846	S	645	75 00
Ritter William	Carpenter James	B	1845	S	307	2000 --
Runyon Chas W	Campbell Charles	B	1843	S	706	100 --
Rose George W	Easly John	D	1845	S	475	42 00
Roark William	Eastridge Lawson	D	1843	S	541	125 --
Rose F A et al	Graham Hugh	D	1845	S	358	450
Rogers Isaac	Garrett Gray	T	1846	S	469	1 00
Roup Daniel Sr	Huffaker & White	BS	1844	S	106	500 --
Rogers David W	Hunter Joseph	D	1844	S	110	630
Roup Daniel	Huffaker & White	D	1844	S	131	2500 --
Ritter James	Harrell E P	D	1843	S	132	150 --
Russell Josiah	Houston Benjamin	D	1842	S	590	5000
Root Daniel H et al	Kincaid William	D	1844	S	218	768 ea
Rogers D W & F H	Kincaid Wm	D	1843	S	334	483 --
Rogers Isaac	Kincaid Wm	TD	1846	S	471	1 00
Rogers William	McNew Sarah	D	1844	S	225	- --
Rogers Samuel	McNew Tobias	D	1843	S	616	225 --
Rose W S & wife & et al	McCarty Thomas	D	1846	S	617	200
Rowlett Sinder B	McClary Andrew	D	1845	S	642	400

Grantor	Grantee	Ins	Date	Book	Page	Amount
Ritchie John	Nevels George	D	1845	S	324	100 --
Rowlett Mackness	Nevels H	D	1845	S	507	10 00
Ramsey William	Ramsey Mary et al	D	1844	S	93	153 64
Rose George W	Rose W S	TD	1844	S	142	17 58
Rose W S	Rose G W	R	1844	S	144	-- --
Russell John	Rowland Mary E A	D	1844	S	154	Land
Rogers James	Rogers Wm M	T	1840	S	629	6 20
Russell R J	Sharp John	TD	1845	S	301	100 --
Roark William	Sutton Baley	QD	1845	S	681	50 --
Rogers D & J	Vanbibber J H	D	1843	S	16	232
Rowlett M	Vaden W et al	D	1842	S	373	Gift
Rhea James D	Winnegar Wm	D	1844	S	290	800 --
Russell Josiah	Walker Jonathan	D	1846	S	647	10 --
Robinson Henry	Branscom Joseph	D	1844	T	24	100 --
Rose George W	Dean Ruben	R	1848	T	426	-- --
Roark Sarah	Ellison Thos	D	1840	T	410	200
Rogers F H & D W	Kincaid Wm	TD	1847	T	567	100
Rice C Y (Clk)	Lewis William	D	1859	T	579	26 25
Rose Ruben	McKeeham Weston	TD	1846	T	32	1 00
Rose George W	McKeeham Wesly L	D	1846	T	68	590
Ritchie John	Overton James	D	1847	T	107	368
Riley John	Overton Catharine	D	1847	T	183	Love
Ritchie John	Overton Melborn	D	1847	T	258	1 00
Ritchie John	Overton Melborn	D	1847	T	268	200
Rogers John	Rogers H L W	D	1846	T	205	25 00
Russell Josiah	Russell R J	D	1847	T	415	20 00
Russell Josiah	Sharp John et al	D	1847	T	159	100
Ramsey Josiah	Wheelis Elisabeth	D	1830	T	378	10 --
Robertson Thomas	Anderson Roddy	D	1849	U	98	60 --
Ritter Joel	Barnard S J	D	1850	U	375	700
Relinquishment to each	Barnard J et al	R	1851	U	558	-- --
Rowlett Sidner B	Coleman Alvis P	D	1849	U	136	8 25
Ritter William	Carpenter James	D	1847	U	370	1000 --
Rowlett Morris P	Evans W R	T	1850	U	337	150
Rose Geo W	Goings William	R	1849	U	32	-- --
Renfro Wm	Gibson James E	D	1835	U	534	10 --
Rogan Thopo	Huff Daniel	TD	1850	U	440	315 --
Reed Louisa	Lee Andrew	D	1848	U	53	20 --
Rogers Wm F	McNew Elisha	D	1851	U	498	500
Rose G W	Neil William	D	1850	U	387	500 --
Ritter James	Nunn Abner	D	1850	U	361	100 --
Riley John	Riley John S	D	1849	U	40	5 50
Riley John	Riley John S	D	1849	U	41	300
Riley John	Riley John S et al	D	1849	U	42	10 00
Rose G W	Rose Ruben	D	1849	U	81	7209
Reynolds J	Rogers James	D	1818	U	284	150 --
Rogers David W	Rogers James	D	1820	U	364	140
Ritter James	Rose Ruben	D	1851	U	471	15 00
Rose G W	Spillers Daniel	DT	1850	U	277	150
Rosson James & wife	Sanders Robt	D	1850	U	305	300 --
Reece Isaiah	Thompson William	D	1849	U	200	325 00
Rogers C & A	Bussell James	D	1852	V	373	50 --
Rogers A & C	Carmack Wm	D	1851	V	377	79 50

Grantor	Grantee	Ins	Date	Book	Page	Amount
Ritter James	Day Nancy	D	1851	V	106	10 00
Rose George W	Fugate Jehiel	D	1851	V	112	13 00
Rutledge Thomas	Graham Hugh	D	1851	V	3	75 --
Rowlett Sedner B	McHaffy John K	D	1852	V	287	500 --
Rogers A & C	Owens Hellyard	D	1851	V	376	22 50
Ritter James	Rose Ruben	D	1851	V	52	75 00
Rogers David W	Rogers James	D	1821	V	151	140 --
Rogers David	Rogers Hugh L W	D	1845	V	164	4 00
Rose G W	Robinson A	TD	1852	V	275	1400 64
Robinson Wm & wife	Arwine Chesly	D	1853	W	59	50 --
Rogers A & C	Barnes Richard	D	1851	W	135	50 00
Riley Wm	Buchanan Jas	D	1853	W	465	900 --
Rice C Y (Clk)	Coleman A P	D	1853	W	15	144 32
Rogers A & C	Chadwell David	D	1852	W	137	132 --
Rily William	Edmonson Moses	D	1853	W	466	21 00
Rily John	Edmonson M et al	D	1853	W	468	10 00
Rose G W	Garland Pryor	TD	1852	W	19	0 --
Rouse Alex	Graves John	TD	1855	W	556	5 00
Rice C Y et al	Huffaker Wiley B	D	1853	W	1	80 --
Rose Ruben	Hipsher Henry	D	1854	W	351	3000
Russell John	Lankford John C	PA	1853	W	174	- --
Roark Jerry et al	Lambert Jefferson	D	1854	W	303	129 --
Runnolds John	Miller Pleasant	D	1853	W	30	2 00
Richardson James	Monday Elisabeth	D	1853	W	41	200 --
Ritter Aaron & wife	Neeley Charles	D	1853	W	170	400 --
Reynolds John	Reynolds Henry	D	1853	W	143	30 00
Rose G W	Rose Ruben	BS	1854	W	525	15 00
Rogers Hugh L W	Carr Jesse	D	1855	X	306	11 00
Rogers J & D F	Cawood Stephen	A	1855	X	432	- --
Rogers Sarrah	Cawood Stephen	D	1855	X	448	100 --
Richards Mary	Debusk Elijah	D	1855	X	173	2000
Rice Harper	Dunsmore Preston	D	1856	X	500	500 --
Rice Harper	Green Ewell	D	1853	X	273	2 25
Robertson William & wife	Honeycutt R	D	1852	X	187	Love
Rogers Hugh L W	Hopper Solomon	D	1855	X	382	100 --
Rogers David	Monday Samuel	A	1854	X	240	- --
Richardson James	Owen R	D	1855	X	186	250
Rogers Wm M	Russell R J	D	1855	X	41	130
Roe Pharro	Reed Ellian	D	1849	X	77	25 00
Russell Margaret	Russell Harvey	PA	1856	X	590	- --
Ritter Henry & wife	Bunch James	D	1856	Y	130	25 00
Rose James	Bellemy J D	D	1857	Y	142	250 --
Ritchie Robert	Campbell Jacob	BS	1858	Y	451	- --
Rose Ruben	Fugate Jehiel	D	1858	Y	419	3000
Rice C Y	Moyers Vincent	D	1858	Y	396	- --
Richardson James	Monday Elisabeth	D	1856	Y	404	1 00
Robinson John	McKee X	D	1857	Y	70	6 00
Robinson John	McKee Andrew	D	1857	Y	72	400 --
Rice C Y (Trustee)	Netherland John et al	D	1858	Y	304	400 --
Roth J P	Neil William	D	1858	Y	551	125
Robinson Saml M	Robinson J	D	1857	Y	66	400
Rogers Jesse	Rogers B F	D	1858	Y	612	- --
Rose James	Shoemaker W B	D	1857	Y	171	15 00

Grantor	Grantee	Ins	Date	Book	Page	Amount
Riddings Wm et al	Sowder A & D	D	1859	Y	646	5 00
Rogers Jesse	Wilson G W	D	1856	Y	190	1000
Richardson Mark	Wier L W	D	1855	Y	300	71 50
Rice C Y	Buchanan	TD	1862	Z	656	500
Rice C Y	Buis Joseph	D	1863	Z	713	35 00
Ritter John	Condry W H	D	1859	Z	171	800 --
Rice C Y	Evans W R	D	1861	Z	568	800
Rose Elisabeth	Fugate Jehiel et al	A	1860	Z	394	- --
Rice C Y (Trustee)	Fulkerson F M	D	1862	Z	603	204
Rector W K	Harmon J H	D	1860	Z	382	300
Riley Hiram K	Higgins James	D	1859	Z	562	192
Ritter John	Hurst W H	D	1862	Z	657	300
Rogers Jesse	Leach W F & J C	D	1858	Z	21	430
Roark Wm	Lambert Jefferson	D	1856	Z	564	85
Roark Wm	Lambert Jefferson	D	1856	Z	564	85
Roark John et al	Lambert Jefferson	D	1856	Z	566	24 ea
Rose G W	Marcum Peter	D	1859	Z	121	90
Ritter Aaron & wife	Mason Ruben	PA	1860	Z	232	- --
Reynolds John	Munsey F A	D	1861	Z	556	100
Rose W S et al	McKehan Lucinda	D	1863	Z	693	2000 ea
Roarks Jerry	Patterson Robert	D	1858	Z	41	700
Roark Timothy	Patterson Robert	D	1863	Z	699	- --
Roark Wm	Roark Timothy	D	1859	Z	112	475
Rice C Y	Rogers James A	D	1859	Z	147	600
Roddy P N Trustee	Rose Ruben	D	1860	Z	297	25 00
Rogers D F	Rogers D W & F H	D	1857	Z	352	5 00
Rogers D W & F H	Rogers D F	D	1846	Z	353	50 00
Rogers David	Rogers D W	D	1846	Z	354	2 00
Redmon Jane	Redmon Hosa	D	1856	Z	485	1 00
Rogers J A	Rogers D W	P	1859	Z	346	- --
Rose Elisabeth	Rose G W et al	A	1860	Z	446	- --

Grantor	Grantee	Ins	Date	Book	Page	Amount
Shopshire John	Anderson Thomas	D	1807	A	351	100
Smith David	Baker William	"	1802	A	11	200
Snuffer David Sheff	Bullard John	"	1807	A	75	25
Snuffer George Sheff	Bradford Benj	D	1805	A	239	12 50
Snuffer George Sheff	Baker Henry	D	1806	A	279	11 00
Snuffer George Sheff	Beeler George	D	1807	A	358	25
Stroud William	Clark Silas	D	1803	A	128	40 00
Savage William	Childers Abner	D	1804	A	234	120
Snuffer George Sheff	Chadwell David	D	1806	A	277	30 00
Stwart Lee	Dobbins Jacob	D	1803	A	57	95 S
Snuffer George Sheff	Davis Moses	"	1806	A	247	12 00
Snuffer George Sheff	Evans Walter	"	1807	A	344	450
Snuffer George Sheff	Evans Walter	"	1807	A	347	2 00
Sharp George	Graves John	"	1806	A	80	1200 00
Sharp George	Graves John	"	1806	A	82	300 00
Snuffer George Sheff	Graham William	"	1805	A	219	6 75
Sharp Coonrod	Graves John	"	1803	A	223	450 00
Stroud William	Hurst Thomas	"	1807	A	669	900 00
Shropshire John	Miller Martin	D	1806	A	265	150
Shropshire John	Miller Martin	D	1805	A	316	60 00
Sinkler John	Nation William	D	1799	A	387	420
Scott John	Prothero David	D	1803	A	125-136	8 00
Stinnett John	Stephenson Edward	"	1805	A	9	415 00
Sperry Thomas	Sperry Thomas Sr	"	1808	A	13	50 00
Sharp Henry Sr	Sharp Henry Jr	"	1801	A	45	Love
Stubblefield Lockley	Stubblefield George	"	1802	A	85	3 33 1/3
Sharp Henry	Sharp George	"	1803	A	203	Love
Sharp Henry	Sharp Jacob	"	1803	A	206	Love
Sharp Henry	Sharp Coonrod	"	1803	A	224	Love
Sharp Henry	Sharp Daniel	"	1803	A	263	Love
Stephenson Edward	Shultz Jacob	"	1807	A	364	600 00
Skaggs James	Tucker John	"	1802	A	70	800 00
Sharp Coonrod	Turley John	"	1803	A	207	100 00
Savage William	Brock John	"	1808	B	13	150 00
Sumpter Henry	Baker John	D	1808	B	74	500 00
Sharp Aaron	Bucher Barnabas	D	1810	B	318	500 --
Snuffer George Sheff	Claypole Stephen et al	D	1807	B	9	30 00
Southern Robert	Cogdale Robert	D	1808	B	77	300 00
Snuffer George Sheff	Critchfield Wm	D	1809	B	143	16 00
Shults Jacob	DeVault Henry	D	1808	B	95	67 00
Shurley Thomas	Erles S & J	D	1808	B	258	200
Southern Isaac	Fugate H & J Riley	D	1808	B	82	200
Snuffer George Sheff	Galasgow James	D	1808	B	90	40 00
Snuffer George Sheff	Henderson Thos	D	1808	B	51	147 53
Sumpter Henry	Hord William	D	1808	B	157	350
Snuffer George Sheff	Jack John F	D	1810	B	248	28 00
Simmons John	Neil John	"	1808	B	138	200 00
Smith Wyaet	Rogers John	BS	1808	B	8	500 --
Sharp George	Sharp John	D	1808	B	43	500
Shelton William	Sherley Thomas	"	1807	B	107	150 --
Strange Obadiah	Turner William et al	"	1805	B	279	150 --
Stubblefield George	Day Ransom	D	1811	C	204	1 00
Shields John & A	Jones Jesse	D	1811	C	144	400

Grantor	Grantee	Ins	Date	Book	Page	Amount
Shoemaker Mark	Rash William	BS	1810	C	197	300
Sharp George	Sharp Nicholas	D	1805	C	214	361 50
Sharp George	Sharp Martin	D	1812	C	215	361
Simmons John	Day Ransom	"	1812	D	110	5 50
Stubblefield Wm	Evans John	"	1812	D	62	400 00
Savage William	Lewis Fielding	D	1814	D	420	450
Stinnet John	Mady William	D	1811	D	157	500
Smith Ransom	Smith Anderson	D	1812	D	149	170 00
Sowder Jonathan	Vandeventer Thomas	D	1813	D	111	5 50
Sharp Martin	Vanbibber James	D	1812	D	145	13 50
Sims Mathew	Wallen John	D	1812	D	95	1 00
Shields John	Breeding Brond	D	1811	E	46	400
Smart William	Damron Christopher	D	1817	E	280	1 00
Sharp Benjamin	Gibson George	D	1816	E	368	150
Sellers James	Hardy John	D	1817	E	268	1 00
Stinnet Isham	Henderson James	D	1815	E	394	9 00
Stinnet Isham	Henderson James	D	1815	E	396	2 00
Sharp Benjamin	Jones Samuel	D	1816	E	219	600 00
Stone Reuben	Stone Susanah	"	1816	E	45	65
Shipley Edward	Simmons John	"	1816	E	197	200
Shipley Edward	Simmons John	"	1817	E	229	1000
Stallings Griffin	Stallings Wm	"	1817	E	380	100
Sowder Emanuel	Carr John et al	"	1822	F	297	300
Smart Elisabeth et al	McHenry William	D	1824	F	286	90 00
Spencer Edward	Patterson Francis	D	1821	F	85	200
Shultz Jacob Sr	Shultz Jacob Jr	D	1823	F	290	100 --
Shipley Tobert et al	Hurst Hiram	"	1820	G	64	600
Stinnett Wm	Hopper Wm	"	1821	G	87	100
Shultz David	Howerton Wm	"	1818	G	171	365
Savage William	Adams Jacob	D	1817	H	329	1 00
Sumpter William	Baker Thomas	D	1820	H	77	135 00
Sherman Charles	Breeding John	D	1827	H	476	200
Shakleford Rachel	Eads A	D	1818	H	181	50 00
Stewart David	Graham William	D	1824	H	99	100
Sherman Thomas	Gray John	D	1818	H	136	100
Sherman Thomas	Hurst Elijah	D	1824	H	324	7 20
Slatton Gabrial	Leger Peter	D	1828	H	438	300
Simmons John	Rice James	D	1824	H	166	175 00
Smith James & wife	Rogers David	"	1827	H	380	30 --
Simmons John	Simmons Isom	"	1828	H	453	300
Sharp Wm	Sharp Christian	"	1822	H	61	Love
Sharp Martin	Branscomb Joseph	"	1829	I	422	800
Sevier Samuel R	Dickinson James	"	1831	I	340	15 00
Snuffer Ruth Exr &c	Gibson Robert	D	1826	I	74	Bond
Southern Robert Cor	Graham Hugh & Co	D	1829	I	109	204 83
Simmons John	Hurst Aaron	BS	1828	I	11	450
Shultz George	Hodges Bibby	D	1827	I	146	4 00
Sharp George et al	Hunter John et al	D	1830	I	575	600 --
Sewell Benjamin	Rose Ruben	D	1831	I	552	400
Simmons John	Simmons Wesley	D	1828	I	84	550 --

Grantor	Grantee	Ins	Date	Book	Page	Amount	
Shakleford G P	Sevier Samuel R	D	1830	I	216	-	--
Snuffer Margaret	Snuffer Frederick	D	1830	I	226	82	00
Shultz Jacob	Shultz Martin	D	1831	I	289	250	
Spradling James Sr	Spradling James Jr	D	1831	I	297	150	
Sevier Samuel	Arnwine Albertis	BS	1833	K	500		
Sherman Chas	Bullard C B	TD	1834	K	339	1	00
Stwart George	Graham Hugh	D	1832	K	92	500	--
Shelton James et al	Graham Hugh	D	1833	K	289	40	--
Shelton James et al	Graham Hugh	D	1834	K	291	10	00
Sowders Daniel (Soldier of the Revolution)	Graham Wm	TD	1834	K	316	10	00
	Gibson George	A	1825	K	411	-	--
Smith Sparkmon & wife	Grubb Mary	D	1834	K	449	-	--
Stinnet John	Hunter Joseph	D	1824	K	299	125	
Sherman Charles	Houston William	TD	1834	K	308	1	00
Sherman Thomas	Marcum Peter	D	1826	K	282	148	
Sherman Thomas	Marcum Peter	D	1832	K	529	150	--
Shultz Jacob	M E Church	D	1825	K	568	1	00
Shultz Jacob	Shultz Martin	D	1832	K	79	400	
Stillings Griffin	Sherman Charles	D	1833	K	362	250	
Sherman Charles	Simmons E C	D	1833	K	445	300	00
Snuffer Ruth	Snuffer Alford	D	1835	K	547	70	00
Smith Robert	Smith Frank M	TD	1834	K	563	Love	
Sharp William	Vanbebber Gabriel	D	1829	K	100	150	--
Sharp William	Vanbebber Gabriel	D	1829	K	102	2	00
Smith Jubal	Vanbebber Gabriel	D	1831	K	108	450	
Sharp William	Bowlinger Fred	PA	1829	L	286		
Sharp William & wife	Bowlinger Fred	D	1829	L	287	50	00
Stinnet John	Bowlinger Fred	D	1829	L	289	50	00
Skelton Jerry & wife	Dickenson James	D	1835	L	143	100	
Shields Samuel et al	Ely Barton	D	1836	L	357	148	
Smith Elijah et al	FugateHenly	D	1833	L	"	150	
Shelby William et al	Graham Hugh	D	1836	L	242	153	10
Sanders Isaac	Hurst William	D	1826	L	10	150	
Simmons John	Hurst Simpson	D	1832	L	164	300	
Sharp John	Kincaid William	D	1835	L	29	20	00
Sharp John	Kincaid William	D	1835	L	34	700	
Southern Robert et al	Martin Obediah heirs of	D	1836	L	231	.8000	
Simmons Isham	Simmons Wesley	D	1834	L	162	75	00
Simmons Isham	Hurst Simpson	D	1834	L	167	100	--
Shultz Martin	Sanders Wiley	D	1835	L	343	700	
Stubblefield George	Barnard S & A	D	1838	M	545	600	
Sparks William	Drummons Wm	D	1836	M	7	23	
Shultz George	DeVault Abraham	D	1833	M	198	35	0-
Simmons Wesley	Dunsmore Wm D	D	1836	M	250	700	--
Snuffer Jerusha	Gibson Robert	D	1832	M	4	21	50
Snuffer George	Gibson Robert	D	1830	M	227	67	00
Snuffer Theoderick	Gibson Robert	D	1830	M	231	67	50
Sewell Benj	Graham Hugh	D	1837	M	263	190	
Snuffer Alford	Gibson (heirs of)	D	1835	M	342	21	00
Shermon Thos	Goin Uriah	D	1828	M	543	100	00
Stone Thos H	Hurst William	D	1835	M	42	500	00

Grantor	Grantee	Ins	Date	Book	Page	Amount
Simmons Isham	Hurst Aaron	D	1834	M	52	100 --
Simmons E C	Hollingsworth W W	D	1836	M	56	300 00
Simmons John	Hurst Simpson	D	1832	M	95	256 00
Sherman Charles	Harmon Lewis	D	1834	M	284	400 --
Stinnet Isham	Hollinsworth W A	D	1838	M	342	600
Shelly Samuel	Hurst Allen	D	1838	M	395	121 41
Sewell Benj	Jones Joseph	D	1832	M	176	50 00
Shakleford G P	Jones Joseph	D	1831	M	235	300
Sims Mathew	Laffoon William	D	1833	M	236	72 50
Sharp John	Maddy Mann H	D	1835	M	5	300
Sharp J & G	Moyers William	D	1835	M	38	200
Sharp William	Miller Theopolis	D	1835	M	193	450
Skelton Jerry & wife	Murphey Pleasant	D	1837	M	196	40 00
Southern Robert	Martin Lucy	D	1837	M	207	100 00
Sewell Benjamin	Marcum William	D	1836	M	377	50 00
Sewell Benj	Murphy Pleasant	D	1838	M	479	50 00
Stubblefield Geo	Methodist Camp Ground	D	1837	M	501	1 00
Sherman Charles	McCrary C B	TD	1838	M	392	1 00
Stinnet Isham	McDowell N S	TD	1838	M	443	16 00
Sharp Henry	Nash Arther	BS	1839	M	509	Love
Sharp Henry	Nash Arther	D	1836	M	510	Love
Sherman Charles	Owsley John	D	1838	M	483	25 00
Sewell Benj	Posey Bennet	D	1832	M	420	45 00
Shelby S & W	Poendexter Samuel	TD	1839	M	497	1 00
Shultz Jacob	Ritter William	D	1830	M	348	6 00
Shultz Martin	Shultz Jacob	QD	1836	M	14	20 00
Sharp John	Sharp William	D	1825	M	110	350
Shoemate Mark	Shoemate Hardin	TB	1836	M	173	60 00
Shoemate Thos et al	Shoemate Hardin	D	1836	M	174	45 00
Shoemate John et al	Shoemate Hardin	D	1836	M	175	69 00
Shultz Jacob Jr	Shultz George	D	1837	M	194	450
Shultz Jacob Sr	Shultz Jacob Jr	D	1838	M	346	900 00
Sowder Emanuel	Sharp Christian	D	1830	M	406	600 00
Snuffer Ruth A	Snuffer Alford	D	1839	M	498	25 00
Sharp Henry	Sharp William	BS	1838	M	516	Love
Sharp Henry	Sharp William	BS	1832	M	516	Love
Sharp Henry	Sharp William	D	1839	M	517	Love
Sharp Henry	Sharp John	D	1836	M	518	Love
Sharp Henry	Sharp Alexander	D	1836	M	519	Love
Snuffer Ruth A	Snuffer Alford R	R	1839	M	528	Love
Stubblefield George R	Thomas Isaac	TD	1838	M	424	1 00
Shultz Jacob	Ward Barthey	D	1837	M	182	1 40
Shultz George Admr	William William	D	1838	M	318	600 --
Southern Robert	Whiteaker John	D	1837	M	387	500
Stuart George	Allen James	D	1838	N	16	800 --
Sewell John	Burkhart Daniel	D	1840	N	291	
Sharp William	Freeman John et al	D	1838	N	66	5 00
Sherman Thomas	Ford Peggy	D	1831	N	310	50 00
Sharp Henry	Graves Boston	BS	1838	N	63	50 00
Sewell Benjamin	Goin Richard	D	1837	N	120	- --
Stallings William	Goin William	D	1832	N	233	50 00
Stallings William	Goin William	D	1832	N	235	100 00
Shultz George	Hurst Thomas	D	1839	N	101	1 00
Silvester J W	McNew William	D	1838	N	22	1200 --
Smith James	Rose Ruben	TD	1839	N	226	950 --

Grantor	Grantee	Ins	Date	Book	Page	Amount
Smith James M	Smith William	PA	1839	N	212	- -
Smith James M	Whiteaker James	D	1839	N	215	25 00
Sewell Benj	Bullard William et al	D	1840	O	225	- --
Smith George W	Chadwell Andrew J	D	1841	O	239	104 06
Simmons John	Clark Edward	D	1833	O	321	900 --
Sweet David	Evans W R	TD	1841	O	266	1 00
Stallings William	Goin Isaac	D	1830	O	314	50 00
Sharp Henry	Prichard David	D	1836	O	256	Love
Smith James	Rose Ruben	BS	1841	O	251	500 --
Sharp Henry	Sharp Peter	D	1836	O	253	Love
Sullivan Squire	Vandeventer Thos	TD	1840	O	144	5 00
Sparks James et al	Wilson Henry	D	1837	O	28	54 --
Sparks James et al	Wilson Henry	D	1840	O	31	120 --
Southern Joseph	Barnard James	D	1842	P	403	150 --
Shockley Samuel	Evans Walter R	TD	1841	P	226	1 00
Sharp Isaac	Graves Boston	TD	1841	P	242	1258 00
Sharp William	Graves Boston	TD	1841	P	244	230 --
Sewell Benj	Houston William	D	1841	P	78	100 --
Stennet Isham	Moss William T	D	1841	P	294	150 --
Spraddling James	Pearson Micheal	D	1835	P	69	180 --
Southern Joseph	Sewell John	DB	1841	P	104	1 00
Southern Joseph	Sewell John	TD	1841	P	106	1 00
Shultz Martin	Shultz Jacob	PA	1841	P	165	- --
Shultz Joab	Shultz Jacob	D	1841	P	192	5000
Shultz Martin et al	Shultz George	D	1841	P	275	50 ea
Stubblefield Geo R	Vandeventer Thos	TD	1841	P	289	75 00
Sharp Christian	Walker Thos	D	1833	P	139	125
Sewell Benjamin	Berry John H	D	1837	P	96	- --
Simmermon Adam	Chadwell A J	TD	1842	Q	10	1 00
Sewell Benjamin	Graham Hugh	TD	1842	Q	17	475
Smuffer Jacob	Gipson Robert	D	1830	Q	205	- --
Smith Joseph	Hurst John	D	1836	Q	289	175
Sewell John	Johnson Martin B	TD	1841	Q	33	307
Sawyers Thos W	Kirkpatrick William	TD	1842	Q	102	500--
Sowder Daniel	Kincaid William	D	1842	Q	198	200 --
Sewell Benjamin	Marcum William	D	1842	Q	35	7 00
Smuffer A & G	McKinney John A	TD	1842	Q	144	40 00
Sowder Daniel	McBee William	D	1841	Q	203	25 --
Shakleford G P	Shultz George	D	1842	Q	162	45 00
Snuffer Alford	Snuffer Jerusha	BS	1842	Q	168	4 00
Snuffer Jerusha et al	Snuffer Alford	TD	1842	Q	169	- --
Snuffer Alford	Snuffer Jerusha	D	1842	Q	172	342
Stiner Henry	Stiner Eliakin	D	1841	Q	279	700 --
Shoolbred J G	Sharp Christian	D	1842	Q	294	1500 --
Sharp Christian	Yoakum Isaac	BS	1842	Q	154	300 --
Sharp Isaac	Yoakum Isaac	BS	1841	Q	214	700 --
Shakleford G P	Acre John R	R	1834	R	36	62 64
Sharp George	Bluespring Church	D	1836	R	266	Love
Shoemate Deborah et al	Carr Jesse	D	1842	R	271	15 --
Shields John	Davis Andrew	D	1843	R	368	10 --
Sanders William	Evans William	TD	1842	R	61	1 00
Sharp Christian	Freeman John	D	1839	R	397	500 --

Grantor	Grantee	Ins	Date	Book	Page	Amount
Shultz Jacob	Houston Wm	D	1842	R	3	3144
Stone John	Hooper Miles N	TD	1842	R	44	1 00
Smith John	Kincaid Wm	TD	1841	R	19	36 44
Shelby Samuel	Lay Jesse	TD	1842	R	58	100 --
Sowder Daniel	McFarland Wm	T	1843	R	193	10 54
Sewell Benj	McCrary Nelson	R	1843	R	309	164 37
Sharp Isaac	McSpadden Cynthy	BS	1843	R	339	200 --
Sewell & Cloud	Posey Graveyard	D	1843	R	256	100
Sailers Benj	Sewell Benj	TD	1842	R	144	25 c
Stone Ruben F	Stone Thos H	D	1832	R	203	200 --
Sumpter Sally	Sumpter Thomas	D	1842	R	242	Love
Sowder E manuel W	Sowder David	D	1842	R	339	100
Seals James	Brewer Isham	D	1841	S	106	265 --
Smith G W	Barnard James	D	1846	S	460	500 --
Sewell Benjamin	Chittum Wesley	D	1843	S	257	655 74
Sellers John	Chandler Joseph	TD	1845	S	362	5 00
Smith G W	Davis Walter	D	1844	S	174	20 --
Southern Robert	Estridge James	D	1846	S	704	1 00
Spillers William	Graham Hugh	D	1845	S	277	150
Sawyers Thos L	Garrett L A	D	1845	S	434	380 --
Spillers William	Graham Hugh	D	1846	S	502	50 00
Sewell Benj	Hollingsworth J A	D	1845	S	361	11 00
Sowder Emanuel	Hunter Jefferson	D	1845	S	663	15 00
Sims Henry	Jones Joseph	D	1832	S	56	30 00
Sewell Benj et al	Jennings W H	D	1845	S	281	750
Skidmore John	Jones John	D	1830	S	644	30 00
Shultz George	Jones Phebe	TD	1846	S	695	583
Smith George W	Johnson Thos J	TD	1846	S	707	47 49
Stone Thomas	Kelley Daniel	D	1845	S	437	200 --
Smith G W	Lane G W	D	1846	S	502	75 00
Sawyer Thos L W	Marcum Daniel	D	1843	S	135	190 --
Sanders Jesse	Marcum Peter	TD	1845	S	340	1 00
Sanders Jesse	Marcum Peter	TD	1845	S	446	1 00
Sewell Benj	Mason John	BS	1846	S	674	500
Sewell Benj	Methodist Church	Tax D	1846	S	676	Gift
Shomate D & H	McMahan John	D	1844	S	138	4 00
Sowder Daniel	Neil William	D	1844	S	54	1300 --
Sowder B W	Neil William	R	1844	S	55	- --
Sowder Richard	Neil William	D	1844	S	65	6 00
Sowder Emanuel	Owens M H	D	1834	S	399	500 --
Simmermon Adam	Pearson John	D	1839	S	531	35 00
Sewell Benj	Poor Jesse	D	1845	S	568	200 --
Smith G W	Roe Pharroh	D	1843	S	524	10 00
Sumpter S & L	Runyan G W	D	1845	S	711	48 00
Sewell John	Sewell Benj	D	1842	S	51	209 58
Sharp Christian	Sharp Isaac	D	1841	S	111	230
Sewell John	Benjamin	R	1842	S	121	- --
Seals William	Seals John	D	1843	S	164	50 --
Seales Solomon	Seals Stockly B	D	1844	S	211	30 00
Shultz George Adm	Soard Henry	D	1842	S	609	18 00
Sowyer J H	Smith Chas C	TD	1846	S	620	5 00
Smith Frederick	Walker Henry	D	1842	S	230	300
Savage William	Weaver Gilbert	D	1845	S	231	35 00
Sharp Isaac	White Joseph	T	1845	S	327	1 00
Soard Henry	Ward Richard	D	1846	S	654	35 00

Grantor	Grantee	Ins	Date	Book	Page	Amount
Snuffer Alford & J	Yoakum Ewen B	D	1846	S	709	210
Southern Robert	Buis Abraham	D	1847	T	429	100 --
Sanders Wm	Corban Alford	D	1846	T	43	368
Stern John	Cloud Greenville	D	1846	T	162	75 --
Shoemate Harden	Carr John H	D	1847	T	236	200 --
Shultz Jacob	Dean Ruben	D	1848	T	425	40 00
Sanders W & N	Evans Jesse	D	1845	T	231	145 83
Sewell Benj	Fullington Alex	D	1847	T	322-332	50 --
Sharp Isaac	Garrett L A	TD	1847	T	319	5 00
Smith James Sheff	Garrett L A	BS	1848	T	360	430 67
Stiner Henry	Graves Peter	D	1847	T	403	300 --
Stiner Henry	Graves John	D	1847	T	458	300 --
Sewell Benj	Hurst Henly	D	1847	T	313	150
Smith George W	Howerton William	D	1847	T	414	25 00
Smith James B	Huffaker Wiley	BS	1847	T	419	620 25
Sharp Isaac	Kincaid Wm	TD	1847	T	261	5 00
Sawyers Thos L	Kick John	D	1847	T	329	4 20
Smith James B Sheff	Knight TD	D	1848	T	511	75 50
Soard Henry	Lewis William	D	1860	T	580	67 20
Stiner Henry	Moyes Catharine	D	1847	T	404	85 00
Sawyer Ambrose	Nickelson Riley	D	1848	T	386	150
Shoemaker H & D	Neil William	D	1846	T	478	5 00
Seals Solomon	Perkpile John	D	1846	T	18	1 50
Seals Solomon	Partin William	D	1841	T	126	225
Stiner Henry	Russell Edward	D	1847	T	394	350
Stiner Henry	Russell Robt J	D	1848	T	401	100 --
Stiner Henry	Russell Robt J	D	1848	T	402	200 --
Shultz Jacob	Rose Ruben	D	1848	T	444	40 --
Seals Solomon	Seals Wilson	D	1846	T	19	180 --
Stiner Eliakin	Stiner Henry	D	1847	T	197	7 00
Stiner Henry	Sharp John	D	1837	T	397	182
Smith James B Sheff	Smith Burton G	D	1848	T	512	52 95
Smith Burton A	Smith J B		1848	T	533	100
Sharp Isaac	White Joseph	TD	1847	T	262	1 00
Smith J B	Bank Tennessee	D	1849	U	146	358
Savage Wm	Brogan Frank	D	1848	U	252	40 --
Shelton Harmon	Barnwell Levana	D	1849	U	317	100 --
Shoemate John	Carr John H	D	1848	U	194	25 00
Shoemate Daniel	Carr John Jr	D	1847	U	203	25 00
Sewell Benj	Damron John	D	1839	U	44	150
Stallings John	Davis Andrew	D	1849	U	442	5 00
Stallings John	Davis Andrew	D	1849	U	443	1250 --
Shelby Samuel	Green John	D	1850	U	390	72 00
Sharp John	Graves John	TD	1849	U	174	1 00
Sharp Alexander	Harry ---	BS	1848	U	5	100 --
Seals N & J M	Jennings R	TD	1850	U	391	1 00
Smith Geo W	Johnson P & G	D	1851	U	587	100 00
Sawyers Thos L W	Kirkpatrick Wm	TD	1849	U	19	1 00
St John Alvis	Kincaid J W	T	1850	U	406	1 00
Simmons Wesley	Moss W T	D	1849	U	61	600 --
Spillers Wm	Miller Isaac	D	1849	U	163	200
Sharp Jacob et al	Prichard Labon	PA	1849	U	111	-- --
Spillers J & W	Rose G W	D	1850	U	231	500 --
Spillers Wm	Rose G W	D	1850	U	269	50 --

Grantor	Grantee	Ins	Date	Book	Page	Amount
Skaggs Solomon	Swan W G	TD	1848	U	21	100 --
Sharp John	Sharp N J	D	1848	U	6	500
Stallings Wesley & wife	Stallings John	PA	1849	U	204	
Stiner Henry	Sharp John	D	1848	U	261	1 00
Sanders Robert	Sanders David N	D	1850	U	307	800
Sanders Winney	Sanders William	D	1850	U	408	400 --
Sanders F & D	Sanders Wm	D	1850	U	449	700 --
Stone Thomas	Soard Polly Ann	D	1837	U	547	75 00
Simmons Wesley	Ties Branch School	D	1848	U	126	- --
Shultz Jacob	Wallen Levin	D	1840	U	60	50 --
Smith Fred	Walker Isaac	D	1849	U	320	10 00
Sowder Richard et al	Wilson Samuel	D	1849	U	330	50 --
Simmons Enoch et al	Burk Anderson S	D	1850	V	122	210
Summy Peter	Carr James	D	1850	V	172	700 --
Simmons Wesley	Evans Jesse	TD	1851	V	111	300 --
Spear Arther	Hodges Zack	DT	1852	V	190	5 00
Spear Arther	Hodges Zack	D	1852	V	191	79 00
Sanders Hamilton	Harrell Jarvis J	D	1852	V	249	5 70
Simmons Enoch	Hollensworth	D	1853	V	397	262 50
Stallings Wesley	Harmon Lewis	D	1859	V	415	3500 --
Seals William	Keck Andrew	D	1852	V	344	175
Shelton Joseph	McClure Daniel	D	1851	V	117	400 --
Shultz M S & G	Shultz George	D	1851	V	155	20 00
Sharp John	Sharp Ambrose	D	1851	V	217	110 00
Sanders J P	Sanders David N	D	1852	V	228	125
Stiner Henry	Stiner E & E	D	1847	V	297	100 --
Sewell J J et al	Sewell Houston	D	1866	V	425	338 --
Savage Wm	Weaver Gilbert	D	1848	V	45	25 00
Sharp John	Beeler Daniel	D	1852	W	67	1400 --
Skaggs E H	Bankings Business		1853	W	308	- --
Sharp John et al	Birdseye Ezekiel	D	1854	W	387	- --
Skaggs E H	Banking Business	R	1854	W	459	50000
Southern Neil	Burchfield Martin	D	1855	W	536	50 00
Shoemate Thos B	Campbell George	D	1854	W	486	25 00
Shoemate James	Clark Thos L	D	1855	W	532	275
Simmons Wesley	Day Nancy	D	1854	W	281	450
Sharp Nicholas	Fletcher R H	D	1853	W	84	212 --
Sartin Andrew J & wife	Goin Nelson	D	1853	W	7	37 00
Sharp N & J	Green Joseph	D	1853	W	111	200 --
Savage William	Houston B & J	D	1847	W	175	Love
Stone Ruben F & wife	Hipsher Henry	D	1854	W	545	31 00
Smith Anderson	Jones J H et al	D	1849	W	489	1000 --
Sharp Ambrose	Keck Frederick	D	1852	W	102	150
Scott F M	Malicoat A	TD	1853	W	53	1 00
Stevil John	Miller Pleasant	D	1853	W	516	200 --
Simmons Enoch C & wife	Moore Samuel et al	D	1854	W	540	200
Simmons Sarah	Simmons Enoch	A	1853	W	113	- --
Simmons Albert et al	Simmons Enoch C	D	1853	W	114	366 --
Sharp F & W	Sharp John	D	1852	W	253	- --
Smith Benj	Sharp George	D	1852	W	284	325
Sowder Rebeca	Sharp Isaac	D	1852	W	339	1 00
Sharp Woodson	Smiffer George	TD	1854	W	477	5 00
Shoemaker James	Shoemaker W B	D	1855	W	530	375 --
Spivey David D	Soard Henry	D	1855	W	568	30 00

Grantor	Grantee	Ins	Date	Book	Page	Amount
Sewell J J	Brown John	D	1856	X	292	380 --
Sanders John	Breeding Samuel	D	1855	X	580	600 --
Shelton Joseph	Campbell George B	D	1855	X	351	800 --
Southern Neal	Carrigar Michal	D	1856	X	404	- --
Smith Ruben	Carroll R & James	D	1855	X	409	200
Slatton Nicholas	Cardwell James	D	1851	X	532	100 --
Simmons Wesley	Evans Jesse	D	1856	X	466	300
Snodgrass F K	Fulton James	TD	1855	X	49	250 --
Spivey D D	Gray W H & J H	D	1855	X	210	800 --
Sanders W & D N	Graham Hugh	D	1855	X	230	74 --
Sanders John Sr	Graham Thos P	D	1856	X	344	850 --
Sanders David N	Greer Wm W	D	1856	X	417	1200 --
Stout Geo W	Gourley J C & R J	D	1856	X	455	500 --
Sewell James J	Kelley J M	D	1856	X	254	Love
Shelby Samuel	Keck Daniel	D	1849	X	285	100
Sewell James J	Kelley John M	D	1856	X	330	340
Sanders John	Kelley John M	BS	1856	X	531	750 --
Scalf Ira	Lankford J C	D	1855	X	491	300 --
Shultz Sarah C	Shultz George	D	1855	X	160	10 12
Sanders Wm	Sanders D N	DP	1856	X	418	- --
Simmons Martin	Simmons J C	T	1857	X	520	1 00
Simmons Martin	Thomas J D	TD	1857	X	514	647 12
Simmon M	Thomas J D	T	1856	X	516	1 00
Sharp George M G	Thomas Isaac	D	1855	X	576	185
Smith G W	Adkins Peter	D	1858	Y	657	400
Southern M D	Buchanan W R	D	1857	Y	123	150
Shultz Jacob	Bundren Jesse B	TD	1858	Y	385	151 43
Shultz Jacob	Barnard S J	D	1858	Y	427	45 00
Sanders Wm	Burchfield Martin	L	1858	Y	564	- --
Shultz M V	Chadwell A J	T	1857	Y	139	5 00
Sewell James J	Cloud B F	D	1856	Y	150	100 --
Shoemaker W B	Clark T L	D	1857	Y	227	700 --
Shoemate J W & I F	Carr W M	D	1858	Y	463	12 00
Shoemate J W & I F	Carr John H	D	1858	Y	465	300 --
Sparks Preston	Ely A	D	1857	Y	118	162 50
Shomate John Sr	Ely Annias	D	1853	Y	391	8 00
Sawyers William	Fulton A J	D	1858	Y	620	100 --
Skaggs E H	Goodson W S	D	1857	Y	249	500 --
Simmons Albert & wife	Goodson Joseph	D	1854	Y	472	365 --
Shoemaker Thos B	Hodges James	D	1852	Y	50	25 00
Smith James B Sheff	Houston William	D	1850	Y	114	206 61
Snodgrass F K	Harrell L L	D	1856	Y	239	900 --
Shoemaker W B	Henderson Thos	TD	1858	Y	253	5 00
Shoemaker W B	Henderson Thos	TD	1858	Y	255	23 75
Shultz Jacob	Hipsher Henry	D	1857	Y	259	450
Southern M D	Hurst Leroy	D	1859	Y	637	- --
Sowder Daniel	Merry Edmon	D	1854	Y	392	25 00
Simmons J C	McCarty Thos	BS	1858	Y	576	900 --
Simmons Enoch C	Rector W K	D	1857	Y	218	209 --
Simmons Enoch C	Rector W K	D	1856	Y	219	30 --
Smith John W	Richardson John W	D	1858	Y	673	200 --
Sharp William et als	Sharp Harry	F	1848	Y	101	Love
Sharp Labon	Sharp H	BS	1848	Y	106	830
Shoemaker W B	Shoemaker James	D	1857	Y	204	1050
Simmons Albert	Simmons J C	TD	1858	Y	496	40 00

Grantor	Grantee	Ins	Date	Book	Page	Amount
Sewell J J	Sewell Houston	D	1859	Y	648	500
Simmons J C	Thompson J A	"	1858	Y	580	7 00
Soard Henry	Walker Henry	"	1853	Y	221	500 --
Shoemate J W & I F	Billingsly G W	"	1858	Y	157	400
Shoemaker W B	Buis Abraham	"	1859	Y	218	106 70
Sharp William	Brogan Asa & wife	"	1860	Z	510	Love
Sharp William	Brogan John et alw	"	1856	Z	649	Love
Sewell J J et als	Chumbly Lewis	"	1860	Z	315	300
Stone Thos & wife	Cheek Eliza	"	1863	Z	709	250
Sander Wm	Greer W W et als	"	1858	Z	97	3000
Sharp Christian	Gibson W R Z S	D	1857	Z	202	200
Snuffer B V	Jones Charity	BS	1859	Z	41	200
Snuffer Alfred	Jones Charity	BS	1859	Z	96	200
Spivey David D	Lewis Wm	D	1858	Z	125	250
Sharp M M	Lundy Benj	D	1862	Z	680	250
Simmons Albert & wife	Moyers Abraham	D	1861	Z	498	300
Simmons Alber	Moyers Abraham	TD	1859	Z	546	21 50
Sewell J J & A J Kelly	Neil Wm	D	1860	Z	257	400
Simmons Wesley	Neil William	TD	1862	Z	588	133 90
Southerland Joel & wife	Patterson J M	D	1860	Z	264	800 --
Sowder Emanuel	Petree G W	"	1860	Z	286	900
Smith G W	Posey Jubiln	D	1863	Z	701	
Stone Thos M	Stone R F	"	1859	Z	461	100
Simmons Isham	Simmons John W	"	1862	Z	702	
Sanders James P	Simmons John W	"	1861	Z	702	
Sharp Isaac	Sharp Wm M	D	1859	Z	12	19 50
Skaggs Solomon	Skaggs Wm	"	1856	Z	159	7 00
Soard Henry et als	Skaggs Wm	"	1856	Z	180	50
Smith Hannah J	Smith W S	"	1857	Z	263	50 ea
Simmons J C	Thompson W G	TB	1863	Z	699	
Shultz Jacob	Williams John	TB	1858	Z	15	600
Smith Jas by Marshall E Tenn	J H Campbell	D	1811	C	170	

Grantor	Grantee	Ins	Date	Book	Page	Amount
Thompson John	Allen James	D	1801	A	219	121 00
Thompson John	Bishop Lewis et als	D	1803	A	154	s 11 60
Tennessee	Berry James	G	1799	"	312	100
Thompson John	Flaner Daniel	D	1803	"	141	6 66 2/3
Tate Samuel	Hoskins Thomas	"	1803	"	61	266 00
Tucker John	Hodges Thomas	"	1803	"	90	400 00
Trent Williamson	Southern Isaac et al	"	1804	"	151	200 00
Thompson John	Sowder Jonathan	"	1805	"	191	300 00
					Index	
Turley John	Brock Sherrad	"	1806	B	E & F	150 00
Tennessee	Cheek Jessee	G	1809	B	207	
Thompson John	Daniel Archibald	D	1808	B	119½	400
Tennessee	Evans George	G	1809	B	191	
Tennessee	Evans Walter	"	1810	B	288	
Tennessee	Evans Walter	G	1809	B	311	
Thompson John	Gibson George	BS	1810	B	309	320
Tennessee	Hord William	G	1808	B	182	
Turley John	Yord Sherrad	D	1806	B	Index	150 00
Taylor Nathaniel	Blevins Dellin	PA	1810	C	124	
Tennessee	Cunningham John	G	1810	C	85	
Troxell Daniel	Dougherty John	D	1810	C	20	200
Taylor Nathaniel	Posey Benj	D	1811	C	135	450
Tennessee	Roane Archibal	G	1810	C	150	
Tennessee	Shipley Edward	"	1809	C	55	
Tennessee	Shipley Edward	"	1810	C	119	
Tennessee	Stubblefield George	"	1811	C	126	
Tennessee	Weaver William	G	1808	C	238	
Tennessee	Blevins William	"	1809	D	267	
Tennessee	Blevins William	"	1811	D	308	
Tennessee	Constant William	"	1812	D	14	
Tennessee	Cunningham John	"	1810	D	97	
Tennessee	Cloud Benjamin	"	1811	D	166	
Tennessee	Cloud Benjamin	"	1813	D	167	
Tennessee	Cloud Benjamin	"	1811	D	168	
Tennessee	Cocke William	"	1811	D	311	
Tennessee	Ely William	G	1814	D	385	
Tennessee	Ely William	G	1814	D	392	
Tennessee	Ely Isaac	"	1814	D	293	
Tennessee	Goin Charles	"	1812	D	15	
Tennessee	Hord William	G	1807	D	20	
Tennessee	Hall John	"	1811	D	88	
Tennessee	Jenkins John	"	1812	D	60	
Tennessee	Latham William	"	1812	D	357	
Tennessee	Mason Katy	G	1810	D	259	
Tennessee	Patterson Robt	"	1811	D	131	
Tennessee	Patterson Robt	"	1811	D	132	
Tennessee	Roddy James	G	1813	D	172	
Tennessee	Roddy James	"	1810	D	173	
Tennessee	Sharp William	"	1809	D	169	
Tennessee	Anderson William	G	1814	E	178	
Tennessee	Alexander Ritchie	"	1807	E	106	
Tennessee	Barnard George	G	1816	E	138	
Tennessee	Cloud Benj	"	1812	E	57	

Grantor	Grantee	Ins	Date	Book	Page	Amount
Tennessee	Condry Martin	"	1818	E	275	
Tennessee	Cooper Archibald	"	1795	E	296	
Turnidge Micheal	Condry William	P	1818	E	337	
Tennessee	Bray Benj	G	1819	E	416	
Tennessee	Bray Benj	"	1819	E	421	
Tennessee	Bray Benj	"	1817	E	422	
Tennessee	Bray Benj	"	1820	E	424	
Tennessee	Bray Benj	"	1820	E	45	
Tennessee	Dobbs John	"	1816	E	85	
Tennessee	Doherty William et al	"	1817	E	168	
Tennessee	Hobbs Enal	"	1817	E	352	
Tennessee	Mahan Joe	"	1816	E	158	
Tennessee	Mason John	"	1817	E	277	
Tennessee	McVey Thomas	"	1811	E	81	
Tennessee	McClary Thos R	G	1816	E	243	
Tennessee	McClary Andrew	"	1816	E	245	
Tennessee	McClary Robert	"	1817	E	246	
Tennessee	Noel Alfred	"	1812	E	152	
Tennessee	Noel Alfred	"	1812	E	154	
Tennessee	Perryman Jas A	"	1814	E	77	
Tennessee	John Richard	"	1817	E	84	
Tennessee	Ritchie Alex	"	1816	E	88	
Tennessee	Ritchie John	"	1809	E	104	
Turnidge Micheal	Ramsey Josah	D	1818	E	309	130
Tennessee	Vanbebber John	G	1810	E	108	
Tennessee	Vanbebber James	"	1810	F	166	
Tennessee	Welch Sandy	"	1814	E	170	
Tennessee	Bowman John	"	1819	F	295	
Tennessee	Critchfield Wm	"	1809	F	27	
Tennessee	Carpenter Jessee	"	1821	F	247	
Tennessee	Riley John et als	"	1817	F	155	
Thomas David	Thomas Isaac	D	1820	F	89	715 00
Tennessee	Walker James	G	1815	F	171	
Tennessee	Bowman Wm	"	1813	G	218	
Tennessee	Bowman Wm	"	1815	G	219	
Tennessee	Bowman Wm	"	1815	G	220	
Tennessee	Bowman Wm	"	1815	G	220	
Tennessee	Forguson Larkins	"	1809	G	256	
Tennessee	Renfro Wm	"	1819	G	146	
Tennessee	Renfro Wm	G	1819	G	147	
Tennessee	Renfro Wm	"	1819	G	150	
Timmons Ambrose	Runions Hezekiah	D	1820	G	232	140
Tennessee	Vanbebber Isaac	G	1815	G	172	
Tennessee	Walker Joseph	"	1821	G	138	
Tennessee	Walker Thos	"	1821	G	149	
Thompson John et als	Bullard William	BS	1827	H	284	500
Tennessee	Hamilton James A	G	1818	H	41	
Tennessee	McVay James	"	1822	H	388	
Thompson John et als	Whiteaker Jacob	"	1824	H	27	35 00
Timmis Ambrose	Runions Hez heirs of	D	1825	I	93	100
Thompson John	Thompson William	"	1829	I	190	1300 --

Grantor	Grantee	Ins	Date	Book	Page	Amount
Thomas Isaac	Edwards Arther	"	1835	K	495	482
Thomas Isaac	Farris Gideon et als	"	1833	K	189	350
Thomas Isaac	Farris Gideon et als	"	1833	K	192	150
Thomas Isaac	Farris Gideon et als	D	1833	K	194	300
Thompson James	Garrett Grax et als	TD	1833	K	271	77
Thompson Stephen & wife	McBroom James	D	1832	K	61	200
Tate Samuel et als	Sowder Daniel et als	"	1832	K	176	816
Tucker John	Cobb Archibald	D	1832	L	366	60 00
Tennessee	Evans Walter R	G	1827	L	335	
Tennessee	Evans Walter R	"	1827	L	337	
Tennessee	Evans Walter R	"	1827	L	338	
Tennessee	Evans J P & W R	"	1827	L	339	
Tennessee	Balltrip Susannah	"	1836	M	489	
Tennessee	Carpenter Jessee	"	1824	M	304	
Tennessee	Carpenter Jessee	"	1824	M	305	
Tennessee	Cocke & Jack	"	1833	M	369	
Tennessee	Crockett Andrew	"	1837	M	508	
Tennessee	Dunsmore Wm D	"	1828	M	251	
Thompson William	Hardy Wm B	"	1836	M	186	62 00
Tennessee	Huff Daniel	"	1830	M	270	
Tucker John	Hurst Allen	D	1838	M	433	100 00
Tennessee	Hunt John	G	1838	M	548	
Tony William	Marcum Peter	TD	1838	M	472	50 00
Taylor John	Overton John	D	1837	M	327	372 00
Tennessee	Pike Jacob	G	1826	M	329	
Tennessee	Pike Jacob	TD	1826	M	330	
Thompson John	Smith Campbell	TD	1837	M	188	
Thompson George W	Goin Burton	TD	1839	N	136	100
Thompson John	Thompson James	D	1831	N	4	500
Templeton Levi et als	Campbell Alex	"	1840	O	273	25 00
Townsley Isaac	Sewell John	TD	1840	O	151	1 00
Tucker John	Tucker Paschal	D	1840	O	173	Gift
Thompson G W	Burch John M	B	1841	P	142	600
Tennessee	Huff Daniel	G	1840	P	173	
Tennessee	Monday James	"	1825	P	48	
Thompson William	Thompson James et al	D	1840	P	99	1 00
Trease John et als	Drummons William	"	1837	Q	70	ea 17 50
Tennessee	Furgerson John	G	1830	Q	258	
Thompson G W	Harmon Lewis	D	1839	Q	174	530
Tucker Solomon	Hurst Allen	"	1840	Q	284	600
Taylor John	Overton James	"	1839	Q	139	1000
Thompson William et als	Thompsons Meeting house	"	1842	Q	277	Gift
Thompson John	England Thomas	"	1836	R	281	150 --
Tussey Jonathan	Fugate William	TD	1843	R	263	5 00
Thomas Isaac	Graves Boston	"	1843	R	154	
Thompson William	Reece Isah	D	1843	R	155	300
Treece J M	Treece W C	"	1842	R	11	100
Treece W C	Treece Josua M	"	1843	R	202	100

Grantor	Grantee	Ins	Date	Book	Page	Amount
Thomas Isaac	Bishop Elisha	D	1846	S	718	650
Tennessee	Davis Eli	G	1828	S	76	
Tennessee	Davis Eli	"	1824	S	77	
Tennessee	Davis Eli	B	1828	S	78	
Tennessee	Fullington Wm	"	1843	S	84	
Tucker P & M	Hurst Allen	D	1844	S	34	350
Tennessee	Hopson Carolina	G	1843	S	134	
Talley Charles	Hitson Duslla et als	D	1836	S	169	280
Tennessee	Hill Joab	G	1814	S	295	
Tennessee	Marcum Beverly	"	1829	S	602	
Tennessee	Marcum Beverly	"	1828	S	602	
Tennessee	Marcum Peter	"	1827	S	603	
Tennessee	Provine William	G	1842	S	57	
Tennessee	Posey Benjamin	"	1817	S	341	
Tennessee	Pasey Benj	G	1816	S	343	
Tennessee	Ritter William	G	1827	S	296	
Tennessee	Ritter William	"	1824	S	297	
Thompson John & wife	Yeary Henry	D	1846	S	672	375
Trease W C	Bufford John W	"	1847	T	525	200
Trease J M	Cloud Green B	"	1847	T	408	400
Turner Joseph	Greer W W	TD	1846	T	58	5 00
Trease W C	Hopson J C	D	1848	T	524	100
Trease Joshua M	Mayse Johnson	"	1848	T	543	150
Townsley Isaac	Powers James C	"	1848	T	492	100
Trease John	Sewell Benj	"	1846	T	87	60
Thompson Wm	Simmons J C	D	1847	T	385	200
Thompson John	Thompson William	"	1829	T	102	1300
Tussey Joseph	Walker Edward	"	1845	T	28	800
Treece J M	Davis Andrew	"	1848	T	24	800
Treece Wm C	Dickenson J D	L	1849	U	131	
Tennessee	Evans Hamilton	G	1841	U	580	
Townsley William	Gibson Drury	D	1830	U	159	25 00
Trease Susanna	Hardy Elisha A	"	1845	U	87	200
Tennessee	Jennings Edward	G	1833	U	48	
Tennessee	Knight L D	"	1848	U	85	
Tennessee	Knight L D	"	1848	U	86	
Trease Joshua M	Morton Joseph B	D	1846	U	66	150
Thomas Isaac	M E C South	D	1849	U	400	50
Tye Joshua Sr	Harp Levi	D	1850	V	240	250
Tennessee	Mealer William	G	1851	V	255	
Tennessee	Owens John	G	1851	V	223	
Tennessee	Redman James	"	1852	V	310	
Tennessee	Burk David	G	1827	W	421	
Tennessee	Cottrell D C	"	1846	W	414	
Thomas Isaac	Gibson W R & B W	"	1853	W	140	611 00
Tennessee	Hazlewood Peter	"	1849	W	422	
Tennessee	Hazlewood Peter	G	1849	W	423	
Tennessee	Jones Elijah	"	1830	W	47	
Trease William C	Myers Isham	D	1850	W	383	150
Tennessee	Moss Robt B	G	1834	W	343	
Thompson Wm	Simmons James	D	1853	W	50	100
Tennessee	Sanders Wiley	G	1849	W	576	

Grantor	Grantee	Ins	Date	Book	Page	Amount
Trease L J	Elvirena Trease	D	1855	W	528	500
Teague James	Bryant George	D	1856	X	260	150
Trease Elvarena	Kelly Evans & Co	N	1853	X	198	500
Trease L J	McCrary George Jr	D	1853	X	349	175
Thomas Isaac	Sharp Isaac	"	1856	X	326	500
Thomas Isaac	Yoakum Thos	"	1854	X	86	100
Thomas David	Davis T L	TD	1859	Y	639	1500
Thomas Isaac	Lundy Benj	D	1858	Y	501	237 50
Thomas Isaac adm	Powell G W	"	1857	Y	244	150
Thomas Isaac Adm	Venable James	"	1857	Y	514	250
Thomas J D Adm &C	Burchfield Martin	"	1859	Z	84	915
Taylor J H	Bartley James	"	1800	Z	572	1 00
Thomas J D Adm	Bullard B F	"	1859	Z	640	475
Thomas David	Crawford John W	"	1858	Z	323	318
Tribble Morris	Hicks David A	"	1860	Z	254	606
Turley L W	Helton A P	"	1858	Z	400	
Turpin Solomon & wife	Jones Charity	BS	1859	Z	88	200
Taylor James H	Littrell Daniel Jr	BS	1856	Z	8	150
Thomas Isaac	Moss Mary	D	1859	Z	484	50
Thomas David et als	Rose Ruben	"	1860	Z	318	450
Trease Lewis J	Robinson Richard	"	1858	Z	650	500
Thomas Allen	Southern Isaac	"	1858	Z	4	400
Thompson John W	Thompson James A	"	1858	Z	164	200

Grantor	Grantee	Ins	Date	Book	Page	Amount
Umstead John	Adams George	D	1804	A	127	200 00
Umstead John	Austin Stephen	"	1804	"	147	225
Umsted John	Evans Walter	"	1804	"	165	90 00
Umstead John	Norvell William	"	1804	"	146	100
Umstead John	Owens John	"	1804	"	111	750
Umstead John	Renfro James	"	1804	"	12	690
Umstead John	Renfro James	"	1804	"	122	25 00
Umstead John	Smuffer George	"	1804	"	113	30 00
Umstead John	Snuffer George	"	1804	"	120	494 00
Umstead John	Sharp William	"	1804	"	126	812 00
Umstead John	Stevenson Edward	"	1808	B	33	25 00
U S A	Ellis Boyd	Discharge	1866	V	427	

Grantor	Grantee	Ins	Date	Book	Page	Amount
Vanbebber John	Vanbebber Peter	D	1807	A	349	600 00
Vanbebber John	Yoakum George	"	1807	"	71	525 00
Vanbebber John	Yoakum Isaac	"	1807	"	89	500 00
Vanbibber John	Davis Moses	"	1807	B	55	500
Virginia State of	Jones John	G	1787	B	161	
Vanbebber John	Turner William	D	1808	B	53	150 00
Vanbibber John	Stennet Isham	D	1811	C	230	200
Vanbibber John	Beeler William	"	1812	D	361	100 00
Vanbebber John	Pervine William	"	1812	D	180	200
Virginia State of	Sharp Benj	G	1815	D	332	
Vanbebber James	Vanbebber John	PA	1813	D	175	
Vanbebber John	Vanbebber Isaac	PA	1814	D	252	
Vanbebber John	Owens Isaac	D	1817	E	204	60 00
Vanbebber James	Yoakum Jessee	"	1816	E	162	100 00
Vanbebber Jacob	Yoakum George	"	1817	F	103	150 --
Vandeventer Abraham	Vandeventer Thos	"	1819	G	10	650
Vanbibber John	Long Henry	"	1817	H	107	60 00
Vanbebber Isaac	Carr John	"	1829	I	223	100
Vanbebber George	Lynch William	"	1825	I	169	150
Vanbebber Peter	Lynch William	"	1819	I	168	200
Vanbebber Isaac	Parrott Ruben	"	1825	I	247	200
Vandeventer Thos	Thomas Isaac	"	1824	I	420	200
Vann John	Crabtree Jacok	"	1833	K	28	3500
Vanbibber Isaac	Neal Jessee	"	1833	K	37	250 --
Vanbibber Isaac	Owens James & wife	R	1834	K	392	509
Vanbibber Lazarous	Vanbebber Gabriel	D	1829	K	104	285
Vanbibber Joseph	Vanbibber Gabriel	"	1829	K	106	150
Vanbebber Isaac	McClain Thos	"	1832	L	71	300
Vanbebber Peter	Rogers David W	"	1832	L	253	400 --
Vanbebber James	Yoakum Moses	"	1833	L	245	500
Vanbebber James	Yoakum Moses	"	1833	L	247	40 00
Valentine John	Neal Joseph	"	1836	M	81	5 00
Virginia State of	Brooks Robert	G	1796	O	10	
Vancel Elias	Bullard John	D	1841	O	276	311
Vanbebber Idaac Jr	Gibson Samuel	"	1840	O	164	1 00
Vandeventer Thos	Thomas Isaac	"	1838	O	72	500
Vanbebber Hannah	Vanbebber Isaac	"	1837	O	25	600
Virginia State of et als	Brooks George	G	1796	P	171	
Vannoy Elijah	Evans Walter R	TD	1841	P	259	500
Vaden Wiley	Hurst Delilah	TD	1841	Q	124	100
Vergenia State of et als	Jones John	G	1787	Q	168	850

Grantor	Grantee	Ins	Date	Book	Page	Amount
Vanbebber Isaac	Kincaid William et/al	D	1840	Q	196	850
Vannoy William	Riley Obediah	"	1833	"	155	150
Vanbebber Isaac	Gibson Samuel	R	1843	R	311	
Vanbebber Jacob	Lynch Peter	D	1824	R	60	180
Vanbebber Hannah	Moss W T et als	"	1837	R	395	28 00
Vance Selvan & wife	Breeding Patterson	"	1844	S	150	300
Valentine John	Brewster John	"	1839	S	369	25 00
Vannoy Elijah	Cole William et als	"	1833	S	390	50 00
Vanbibber Isaac	Chapman J H	TD	1845	S	509	5 00
Virginia State of	Powell Major	G	1796	S	462	
Vanbebber J E	Heirs of Gibson	D	1842	S	163	25 00
Vanbibber Isaac	Huffaker & White	D	1846	S	511	1250 --
Vanbibber James	Kincaid Wm	"	1844	S	158	10 00
Vanbebber Jame & wife	Kincaid John	"	1845	S	238	13--
Vanbibber James & wife	McKinney John A	"	1845	S	237	200
Vanbibber James	Norvell Thos C	"	1843	S	549	13 00
Vaden Wiley	Nervels Henry	"	1846	S	684	80
Vannoy E & J	Overton Wm L	"	1845	S	638	250
Vancel Elias	Russell A	"	1846	S	599	400
Vancel Elias	Russell Alex	"	1846	S	606	400
Vanbibber Isaac	Thos Isaac	D	1844	S	151	140
Vanbebber Isaac	Yoakum Isaac	BS	1846	S	724	500
Vance Patrick	Ford George	D	1838	T	243	150
Vanbebber Isaac	Kincaid Wm et als	"	1847	T	216	1 00
Vanbebber Isaac	Kincaid Wm	TD	1848	T	437	5 00
Vaden Wiley	Marcum Peter	D	1847	T	122	800
Vaden Wiley	Marcum Peter	"	1847	T	296	25 00
Vanbibber Isaac	McBee William	"	1847	T	343	300
Vanbibber Alex	McBee William	"	1848	T	539	500
Vanbibber Isaac et al	Vanbibber J M et als	TD	1848	T	504	500
Vanbibber Isaac	Kincaid Wm et als	M	1847	U	114	
Vanbibber Isaac	Thomas Isaac	D	1849	U	90	140
Vanbibber Isaac	Kincaid William	"	1851	V	48	
Vanbibber Granvill	McBee William	"	1849	V	231	500
Venable William	McNeil John	D	1851	V	270	65 00
Vanbibber John M	Vanbebber James M	"	1851	V	341	1000
Violet Harrison	Alder John	TD	1853	W	561	1 00
Vancel Ellison	Breeding Patterson	D	1852	W	94	50
Venable William	Garland Pryor	"	1854	W	444	300
Vanbebber John M	Kilborne E C	"	1853	W	87	1300
Vanbebber Isaac	Kincaid Wm et als	M	1854	W	222	2012 1/2
Vanbebber Isaac	Moss W T	D	1854	W	216	1660 --
Vanbebber Isaac	McBee A B	"	1853	W	209	282
Vanbibber Isaac	Trease L J	BS	1854	W	220	10 50
Vanbibber J M et als	Vanbebber Isaac	D	1854	W	214	
Vanbibber Isaac	Vanbebber J M	D	1854	W	219	510 --
Vanbibber Isaac	White Joseph	D	1834	W	218	710
Violet H	Evans W R	"	1855	X	36	2003 56

Grantor	Grantee	Ins	Date	Book	Page	Amount
Vance Samuel A	Beeler Peter	D	1857	Y	677	25 00
Vanbebber Granville & wife	Gibson W R	D	1857	Y	168	100
Venable James	Gibson W R & Z S	"	1858	Y	516	213
Venable William	McNeil John	"	1855	Y	76	50
Vance Daniel	Arnwine Chesley	"	1861	Z	674	290
Vandeventer Peter	Campbell Andrew	"	1858	Z	6	2000
Venable James	Francisco Christopher	"	1862	Z	672	600
Vanbibber J & E	Jones Charity	BS	1859	Z	89	200
Vance John	Lewis James M	D	1858	Z	36	200
Vance Sam & H	Lewis J M	"	1859	Z	209	175
Vanbibber J M & Wife	Longmire Jordon et als	"	1856	Z	230	25 00
Vanbebber I & J M	M E Church South	D	1850	Z	495	20 00
Vanbebber J M	Ridengs Wm	"	1859	Z	296	300
Venable James & wife	Venable William	"	1859	Z	126	250

Grantor	Grantee	Ins	Date	Book	Page	Amount
Williams John	Burton Robert	D	1778	A	193	
Worthen Richard	Bradford Benj	"	1805	"	211	5 00
Whitney Robert	Bullard John	"	1807	"	353	100
Wynn Harmon	Bristow John	"	1806	"	357	20 00
Wallen Elisha	Cogdale Joseph	"	1804	"	159	220
Wallen Elisha	Dobins Jacob	"	1802	"	33	100
Wallen Elisha	Doherty William	"	1802	"	46	550 00
Wallen Elisha et als	Henderson Thomas	"	1804	"	160	100 00
Watson Joseph	Hanson Brayon	G	1800	"	185	Land
Williams Jacob	Hunt John	D	1804	"	359	640 00
Winstead John	Lea Thomas	"	1804	"	115	600
Wallen John	Lewis Fielding	BS	1807	"	221	300
Walliel John	McGainer Brice	D	1801	"	34	200
Wynn Harmon	Sperry Thomas	"	1806	"	294	139 00
Wallen Elisha	Wallen John	"	1802	"	39	500 00
Wyatt Samuel Sr	Wyatt Samuel Jr	"	1804	"	146	93 S
Wallen John	Wallen Elisha	"	1805	"	300	300 00
Wallen Elisha	Hord William	"	1808	B	17	50 00
Wallen Elisha	Hord William	"	1808	B	184	100
Wallen Elisha	Hobbs Thomas	"	1809	B	304	200
Wallen Thomas	Jones Thomas	"	1808	B	44	150
Walling Thomas	Jones Isaiah	"	1809	B	225	440
Wyatt Samuel	Milles James	"	1810	B	298	300
Williams Harden	Parrott John	"	1807	B	189	646 00
Wright James	Rash William	"	1806	B	177	300 00
Webster John	Slavens Daniel	D	1804	B	46	500 00
Williams William	Bullard John	"	1809	C	21	200
Williams William	Bullard John	"	1809	C	33	100
Williams Joseph	Hopkins Steven	"	1812	C	257	100
Wallen Thomas	Jones Isah	"	1813	C	256	142
Wallen Elisha	Sims Mathew	"	1810	C	100	83 30
Williams George clerk	Taylor Andrew et als	C	1810	C	124	
Wallen Elisha	William Joseph	D	1809	C	71	
Wallen Elisha	Wallace John et als	D	1811	C	198	4 00
Weaver Samul	Ausmus Henry	"	1815	D	410	800 00
Williams Joseph	Campbell George	"	1809	D	2	1 00
Wallen John	Condry William	BS	1814	D	265	400
Williams Joseph	Dodson Lazarus	D	1812	D	4	425
Wolenbarger W & J	Dodson Edward	"	1812	D	40	80 00
Williams Joseph	Hord William	"	1811	D	21	
Williams Joseph	Hord William	"	1812	D	85	Land
Weaver Samuel	Hunter Henry	"	1815	D	412	300
Wallen Thomas	Jones Thomas	"	1812	D	105	700
Wallen John	Jones Thomas	"	1815	D	400	500
Wallen Jonh et als	Monday James	"	1814	D	240	135 15 ₤
Williams Joseph	Rhea John	"	1811	D	12	250
Wallen Elisha	Sims Mary et als	"	1812	D	6	
Wright James	Webb Joseph	"	1811	D	143	224
Williams William	Warren James	"	1808	D	191	250
Williams Joseph	Hogan William	"	1819	D	379	16 00
Williams Joseph	Lanham Abel	D	1815	E	U	25 00
Walker James	McNew William	"	1815	E	253	400

Grantor	Grantee	Ins	Date	Book	Page	Amount
Wallace Wm	Sherman Thos J	"	1816	E	199	400
Webb Jas	Treace George	"	1815	E	51	135
Wheeles Reuben	Thomas David	"	1816	E	156	11 00
Williams Joseph	Condry William	"	1819	F	142	10 00
Willonghley William	Campbell John	"	1823	F	220	6 00
Walker John	Henderson James	"	1817	F	30	1000
Walker James	McClary Andrew	"	1821	F	175	250
Ward John	Rogers David	"	1823	F	299	800
Willonghby Nathan	Willonghby Wm	"	1823	F	216	400
Wallen John	Yoakum George	D	1817	F	130	16 00
Whitehead John	Henderson Thos	"	1823	G	247	400
Whitehead Thos	Harper Richard	"	1822	G	184	20
Whiteaker John	Hunter Squire	"	1819	G	56	320
Williams Wm	Hambleton James	"	1817	G	75	
Willington Alecy	Lane Sallie	"	1818	G	7	110
Webb Lewis	Norville Wm	"	1818	G	5	100
Ward John	Snuffer David	"	1821	G	212	800
Wiser Henry	Brabson John et als	"	1826	H	212	95 00
Wallen John	Blevin Henry	"	1827	H	307	650
Wright James	Crutchfield John	"	1814	H	365	200
Williams James	Cupp Isaac	"	1825	H	375	250
Walker James	Campbell James W	DL	1828	H	391	1 00
Wallen John	Huff Daniel	D	1826	H	257	1003
Ward John	Huff Daniel	D	1827	H	261	1000
Williams Joseph	Jones Samuel	"	1826	H	208	10 00
Willonghly Mathew	Rhea Joseph	"	1823	H	21	5 00
Williams Joseph	Rhea John	"	1826	H	171	100
Walker James	Rogers Wm	"	1825	H	173	600 --
Walker James	Sharp Baalam	"	1818	H	18	25 --
Webb Joseph	Sharp Christian	BS	1823	H	43	450
Wiser Henry	Sherman Charles	D	1825	H	219	200
Wallace Wm	Wallace James	"	1822	H	296	80
Wallace Wm	Wallace James	"	1822	H	342	270
Whiteaker Joseph	Carroll Benjamin	"	1828	I	175	100
Whiteaker Joseph	Carroll Benjamin	"	1828	I	150	100
Wallace John	Graham Hugh & Co	BS	1831	I	353	425
Ward Jessee	Hurst Deliah	D	1825	I	81	100
Wiser Henry	Hurst John	"	1829	I	349	35 00
Walden John et als	Houston William et als	"	1832	I	387	795 47
Wilson Samuel	Houston William	"	1832	I	391	100 --
Wilson Peter	Kincaid William	"	1831	I	371	25 00
Williams Joseph	Ramsey Josiah	"	1822	I	117	100 --
Walker James	Sylvester J W	"	1830	I	547	3000
Wilson Samuel	Walton George	"	1828	I	160	100 00
Wilbourn Lewis	Wilbourn James	"	1828	I	280	50 00
Wallace William	Wallace Major	"	1830	I	281	100 --
Wilson Joseph	Walker Samuel	"	1832	I	549	300
Wallen John	Wallen Isaac	"	1831	I	445	600
Walker James et als	Dunn Joseph	D	1830	K	321	25 00
White Joseph corst	Graham Hugh	BS	1835	K	475	100
White Richard	Graham Hugh	BS	1835	K	491	500

Grantor	Grantee	Ins	Date	Book	Page	Amount
Wilson Samuel	Hurst William	D	1833	K	84	24 00
Weaver William	Hord Thos	TD	1833	K	89	
Willis Woodson	Johnson Thos J	TD	1834	K	268	5 00
Wilson Peter	Kincaid William	D	1833	K	125	55 00
Weaver William	Mason John	"	1834	K	437	500 --
Walker James et als	Odell Bartlett H	"	1830	K	390	690
Willis Woodson	Posey Bennet	TD	1833	K	155	100
Wilson Peter	Wilson David et als	D	1833	K	117	5 00
Walker Samuel et als	Wilson Joseph	"	1832	K	164	300 --
Waterson Henry et als	Bray Edward	"	1832	L	60	712 10
West Isaac	Barnard George	"	1831	L	224	100 00
Wilson Nathan	Carpenter John	"	1830	L	228	70 00
Wilson Samuel et als	Hansord K C	"	1834	L	233	20 00
Wilson Joseph	Parker Peter	"	1834	L	131	300
Wilson Joseph	Parkey Peter	"	1834	L	166	150
Willis Woodson	Rose Ruben	TD	1835	L	40	1 00
Wallace John et als	Thompson William	D	1836	L	234	150
Whiteaker Rice	Woten Edward	"	1830	L	352	500
Woten Rosanna	Whiteaker Joseph	"	1836	L	354	125 --
Whitehead Willie	Braden James	"	1836	M	51	106
Watson Azariah	Brabson John M	TD	1837	M	163	1 00
Willis John et als	Bundy Thos	D	1833	M	398	200
Walker James et als	Dyke Lofton	D	1835	M	21	4 00
West John	Dolton Jessee W	"	1835	M	115	25 00
Wilson Peter	Dunn Joseph	"	1837	M	123	500
Webb Joseph	Drummons Wm	"	1831	M	208	18 00
Webb Joseph	Drummons Wm	"	1831	M	208	178 00
Wilson Peter	Dunn Joseph	D	1837	M	503	150
Wallen John	Davis Thos L	"	1837	M	338	350
Ward George	Fairchild Wayne	"	1837	M	172	
White Richard	Graham Hugh	BS	1838	M	395	148 --
Walton James	Hardy Stephen	D	1833	M	121	95
Wilborn Stephen	Houston & Hamilton	"	1837	M	153	50 00
Wiser Henry	Hurst John	"	1829	M	539	15 00
Wiser Henry	Hodges D A	"	1837	M	541	400
Wallace William Sr	Keck William	"	1834	M	471	50 00
Webb Joseph	Lea Gable	"	1831	M	134	300
Wyatt Samuel et als	Lea Gable	"	1829	M	139	125 --
William George	Monday William	"	1832	M	189	100
Wilborne Richard	Marcum Peter	TD	1838	M	310	1 00
Wilson Samuel	Nunn Wharton	D	1834	M	61	25 00
Wallace William	Nunn Wharton	"	1836	M	68	15 00
Wilson Samuel	Nunn Elisha	"	1838	M	466	300
Walker James	Rogers William	"	1820	M	463	10 00
Wilson Samuel	Sewell Benj	"	1836	M	11	800
William George	Sewell Benj	"	1837	M	108	100
Whiteaker John	Southern Robt D	"	1836	M	308	300
Wallen John Sr	Wallen John Jr	D	1837	M	101	300
Wheeler Elisabeth et al	Wheeler William	"	1837	M	148	250
Wheeler Elisabeth	Wheeler Josiah	"	1837	M	149	500
Wallace William	Wallace Major	"	1827	M	274	450
Ward John	Walker Nancy	"	1828	M	415	100
Wyrick John	Wyrick Robert	"	1835	M	435	100

Grantor	Grantee	Ins	Date	Book	Page	Amount
Wilson Samuel	Barkhart Daniel	"	1839	N	194	175
Willis Woodson	Chapman J H	TD	1839	N	71	100
Williams John	Crosby William	PA	1839	N	208	
Woodall B	Collins B G	D	1828	N	231	200
Wilborn Richard	Fairchild J M	"	1839	N	246	60 S
Wilborne Richard	Fairchild J M	"	1839	N	248	80 00
Wilborne Stephen	Houston William	"	1839	N	134	50 00
Welch Joseph	Harrell Ezekiel	"	1839	N	317	400
Walker Polley	McNew William	"	1839	N	142	1000
Ward George R	Neal Peter	TD	1840	N	267	1 00
William James	Seals James	D	1836	N	298	200
Wallace James	Wallace Thomas	"	1836	N	"	150
Wooten Thomas L	Whiteaker Joseph	"	1839	N	43	20 00
Ward Bartly	Chadwell A J	TD	1840	O	195	5 00
Wilborne Richard	Campbell Robt	D	1839	O	271	40 00
White William	Evans H E	TD	1840	D	99	100
Watson A	Evans W R	TD	1840	O	161	1 00
Wilborne Stephen	Fulkerson James	D	1840	O	101	15 00
Willis Woodson	Murphy Pleasant	TD	1840	O	159	1 00
Wilson Samuel	McClary C M	TD	1840	O	21	200
Williams Shadrick	Neil Williams	TD	1840	O	156	89 10
Watson A	Neil William	TD	1841	O	332	1 00
Woodson Wm	OwensPleasant	D	1840	O	6	675
Wheelis Josiah	Ramsey Elisabeth	"	1840	O	124	22 00
Wilson Vincen	Russell Josiah	"	1840	O	142	50
Wilson Samuel	Sewell Benj	BS	1840	O	179	7 00
Wheelis Josiah	Vandeventer Thos	D	1840	O	57	354 71
Wilson James	Barnard George	"	1840	P	168	20 00
Wallace William	Graham Hugh	TD	1841	P	178	159 70
Walker Samuel	Holt Harry	D	1839	P	18	100 00
Walker John	Huffaker & White	TD	1840	P	309	
Walker Henry	Walker Samuel	D	1839	P	27	80 --
Wilborn R	Johnson L	"	1833	P	3	15 00
Wallen John	Peck Jacob	M	1841	P	286	5 00
Whiteaker Joseph et al	Southern Joseph	D	1841	P	109	7 00
Wheelis Joseph	Thomas Isaac	DT	1841	P	297	1300
Wheelis Elisabeth	Bales Archibald	D	1840	Q	43	1 00
Walker Jonathan et als	Campbell Charles	"	1842	Q	119	350
Whitaker William	Furgerson John	"	1831	Q	255	80 --
Watson Azariah	Graham Hugh	TD	1842	Q	21	139 30
Webb Jesse	Graham Hugh	D	1842	Q	52	323 88½
Warnacott Washington	Graham Hugh	TD	1842	Q	80	1 00
Wallace Johns	Hooper James F	D	1836	Q	234	50 00
Watson Azariah	Monday Jane	"	1842	Q	239	25 --
Wooten Benjamin	Barnard Jonathan	D	1843	R	227	6 00
Warrick Robert	Bales Caleb	D	1842	R	232	250
West Chesley & wife	Barnard George	"	1843	R	416	25
Wilson James	Campbell George	"	1842	R	112	600
Whiteaker John	Campbell Charles	PA	1831	R	364	
White William	Cloud B F	T	1843	R	428	1 00
Wright Gideon	Friar Thomas	D	1829	R	148	75 00
Wright Gideon	Friar Daniel	PA	1829	R	175	

* (See Errata for correction)

Grantor	Grantee	Ins	Date	Book	Page	Amount
White Richard	Graham Hugh	BS	1842	R	113	100
Warrocott Washington	Graham Hugh et als	TD	1842	R	147	20 22
Willis William	Johnson Thos J	TD	1843	R	235	1 00
Willis Woodson et als	Murphy M J	TD	1842	R	264	5 00
Wilson William	McClary George	D	1827	R	15	400
Wilson James	Wilson Nathan	"	1842	R	111	450
Wheelis Joseah & wife	Wheeli William	TD	1843	R	344	5 00
Wilson David	Ausmus Benj	"	1836	S	17	350
Woodall B	Brooks G W	D	1845	S	435	500
Woodall B	Brooks G W	D	1845	S	436	200
Whiteaker Andrew	Cheek James	DT	1845	S	266	1 00
Walker J A	Cheek Geo H	TD	1845	S	273	246 87
Woodall Bluford	Cheek G H	TD	1845	S	422	500 00
Ward Bartly	Dunsmore Nathan	D	1843	S	192	250
Warnacut Letty	Evans N A et als	PA	1845	S	255	
Walker Benj F	Gibson W R	D	1845	S	349	300 --
Wilson Samuel	Graham Hugh	"	1846	S	514	115
Walker John W	Grubb John	D	1845	S	575	250
Walker Jonathan	Goin John	"	1846	S	715	178
Whitelock W & N	Hamilton Washington	BS	1842	S	667	130 --
Wilson Samuel	Miller Isaac	D	1844	S	94	25 00
Wallace Thos	Marcum Daniel	"	1844	S	197	200
Wallace Major	Marcum Daniel	"	1844	S	198	30 00
Ward Jesse	Mason John	PA	1845	S	317	
Wells Elisha	McGuire Edley	D	1844	S	678	250
Wheelis Elisabeth et al	Parkey Peter	"	1844	S	216	400
Wallace William	Poor Jesse	D	1840	S	539	150
Whitson Mc C W	Smith Birden G	PA	1845	S	431	
Woodson G W	Turner W L	D	1845	S	205	200
Whiteaker James	Vaden Wiley	"	1844	S	504	27 --
White Wm S	Wells Elisha	"	1842	S	147	200
Watterhouse E & V	Watchouse Rich	D	1844	S	166	
Walker Thos Ser	Walker B F	D	1844	S	344	Love
Walker John W	Walker Henry	"	1844	S	572	250
Wheelis Elisabeth	Wheelis Wm	"	1846	S	622	300
Wheelise Elisabeth	Wheelis Wm	BS	1846	S	623	Mont
Wilson David et als	Ausmus Benj	D	1843	T	249	200
Whitehead C P	Braden James	"	1839	T	220	250
Warrick Robt	Brooks Bartlett	"	1846	T	245	73 50
Woodall Bluford	Dean Ruben	"	1847	T	76	1000
Welch Samuel	Evans O P	TD	1847	T	228	100
Welch S & J W	Graham J W	DL	1847	T	324	1 00
Whitehead Wm	Laffoon William	D	1847	T	316	700 --
Warnacott Washington	Marcum Peter	TD	1846	T	36	1 00
Wallen Isaac	Meller J & L	D	1847	T	232	50 --
Watson Azariah	Russell Sherly	D	1847	T	223	200
Walker J & H	Sharp John	T	1847	T	299	5 00
Woodson Andy D	Wireman Wm et al	D	1847	T	302	250
Whiteed Thos	Whited William	D	1838	T	453	25 00
*Welch John	Brooks Gideon	D	1836	U	171	1 50
*Whited Wm	Garrett L A	TD	1850	U	211	5 00
Wilson David	Kincaid William	D	1850	U	312	550 --
Whiteted William	Kelly John	D	1850	U	427	550 --

Grantor	Grantee	Ins	Date	Book	Page	Amount
Wilson Jacob & wife	Lane G W Jr et al	D	1851	U	529	35 00
Walker Joseph	M E C South	D	1848	U	342	5 00
White William	Mayse Jonathan	D	1850	U	402	200 --
Wyrick Robt	Pace Edmon	D	1850	U	318	600 --
Walker Samuel & wife	Parks Clarissa	P	1849	U	544	-- --
Wallen John	Patterson J M	D	1851	U	569	1550 --
Walker J & H	Sharp John et al	D	1850	U	492	1000
West John	Smith George W	D	1837	U	505	105
Walker Henry	Walker Isaac	D	1849	U	321	300 --
Warnacott Washington	White F S	D	1850	U	437	1 00
Whiteted Thomas	Whiteted E & P	D	1850	U	487	300 --
White F S	Waracott F K	T	1851	U	576	1 00
Woodall Bluford	Bundren Ruth	D	1851	V	57	2000 --
Woodall Bluford	Dean W H	D	1851	V	54	60
Woodson Andy D	Gibson W R & Bro	D	1853	V	357	680
Woods Stephen A	Honeycutt James M	D	1851	V	33	1 00
Wanacott Thos K	Neil William	D	1851	V	59	2 55
Wallace Major L	Richard Elijah	D	1852	V	157	1000 --
Williams John	Richardson James	D	1844	V	252	1 50
Whiteted Thos	Seals William	D	1847	V	12	25 00
Whiteted Wm	Seals Wm	D	1847	V	13	4 00
Wilson Wm	Sharp Henry et al	D	1850	V	124	400 --
West John Jr	South G W et al	D	1852	V	163	315 --
Wallen Eleven	Shultz Jacob	D	1851	V	200	110 71
Woods Stephen A	Sharp Ambrose	D	1852	V	309	150 --
Wilson Thomas	Teague Wm	D	1851	V	125	100 --
Wilson Thomas	Teague Wm	D	1851	V	126	1 50
Walker John W	Walker James	D	1851	V	258	60 00
Walker Samuel	Walker Jacob	D	1852	V	260	4 00
Walker Isaac	Walker Jacob	D	1852	V	262	200 --
Walker Anna	Walker Isaac	D	1852	V	303	200 --
Walker Frank	Walker James D	D	1853	V	419	75 --
Ward George R	Bussell Chas	D	1853	W	326	5 12½
Ward George R	Carr John H	D	1853	W	110	7 00
Ward George R	Clark Rily	D	1853	W	195	9 75
West John	Day William	D	1854	W	408	150 --
Woods John M	Greer W W	D	1853	W	80	100
Wallace Wm Sen	Harrell M M	D	1848	W	479	300 --
Wilson George W	King Andrew	D	1851	W	336	35 00
Williams Silas	Kelly Evans & Co	L	1854	W	377	-- --
Whiteaker Wm et al	Monday Pryor J	D	1852	W	198	100 --
Waters Isreal	Nicely David	D	1853	W	103	100
Wallen Elisabeth	Patterson Jas M	D	1853	W	258	200
Ward Geo R (R C)	Walker David S	D	1853	W	139	6 38
Williams Silas Jr	Williams Silas Jr	D	1853	W	374	200 --
Wilborn Moses et al	Brown John	D	1856	X	305	100 --
Waller John E	Blackborn W A L	TD	1856	X	308	5 00
Ward Geo R	Breeding S	D	1856	X	464	5 00
Walker Samuel & Wife	Coleman A P	D	1854	X	354	Land
Wiley Robert	Day C M	D	1854	X	511	143
Wiley Robert	Ely Aannias	D	1854	X	209	Land
Wilson Samuel	Gibson W R et al	D	1855	X	199	30 --

Grantor	Grantee	Ins	Date	Book	Page	Amount
Wilson David	Huffaker Wiley	D	1855	X	107	250 --
Wallace William & wife	Hurst Mark	D	1855	X	449	- --
West John Jun	Posey D C	D	1840	X	134	165 --
Wallace William & wife	Wallace Pryor L	PA	1855	X	33	- --
Waller R P	Waller J E	D	1855	X	246	140
Wallen James F	Woodson A D	BS	1856	X	345	36 00
Walker Isaac	Walker James D	D	1856	X	459	2 50
Waller Levin	Waller Levin F	D	1856	X	577	500 --
Waller John E	Waller L F	D	1856	X	579	300
Walker J E	Barnard S J	D	1858	Y	324	406
Walker Jno E	Bundren Ruth	D	1859	Y	718	282
White Wm	Cardwell David	D	1857	Y	141	5 00
Wilson G W	Cawood J R	D	1857	Y	188	1200 --
Willis Terry	Campbell Benj	D	1857	Y	214	300 --
Williams James	Carr John H	D	1853	Y	264	5 00
White Hugh G	Chadwick Josiah & wife	D	1858	Y	389	200 --
Walker Henry	Crank J R	D	1857	Y	444	800 --
Wilson Wm S	Dunn Wm B Jun	D	1856	Y	432	500 --
Wade Richard	Evans Tipton	TD	1859	Y	707	1 00
Wolf John T	Hollingsworth W W	D	1859	Y	136	235 --
Whiteaker Joseph	Marcum Peter	D	1857	Y	309	25 00
Willis E D	Rice C Y	TD	1857	Y	111	287 50
Woodson William	Thompson Robert	D	1855	Y	372	300
Willis E D	Willis Francis	D	1857	Y	33	50 00
Williams James	Williams Thos J et al	D	1857	Y	108	5 00
Walker Jacob	Walker Isaac	D	1858	Y	343	35 00
Walker J & E	Woodson R C	D	1858	Y	487	35 00
West John Jun	West John A	D	1857	Y	525	150 --
Williams James	Brooks Gideon	D	1860	Z	390	400
Whitsell Samuel & wife	Carroll W S	D	1858	Z	612	400 --
Walker Isaac	Crawford Samuel	D	1856	Z	646	250 --
Walker James D	Dunsmore Margaret	D	1859	Z	329	175
Walker Henry	Dunsmore Preston	D	1858	Z	337	12 00
Wier Thos et al	Evening Star Lodge A F & A M	D	1860	Z	414	- --
Wilson Vincen	Grason W E	D	1859	Z	200	400
Woodson R C	Henderson John & Bro	D	1860	Z	309	150
West John Jr	Hurst Levi	D	1860	Z	273	50 00
West John Jr	Hurst Levi	D	1857	Z	373	213
Walker Henry	Munsey John	D	1860	Z	303	212
Woodson A D	Marcum Peter	D	1860	Z	359	125
Woodson William	McCrary George	D	1860	Z	270	1000 --
Wier Thos et al	Presbyterian Church	D	1860	Z	411	- --
Whiteaker Joseph	Roark Timothy	D	1859	Z	92	204 --
Wilson Samuel	Treace Lewis J	D	1858	Z	193	25 00
Walker Isaac	Walker Samuel	TD	1859	Z	51	5 00
White William Decree	White Joseph	D	1859	Z	74	150
Walker Henry	Walker James D	D	1858	Z	455	25 --
Whiteaker Joseph	Whiteaker Andrew	D	1861	Z	549	305
Wily F H	Yoakum R G	D	1857	Z	407	550

Grantor	Grantee	Ins	Date	Book	Page	Amount
Young Joseph	Beeler Jacob	D	1805	A	249	S 336 2/3
Yancey Robert	Evans George	D	1803	A	119	300
Yancey Robert Sheff	Hughes Hardy et al	D	1798	A	187	36 65
Yancey Robert Sheff	Watson W H et al	"	1801	A	54	93 66
Yoakum George	Stennet Isham	D	1811	C	231	525
Yoakum Isaac	Stennet Isham	D	1812	C	233	5 00
Yoakum George	Ward John	D	1815	D	356	500 00
Yoakum George	Barton Anderson	D	1819	E	363	100
Yoakum George	Graves Boston	D	1819	E	117	200 00
Yoakum George	Condry Denis	"	1819	F	123	950
Yoakum George	Todd William	D	1819	F	23	200
Yoakum George	Cloud Benjamin	"	1818	G	37	5 00
Yoakum George	Lynch Wm	"	1818	G	173	600 --
Yoakum George	Graves Boston	D	1823	I	8	25 00
Yoakum Jacob et al	Davis Hiram	D	1834	K	458	60 00
Yoakum Jacob et al	Davis Hiram	D	1834	K	458	60 00
Yoakum Jesse	Hamblin George	D	1834	L	301	600
Yoark Joseph et al	Mayse Jonathan	D	1828	L	385	100
Yoakum Moses	Rogers David	D	1834	L	248	50 00
Yoakum Moses	Rogers David W	D	1834	L	251	400
Yoast George	Lambert Joseph	D	1833	M	67	150
Yaden David	Burt David	D	1841	P	277	75 00
Yoakum George	Glasgow James W	D	1840	P	16	40 00
Yeaden David	Walker Samuel et al	D	1841	P	216	800
Yeary John	McClary A	D	1839	R	357	80 --
Yeary Adam	Brooks George	D	1845	S	330	25 00
Yeary John B	Fugate William	D	1844	S	479	300
Young William	Evans N A	D	1848	T	560	1 00
Yaden Wm P	Hopper Thomas	D	1845	T	337	50 --
Yaden Wm P	Weaver Gilbert	D	1846	T	125	18 50
Young William	Shultz Jacob	D	1849	U	59	2000
Yoakum Ewing B	Woodson A M	D	1848	U	36	450
Yeary James W	Brooks George W	D	1851	V	220	100 --
Yeary John	Bales C & R M et al	D	1851	V	358	200 --
Yeaden W P	Collins M	D	1852	V	314	100 --
Yoakum E B	Gibson W R & Bros	D	1852	V	243	17 50
Yoakum Marcellus	Frith Drury	D	1843	W	18	100 --
Young Jerry	Young Mathew	D	1853	W	261	100
Yoakum E B	McCrary Nelson	D	1854	X	348	150

Grantor	Grantee	Ins	Date	Book	Page	Amount
Yaden W P	Payne W G	TD	1846	X	339	100 --
Yoakum E B	Campbell George	D	1858	Y	545	85 --
Yaden W P	Keck Phillip	D	1858	Y	644	500 --
Yaden W P et al	Rosson Ira	D	1857	Y	229	330
Yoakum E B	Campbell George	D	1859	Z	269	143
Yoakum E B	Campbell George	D	1859	Z	273	200
Yoakum E B	Campbell George	D	1859	Z	421	35 --
Yoakum E B	Henderson Thos	TD	1826	Z	605	500

END

TENNESSEE

RECORDS OF CLAIBORNE COUNTY

GENERAL INDEX TO DEEDS, VOL. 1
1801-1865
(GRANTEE)

Prepared By
The Historical Records Survey
Transcription Unit
Division of Women's and Professional Projects
Works Progress Administration

Mrs. John Trotwood Moore
State Librarian and Archivist, Sponsor

T. Marshall Jones
State Director

Mrs. Penelope Johnson Allen
State Supervisor

Mrs. Margaret Helms Richardson
District Supervisor

• • • • •

Nashville, Tennessee
The Historical Records Survey
July 6, 1939

The Historical Records Survey

        Luther H. Evans, Director
        T. Marshall Jones, State Director
        Penelope J. Allen, Supervisor

Division of Professional and Service Projects

        Florence Kerr, Assistant Administrator
        Elizabeth D. Coppedge, State Director

WORKS PROGRESS ADMINISTRATION

        F. C. Harrington, Administrator
        Harry S. Berry, State Administrator

Prepared By

Mrs. Grace C. Chadwell

Typed By

William L. Smith

ERRATA

(Note 1. The page numbers for Errata refer to the pages of the original volume, and are to be found enclosed between parentheses throughout the body of the manuscript.)

(Note 2. Where paragraphs or instruments covering half a page, or more, have been omitted, an additional page has been inserted immediately after the one in error, as: page 102 is followed by page 102a, which contains the omitted items. This correction is not to be confused with entries for ERRATA.
Shorter ommissions are to be found under ERRATA.)

Left out:

Grantee	Grantor	Ins	Date	Book	Page	Amount
Brooks Thos	McDonald Collins	D	1854	W	321	50 00
Buchanan M & A	William Houston	"	1832	W	549	350 00
Barnard P W	George Barnard & wife	"	1834	W	552	60 00
Condry Dennis	Thos McCarty	"	1818	E	260	1000 00
Ford Richard B	Elijah Harp	D	1852	W	6	250 00
Sharp John	Henry Stiner	"	1837	T	397	182 --
Weaver Gilbert	William Savage	"	1848	V	45	25 00

CLAIBORNE COUNTY

RECORD BOOK GRANTEE VOL. 1
1801 - 1865

Grantee	Grantor	Ins	Date	Book	Page	Amount
Allen John	William Reynolds	D	1802	A	38	50 00
Acklin Wm	Nathaniel Austin	"	1801	A	48	600 00
Acklin Wm Jr	Elijah Chisum	"	1802	A	52	1 00
Austin Nathn L	Elijah Chisum	"	1803	A	104	4 50
Austin Nathl L	Stockley Donelson	"	1803	A	106	50 00
Adams George	John Umstead	"	1804	A	127	200 00
Austin Steairn	John Umstead	"	1804	A	147	225 0
Alves Walter	T Charles Marshal & Co	"	1804	A	175	322 22
Adkins Thomas	Stephen Keywood	"	1805	"	199	500 00
Allen James	John Tompson	"	1801	"	219	121 00
Acklen Samuel	Henry Rowan	"	1809	A	236	50 00
Ashley Edward	James Glassgow	D	1805	A	244	30 00
Ashley Edward	James Glassgow	D	1805	A	245	25 00
Ausmus Philip et al	Cawood Stephen	"	1806	A	259	450 00
Adams George	William Hord	"	1806	A	271	1 00
Armstrong Isaac	William Hord	"	1806	A	272	50 00
Anderson Thos	John Sharpshire	"	1807	A	351	100 00
Alves Walter	Nathaniel Davis	"	1807	B	109	1000 00
Arwine John Jr	John Arwine Sr	"	1808	B	242	200 00
Arwine Albertis	David Prothero	"	1811	C	107	500 00
Ausmus Henry	Nathaniel Davis	"	1811	C	111	20 00
Adair John	James Glasgow	PA	1812	C	245	
Adair John	James Glasgow	PA	1811	C	248	
Adams Jacob	James Glasgow	D	1810	D	16	22 00
Ausmus Henry	Dennis Condray	SD	1812	D	176	535 00
Adams Jacob	Botts John	"	1812	D	231	150 00
Arwine Albartis	John Casey	D	1814	D	236	80 00
Adams Jacob et als	John Casey et als	"	1814	D	276	Deed
Ashley Edward	John Casey et als	D	1814	D	307	1 00
Anderson Thomas	James Glasgow	D	1813	D	342	15 00
Ashley Edward	John Casey et als	D	1814	D	380	1 00
Ashley Edward	John Casey	D	1814	D	381	Deed
Ausmus Henry	Samuel Weaver	D	1815	D	410	800 00
Ashley Edward	John Casey et als	D	1814	D	413	Deed
Anderson Wm	State of Tenn	G	1814	E	79	
Alexander Richir	State of Tenn	"	1807	E	106	
Acklin Samuel et als	William Acklin	D	1818	E	250	162 50
Arnell Wm	Jas W Glasgow	A	1820	E	406	
Anderson Thos	Jesse Lay	MD	1820	F	214	50 00
Archer John	John Latham	"	1815	G	95	600 00
Adair James	Stockley Donelson	PA	1799	H	148	
Adair John	Stockley Donelson	D	1800	H	152	300 00

Grantee	Grantor	Ins	Date	Book	Page	Amount
Adams Jacob	William Lewis	D	1827	H	327	364 00
Adams Jacob	William Savage	"	1817	H	329	1 00
Adams Jacob	Jacob Coots	"	1824	H	332	50 00
Austin Benj	Aaron Cox	"	1827	H	361	120 00
Austin Benj	William Parker	"	1827	H	363	7 00
Athony John et al	John Hunt Sheff	"	1833	K	73	
Acree John R	Lewis Chiasumn etal	"	1833	K	130	200 00
Acree Nathan R	John R Acree	"	1833	K	135	180 00
Arwine Albartes	Samuel Sevier	BS	1833	K	150	500 00
Adam Jacob	John Botts	D	1821	L	2	250 00
Alexander D B	James Hance	D	1835	L	53	3600 00
Ausmus Hiram	Henry Ausmus	"	1835	M	124	260
Adkins Harrison	Lewis A Garrett C & M	"	1836	M	177	100 00
Arwine Albertis	James Glasgow	"	1811	M	212	8 50
Adair John	Stokeley Donalson	PA	1805	M	223	
Ausmus Benj	Henry Ausmus	D	1834	M	430	600 00
Allen James	George Stwart	D	1838	N	16	800 00
Alexander D B	Tiny Gibson	"	1839	N	222	100
Alexander D Berais	Burrell Gibson	"	1839	N	224	100
Arwine Albartus	William Blackwood	"	1839	P	256	500 00
Arwine Albartus	Jacob Peck	"	1842	Q	220	50 00
Arwine Albartus	Jacob Peck	"	1842	Q	221	150 00
Acree John R	G P Shackleford	R	1834	R	36	62 64
Angel Nancy	Walter R Evans	D	1842	R	93	5 00
Allison Thomas	John Roak	"	1840	R	303	60 00
Acadmy Speedwell	B F Cloud	D	1843	S	4	1 00
Ausmus Benj	David Wilson	"	1836	S	17	3 50
Ausmus Benj	Joseph Dunn	"	1841	S	24	400 --
Ausmus Benj	Joseph Dunn	"	1841	S	26	200 --
Arwine Albartis	Benj Jones & wife	"	1844	S	88	25 00
Arwine Albartis	John Cocke	"	1844	S	112	500 00
Angel W F	Tennessee Margraves	"	1844	S	193	700
Ausmus Benj	Henry Ausmus	"	1846	S	497	3 50
Alexander William	Littleton Brooks	T	1847	T	180	1 00
Aenderson Andrew	James Cain	D	1831	T	233	55 00
Ausmus Benj	David Wilson et als	"	1843	T	249	200 00
Alexander M	R & M Alexander	D	1848	T	364	428
Allison James	Joseph Dunn	D	1836	T	398	100
Arwine Daniel	Albartus Arwine	D	1840	T	516	10 00
Anderson Rody	Thos Robertson	"	1849	U	98	60 00
Alder T	William Bowman Jr	TD	1849	U	99	1 00
Ausmus Hiram	Jonathan Ferrell	D	1848	U	385	600
Ausmus Benj	Heram Ausmus	"	1848	U	388	400
Ausmus John	Henry Ausmus	"	1845	U	481	600 00
Alder John	Tobias McNew	TD	1851	U	554	5 00

Grantee	Grantor	Ins	Date	Book	Page	Amount
Arwine Hiram	Albertis Arwine	D	1851	V	71	2500
Arwine Chesley	William Lewis	D	1851	W	58	400 00
Arwine Chesley	William Robertson & wife	D	1853	W	59	50 00
Arwine Hiram	William Lewis	D	1849	W	100	400
Adkins Peter	A G Melton	"	1849	W	434	500 00
Alder John	Harrison Vilett	TD	1855	W	561	1 00
Alexander Mitchell	B W S Alexander	D	1851	X	101	214 00
Alexander M	Samuel Alexander	"	1855	X	103	25 00
Alexander Mitchell	Isaac Alexander	"	1853	X	104	25 00
Ausmus Hiram	Daniel Beeler	D	1852	X	190	650
Alexander M et als	John Kincaid	D	1855	X	543	46 00
Alexander C G	Cornelias Bowman	TD	1858	X	592	
Alexander C G	Decree County Court	D	1853	Y	289	2050 00
Anderson E M	John C Lankford	TD	1859	Y	630	30 00
Adkins Peter	G W Smithe	D	1858	Y	657	400
Anderson E M	J C Lankford	TD	1859	Y	709	50 00
Anderson E M	J C Lankford	T	1859	Z	73	60 00
Arwine Hiram	James Hodges	D	1858	Z	481	50 00
Arwine Hiram	William Janeway	D	1859	Z	482	400 00
Atkins Samuel	Sqire Hunter	"	1860	Z	607	15 00
Anderson E M	J C Lankford	TD	1862	Z	661	120 00
Arwine Chesley	Daniel Vance	"	1861	Z	674	290 00
Ausmus Hiram	Benj Ausmus	"	1857	Z	681	600 00
Alexander Daniel	G W Petree	"	1866	Z	720	900 00

Grantee	Grantor	Ins	Date	Book	Page	Amount
Boyer Michel	John Grubb	WD	1806	A	6	150 00
Baker William	David Smith	"	1802	A	11	200 00
Basbham Johnson	Robert Burton	"	1806	"	19	150 00
Basbham Johnson	Burton & Houston	"	1801	"	21	150 00
Brooks John	Jns Glassglow	"	1805	"	29	10 00
Brock John	Heisekiah Bransow	"	1805	"	31	350 00
Brock John	Jas Glassglow	"	1805	"	35	20 00
Bird Wm	Thos Henderson	"	1805	"	42	1200 00
Busk Samuel	John Hunt	"	1805	A	47	300 00
Beeler George	John Bullard	"	1807	"	63-66	25
Buis Elisha	Peter Neil	"	1807	"	65	300 00
Bullard John	Geo Snauffer Sheff	"	1807	"	75-79	25
Berry James	North Carolina	G	1778	"	86	505
Buston John	Jonathan Blye	D	1803	A	92	300 00
Blye Jonathan et al	Stockley Donelson	"	1792	A	92	100 00
Bullock Richard & r	Porter Chas Marchl & c	"	1803	A	101	6000 00
Bracher ----	Robert Burton	"	1804	A	117-127	800 00
Boyers Micheal	John Arwine	"	1803	A	118-128	300 00
Bratcher George	Robert Burton	"	1804	A	125	800 00
Baker Henry	Nathl Austin	"	1803	A	136	45 00
Baker Henry	Nathl Austin	"	1803	A	137	7 00
Baker Henry	Nathaniel Austin	"	1804	"	139	48 00
Bristow Jno	Nathaniel Austin	"	1804	"	139	44 00
Baker Henry	Nathaniel Austin	"	1804	"	148	160 00
Bishop Lewis et al	John Thompson	"	1803	"	154	1160 00
Bratcher Benjemin	John Bratcher	"	1804	"	167	800 00
Blair John	State of North Carolina	G	1794	"	168	200 S
Brooks George	John Hunt	D	1805	"	169	100 00
Belcher John	Sherred Reynolds	"	1804	A	173	150 00
Burton Robert	John Hunt Shiff	"	1804	A	178	3822 84
Burton Robert	Robert Houston	"	1802	A	192	1000 00
Burton Robert	John Williams	"	1778	A	193	
Beard Blodgt	Nathaniel Austin	"	1805	A	195	20 00
Bradferd Benj	Richard Worthen	"	1805	A	211	5 00
Birdsong Miles et al	Thomas Adkins	"	1805	"	224	320 00
Baker Henry	Joseph Glass	"	1805	"	231	100 00
Baker Henry	Blodget Beard	"	1805	"	231	50 --
Bradford Benjamin	George Snuffer Shff	D	1805	"	231	12 50
Branson Hezekiah	John Owens	WD	1805	"	241-287	350 00
Beeler Jacob	Joseph Young	"	1805	"	249-295	366 2/3
Barnes Thomas	James Glasgow	"	1805	"	251	50 00
Baker Henry	George Evans	"	1805	A	254	31 00
Blevins Wm	John Carter	"	1804	A	264	300
Baker Henry	George Snuffer Sheff	D	1806	A	279	11 00
Berry James	State Tennessee	G	1799	"	312	100 S
Brooks James	Frederick Miller	D	1807	A	319	330 00
Baker Henry	John Miller	"	1807	A	322	50 00
Baker Henry	Nathaniel Austin	"	1807	A	323	25 00
Baker Henry	John Duke	"	1807	"	324	100 00
Bullard John	Robert Whitney	"	1807	"	353	100 00
Bristow John	Harrison Wynn	"	1806	A	357	20 00
Beeler George	George Snuffer Shff	"	1807	"	418½-358	25
Bowman William	Nathaniel Davis	"	1808	"	363-425	500 00

Grantee	Grantor	Ins	Date	Book	Page	Amount
Brock Sherard	John Truley	D	1806	B	Index	130 00
Berry John	Nathaniel Davis	"	1807	B	1	432 50
Berry John	Nathaniel Davis	"	1807	B	1	432 50
Brock John	William Savage	"	1808	B	13	150 00
Blair John	North Carolina	G	1793	B	57	100 00
Breeden William	Nathaniel Davis	"	1808	B	68	50 00
Baker John	Henry Sumpter	"	1808	B	74	500 00
Beeler Jas	Moses Overton	"	1808	B	78	200 00
Bowman William	Nathaniel Davis	"	1808	B	80	100 00
Bristow John	North Carolina	G	1797	B	97	50 S
Bales William	James Allen & wife	D	1809	B	129	100 00
Botts John	Thomas Powell	D	1807	B	203	200 00
Bishop Jonathan	Lewis Bishop	D	1819	R	212	745 00
Bradford Benj	Jesse Evans	"	1800	B	240	100 00
Bowman Wm	Nathaniel Davis	"	1809	B	256	1000
Breeden John	Nathaniel Davis	D	1810	B	260	500 --
Bullard John	Joseph Powell	D	1810	B	271	11 00
Busher Barnabas	Aaron Sharp	D	1810	B	318	500 00
Beeler Peter	N Davis M Overton	D	1810	C	8	400 00
Bororouf Valentine	Nathaniel Davis	D	1810	C	10	100 00
Bullard John	William Williams	D	1809	C	21	200 00
Bullard John	William Williams	D	1809	C	33	100 00
Brumbless Davis	Jno Lea	D	1810	C	49	500 00
Beeler Joseph	Nathaniel Davis et al	D	1811	C	53	2000 00
Blevins Dillings	Nathaniel Taylor	PA	1810	C	124	
Banker Henry	John F Jack J Cocke	D	1811	C	129	262 00
Britton Jas	Benj Merritt	D	1811	C	158	100 00
Brayden John	Valentine Bourrogh	"	1811	C	164	100 00
Bales William	Peggy Allen et al	D	1811	D	52	700 00
Beeler Daniel	Jacob Beeler	D	1812	D	59	300
Bartlet John	John Dobbins	D	1812	D	117	100 00
Beaty Martin	Geo Evans et al	A	1812	D	121	
Breeding John	John Goss	D	1812	D	187	436 00
Bays Joel	Henry Ausmus	"	1813	D	192	20 00
Bays Joel	Leighlin Euel	"	1813	D	200	100 00
Beeler Peter	Joseph Beeler	D	1814	D	204	2000 00
Burch John et al	Lewis Edward	"	1807	D	217	500 00
Brock John	Jeritha Nations	"	1811	D	228	30 00
Brock John	Jeritha Nathan	"	1811	D	233	755 00
Beeler George	William Hunter	D	1808	D	247	250 00
Blevins Wm	State of Tenn	G	1809	D	267	
Blevins William	State of Tenn	"	1811	D	308	
Brister John	North Carolina	"	1797	D	316	Services
Brooks Daniel David	Jacob Dobkins	D	1814	D	318	250
Bridges Thomas	John Casey et als	D	1814	D	321	Deed
Botts Joshua	Dennis Condry Shff	D	1809	D	339	5 15
Beeler William	John Vanbebber	D	1812	D	361	100 00
Boolinger Frederick	Henry Ausmus	D	1816	D	309	400 00
Bridges William	John Casey et als	D	1814	D	414	Deed
Botts John	Walter Evans	D	1815	D	429	30 00
Belcher John	Amos Johnson	D	1816	E	9	50 00
Baker Solomon	Isaac Hobbs	D	1816	E	44	400 00
Breeding Brand	John Shields	D	1811	E	40	400 00

Grantee	Grantor	Ins	Date	Book	Page	Amount
Bullard John	John Casey et al	D	1815	E	60	20 00
Breeden George	John Breeding	D	1816	E	71	101 00
Beeler Joseph	George Prtree	"	1817	E	74	800 00
Burch John	John Casey et al	"	1814	E	82	50 00
Burnet James	John Casey et al	"	1814	E	94	50
Beaty Martin	Wm Roberson et al	"	1816	E	140	2100 00
Beaty Martin et al	Wm Roberson et al	D	1816	E	143	150 00
Brock Geo heirs of	George Lane	D	1817	E	146	200 00
Bernard George	State of Tennessee	G	1816	E	148	
Bullard John	Jas Glasgow	D	1812	E	150	500 00
Boulinger Arch	Zack Cadle	D	1817	E	209	100 00
Barnwell Wm	John Bullard	D	1818	E	216	300 00
Baker Barnabas	Dennis Condray	D	1816	E	239	
Bunch Annie	Thomas Johnson	D	1817	E	265	15 00
Bales Alex	Wm Blevins	D	1817	E	345	500 00
Book Charles	Thomas Luttrell	D	1819	E	359	500 00
Barton Anderson	Geo Yoakum	D	1819	E	363	100 00
Burch John	Wm Henderson	D	1814	E	369	400 00
Barton Anderson	Jerry Henderson	D	1819	E	371	40 00
Bullard Wm	John Casey	D	1815	E	383	100 00
Bouroff Samuel	Henry Moore	D	1818	E	392	50 00
Bray Benjamin	State of Tenn	G	1819	E	416	
Bullard John	John Casey et al	D	1814	E	427	Deed
Bray Benjamin	State of Tenn	G	1819	E	421	
Bray Bena	" " "	"	1817	E	422	
Bray Bena	" " "	"	1820	E	424	
Bray Bena	" " "	"	1820	E	45	
Baker John	Daniel Rice	D	1818	F	5	100 00
Bartlett William et al		PA				
Brown William	James W Glasgow	D	1820	F	53	
Beaty Martin	Dennis Condry et al	P	1820	F	163	
Brock John	Thos Johnson et als	D	1820	F	164	200 00
Bullard John	James W Glasgow	D	1820	F	166	60 00
Bolinger Fred	Thomas Adkins	D	1820	F	198	20 00
Bolinger Fred Jr	Nathaniel Davis	D	1820	F	199	100 00
Barnard George	George Bull	D	1816	F	236	50 00
Baptist Church Cedar Fork	Wm Herrd	"	1818	F	243	
Burch William	Elijah Hurst	"	1823	F	253	100 00
Brock John	John Huddleston	"	1819	F	264	200 00
Brock John	Geo Brock	"	1801	F	265	225 00
Bayles Caleb	Henry Baker	"	1813	F	274	50 00
Bowman John	State of Tenn	G	1819	F	295	
Bullard Wm	Leadin Posey	D	1822	F	322	70 00
Berry Thomas	Jerry Cloud	"	1822	F	325	25 00
Brock George	James McBroom	D	1816	G	3	200 00
Ball William	Solomon Baker	D	1818	G	14	265 00
Berry Thomas	Harmon Hurst	D	1818	G	18	30 00
Barton Anderson	Thos R McClary	D	1821	G	68	135 00
Beaty William	John Hunt Shff	D	1822	G	80	50 00
Bunch William	Eliga Hurst	"	1822	G	88	200 00
Beeler Peter	John Rogers	"	1818	G	103	400 00
Bowman Cornelia	William Bowman	"	1821	G	106	750 00
Bowman William Jr	William Bowman Sr	"	1821	G	108	1750 00

Grantee	Grantor	Ins	Date	Book	Page	Amount
Bowman John	William Bowman	D	1821	G	109	600 00
Bullard William	Benj Lankford & others	BS	1822	G	111	350 00
Bullard William	Susannah Posey & others	BS	1820	G	112	250 00
Bullard William	James W Glasgow	D	1820	G	114	15 00
Bunch James & w J	Daniel Hopson & others	"	1820	G	123	Love
Bunch/& David estate	Daniel Hopson estate	"	1820	G	125	Love
Bayer Abraham	John Grubb	"	1824	G	132	170 00
Beeler Peter	John Rogers	"	1818	G	133	75 00
Bice Caleb	Elizabeth Morgan	"	1821	G	165	200 00
Bowlinger Fred Jr	Fredrick Bowlinger Sr	"	1819	G	170	500 00
Bishop Jonathan	Jab Crabtree	"	1815	G	180	
Bunch Wm	Nathan Moore	"	1822	G	206	300 00
Bowman William Jr	State of Tenn	G	1813	G	218	
Bowman William Jr	State of Tenn	"	1815	G	219	
Bowman William Jr	State of Tenn	"	1815	G	220	
Bowlinger Fredrick	Jesse Cain	"	1821	G	221	300 00
Bunch David	William Jennings	"	1823	G	254	250 00
Bartlett John	William Hill	"	1820	H	11	300 00
Bundren Richard	Thomas Johnson	"	1824	H	30	110 00
Barnes Nathaniel	James Carpenter	"	1823	H	72	200 00
Baker Thomas	William Sumpter	"	1820	H	77	135 00
Bundren Fhauci	George Pearson	"	1817	H	90	400 00
Barnard George	John Hunt Shff	"	1821	H	105	52 50
Brasfield Dennis	Martin Fugate	"	1822	H	108	100 00
Brooks Gideon	David Brooks	"	1821	H	117	150 00
Bayne Jessee	Thomas Johnson	"	1823	H	146	300 00
Brabson John et al	Henry Wiser	"	1826	H	212	95 00
Branson Jonathan	Hezikiah Branson	"	1825	H	232	400 00
Bullard William	John Thompson et al	BS	1827	H	284	500 00
Blevin Henry	John Wallin	D	1827	H	307	650 00
Bouraff Valintine	John Lynch	"	1823	H	370	300 00
Bourough Valintine	David James	"	1817	H	373	50 00
Barnwell William	Jacob Peck	"	1827	H	432	5 00
Bullard William	Jacob Peck	"	1827	H	454	25 00
Bowyer Joseph	Jacob Peck	"	1827	H	474	75 00
Breeding John	Jonah Moore	"	1827	H	475	125 00
Breeding John	Charles Shearman	"	1827	H	476	200 00
Botts John	Samuel Nichalson	"	1825	I	5	5 00
Barnard George	John Hunt	Shff	1826	I	37	275 00
Baker John	Elizabeth Chapman	D	1828	I	45	10 00
Barnard James	William Hord	"	1822	I	119	200 00
Bledsoe David	Hardy Hughes	"	1823	I	121	1200 00
Beaty William	Reuben Moss	"	1829	I	123	Gift
Beaty William	Latethuel Martin	BS	1826	I	125	365 00
Beaty William	Robert George	"	1828	I	126	400 00
Beaty William	Reuben Moss	BS	1829	I	126	400 00
Beaty William	Marcellus Moss	ID	1830	I	218	1 00
Braden John Sr	Henry Braden	D	1825	I	311	50 00
Bowlinger David	Fred Bowlinger	D	1830	I	323	200 00
Berry John	William Maddy	"	1830	I	383	500 00
Branscomb Joseph	Martin Sharp	"	1829	I	422	800 00

Grantee	Grantor	Ins	Date	Book	Page	Amount
Brooks Hezekiah	Squire Hurst	"	1831	I	429	160 00
Ball Moses	John Hunt Shff	"	1830	I	443	
Braden John Jr	John Braden Sr	"	1833	I	541	100
Beeler Adam et al	Peter Beeler	D	1832	I	553	75 00
Beeler Adam et al	Peter Beeler	"	1833	K	3	2100 25
Beeler Adams et al	Peter Beeler	"	1833	K	5	400 00
Beeler Adam et al	Peter Beeler	D	1833	K	7	400 00
Bullard Wm al	Benj Posey	"	1833	K	151	110 00
Braiden James	John Braiden	"	1833	K	254	50 00
Braiden William	John Braiden	"	1833	K	266	100 00
Breeding John	Isom Jennings	"	1829	K	328	200 00
Bullard C B	Noel Graham	TD	1834	K	331	1 00
Bullard C B	Chas Shearman	"	1834	K	339	1 00
Bayers Joseph	Isaac McBee & wife	D	1833	K	451	50 00
Brabson J M Estate	David J Clarkson	TD	1835	K	473	416 00
Bullard C B	Author Edwards	TD	1835	K	496	100
Bolinger Fred	James Rogers	TD	1834	K	560	100
Bullard C B	Pleasant Murphy	BS	1835	K	567	1005 00
Botts John	Jacob Peck	D	1826	L	1	100
Browning Wm	Joseph Jones	"	1835	L	37	250 00
Brabson J M	Daniel Huff	TD	1835	L	46	-- --
Bray Edward	Henry Wattersoil et al	D	1832	L	60	712 00
Braidon James	Braidon Williams	"	1835	L	68	225 00
Braden James	Thos Bundy et al	"	1834	L	212	260 00
Barnard Johnathan	Conley Collins	"	1833	L	216	250 --
Barnard Geo	Robert Gresham	"	1817	L	222	200 00
Barnard Geo	Isaac West	"	1831	L	224	100 00
Barnard Geo	Samuel Aodson & wife	"	1826	L	226	50 --
Bolinge Fredrick	Jesse Hunter et al	PA	1831	L	276	
Bowlenger Frederick	Choney Linch	D	1829	L	278	300 00
Bowlinger Fred	Chas Cooper & wife	PA	1835	L	281	
Bowlinger Frederick	Chas Hooper wife	D	1835	L	283	100 00
Bowlinger Fred	William Sharp	PA	1829	L	286	
Bowlinger Fred	William Sharp & wife	D	1829	L	287	50 00
Bowlinger Fred	John Stinnet	D	1829	L	289	50 00
Bowlinger Fred	Franklin Parker	"	1832	L	290	150 00
Beeler Woolsey	Jacob Peck	"	1827	M	9	70 00
Baker Wells W	Fidlia S Hunt	"	1836	M	9	
Baker W & H	Susannah Rice	"	1836	M	41	100 00
Bledsoe Isaac	Absolum Powell	"	1833	M	45	600 00
Braden James	Willie Whitehead estat	"	1836	M	51	100 00
Bunch James	Isaac Lane Shff	"	1835	M	61	50 00
Browls Writhes	J & M Leabow	"	1835	M	83	Love
Brock Rogane	John Brock	"	1835	M	97	10 00
Brock Rogane	John Brock	"	1825	M	98	225 00
Bundren Greene	Isaac Lane Shff	"	1837	M	104	140 49
Bowlinger Fred	John Hunt Shff	"	1836	M	125	248 25
Bowlinger Fred	Barbar Hunter	A	1829	M	133	
Bracher John	Daniel Coffett	D	1823	M	145	400 00
Breeding John	Thomas Hurst	"	1835	M	151	625 00
Brown William	Lynch Hatfield	"	1837	M	152	30 00
Baptist Church Big Spr	Anderson Jennings	"	1834	M	160	1 00

Grantee	Grantor	Ins	Date	Book	Page	Amount
Brabson J M	Azariah Watson	TD	1837	M	163	1 00
Bartlett John	Thomas R McClary	D	1829	M	203	100 00
Bartlett John	James Hill	"	1829	M	204	70 00
Bartlett John	Thomas McClary	"	1830	M	205	300 00
Baker William	Hunt & Cocke	"	1820	M	210	175 00
Bayles C & A	James Lovely	"	1823	M	213	150 00
Bayles Archibald	William Bayels	D	1831	M	214	200 00
Bartlett John	Joah Hill	"	1831	M	216	50 00
Bayels Martin	Jacob Peck	"	1834	M	232	80 00
Brassfield Thomas	Dennis Brassfield	"	1825	M	237	69 66
Bundmu Phillip	Lee Bmudreu et al	"	1837	M	239	
Butcher J B	Drewry Gibson	"	1837	M	256	160 00
Bullard William et al	Bamett Hickland & wife	R	1837	M	269	673 00
Bullard John	William Bullard et al	BS	1837	M	273	571 25
Bullard Bayers	Jacob Peck	D	1829	M	281	75 00
Blaine Jesse B	Hugh Graham	"	1838	M	285	150 00
Bapt Church Davis Creek	Joseph Hunter	"	1858	M	294	150 00
Barnard Geo Sr	George Barnard Jr	"	1838	M	307	
Brocks Jackson	John Brock	"	1837	M	317	500 00
Bruster John	Dennis Darum heirs	"	1837	M	326	200 00
Bales Archibald	Auther Edward	TD	1838	M	340	100 00
Barnard George	Green B Cloud et al	D	1838	M	367	ea 120 50
Bullard C B	John Brabson	"	1835	M	373	322
Beeler Woolery Heirs	Lewis A Garrett & w	"	1838	M	379	
Bunda Thos	John Miller et als	"	1833	M	398	200
Boma M William	State of Ky	G	1831	M	411	
Beaty M & W	Elijasle Jones	D	1838	M	421	900 00
Bradon James	Henry Lower	"	1837	M	429	75 00
Bundren Green	Elisha Nunn	"	1838	M	439	600 00
Bullard C B	Barrett Hicklin estate	B S	1838	M	449	80 00
Bowman James E	William Bowman Sr	"	1838	M	467	100 00
Burch John	William Burch et al	"	1838	M	455	250 00
Bowman James E	William Bowma Sr	"	1838	M	467	1000 00
Bolinger Jacob	Fred Bolinger	"	1838	M	480	875 00
Brooks Gideon	Luke Parker	TD	1838	M	485	
Baltrip Susannah	State of Tenn	G	1836	M	489	
Burks George	John Hamblin	PA	1839	M	499	
William Bullard	I B Butcher	D	1838	M	512	60 00
Barnard S & A	George Stubblefield	"	1838	M	545	600 --
Bishop Alexander	Wm McClellen	TD	1838	M	547	
Buice Abraham	Sterling O Buice	D	1839	N	12	50 00
Buis Abraham	Calib Buis et als	D	1839	N	18	200 00
Bullard C B	Alford Moore & wife	"	1839	N	45	350 00
Burk Daniel	Andrew Hunter	"	1822	N	89	450
Burk James	Andrew Hunter	"	1822	N	90	500 00
Branscome Joseph	John Carr	"	1839	N	140	20 00
Bruce Thomas	State of K	G	1839	N	149	
Brumet George	State of Ky	"	1837	N	153	
Brumet Rice	State of Ky	"	1837	N	154	
Brumet George	Reece Brummet	D	1839	N	155	100 00
Burk Hart Daniel	Samuel Wilson	D	1839	N	194	175
Bartlett James	Isaac C Lane Sheff	"	1837	N	201	
Bartlett James	William Heuston	"	1837	N	205	100

Grantee	Grantor	Ins	Date	Book	Page	Amount
Bartlett James	William Houston	"	1837	N	206	50 00
Bullard William	Jacob Peck	"	1827	N	210	75 00
Burkhart Daniel	John Sewell	"	1840	N	291	
Brooke Robert	State of Virigina	G	1790	O	10	
Bullard William	Bermet Posey	BS	1839	O	43	500 00
Baker John Sr	Elizabeth Chapman	D	1838	O	58	40 00
Burke David	Abraham Boyes	"	1839	O	129	600 00
Buis Abraham	G B Buis	"	1840	O	146	55 00
Burk David	James Burke	D	1839	O	170	500 00
Barnard Jonathan	George W Lane	"	1840	O	181	80 00
Boolinger Jacob	John Huntt Shff	"	1827	O	189	33 00
Bullard William estat	Benj Sewell	D	1840	O	225	
Barnard George	Green Bundren	"	1841	O	250	600 00
Beetry Margret	Samuel Nicholson	"	1830	O	268	12 00
Bullard John	Elias Vansel	"	1841	O	276	311 00
Beaty Martin	William Beaty	PS	1837	O	290	
Bullard William	Laden Posey	D	1839	O	300	300
Bullard William et al	Herman Baker & wife	"	1840	O	302	150
Beaty M & W	Elijah Jones	A	1837	O	305	
Bullard Wm et al	Heirs of Ben Posey	"	1832	O	323	
Bullard Bowyer Bullard	Alexander Fullington	TD	1841	P	80	100 00
Brooks Gideon	Bartholomen Brooks	BS	1836	P	101	Love
Brooks Gideon	Barthal Brooks	BS	1841	P	103	200 00
Brewer Isham	James Mills	D	1837	P	113	400
Brewer Isham	Roberson Hurley	"	1837	P	115	250
Brewer Isham	James Cope	"	1834	P	117	300
Brewer Isham	Roberson Hurley	"	1830	P	120	200
Brewer Isham	David Hurley	"	1838	P	122	130
Burch Jno M	George W Thompson	B	1841	P	142	600
Bowyer J	Wolry Beeler	B	1841	P	155	1000
Bowyer Joseph	John Bowyers	PA	1840	P	160	
Barnard Geo	James Wilson	D	1840	P	168	20 00
Brooks Geo	State of Va	G	1796	P	171	
Barnard G W	William Condry	D	1841	P	186	400
Barnard S J	G W Barnard	"	1841	P	188	300 --
Burk David	Joseph Bowyer et al	D	1840	P	220	500
Bishop Elisha	Thomas Baker	"	1841	P	224	450 00
Barnard Jonatham	George W Lane	"	1841	P	229	80 00
Beeler A & D	William Bowman	M	1841	P	249	225 00
Beeler Adam	James E Bowman	"	1841	P	250	5 00
Bowman William	James E Bowman	TD	1841	P	252	5 00
Beeler Woolery	John Niceley	B	1819	P	254	220 00
Burk David	David Yaden	D	1841	P	277	75 00
Burk D	J & J Boyers	"	1841	P	291	50 00
Barnard S J	Peter Legaer	TD	1842	P	383	151 14
Barton William	John Hurst	D	1840	P	397	1000 00
Barnard James	Joseph Southern	"	1842	P	403	150
Bundrn Ruthy	Walter R Evans	"	1841	Q	24	223 12½
Bayles Archibald	Elizabeth Wheeler	"	1840	Q	43	100
Bunch James	John Malthas	"	1842	Q	54	150 00
Barnard George	Calvin Cloud	B & S	1842	Q	64	220
Berry John H	Benj Sewell	D	1837	Q	96	

Grantee	Grantor	Ins	Date	Book	Page	Amount
Barnard S J	William Johnson	"	1842	Q	122	100
Brewer Oliver	Joab Brewer	"	1841	Q	126	75
Brewer Martial	Joab Brewer	"	1838	Q	128	35 00
Barton Brewer	Joab Brewer	"	1834	Q	130	150 00
Brewer Martial	Andrew King	"	1832	Q	133	19 50
BrewerMartial	Ralph Hatfield	"	1835	Q	135	85 00
Bales Caleb	Alexande Bales	"	1834	Q	137	250 00
Brock John Jr	John Brock Sr	"	1829	Q	177	Love
Barnard George	Jane Cloud	BS	1842	Q	248	225 00
Barnard George	Sterling Collins	D	1842	Q	263	50,000 --
Barnard George	Sterling Collins	D	1842	Q	364	60 00
Buis Abraham	Jesse Buise	"	1842	R	23	75 00
Barnard S J	Samuel Barnard	TD	1842	R	46	1 00
Barnard S J	Anderson Barnard	TD	1842	R	47	1 00
Braden John Sr	James Braden	D	1839	R	71	50 00
Brewer Joab	A King	"	1831	R	80	100 00
Brewer Joab	Sarah Nichelson	"	1832	R	81	37 50
Billingsly Elizabeth	William Billingsly	BS	1842	R	84	140 00
Braden James	Jacob Zimerly & wife	"	1837	R	103	30 00
Braden James	Jacob Zimerly & wife	"	1837	R	108	75 00
Bartlett Isaac	Henry Campston	TD	1842	R	133	
Brooks George W	Isaac Hatfield	D	1840	R	139	50 00
Brooks George W	Jame Dooley	"	1840	R	140	100 00
Braden James	Marchrious Cook	"	1841	R	158	180 00
Barnard S J	Samuel Barnard	TD	1843	R	162	100 00
Brewer Braxter	G McCrow	D	1842	R	170	15 00
Brewer Martiak	G McCrow	D	1843	R	172	15 00
Breeding John	Jacob Peck	D	1843	R	178	50 00
Barnard Jonathum	Benj Wooten	"	1843	R	227	6 00
Bartlett John	Harmon Nunn	"	1843	R	231	20 00
Bales Caleb	Robert Warrick	"	1842	R	232	25 00
Bales Alax	William Bales & wife	"	1840	R	233	Love
Bartlett James	Henly Hurst	"	1841	R	243	20 00
Blue Spring Church	George Sharp	"	1836	R	266	Love
Brewster John Sr et al	D C Cottrell et als	R	1843	R	296	
Bowman William	John Bowman	TD	1843	R	326	5 00
Bowman Nelson C	John Bowman	T	1843	R	328	5 00
Bundy Thomas	Henry Lower	D	1837	R	332	30 00
Britton Levi	Robert Ely & wife	"	1842	R	347	200 00
Barnard George W	G McCraw	"	1842	R	348	20 00
Bunch John	Jacob Peck	"	1843	R	379	30 00
Branscomb Joseph	Nathan Ellington	"	1843	R	388	450 00
Bullard Bowyer	C B Bullard	"	1843	R	399	1100 00
Bullard Bowyer	Isaac Bullard	BS	1836	R	400	75 00
Bullard William	C B Bullard	"	1841	R	405	300 00
Baker Thomas	Litleton Brooks	D	1831	R	406	465
Barnard Geo	Chisley West & wife	"	1843	R	416	25 00
Brewer Ambrose	Wm Lawson	TD	1843	S	13	11 50
Barnard J & J	Samuel Barnard	"	1844	S	22	100
Barnard John	James Mitchell	BS	1842	S	27	225
Burchfield M & J	Elias Burchfield	D	1841	S	30	200
Bartlett John	William Marcum	D	1844	S	42	400
Burchfield Wm	Joseph Jones	"	1844	S	67	300
Bussell James	Mathew Bussell	"	1844	S	99	Love

Grantee	Grantor	Ins	Date	Book	Page	Amount
Bussell Bird	Mathew Bussell	"	1843	S	100	Love
Brewer Isham	James Seals	"	1841	S	106	265 00
Ball George S	William Redman	"	1842	S	107	300 00
Breeding Patterson	Silin Vairce & wife	"	1844	S	150	30 00
Brewer Joab	Sarah Nickleson	"	1832	S	167	
Bullard John	Rebeca Bullard	R	1844	S	176	
Bullard Rebecca et al	John Bullard	D	1844	S	208	
Barnard S J	Farol Roach	"	1845	S	241	
Buchanan A & M	A B Jackson etals	"	1845	S	263	100
Bowman J E & W	William Houston	D	1845	S	268	895 00
Buckhanan A & M	Archibald Cooper & wife	"	1845	S	275	175 00
Buckhanan M & A	Archibald Cooper et als	"	1845	S	302	175 00
Buford John W	Jacob Cloud etals	"	1845	S	318	500 00
Bowman William	John Moyers	"	1842	S	326	500 00
Brooks George	Adam Yearry	"	1845	S	330	25 00
Brewster John	John Valintine	"	1839	S	369	25 00
Baptist Church at Tazewell	H Graham	"	1845	S	373	
Brayden John	Josiah Russell	"	1845	S	378	5 00
Brooks Geo W	Lynch Hatfield	"	1845	S	385	210 00
Brooks Levi	Gideon Brooks	D	1845	S	396	30 00
Brooks Elizabeth	George Brooks	"	1845	S	405	30 00
Beeler William	Woolery Beeler	"	1845	S	408	12 00
Barnard Jonatham	S & A Barnard	"	1844	S	425	4 10
Brooks G W	B Woodall	"	1845	S	435	500 00
Brooks G W	B Woodall	"	1845	S	436	200 00
Ball William	Isaac Hobbs	"	1845	S	445	9 00
Barnard James	G W Smithe	"	1846	S	467	50 00
Breeding Pryor	Tennessee Breeding	"	1845	S	467	50 00
Bruce Major	William Kincaid	D	1846	S	473	50 00
William Brewster et als	John Brewster	G	1846	S	498	Gift
Beeler A et als	Samuel Beeler	D	1842	S	526	1000 00
Barnard George	S J Barnard	"	1839	S	533	25 00
Barnard George	William H Condry & wife	"	1842	S	536	25 00
Brewer Moab H	Joab Brewer	"	1837	S	542	Gift
Barnard Jonathan	Jocb Long	"	1832	S	545	100 00
Brown John	William Grimes	"	1840	S	547	50 00
Brooks Gideon	David Brooks	D	1821	S	558	Love
Barnard Jonatham	G McCraw	"	1840	S	561	30 00
Barnard Jonatham	James Dobbs	"	1821	S	560	175 00
Branscomb Joseph	John Carr	"	1834	S	565	70 00
Brown M T	Levi Carmack	"	1841	S	590	50 00
Bullard Bowyers	J B Butcher	BS	1835	S	592	255 00
Bullard C B	Joseph Bullard	"	1814	S	595	75 00
Brooks G P	Jeremiah Henderson	D	1831	S	606	100 --
Beaty J M et als	M & W Beaty	D	1841	S	624	55 00
Baker William A	James Farmer	"	1846	S	633	50 00
Bishop Elisha	Stephen Hopkins	"	1846	S	640	310 --
Baker Thomas	Josiah Ramsey	D	1846	S	645	75 00
Brannom Martin	G McCrow	"	1845	S	652	100 00
Branham Martin	Samuel Jones	"	1845	S	655	450
Barnard S J	John Pearson	D	1846	S	689	1200 00
Bundren Green	Geo H Evans	"	1844	S	713	100 00

Grantee	Grantor	Ins	Date	Book	Page	Amount
Bishop Elisha	Isaac Thomas	"	1846	S	718	650 00
Barnard Jonatham	William Johnson	TD	1846	T	4	50 00
Branscom Joseph	Henry Roberson	D	1844	T	24	100 00
Brewer Isham	Lewis Johnson	"	1844	T	38	2 01
Beaty J M et als	Daniel Huff	"	1843	T	53	300 00
Brock Joseph	Major Dowell	"	1808	T	55	5000 00
Britton Chadwell	Levi Britton	"	1846	T	62	150 00
Britton Chadwell	Levi Britton	BS	1846	T	63	150 00
Britton Chadwell	Levi Britton	"	1846	T	64	700 00
Bullard William	Bennet Posey	BS	1833	T	65	250 00
Bullard William	Bennet P Posey	"	1835	T	65	300 00
Brussell Bird	Aron Cox	D	1845	T	66	50 00
Britton Levi	Chadwell Britton	R	1847	T	99	500 --
Barnard George	L A Garrett C & M	D	1847	T	111	
Burchfield Wm	Hugh Graham	"	1846	T	146	400 15
Bullard C R	Alford Moore & wife	BS	1841	T	156	80 00
Britton Levi	D C Cottrell	R	1847	T	195	
Braden James	C P Whitehead	D	1839	T	220	250 00
Beeler Daniel	William Kincaid	"	1847	T	242	550 00
Brooks Barletl	Robert Warrick	"	1846	T	245	73 50
Beeler Adam	Daniel Beeler	"	1844	T	246	Land
Buis Abraham	Robert Buise	"	1847	T	277	65 00
Brogan A	Allen Hurst	"	1847	T	326	250
Buise Abraham	James Hardy	"	1847	T	330	100
Brooks John H	Jacob J Parks	"	1847	T	358	312 32
Brantley Robert	James Allison	"	1845	T	390	150
Brooks Levi	John H Brooks	"	1847	T	405	30 00
Buis Abraham	Robert Southern	"	1847	T	429	100 00
Brooks Levi	Elizabeth Brooks	"	1847	T	430	90 00
Bray Benj Jr	Benj Bray Sr	"	1833	T	431	Love
Bartlett James	E P Herrell	"	1845	T	441	10 00
Billingsly Geo M	James H Lingar	"	1848	T	447	375 00
Ball George S	Elisha Mustard	"	1847	T	463	32 50
Brooks Lewis	Alex Hill & wife	"	1848	T	474	30 00
Bartlett William	E P Harrell	"	1848	T	488	400 00
Barnard Jonatham	Thos Hodges & wife	"	1848	T	498	800 00
Brooks John H	John Jones Jr	"	1848	T	518	400
Brooks Hezekiah	Thos Nunn	"	1821	T	519	40 00
Brooks Hezekiah	Thos Nunn	"	1821	T	520	40 00
Brooks Hezekiah	Thos Nunn	"	1821	T	521	40 00
Brooks Hezekiah	Drury Dunn	"	1826	T	522	140 00
Buford John M	W C Treece	"	1847	T	525	200
Brooks Geo W	Lynch Hatfield	"	1848	T	546	50 00
Britton Nancy	Levi Britton	"	1848	T	554	100
Brock A J	Daniel Brock & wife	PA	1848	T	573	-- --
Bowman J E & William	William Bowman Sr	D	1845	U	21	50 00
Bartlett Rebecca	William McFarland	TD	1848	U	27	
Brooks Armstead	Thomas Henderson	D	1829	U	58	150 00
Barlow P C	John McMahan	PA	1849	U	65	
Brooks Gideon	Gideon P Brooks	D	1833	U	69	250 00
Brooks Gideon	John Welsh	"	1836	U	71	150 00
Bank of Tennessee	J B Smith	"	1849	U	146	358 00
Brooks Lucinda	Andrew Brooks & wife	"	1849	U	184	37 00
Bellamy Thos	Sarah Lanham	"	1849	U	188	300 00

Grantee	Grantor	Ins	Date	Book	Page	Amount
Bowyer Bullard	Samuel Moore	"	1848	U	202	100
Brock A J	Daniel Brock & wife	" PA		U	215	- --
Britton Levi	Parks D Britton	A	1850	U	219	
Britton P D	Levi Britton	BS	1850	U	278	6 00
Brooks Geo W	Linch Hatfield	D	1849	U	223	50 00
Bullard William	Lewis Harmon	"	1850	U	230	50 12½
Brogan Franlin	William Savage	"	1848	U	252	40 00
Burchfield Martin	Lewis A Garrett	"	1850	U	253	85 00
Buchanan Mathew	Levi Parks	"	1850	U	267	
Britton Archibald	Levi Britton	BS	1850	U	276	400 00
Barnwell Levany	Harmon Shelton	D	1849	U	317	100 00
Brown James	James Chick	D	1850	U	327	150
Burchfield J H	Thos L Davis	TD	1830	U	350	5 00
Burchfield Martin & wife	William Bullard & wife D		1846	U	362	Love
Barnard S J	Joel Ritter	"	1830	U	375	700
Bruce Jesse	Thos Bruce	"	1849	U	378	50 00
Bruce Jesse	Jacob Pike	"	1849	U	379	150 00
Breeding Andrew J	Geo W Allen	"	1850	U	431	84 00
Burch John M	Samuel Moore	"	1850	U	433	412 00
Bullard Joseph H	Solomon Dobkins	"	1851	U	459	1000 00
Bullard Joseph H	Solomon Dobkins	"	1851	U	461	5000 00
Burchfield J H & J M	Drury Dunn	"	1851	U	527	800 00
Barnard J & others	Reling to each other	R	1851	U	558	
Barnard Jonatham	G W Lane	D	1850	U	542	50 00
Barnard Jonatham	Jacob Long	"	1832	U	578	100 00
Brooks Jeremiah	Levi Brooks	"	1831	V	9	15 00
Bales Robert M et als	John M Marcum	"	1851	V	30	325 00
Bales Robert M et als	John M Marcum	"	1851	V	31	25 00
Bales Robert M et al	William A Marcum	"	1851	V	32	50 00
Breeding Andrew J	Albartis Arwine	"	1851	V	49	9 00
Brundsen Ruth	Blewford Woodall	"	1831	V	57	2000 00
Breeding John	William Evans	"	1850	V	72	800 00
Beech Henry	J and W Hamilton	"	1844	V	95	125 00
Burk Andersons	Enoch Simmons et als	D	1850	V	122	210 00
Brock Joseph Jr	Major Dowell Jr	"	1808	V	132	500 00
Bowman Nelson C	George Hamblin	"	1851	V	148	125
Bowman John	State Ky	G	1831	V	149	
Bowman John	State of Kentuckey	"	1839	V	150	
Brooks Levi	Bartlett Brooks	D	1851	V	158	250
Bullard William	A S Brock Sheff	D	1852	V	173	6 00
Beeler Joseph	Jesse Cain	"	1851	V	186	150
Breeding Neil	Silvia Pitman et al	"	1849	V	193	131
Brooks Andrew	Thos Friar	"	1844	V	201	18 00
Bowman John	William Bowman Jr	"	1850	V	211	164
Brooks Geo W	James W Yearry	"	1851	V	220	100 00
Brooks Geo W	Bartley Brooks	"	1851	V	221	10 00
Brooks Bartlett	Levi Brooks & wife	"	1851	V	222	250 00
Buford John W	James Carrall	"	1852	V	234	100 00
Burk James	John A Goin	D	1851	V	256	450 00
Bowman Elisha et als	A J Brock Sherff	"	1852	V	272	6 77
Buchanan Walter R	Thos P Graham	R	1852	V	278	
Buchanan W R	Levi Goin	BS	1852	V	285	950 00
Billingsley George	William Neil	D	1843	V	342	68 00
Barnard S J	Abner Nunn	"	1852	V	346	150

✳ (See Errata for correction)

Grantee	Grantor	Ins	Date	Book	Page	Amount
Burchfield J H et als	A & R Dunn	B	1851	V	354	500
Bales C & R M et als	John Yeary	D	1851	V	358	200
Brooks George	Harbor & G Adams	"	1843	V	370	150
Bussell & James	C & A Rogers	D	182	V	373	50 00
Burchfield Martha & wife	Barthena Bullard	"	1852	V	390	Love
Burchfield H A	Andrew Philips	"	1853	V	405	Love
Buchanan W R	John Easley & wife	B	1853	V	409	925
Brogan Frank	Alvis Brogan	"	1852	V	420	300
Burchfield Martin	John B Parker	"	1853	W	8	650 00
Bowls Thomas	Spencer Ball	"	1845	W	14	300 00
Bucher Elisha	Prior Garland	"	1853	W	22	500 00
Buchanan Andrew	Lewis A Garrett	TD	1853	W	31	600 00
Breeding R & T W	John Breeding	D	1853	W	33	900 00
Baptist Church	Rebecca Bartlett	"	1849	W	46	
Beeler Daniel	John Sharp	"	1852	W	67	1400 00
Braden John	William Kincaid	"	1853	W	79	450 00
Breeding Patterson	Ellison Vance	"	1852	W	94	50 00
Brook Geo W	Joseph & J K Mahafey	"	1833	W	104	1000
Barnes Richard	A & C Rogers	D	1851	W	135	50 00
Buchanan W R	William Goin	"	1853	W	138	875 00
Balltrip C & J	Jacob Peck	"	1852	W	146	12 50
Burchfield J H & others	Jeremiah Burchfield	"	1853	W	152	183
Bowman Fillmon H	Nathaniel Cress	"	1852	W	165	80
Bullard D C	George B Bullard	BS	1853	W	197	350
Bullard Barthaniel	F M Fulkerson admr	D	1853	W	225	
Billingsley Linnacus	William B Durm	D	1852	W	252	250 00
Burchett H A	John Hurst	"	1853	W	264	2000 00
Barnard P W	George Barnard	"	1852	W	273	400 00
Bunch James	David Hopson	"	1852	W	285	13 00
Bunch James	Jane Hopson	"	1851	W	286	40 00
Banking Business	E H Skaggs	"	1853	W	308	- --
Balemmy Thos W	Martin Lanham	"	1854	W	309	37 50
Brown John	Martin Burchfield	"	1853	W	311	600 00
Burch J M	William Needham et als	D	1847	W	312	400
Burch J M ✳	William Needham et als	"	1847	W	314	275
Bussell Chas	George R Ward (Col)	D	1853	W	326	5 12
Bussell Chas	Elenor Collins	"	1853	W	328	50 00
Burchfield Martin	Jermena Hudleston	A	1854	W	332	55 00
Bullard George B	Daniel C Bullard	R	1854	W	342	350
Buchanan W R	Joseph H Bullard	D	1854	W	343	160
Bussell James	William Carmack & wife	"	1853	W	346	51 00
Brooks Gideon	Decree Circuit Court	"	1853	W	356	114 50
Brooks Gideon	Abel Kesterson	D	1852	W	366	150 --
Brooks James P	Abel Kesterson	"	1854	W	368	346
Birdseye Ezekiel	John Sharp et al	D	1854	W	387	
Birdseye Ezekiel	Allen Hurst et al	D	1854	W	389	
Birdseye Ezekiel	William Kincaid	L	1854	W	390	100
Brooks Gideon	William W Greer Shff	D	1854	W	396	29 50
Bussell Charles	Elijah Jones	D	1853	W	405	100 00
Burchfield Josiah H	Elizabeth Burchfield	"	1854	W	412	
Burk David	State of Tennessee	G	1827	W	421	

#(See Errata for correction)

Grantee	Grantor	Ins	Date	Book	Page	Amount
Bussell James	Elijah Jones	D	1854	W	430	100 00
Banking Business	E H Skaggs	B	1854	W	459	500 00
Breeding John	Hugh Graham	D	1854	W	461	400 00
Buchanan J S	William Riley	"	1853	W	465	900 00
Buchanan A & M	N A Evans	"	1854	W	473	375 00
Brancomb Joseph	Henry Clapp	"	1854	W	484	400 00
Buchanan W R	D C Bullard	"	1855	W	527	500 --
Bowman A & D	Daniel Huff	"	1833	W	534	27 50
Burchfield Martin	Neal Southern	D	1835	W	536	50 00
Buchanan Andrew	Robert Crockett	BS	1855	W	564	1000
Burk Anderson	(Homestead claim)	HS	1855	W	575	
Buchanan W R	Decree County Court	D	1855	X	9	100
Baltrip J & C	Jacob Peck	D	1855	X	14	300
Bunch James	William A Hopson	D	1855	X	20	20 00
Buis Abraham	Samuel C Jones	BS	1855	X	45	750 00
Bartly James	Calip Bales et als	D	1853	X	135	350 00
Bartly James	Calip Bales et al	D	1853	X	138	35 00
Bartly James	Calip Bales et als	"	1853	X	140	2062
Bunch James	David W Bunch	"	1855	X	171	100
Beason Isaac	William Kincaid	"	1855	X	181	550 00
Buchanan A	William Hall	T	1855	X	192	100
Bullard B & et als	F M Fulkerson Adm	D	1855	X	233	
Berry Mary	Deliliale Hurst	D	1853	X	238	700
Bryant George	James Teague	"	1856	X	260	150 00
Bryant George	James Parker	"	1853	X	261	300 00
Brown John	James J Sewell	"	1856	X	292	380 00
Brown John	Moses Wilborne et al	"	1856	X	305	100 00
Blackburne W A L	John E Wallen	TD	1856	X	308	5 00
Braden John	Jacob Peck	A	1855	X	313	
Burk A S	Decree County Court	D	1852	X	314	173 00
Birdseye E et als	Volintine Fulps	L	1854	X	317	
Bowman S M C	John Bowman	D	1856	V	328	12 00
Brooks J	Decree County Court	D	1855	X	333	270
Bussellell Chas	James Fugerson	"	1856	X	336	75 00
Blansett James	John Breeding	D	1856	X	341	320
Blackbourn W A L	Hugh L Freemon	T	1856	X	391	100
Bowman S M C	N C Bowman	D	1856	X	399	50 00
Breeding Russell	Thos W Breeding	"	1856	X	401	850 00
Brown James M	Micheal Carriger	"	1856	X	407	570 00
Bowman T H	N C Bowman	"	1856	X	413	90 00
Bowman T H	John Bowman	"	1856	X	424	400 00
Bundren Jesse B	Ruth Bundren	M	1856	X	445	65 00
Breeding S	Geo R Ward	D	1856	X	464	500 00
Bowman T H	John Bowman Sr	D	1856	X	517	600 00
Bowman T H	John Bowman	"	1856	X	518	200
Breeding Thos W	John Loveless	"	1856	X	542	15 00
Brooks George	David Hitson	"	1856	X	547	500
Brown John	Micheal Carrigar	"	1856	X	571	
Breeding Samuel	John Sanders	"	1855	X	580	600
Buchanan John	T D Dickerson	"	1857	X	584	700
Buchanan A	J D Dickerson	"	1857	X	585	425
Brooks Geo W	Nancy Day et al	"	1854	X	29	450 00
Buis Abraham	William Neil	"	1857	X	59	150 00
Bowman T H	William Bowman	TD	1857	X	68	5 00

Grantee	Grantor	Ins	Date	Book	Page	Amount
Brown John	Samuel Gill	D	1857	Y	75	80 00
Buchanan W R	M D Southern	"	1857	Y	123	158 00
Bunch James	Henry Ritter & wife	"	1856	Y	130	25 00
Bellamy John D	James Rose	"	1857	Y	142	250
Burchfield M	J T Denney & wife	PA	1857	Y	162	
Bowman J E	William Kincaid	D	1851	Y	191	12 00
Brooks J	M Herrell et als	"	1857	Y	240	75 00
Buchanan Mathew	Andrew Buchanan	BS	1858	Y	283	1300 00
Buchanan Andrew	Caleb Bales	BS	1858	Y	303	200 00
Barnard S J	J E Waller	D	1858	Y	324	406 00
Brown James	Jefferson Chick	D	1855	Y	351	300
Barnard S J	Hamilton Evans	TD	1858	Y	352	500
Barnard S J	H Evans	TD	1858	Y	363	500
Bundren Jesse B	Jacob Shultz	TD	1858	Y	385	151 43
Barnard S J	J B Bundren	TD	1858	Y	387	100
Barnard George	P W Barnard	D	1858	Y	426	90 00
Barnard S J	Jacob Shultz	"	1858	Y	427	4500 00
Bussell Charles	Shirley Bussell	"	1856	Y	436	500 00
Buise Joseph	Abel Kesterson	"	1857	Y	470	1200 00
Bullard Benj P	Thos J Neil	"	1858	Y	476	1800 00
Buchanan W R	T J Neal	TB	1858	Y	481	200 00
Bratcher John	Charles J Davis	D	1858	Y	482	500 00
Buchanan W R	Isaac E Stridge	"	1858	Y	556	100 00
Burchfield Martin	William Sanders	L	1858	Y	564	- --
Barnard Samuel	James Barnard Sr	D	1854	Y	589	15 00
Bunch Leaty	John Bunch	"	1858	Y	601	Love
Buis Joseph	Alexander Fullington	"	1858	Y	603	170 00
Bowman T H	William Bowman	TD	1859	Y	670	5 00
Beeler Peter	Samuel A Vance	D	1851	Y	677	25 00
Burchett A F	John Hurst	"	1859	Y	681	1200 00
Buchanan John	W W Greer Shiff	"	1859	Y	691	152 88
Buchanan W A	Samuel Barnard	TD	1859	Y	697	1 00
Bullard Benj P	Martin Burchfield	D	1859	Y	701	1250 00
Barnwell Levania	J & Mary Leabow	BS	1858	Y	703	
Butcher Eliza	Robert Peck	MC	1859	Y	710	
Bundren J B	Racheal Harrell et al	D	1858	Y	715	35 00
Bundren Ruth	Jessee B Bundren	"	1858	Y	717	750 00
Bundren Ruth	John E Waller	"	1859	Y	718	282 00
Bussell Charles	W W Greer Sherff	D	1858	Z	28	10 00
Brown John	Anne Jane Kelly	Deed	1859	Z	38	100
Brown John	Ann Jane Kelly	"	1839	Z	39	150 00
Blackborne G W	John Gray	T	1839	Z	69	1 00
Burchfield J H	Decree Wm Burchfield land	D	1859	Z	82	440 00
Burchfield Martin	J D Thomas admr	"	1859	Z	84	915 00
Brooks Travers	Henry Nevals et al	"	1859	Z	93	350 00
Bowman T H	William Bowman	T	1859	Z	95	5 00
Burchfield J H etals	W W Greer	D	1857	Z	139	500
Bullard B P	J H Burchfield etal	"	1859	Z	140	100 00
Brown John	Walter R Evans	"	1856	Z	143	100 00
Brown John	J P & W R Evans	"	1853	Z	146	200 00
Bostick V M	William E Grason	"	1859	Z	149	400 00
Billingsley G M	J W & J F Shumate	"	1858	Z	157	400 00
Breeding John	James Blanset	"	1860	Z	181	320 00
Buis Abraham	W B Shoemaker	"	1859	Z	218	106 70

Grantee	Grantor	Ins	Date	Book	Page	Amount
Bowman Cornelias	Richard David et al	B	1858	Z	227	10 -
Burchfield John	Martin Burchfield	D	1859	Z	237	125 00
Brooks George W	David Hitson	D	1858	Z	261	50 00
Brooks George W	Levi Brooks	"	1860	Z	317	330 00
Bundren J B	Ruthe Bundren	"	1860	Z	322	800 00
Bundren Jesse B	Ruthe Bundren	"	1860	Z	328	232 00
Blackburne W A L	H L Freeman	TD	1860	Z	331	190 25
Braden John	John Kincaid	D	1859	Z	334	2852 58
Burchfield Martin	A C Hansard	BS	1860	Z	348	1400 00
Billingsley G M	Thos W Grubb	TD	1860	Z	356	80 00
Bowman T H	Reuben Parrott	D	1860	Z	360	100 00
Breeding Samuel	Jesse Evans	D	1858	Z	362	350 00
Bunch J J	J C Lankford	TD	1860	Z	377	500
Bowman T H	N C Bowman	D	1860	Z	386	50 00
Brooks Gideon	James Williams	"	1860	Z	390	400 00
Balltrip C & J	Jacob Peck	D	1859	Z	425	300 00
Beech Henry	James Parrott	"	1859	Z	434	200 00
Buis J W & L R	G W Lyford	"	1860	Z	464	250
Brogan Asa & wife	William Sharp	"	1860	Z	510	Love
Bowman T H	Elisha Bowman	"	1861	Z	512	100 00
Bowyers Joseph	William Lewis et als		1861	Z	516	
Bowman T H	William Bowman	TD	1861	Z	532	126 93
Bowman Cornelius & heirs	Levi Sharp	D	1860	Z	533	100 00
Bowman C W	Jesse B Sharp	"	1861	Z	535	16 00
Branscomb Joseph	Henry W Moyers	"	1860	Z	542	70 00
Bartley James	James H Taylor	"	1860	Z	572	100 00
Bullard D C	John Neal & wife	"	1858	Z	609	Love
Brooks James	Edward Field et al	"	1853	Z	631	75 00
Brooks James	Jacob Fields	"	1854	Z	632	25 00
Bullard B P	James Thomas Adm	"	1859	Z	640	475
Brogan John et al	William Sharp	"	1856	Z	649	Love
Buchanan W R	C Y Rice	TD	1862	Z	656	500
Bunch Nancy	John Bunch	D	1862	Z	667	Love
Barnard W H	P W Barnard	TB	1862	Z	656	500
Brown James	William Neil	D	1863	Z	687	500 00
Brown S C	James M Brown	"	1863	Z	688	570 00
Blackburne John A	John Brown	"	1863	Z	689	1000 00
Blackburne Wm A	John Brown	"	1863	Z	690	200 00
Burchett Geo J et al	A F Burchett	D	1863	Z	692	Love
Blackburn John A	William Neil	"	1863	Z	692	150 00
Brooks Thomas	Reuben Mason	"	1863	Z	697	
Branhan John	M M Futts	"	1863	Z	699	400 00
Buis Joseph	C Y Rice	"	1863	Z	713	3500 00
Buise Joseph	George Greelee	TD	1861	Z	715	100

Grantee	Grantor	Ins	Date	Book	Page	Amount
Cary Robt	Thomas McLain	WD	1808	A	A	400 00
Crowley John	Thomas McLain	"	1808	A	C	400 --
Carpenter Jessee	Joseph Guest	"	1805	A	10	375 00
Campbell Joseph	Elijah Chisum	"	1802	A	12	600 00
Chisum Elijah	North Carolina	G	1802	A	14	100 S
Chadwell David	James Glasglow	WD	1805	"	20	5 L
Cox Josiah	Wm Owen	"	1805	"	23	270 00
Campbell John	Alexander Outlaw	"	1802	"	33	400 00
Clark Isham	Isaac Lane	"	1803	"	57	100 00
Campbell James	Maberry Francis	"	1802	"	60	1000 00
Clark Isom	Thos Jeffers	"	1807	"	77	100
Chisum James	Thomas Jeffers	"	1803	"	99	1 00
Condry William	James Cooper et als	"	1803	A	111	640 00
Condry Dennis	William Condry	"	1804	A	116	Land
Clark Silas	William Strand	"	1803	A	128	40 00
Craft Ezekerl	John Hunt	"	1803	A	135	11 00
Coffer Joseph	Nathaniel Hunt	"	1804	A	137	25 00
Coffer Joseph	Nathaniel Austin et al	"	1804	A	138	30 00
Clayton Archibald	Stokely Donelson	"	1804	A	142	20 00
Cogdale Joseph	Elisha Wallen	"	1804	A	159	220 00
Church on War Creek	Joseph Powell	"	1803	A	167	
Craft Joseph	John Miller	"	1805	A	172	300 00
Chadwell David	John Hunt	"	1805	A	189	100 00
Chadwell David Sr	John Hunt Sr	"	1805	A	191	2000 00
Coffee Joseph	Nathaniel Austin	"	1803	A	213	7 00
Coffee Joseph	John Hunt	"	1805	A	214	100 00
Cain David	Stephen Cawood et al	"	1805	A	275	270 00
Coffee Joseph	Nathaniel Austin	D	1805	A	230	48 00
Chissum James	Nathaniel Austin	"	1805	A	233	36 00
Childres Abner	William Savage	"	1804	A	234	120 00
Coffer Joseph	Ezekiel Craft	"	1805	A	237	12 00
Chisum James	Nathaniel Austin	"	1804	A	237	61 00
Casey James	Prothero David	"	1805	A	257	20 00
Chadwell David	George Snuffer Shff	D	1806	A	277	30 00
Chadwell David	Nathanl Austin	D	1806	A	278	26 50
Campbell James	William Hord	"	1806	A	282	1 00
Crocket Anderson	Thomas Pearson	"	1806	A	283	230 00
Cunningham Thos	Isaac Lane	"	1807	A	355	300 00
Chapman Abner	North Carolina	G	1786	A	356	200 00 S
Campbell Geo	Robert Burton	D	1807	A	367	20 00
Caine Jesse	Nathanal Davis	"	1807	A	373	150 00
Cloud John	Thos McLane	"	1808	A	388	100 00
Claypole Stephen etal	Geo Snuffer Shff	"	1807	B	9	300
Camron John	Jeremiah Peberly	"	1808	B	59	200 00
Cook James	Nathan Perry	"	1821	G	74	230 00
Camron John	Jonathan Denton	BS	1808	B	70	500 00
Cogdale Joseph	Robert Southern	D	1808	B	77	300 00
Carpenter James	William Boyd	"	1808	B	84	2000
Carpenter Yalventon	William Boyd	"	1808	B	86	500 00
Cary Robert	Thos McLane	"	1808	B	99	90 00
Cary Robert	Thos McLane	"	1808	B	101	200 00
Cheek Jesse	George Evans	"	1808	B	104	70 00
Campbell Jeremiah	James Glasgow	"	1808	B	115	75 00

Grantee	Grantor	Ins	Date	Book	Page	Amount
Cocke William	John Hall	"	1809	B	119½	3300 --
Campbell Jas H et al	Auther Campbell	D	1808	B	122	1000 --
Cocke William	John Latham	"	1809	B	141	700 00
Critchfield Wm	George Snuffer Shff	"	1809	B	143	16 00
Cotton Benjamin	Isaac Armstrong	D	1808	B	162	50 00
Chadwell David	Benjamin Posey	"	1809	B	163	Love
Campbell John	Elizabeth Cheek	BS	1809	B	174	
Cheek Elizabeth	Jesse Cheek	"	1808	B	175	
Campbell John	Jesse Cheek	"	1809	B	181	300
Cheek Jesse	State of Tennessee	G	1809	B	207	
Carnes Levi	Thomas Jones	D	1809	B	210	300 00
Carr John	Richard Michel	"	1809	B	244	1000 00
Campbell Auther L	Auther Campbell	"	1810	B	251	250 00
Condry Dennis	Thomas Mys et als	"	1810	B	291	100 00
Crolley John	John Birdsong et als	"	1808	B	294	500 00
Cardwell John	Jesse Evans	"	1810	B	315	60 00
Campbell Arther	John Jones & wife	"	1808	B	321	150 00
Campbell Auther	John Jones & wife	"	1788	B	322	
Chadwell David	John F Jack & J Cocke	"	1810	C	18	25 00
Claxton James	John Hall	PA	1810	C	58	
Cadle Marsh	James Glassgow	D	1811	C	79	75 00
Cunningham John	State of Tennessee	G	1810	C	85	
Campbell John	Abner Chapmen	D	1811	C	98	100 00
Clark Siles	James Glassgow	"	1810	C	140	10 00
Claypool John	William Beals et als	"	1811	C	146	190 00
Cheek Jesse	John Bayles	"	1807	C	149	20 00
Campbell Jane B et al	Arther Campbell	"	1811	C	152	100 00
Cain David Sr	S & J Earles	"	1811	C	162	200 00
Campbell Jas H	Charles L Porter	D	1811	C	170	59 54
Campbell Jas H	Chas F Porter	O	1811	C	173	
Campbell Jas H	Charles F Porter	D	1811	C	175	59 54
Campbell A L	Arther Campbell	"	1811	C	180	100 00
Campbell A L	Arther Campbell	"	1811	C	183	100 00
Campbell A L	Arther Campbell	"	1811	C	185	105 00
Chapman Abner	North Carolina	G	1808	C	189	10 S
Cress Jacob	Elisha Collins	D	1817	H	23	150 00
Condry Dennis	Joshua Botts	D	1811	C	193	150 00
Critchfield Richd	James Glasgow	"	1811	C	205	25 --
Condry William S	William Roberson	PA	1812	C	244	
Clark Isham	Ransom Day	BS	1812	C	247	25 00
Campbell Geo	Joseph Williams	D	1809	D	2	1 00
Cain David	Thomas Nevils	"	1812	D	7	40 00
Constant William	St of Tennessee	G	1812	D	14	
Cardwell John	Jacob Beeler	D	1812	D	26	12 00
Capps Jacob	John Bullard	D	1812	D	27	330 00
Critchfield Palmer	James Glasgow	"	1811	D	32	25 00
Condry Dennis	James Glasgow	"	1810	D	57	500 00
Coffet David	Joseph Evans	"	1809	D	70	600 00
Casey John	Thomas Anderson	BS	1811	D	71	225 00
Casey John	Wm Norvell	"	1811	D	73	170 00
Campbell Arther	North Carolina	G	1812	D	74	
Condry Wm	James Laird	PA	1811	D	91	
Claxton James	John Hall	D	1811	D	94	10 --
Cunningham	State of Tennessee	G	1810	D	97	

✱ (See Errata for correction)

Grantee	Grantor	Ins	Date	Book	Page	Amount
Campbell Arther	State of North Carolina	"	1794	D	153	320 S
Cloud Benjamin	State of Tennessee	D	1811	D	166	
Cloud Benjamin	State of Tennessee	"	1813	D	167	
Cloud Benjamin	State of Tenn	"	1811	D	168	
Chadwell Alex	Denis Condry Shff	D	1813	D	178	6 35
Condry Jno & Estate	Jno Adir	A of A	1817	D	181	
Collens David	James Glasgow	D	1812	D	186	25 00
Cardwell John	James Glasgow	D	1813	D	194	50 00
Cloud Benjamin	Robert Patterson	"	1813	D	201	350 00
Campbell Jas H	Arther Campbell	"	1811	D	213	Land
Cook M	Able Lanham	"	1815	D	222	50 00
Campbell George	Jacob Dobkins	"	1814	D	223	150 00
Campbell George	Jacob Dobkins	"	1814	D	224	300 00
Cope James	Samuel Nichalson	"	1814	D	248	25 00
Carnes Levi	Isaac Jones	D	1814	D	262	200 00
Carnes Levi	Isaac Jones	"	1814	D	264	400 00
Condry Wm	John Wallen	BS	1814	D	265	400 00
Cowan Samuel	James Killens	D	1814	D	281	400 00
Clarkson Mathew	John Nicholson et al	"	1795	D	287	5 S
Clarkson Mathew	Edward Robinson et al	"	1795	D	295	1 00
Cocke William	State of Tenn	G	1811	D	311	
Campbell Arther C	James H Campbell	D	1807	D	323	Deed
Condry Dennis	Walter Evans et al	"	1814	D	343	Deed
Condry Dennis	James Glasgow	"	1812	D	345	50 00
Cadel Zack	Henry Ausmus	"	1816	D	399	100 00
Cloud Jerre	Walter Evans	"	1816	E	2- 65	50 00
Campbell Robt	John Smith	"	1829	L	197	25 00
Carry John	Nathaniel Davis	A	1816	D	401	
Collins David	Nathaniel Davis et al	A	1815	D	418	Deed
Cardwell John	John Casey et als	D	1814	D	420	Deed
Cyrus Nimrod	Richard Fields	"	1815	E	1	400 00
Cyrus Nimrod	Hardy Hughes	D	1815	E	2	1 00
Critchfield Palmer	John Casey et als	"	1814	✱	8	50 ¢
Collins Elisha	John Casey et als	D	1814	E	21	Deed
Condry John	James Glasgow	D	1812	E	26	10 00
Condry John	John Casey et als	D	1816	E	27	Deed
Cadle Ezachry	Christopher Damron	D	1814	E	30	20 00
Cloud Benjamin	William Doverty	"	1816	E	38	60 00
Cloud Benjamin	State of Tenn	G	1812	E	57	
Collinsworth John	James Glasgow	D	1812	E	90	25 00
Chadwell David	Walter Evans	"	1817	E	145	300 00
Cadle Mark	John Casey et al	"	1814	E	164	1 00
Carpenter James	John Gross	D	1818	E	186	500 00
Critchfield John	William Norvell	"	1815	E	193	100 --
Clark William	Joseph Clark	"	1818	E	242	100
Cardwell David	Peter Nealey Jr	"	1818	E	247	700 --
Condry Dennis	John Lea	"	1818	E	271	100 00
Cardwell David	William Goin	"	1818	E	274	100 00
Condry Martin	State of Tenn	G	1818	E	275	
Coursey James	William Duval	D	1796	E	286	
Cooper Archibald	State of Tenn	G	1795	E	296	
Cloud Jacob	John Casey et als	D	1815	E	299	Deed

Grantee	Grantor	Ins	Date	Book	Page	Amount
Condry Wm	Micharh Turnidge	PA	1818	E	337	
Cloud Benjamin	Jesse Powers					
Cloud Isaac et al	Andrew Hamilton	D	1818	E	375	525 00
Casey John et al	James Glasgow	D	1813	E	429	50 00
Casey John et al	Walter Evans	"	1815	E	431	50 ¢
Crockett Robt	John McCrary	"	1819	E	439	320
Crockett A & R	Jas Hamphill	"	1819	E	440	50 00
Campbell Alex	Thos Johnson	"	1817	E	446	26 50
Coats Jacob	Jonah Moore	"	1817	F	8	50 00
Clark Elisha	Samuel Jones	"	1819	F	11	200 00
Cocke William et als	John Cocke	"	1818	F	16	600 00
Cloud Jacob	John Casey	"	1818	F	24	300 00
Casey John	James Glasgow	"	1810	F	26	150 00
Critchfield Wm	State of Tenn	"	1809	F	27	
Condry Dennis	Jacob Cloud Clerk	OS	1820	F	36	
Campbell A L	John Hunt Shff	D	1820	F	38	1500 00
Cloud Samuel	John Casey	D	1818	F	67	400 00
Campbell Joseph	Thomas Johnston	"	1820	F	117	50 00
Coffett Daniel	Nathan Davis	"	1820	F	127	160 00
Condry Dennis	George Yoakum	D	1819	F	133	950 00
Condry William	William Bailey	PA	1819	F	141	
Condry William	Joseph Williams	D	1819	F	142	1000 00
Casey James	Dennis Condry	"	1818	F	143	3000 00
Condry Wm	John Riley	HC	1819	F	146	
Claypole John	John Cardwell	D	1821	F	161	60 00
Condry William	Edward Jennings	"	1821	F	190	250 00
Campbell Barrett	George Campbell	"	1821	F	203	100 00
Critchfield Wm	Solomon Dobkins	"	1822	F	204	800 00
Critchfield John	William Critchfield	"	1822	F	206	400 --
Campbell John	William Willonghby	"	1823	F	220	600 --
Critchfield John	Archibald Edds	D	1820	F	224	100 00
Critchfield John	James Roddy	D	1814	F	225	50 00
Collingsworth Covington	Henry Lebow	"	1820	F	227	600 00
Casterson David	Abel Langham	"	1823	F	228	50 00
Collingsworth Cov	Hugh Graham et als	D	1823	F	238	289 00
Carpenter Jessee	State of Tenn	G	1821	F	247	
Cassell Jacob	Leighton Ewel	D	1821	F	259	22 00
Cloud Tobithie	Samuel Cloud	"	1822	F	267	110 00
Clapper Peter	George McNeil	"	1821	F	280	60 00
Carr John et al	Emannuel Sowder et al	"	1822	F	297	300 00
Cloud Jerrymiah	Benjamin Lanchford	"	1821	F	310	400 00
Campbell Andrew	Auther L Campbell	"	1816	G	23	100 00
Cloud Benj	George Yoakum	"	1818	G	37	500 00
Cloud Benj	Wm McConnell	"	1819	G	39	50 00
Cloud Benj	Wm Doherty	"	1818	G	41	50 00
Chadwell David	David C Posey	"	1819	G	46	250 00
Condry William	Jacob Cloud	"	1820	G	48	325 00
Casey John	Walter Evans	"	1815	G	92	Deed
Cain Jesse	Thos Adkins	"	1818	G	93	50 00
Chadwell David	William Bullard et als	"	1822	G	240	60 00
Chadwell David Sr	George Britton & wife	"	1822	G	242	140 25
Campbell Jacob	John Campbell	"	1823	G	245	300 00

Grantee	Grantor	Ins	Date	Book	Page	Amount
Crockett A & R	Lakin Fugerson	"	1820	H	62	320 00
Crockett A & R	David C Jones	"	1814	H	66	25 00
Cup Jacob	Elijah Hurst	"	1824	H	98	350 00
Cardwell John	John Casey et als	"	1814	H	123	25 00
Capps Sampson	Thos Johnson et als	"	1823	H	141	75 00
Cook Jacob	Thomas Jones	D	1821	H	144	200 00
Collin Moses	Marcellus Moss	"	1824	H	170	50 00
Campbell James	Samuel Roberts	"	1825	H	269	194 68
Condry D	John Lea	"	1827	H	304	
Campbell Charles	George Campbell	"	1827	H	319	200 00
Critchfield John	James Wright	D	1814	H	365	200 00
Cup Isaac	James Williams	"	1825	H	375	250 00
Campbell James W	James Walker	DI	1828	H	391	100 00
Cheek Carbon	Thomas Johnson et als	D	1825	H	468	100 00
Cloud B F	John Hunt Shff	"	1826	H	471	
Collins Moses	Richard Mitchel	"	1826	I	11	150 00
Carr John	William Norvell	"	1825	I	28	300 00
Cain Jesse	David Cain	"	1823	I	30	1000 00
Cup Jacob	Isaac Cup	"	1828	I	47	200 00
Cooper Harriel	Cornelias Cooper	"	1829	I	69	100 00
Campbell Author	Dalexander C & M	DC	1828	I	77	
Crockett R & A	Elijah Jones	D	1825	I	88	100
Cain James	David Cain	"	1827	I	91	500 00
Carmack William	Grenberry Cloud	"	1828	I	95	200 00
Campbell Joseph	Martin Reece	"	1829	I	101	300 00
Condry William	Joseph Jennings	"	1826	I	115	225 00
Campbell Barney	Absolum Hurst	"	1823	I	145	200 00
Carroll Benj	Joseph Whitaker	"	1828	I	150	100 00
Clark Peter	Joseph Ferrell	"	1826	I	169	299 00
Carroll Benj	Joseph Whiteaker	"	1828	I	175	100 00
Carr John	Isaac Vanbebber	"	1829	I	223	100 00
Cloud B F	John Hunt Shff	"	1828	I	241	45 95
Cardwell David	William Cardwell	BS	1833	K	159	300 00
Condry Henry	William Condry	"	1826	I	268	100 00
Church Old Town Baptist	Thomas Lea	"	1830	I	295	
Campbell Arther	John Jone & wife	"	1788	I	300	150 ₤
Condry William	Elisha Nunn	BS	1829	I	307	300 00
Crocket A & R	David C Jones	D	1814	I	336	700 00
Cottrell David	John Pace	"	1831	I	344	400 00
Clark William	Joseph Clark	"	1831	I	348	Gift
Cup Jacob						
Cup Isaac	William Mayse	"	1818	I	545	25 00
Collingworth Francis	John Hunt Shff	"	1831	I	562	
Chesmum Lewis et al	Elijah Evans	D	1831	I	580	25 00
Crabtree Jacob	John Vann	"	1833	K	28	35 00
Cloud Benj F	John R Acree	"	1833	K	127	100 --
Cloud A M	William Murphy	DT	1833	K	138	5 00
Cloud B F	William Murphy	"	1833	K	140	500
Cloud A M	David Rodger	TD	1833	K	142	500
Cloud B F et als	David C Posey	D	1832	K	150	115 00
Cloud B F	William Hail	"	1831	K	154	50 00

Grantee	Grantor	Ins	Date	Book	Page	Amount
Cottrell D C	Luke Turnan	"	1833	K	170	50 00
Cottrell D C	Daniel Huff	BS	1834	K	337	100 --
Cheak Carbon	William B Evans	D	1831	K	467	250 00
Crockett Robt	John Hunt Shff	"	1835	L	190	2 50
Cloud Benj	John Hunt Shff	D	1835	K	476	
Campbell Chas	Edward Jennings etals		1833	K	538	225 00
Critchfield John	William Critchfield	PA	1831	K	543	-- --
Colmon Esther	Alford Corbin & wife	D	1833	K	549	100 00
Clark William	Joseph Clark	BS	1835	L	4	
Clark William	Joseph Clark	D	1835	L	5	100 00
Croxdale Isham	Levi Parks	D	1833	L	17	300 00
Croxdale Isham	John Riley	S	1833	L	19	
Campbell Joseph Jr	Joseph Campbell Sr	D	1835	L	42	150 00
Cloud B F	William Killion et als	"	1828	L	104	10 00
Campbell Alexander	John McConkey	D	1833	L	119	6 00
Campbell Betsy et als	Heirs of Jacob Dobkins	A	1835	L	177	
Carpenter John	Nathan Wilson	D	1836	L	228	70 00
Cawood Stephen	David M Rogers	"	1836	L	256	50 00
Cawood Stephen	David M Rogers	"	1836	L	260	400 00
Carr Jessee	Thos C Norvell	"	1835	L	315	50 00
Chadwell A J	David Chadwell	"	1831	L	362	Love
Cobb Archibald et al	John Tucker	"	1832	L	366	60 00
Cloud B F	William Grimes	BS	1835	L	381	1000 00
Cloud B F	Robert Moss	D	1836	L	394	100 --
Chadwell David	Benj Posey	"	1899	M	16	200 00
Carr James M	Jacob Adams	"	1836	M	57	350 00
Carr James M	John Long	"	1831	M	58	200 00
Carr John	Jacob Adams	"	1836	M	69	250 00
Cup Charles	Jacob Peck	"	1856	M	71	80 00
Cloud Abner	Daniel Simmons	"	1856	M	77	80 00
Cain Jessee	James Cain	"	1835	M	78	500 00
Cain William	John Gibbins	"	1833	M	84	50 00
Clark William R	William Clark	"	1836	M	90	100 00
Cloud Jacob	Samuel Cloud	"	1836	M	91	10 00
Collins Mathew	John S McNut	"	1832	M	99	85 00
Collen Mathew	John S McNut	D	1832	M	99	45 00
Clark William R	William Clark	"	1837	M	105	Love
Clark William R	William Clark	"	1837	M	106	Love
Cloud Abner	William Drummons	"	1837	M	107	27 00
Colmon Alves P	Peter Parkey	"	1837	M	166	100 00
Colmon Thos R	Esther Colmon	"	1837	M	167	60 00
Critchfield John	James C Haskins	"	1834	M	184	425 00
Carr Jessee	Thos C Norvell	"	1836	M	185	30 00
Campbell Barney	Charles Campbell	"	1833	M	219	225 00
Carpenter Jesse	William Carpenter	"	1837	M	230	5 00
Cox Hickerson	Joseph Hunter	"	1828	M	243	50 00
Capps John	Jacob Peck	"	1837	M	280	100 00
Cloud B F	Richard Burch	DT	1838	M	293	1 00
Cottrell David C	B F Cloud	D	1838	M	298	100 00
Cheek James	James Russell	"	1834	M	299	1 00
Cheek James	William Morgan	PA	1838	M	300	
Crocket Robert et als	James Cheek	D	1838	M	301	

Grantee	Grantor	Ins	Date	Book	Page	Amount
Carpenter Jessee	State of Tenn	G	1824	M	304	
Carpenter Jessee	State of Tenn	G	1824	M	305	
Condry William	William Houston	"	1838	M	322	
Croxdale Isham	Henley Fugate	"	1837	M	344	Gift
Carr James	John Carr	"	1837	M	344	16 00
Capps John	Jacob Capps	"	1836	M	354	100 00
Cocket Jack	State of Tenn	G	1833	M	369	
Cheek Carbon	John Brook et al	D	1829	M	383	70 00
Cheek Carbon	George Brooks	"	1835	M	384	80 00
Charlett John	A M Johnson	TD	1838	M	386	1 00
Chapman Joseph H	Peter Marcum	D	1828	M	407	125 00
Cloud B F	Alfred G Bagwell	BS	1838	M	413	1 00
Crockett A & R	John Jones	D	1831	M	416	
Cup George	Charles Cup	"	1838	M	429	20 00
Cobb William et als	State N. C.	G	1795	M	444	
Cloud B F	William Clark	D	1838	M	469	600 00
Carbon Alfred	Mary Cadle et als	"	1834	M	505	135 00
Cadle Mary	James Cadle	"	1834	M	506	50
Cadle Mary	Heirs of Mark Cadle	"	1839	M	506	50
Crocket Andrew	State of Tenn	G	1837	M	508	
Carbon Alford	James Lake	D	1834	M	511	15 00
Carr John	Gray Garrett et als	R	1839	M	520	
Carr Jas M	John Carr	D	1839	M	521	300 00
Carr John	Uriah Going	TD	1839	M	522	1 00
Cosby William	James Hunter	D	1835	M	526	200
Cosby William	James Hunter	"	1835	M	527	400
Colmon A P	Thos R Colmon	"	1839	M	522	333
Cardwell Perren	Samuel Cloud	"	1831	N	3	1 00
Capps William	Spencer Edward	"	1838	N	31	100 00
Chiles John G	Ruben Rose	"	1839	N	38	550 00
Castle James S	Fred Bolinger	"	1839	N	58	150 00
Chapman J H	Wootson Willis	TD	1839	N	71	100
Campbell William et al	Elisha Jones & wife	D	1839	N	125	187 50
Campbell Jacob	Elisha Jones & wife	"	1839	N	127	71 37
Campbell Jacob	William Campbell et als	"	1839	N	129	475 00
Campbell Jacob	James Campbell	R	1839	N	134	100 00
Camp Ground	Charley Dobbs	D	1832	N	192	
Chumbly John	Peter Groseclose	D	1839	N	199	8 50
Cosby William	John Williams	PA	1839	N	288	
Collins B G	Thos Fryar	D	1831	N	229	30 00
Collins B G	B Woodall	"	1828	N	231	200
Cain Jessee et als	Nathaniel Davis	"	1832	N	250	30 00
Campbell William	Samuel R Harkins	"	1838	N	257	100 00
Campbell William	Jacob Campbell et al	BS	1839	N	259	
Chumbly Lewis	John Freeman	D	1839	N	283	250
Cottrell David	John Brewster et als	TD	1840	O	3	200
Chumbly John	Ballard Chumbly etal	D	1840	O	14	47 00
Chapman J H	Thomas L Davis	D	1840	O	54	5 00
Cheek George H	Thomas Hurst	D	1840	O	80	100 00
Cheek Granvil A	George H Cheek	"	1840	O	81	150 00
Chapman J H	Hezekiah Brock	TD	1840	O	169	96 64
Cox William	Benjamin Carroll	D	1838	O	186	80 00
Chadwell A J	Bartly Ward	TD	1840	O	195	5 00

Grantee	Grantor	Ins	Date	Book	Page	Amount
Condry William	John Hays	TD	1840	O	809	1 00
Cloud B F et als	William Bullard	A	1840	O	217	
Cloud Benj F	John Hunt Shff	D	1840	O	229	50
Claxton Sarah	Fairwix Claxton	"	1834	O	233	70 00
Chadwell Andrew	J George W Smith	"	1841	O	239	104 00
Cheek George H	William Hurst	R	1840	O	252	262 50
Campbell Alex	G M Crow	D	1840	O	269	
Campbell Robt	Richard William	D	1839	O	271	40 00
Campbell Alex	Levi Templeton et als	"	1840	O	273	25 00
Campbell Robt	John Rhea	"	1840	O	275	150 00
Campbell B	Chas Campbell	"	1840	O	308	185 00
Clark Edward	John Simmons	"	1833	O	321	900 00
Cloud B F	W Bullard & wife	"	1841	O	325	455
Chapman J H	Isaac C Lane	"	1841	P	1	800 00
Condry William	Andrew King	"	1840	P	8	300 00
Coleman Thomas R	Samuel Walker	"	1841	P	20	425 00
Carpenter T H	John Vanbebber	"	1816	P	31	500 00
Condry William	William Neuby	"	1841	P	38	16 16
Chapman J H	W M Hollingsworth	BS	1841	P	39	
Cottrell David C	John Brewster et al	DT	1841	P	53	100 00
Cottrell David C	Benj Lay	DT	1841	P	57	150 00
Condry William	Joseph Southern	D	1841	P	59	200
Cloud B F	B Cloud	"	1841	P	61	700 00
Chapman J H	Richard Bunch	TD	1841	P	67	1 00
Cottrell D C	B F Cloud	D	1841	P	153	50 00
Chumbley Lewis	Robt Chumbley	TD	1841	P	156	100 00
Chapman J H	Elijah Venoy	TD	1841	P	159	30 00
Cawood Stephen	James K Rogers	M	1841	P	177	110 00
Cosban Alford	Jonathan Walker	D	1841	P	183	325 00
Campbell R	Joseph Campbell	"	1841	P	190	200
Clapp Henry	William Kincaid	"	1841	P	196	600 00
Cloud B F	Benj Sewell	"	1841	P	271	600 --
Condry William	William Wooten	"	1829	P	280	700
Campbell Barnett	Joab Cook	D	1841	P	313	305 --
Cloud B F	J & W Hamilton	"	1841	P	345	1200 00
Cloud B F	Ezekiel Monk	TD	1841	P	374	100
Collins N	Jacob Peck	TD	1841	P	377	45 00
Cloud B F	Benj Sewell	D	1842	P	387	100 00
Cloud B F	William Marcum	D	1842	P	389	200
Cline Jefferson	James Lake	"	1841	P	426	300 00
Chadwell A J	A D Simmons	TD	1842	Q	10	1 00
Cloud Joseph	Johnson and Nicholson	D	1818	Q	62	400 00
Carroll James	Benj Carroll	D	1831	Q	112	50 00
Carroll James	Benj Carroll	"	1835	Q	114	1 50
Campbell Chas	Jonathan Walker et als	"	1842	Q	119	350
Corder Richard	Joseph Dunn	"	1829	Q	165	120 00
Chadwell A J	William Bullard & wife	"	1842	Q	187	
Carroll James	Stephen Hardy	TD	1842	R	9	1 00
Cloud Benj	James Cloud	BS	1842	R	29	Love
Chapman J H	Richard Burch	TD	1842	R	59	1 00

Grantee	Grantor	Ins	Date	Book	Page	Amount
Campbell W P	A L & J M Campbell	TD	1839	R	89	300 00
Cloud B F	James Carroll	TB	1842	R	94	20 00
Cloud B F	James Carroll	D	1842	R	94	300 00
Campbell John W	William P Campbell	PA	1842	R	101	
Campbell John W	William Hamilton	BS	1842	R	102	200 00
Carroll James	Wiley Huffaker	D	1842	R	106	
Condry John	Jacob Peck	"	1828	R	100	75 00
Campbell George	James Wilson	"	1842	R	117	60,000
Cook Marcerous	Thomas Bundy	"	1840	R	120	180 00
Cupp Jacob	John M Bunch	"	1834	R	125	105 00
Cupp Jacob	John M Bunch	"	1834	R	126	200 00
Cloud B F	Gabrial McCrow	"	1842	R	138	20 00
Campbell Barnett	Preston Holt	"	1842	R	160	100 00
Collins Sterling	John Carpenter	"	1840	R	167	50 00
Collins Sterling	John Carpenter	"	1840	R	168	150 00
Cloud B F	Almond Johnson	T	1843	R	173	5 00
Cocke F B S	Brice G Collins et als	A	1843	R	183	76 96
Cheek Granville	William Herral	T	1843	R	261	2 50
Carr Jesse	Debora Shoemate et als	D	1843	R	271	15 00
Cox William	B F Cloud	D	1838	R	282	50 00
Camp Granvil (Fords)	George Ford	"	1843	R	311	Gift
Claxton Henry	John Plank	"	1836	R	324	150 00
Campbell Charles	John Whitaker	PA	1831	R	364	
Cottrell D C	John Pace	D	1831	R	405	50 00
Cloud B F	William White	T	1843	R	428	1 00
Cloud B F	Levi Cain	TD	1843	S	1	1 00
Cloud B F	Benj Cloud	BS	1843	S	10	800 00
Cloud B F	Benj Cloud	D	1843	S	11	800 00
Chittum Wiley et als	William Hudson	PA	1844	S	14	
Chittum Wiley et als	William Hudson	A	1844	S	15	
Corporation of Tazewell	Mayor and Alderman		1844	S	39	
Cloud B F	John Bartlett	D	1844	S	43	510 00
Cloud B F	Charles McAnnally	"	1813	S	47	1 00
Collins Ellanor	Mathew Bussell	"	1844	S	81	Gift
Collins Ellanor	Mathew Bussell	"	1844	S	82	"
Cadle Mark	Jacob Peck	"	1829	S	152	75 00
Cawood Stephen	W T Moss	D	1844	S	183	915 91
Cane Hugh	William Cain	"	1841	S	191	100 00
Clapp Henry	Elisha McNew	"	1843	S	223	600 --
Chittum Wesley	Benj Sewell	D	1843	S	257	655 74
Cheek James	Andrew Whitaker	D	1845	S	266	1 00
Cheek George H	J A Walker	TD	1845	S	273	246 87
Carpenter James	William Ritter	B	1845	S	307	200 00
Chapman W B	Simon Gillespi	T	1845	S	337	
Chandler Joseph	John Sellers	TD	1845	S	362	5 00
Cale George	Israel Cale	D	1845	S	370	50 00
Cale William	Elijah Vannoy	D	1833	S	390	50 00
Cheek Geo H	Bluford Woodall	TD	1845	S	422	5 00
Cloud Samuel	John Casey	D	1818	S	429	400
Carbon Alford	Samuel Day	"	1845	S	458	350
Chittum James	Wesley Chittum	BS	1846	S	464	10 00
Chittum James	Wesley Chittum	BS	1846	S	464	400

Grantee	Grantor	Ins	Date	Book	Page	Amount
Chittum Wesley	Joseph Hamilton	B	1845	S	465	750 --
Chittum James	William Marcum	D	1846	S	466	700
Chadwell William	William Grimes	D	1844	S	477	25 00
Condry William	H G McCrow	"	1845	S	491	87 00
Chapman J H et als	Isaac Vanbebber	TD	1845	S	509	5 00
Cox William	James Carrol	D	1842	S	517	100 00
Cosby William	Lawson Estridg	M	1845	S	518	100 00
Cosby William	James Hunter	D	1845	S	519	50 00
Collins J	S Field & wife	"	1844	S	521	75 00
Chadwell P	Isaac Hatfield	"	1843	S	540	
Cook P	Lewis Lay	"	1836	S	546	325 00
Carrigar M	John Berry	TD	1846	S	550	1975
Carmack Levi	Richard Crabtree	D	1842	S	566	25 00
Chadwell Pleasant	Charles Derlen	"	1845	S	619	15 00
Croxdale Isham	Mary Jones et als	"	1843	S	630	40 00
Critchfield P	Pleasant Owens	"	1844	S	692	200 00
Campbell Charles	Charles W Berryman	B	1843	S	706	100 00
Campbell Eldrige	Charles Critchfield	D	1846	S	719	325 00
Carr James	Elisha Harlly	"	1866	S	726	300 00
Carbin Alfred	William Sanders	"	1846	T	43	368 00
Cline J	Joseph C Large	TD	1846	T	45	30 00
Carr James M	Jacob Peck	D	1847	T	89	500
Cottrell D C	Levi Britton	TD	1847	T	100	500
Cloud Granville	John Slattern	D	1846	T	162	75 00
Carroll James	William Houston	"	1847	T	167	200
Cloud L and G	Andrew McClary	"	1847	T	212	200 00
Cloud L and G	Andrew McClary	"	1847	T	213	100 00
Cheek Olidiale	Thos Hurst	"	1847	T	235	Love
Carr John H	Harden Shoemate	"	1847	T	236	200 00
Cawood Stephen	Mary McReynolds	"	1844	T	248	150 00
Chittem Wesley	James Chittum	"	1847	T	264	2850 00
Cardwell John	Christian Plank	"	1842	T	306	100 --
Campbell George	Hugh Graham	"	1847	T	312	125 00
Cloud G B	B F Cloud	R	1840	T	318	100
Cheek Geo H	Wiley Carpenter	TD	1848	T	388	72 45
Cloud Greenberry	J M Treece	D	1847	T	408	400 00
Croxdale Isham	William Fugate	"	1848	T	416	10 00
Church New Bethal	George Brooks	"	1846	T	459	
Cardwell A M et als	John Cardwell	"	1848	T	460	200 00
Carpenter Wiley	Eliza Carpenter	"	1848	T	477	50 00
Carroll Augusta	James Carroll Sr	"	1841	T	565	100
Cunningham W H	Sarah Lanham	"	1846	U	16	50 00
Cardwell David	William Hollen	TD	1849	U	31	1 00
Cook Reuben	Lason Eastridge	D	1848	U	62	200 00
Cardwell D	Elisha A Hardy	TD	1849	U	88	1 00
Colmon Palvis	Sidner B Rowlet	D	1849	U	136	823 00
Carpenter Wiley	Jonathan Barnard & wife	"	1849	U	166	185 00
Caster William	B F Cloud	D	1849	U	180	1 00
Carr John H	John Shoemate	"	1848	U	194	25 00
Carr John H	Thos Hoskins & wife	"	1847	U	195	24 00
Carr John Jr	Daniel Shoemate	"	1847	U	203	25 00
Cain Hugh	Geo R Fletcher	"	1850	U	241	350 00
Crussell George	Andrew Lynch	"	1850	U	279	350 00

Grantee	Grantor	Ins	Date	Book	Page	Amount
Crussel George	Andrew Lynch	D	1850	U	280	10 00
Cardwell John	John Hunt Shff	"	1835	U	296	76 62½
Cardwell John	Sarah Jennings	"	1835	U	300	100 00
Chick Jefferson	Nelson Chick	"	1850	U	323	72 50
Cupp Abbee	Jacob Peck	"	1841	U	324	12 50
Chick Nelson	Robert Crocket	"	1850	U	326	300
Chittum Wesley	Joseph Hamilton	TB	1845	U	368	1560 00
Carpenter James	William Ritter	D	1847	U	370	1000
Cupp John W	Chas L Cupp	"	1838	U	374	50 00
Condry Wm H	John D Mathis	T	1840	U	397	1 00
Campbell Benj	Barnet Campbell	D	1850	U	413	300 --
Campbell George	Barnet Campbell	"	1850	U	414	300
Cook William et als	Mordecia Cunningham	"	1850	U	426	348 54
Campbell A & J	Solamon Dobkins	"	1850	U	479	720 00
Chittum Wesley	William Johnson	D	1850	U	483	450 00
Coleman Alvis P	Hugh P Martin	"	1851	U	470	530 00
Cloud John	Green B Cloud	"	1850	U	546	30 00
Cocke Wm and others	William Davenport	TD	1851	U	557	
Cloud Elanthan D	Abner Cloud	D	1851	U	559	200
Cloud Elanthan D	Abner Cloud	"	1851	U	560	2 50
Cloud Elander	James Mitchell	"	1851	U	565	6 50
Cloud Leander	Abraham Davis	"	1851	U	570	6 25
Campbell Jacob	George Campbell	"	1844	U	586	30 00
Chittum Wesley	Isaac Miller Adm	"	1850	V	1	7 50
Cloud B F et als	Green B Cloud	"	1851	V	22	100 00
Carrigar Micheal	David H Huddleston	"	1851	V	28	200 00
Crockett R et als	Sampson Dodson	"	1834	V	60	110 00
Crussell Josiah et als	Geo W Crussell	"	1851	V	64	200 00
Campbell James & heirs	Elisha Mustard	"	1851	V	65	75 00
Campbell Martha	Green B Cloud etals	"	1851	V	66	160 00
Cupp Charles S	Wiley A Ford	"	1845	V	67	200 00
Crabtree Job A	Jane Brittan	PA	1851	V	82	
Chadwell Josiah	John D Mathias	TD	1851	V	103	1 00
Collinsworth John	Simpson Parks	D	1852	V	169	50 00
Collinsworth John	Jacob J Parks	"	1850	V	170	250
Carr James	Peter Summery	"	1850	V	172	700
Carter Sterling	A J Breeding & wife	"	1851	V	202	200
Carter Sterling B	A J Breeding	"	1851	V	203	30 00
Cock Wm M	Andrew J Brock Shff	"	1852	V	207	625 00
Condry William H	William Bartlett	"	1850	V	241	400 00
Clark Elisha	Andrew Lea	"	1852	V	242	200 00
Chadwell A J	William Mize	TD	1852	V	301	55 15
Carriger Micheal	Benj F Cloud	D	1852	V	312	600 00
Collins M	William P Yaden	"	1852	V	314	100 00
Callahan David	Simpson Parks	"	1852	V	319	1 00
Cosby William	Elijah Jones	D	1851	V	322	62 00
Cosby William	Enoch Moore	"	1852	V	323	470 00
Cannon William & wife	Thos McCarter	"	1852	V	345	125
Chadwick & Josiah	J D Mathis	T	1842	V	356	500
Cloud L & G	John Bartlett	D	1847	V	368	35 00
Carmack Wm	A & C Rogers	D	1837	M	377	79 50
Carr John	William T Moss	BS	1842	V	396	500
Carpenter J M	Wiley Carpenter	D	1850	V	414	2 50
Coleman A P	C Y Ricer Clk C C	D	1853	W	15	144 32

Grantee	Grantor	Ins	Date	Book	Page	Amount
Campbell Eldridge	Barnet Campbell	D	1850	W	48	100 00
Cloud G B	Jacob Cloud	"	1853	W	49	400
Carriger Micheal	Martin Cruchfield & wife	"	1853	W	62	400 00
Collins Owen	Jacob Adams	"	1828	W	72	50 00
Cardwell Green	Wiley Huffaker	D	1852	W	74	116 00
Cupp Jacob	James Fortner	"	1852	W	82	180 00
Cupp Jacob	Richard H Harper	"	1849	W	83	100 00
Collins Elender	Elisha Estes	CM	1853	W	106	
Carroll J & R	Augustus Carroll	D	1853	W	107	100
Carr John H	George W Ward Tax Col	"	1853	W	110	7 00
Chadwell Duff	State of Kentucky	G	1851	W	126	
Chadwell David	A & C Rogers	D	1852	W	137	132 --
Chick W & R	Elijah Jones	"	1853	W	150	175 --
Cloud B F	Green B Cloud	"	1852	W	187	150 00
Carmack Isaac	Peter Marcum et als	"	1851	W	194	100
Clark Riley	George R Ward	D	1853	W	195	9 75
Carmack Isaac	James Chick	Q	1851	W	195	1 00
Carr James K	James Chick T D		1853	W	201	231 26
Chadwick Josiah	John D Mathis	TD	1853	W	201	231 26
Campbell George	John McBee	D	1853	W	245	1000 00
Carmack William	Levi Carmack	"	1851	W	249	30 00
Cantwell John	Henderson Jones et als	"	1854	W	269	2625 00
Chadwell David	Elijah Jones	"	1854	W	323	30 00
Cloud John	Elijah Jones	"	1854	W	334	30 00
Collins David	Chancery Court Decree	"	1854	W	344	
Carpenter James M	Heram DeVault & wife	"	1854	W	355	250
Cunningham Mordicah	Thos R McClary	D	1836	W	362	240
Cunningham Jas P	Mordica Cunningham	"	1850	W	364	300
Cottrell David C	Wesley Chittum	D	1854	W	386	300
Chadwell & Birdseye	Allen Hurst et als	"	1854	W	391	15 00
Crocket Robert	N A Evans	"	1854	W	402	6000 00
Campbell Joseph	F Collingsworth	"	1854	W	407	110 50
Cottrell D C	State of Tenn	G	1846	W	414	
Crockett A and R	John Hunt Shff	D	1826	W	418	
Chadwell Pleasant M	Simpson Parks	"	1854	W	420	15 00
Cottrell David C	Geo W Jones & wife	"	1854	W	441	125 00
Carr James	William Owens	"	1854	W	453	400 00
Chadwell William Jr	B F Cloud	"	1854	W	476	
Campbell George	Thos B Shumate	"	1854	W	486	25 00
Campbell George	Nelson McClary	"	1854	W	487	400 00
Carrigar M et als	Thos J Cline	L	1854	W	499	
Cosby William	James Bussell	D	1854	W	501	105
Capps John	John Kincaid	"	1854	W	504	50 00
Campbell Joseph	John Hill	"	1854	W	512	800 00
Cottrell D C	William Chumbly	"	1855	W	529	125
Clark Thos L	James Shoemaker	D	1855	W	532	275
Cottrell D C	T D Knight	"	1854	W	579	100
Colman E E & S A	Alvis P Colmon	"	1855	X	17	Love
Cardwell David	Jacob Peck	"	1855	X	44	
Carr William M	C M Day	"	1854	X	60	660 00
Carr William M	Jesse Carr	"	1855	X	63	600 00
Claiborne County Mining Co	Kelly Evan & Co against		1854	X	64	

Grantee	Grantor	Ins	Date	Book	Page	Amount
Crockett Sarah A	Robert Crockett	BS	1854	X	73	Gift
Cadle Martin	T D Knight	D	1854	X	94	100 00
Cloud Prior L	John Mayes et als	PA	1855	X	97	
Crockett R	Andrew Crockett & wife	D	1837	X	119	3000 00
Cole James	Walter R Evans	D	1835	X	132	600 00
Cloud Leander	Abraham Davis	"	1831	X	157	100 00
Cloud Leander	William Fugate	D	1852	X	158	400 00
Cosby David	D H Owens	"	1836	X	216	500
Campbell David H	James H Campbell	W	1820	X	220	
Crockett Robert	T D Knight	D	1854	X	224	60 00
Campbell Charles	George Campbell	A	1855	X	241	
Cloud George W	John Cloud et als	D	1854	X	271	
Campbell T D	Decree County Court	D	1854	X	276	
Carr Jessee	Hul W Rogers	D	1855	X	306	1100 00
Campbell Geo & B	Joseph Shelton	"	1855	X	351	800
Coleman A P	Samuel Walker & wife	"	1854	X	354	Land
Cardwell David	Chancery Court Decree		1856	X	383	13 33
Carriger Micheal	Neil Southern	"	1856	X	404	
Carroll R & James	Reuben Smith	"	1855	X	409	200 00
Cloud Berthaniel	Abel Kesterson	D	1856	X	427	
Cawood Stephen	J and D F Rogers	A	1855	X	432	
Cawood Stephen	Sarah Rogers	D	1835	X	448	100 00
Carroll Reuben	James Carroll Jr	"	1856	X	468	100 00
Cloud Benj F	David C Posey	"	1846	X	477	20 00
Chittum Wesley	Hugh Graham	"	1856	X	505	120
Cook Reuben M	Peter Marcum	D	1855	X	524	40 00
Cook Reuben M	Timoty Eastridge	"	1855	X	525	10 00
Cardwell James M	Nicholas Slatton	D	1837	X	532	100
Campbell Benj	George Campbell	"	1857	X	538	12 00
Campbell George	Benj Campbell	"	1857	X	540	500
Chick Jefferson	Lewis Mason	"	1857	Y	39	275 00
Chumbly Lewis	William J Ely	"	1855	Y	98	60 00
Chadwell A J	M V Smith	T	1837	Y	139	5 00
Cardwell David	William White	D	1837	Y	141	5 00
Cloud B F	James J Sewell	"	1856	Y	150	100
Cloud Leander	Wm S McVey	D	1856	Y	154	
Cawood J R	George W Wilson	"	1857	Y	188	12 00
Campbell Benj	J & A Campbell	"	1857	Y	199	7 50
Cawood Stephen et als	G W Cress	"	1856	Y	208	90 00
Campbell Benj	Terry Willis	"	1857	Y	214	300
Cotton D C	Malinda Chumbly	"	1856	Y	220	125
Clark T L	W B Shoemaker	"	1857	Y	227	700 00
Cardwell David	John W Cardwell	"	1857	Y	235	100 00
Cardwell William	George W Beeler & wife	"	1857	Y	237	100 00
Chadwell William	William Grimes	"	1853	Y	247	3000 00
Cadle Mark	James Cadle	"	1857	Y	263	Love
Carr John H	James Williams	D	1853	Y	264	500 00
Carr John H	John Kelley	"	1855	Y	265	200 00
Cannon J R et als	Joseph Morley	"	1858	Y	287	1350 00
Corbin Elizabeth	Richard Hopson	"	1857	Y	331	350 00
Cloud B F	F M Fulkerson	"	1858	Y	347	347
Chadwell Joseph & wife	Hugh G White	"	1858	Y	389	200 00
Corbin William et als	Isaac McNew & wife	"	1858	Y	440	150 00

Grantee	Grantor	Ins	Date	Book	Page	Amount
Crank J R	Henry Walker	"	1857	Y	444	800 00
Campbell Jacob	Robert Ritchie	BS	1858	Y	451	
Cope John & Isaac	Peter Adkins	D	1857	Y	451	550
Carr Wm	J W & I J Shumate	"	1858	Y	463	12 00
Carr John H	J W & I J Shumate	"	1858	Y	465	300 00
Cosby James	Abel Kesterson	"	1858	Y	468	500 00
Campbell Benj	William Cosby	W	1858	Y	478	300 00
Cosby William	Hugh Graham	"	1858	Y	480	200 00
Cadle James	Mark Cadle	"	1829	Y	491	35 00
Cline Thos J	Richard T Poore	"	1855	Y	495	10 00
Cardwell Green	W W Greer	"	1858	Y	523	1200 00
Cloud John	G B M Cloud	D	1858	Y	526	500
Cloud John	B F Cloud	"	1858	Y	528	100 00
Cosby William	Abel Kesterson	"	1858	Y	530	200 00
Collingsworth W S	Moses Jones	D	1858	Y	532	100 00
Campbell George	E B Yoakum	"	1858	Y	545	85 00
Collins Joshua	Decree Chancery Court	"	1858	Y	562	
Creech Richard	F M Fulkerson	TB	1858	Y	584	1000
Chadwell P N	Abel Kesterson	D	1856	Y	613	194 40
Chadwell P N	Abel Kesterson	"	1859	Y	615	5 50
Cloud Leander	W W Greer Shiff	D	1859	Y	659	14 50
Coleman A P	John Collingsworth	"	1859	Y	674	75 00
Coleman A P	John Collingworth	"	1859	Y	675	500 00
Campbell Andrew	Peter Vandeventer	"	1858	Z	6	2000
Campbell Charles	George Campbell	A	1855	Z	10	
Cole Josiah	Nathaniel McClure	PA	1859	Z	27	
Cole Josiah	James Cole	D	1859	Z	30	305 00
Colemon A P	J J Parks	TD	1859	Z	49	15 18
Cook William	Marcurious Cook	D	1852	Z	65	400
Cain John & N	William Kincaid	"	1855	Z	108	1000 00
Cain John F	Thos & Ruth Miller	"	1855	Z	110	275 00
Chadwick J Y	N W Hooper	"	1859	Z	142	195 10
Cole Nathaniel	Samuel Moore	D	1859	Z	150	2500 00
Carroll Reuben	T L Clark	"	1858	Z	151	700 00
Condry William H	John Day & wife	"	1858	Z	167	333 00
Condry William H	John Ritter	"	1859	Z	171	800 00
Crockett A J & J H	Robert Crockett	PA	1859	Z	177	
Chick James	Isaac Carmack	TD	1860	Z	199	40 50
Cawood John et als	William Kincaid	D	1853	Z	207	100 --
Cloud George W	Evan Cloud	D	1860	Z	211	500 00
Cole Nathaniel	Samuel Moore & wife	"	1839	Z	217	2500 00
Carr James	William M Carr	"	1836	Z	224	670 00
Coleman A P	James E Monday	"	1860	Z	233	400 00
Craft Franky	William Houston	D	1860	Z	236	180 00
Corbin Wm et als	John Bartlett	"	1860	Z	249	63 00
Campbell George	E B Yoakum	D	1859	Z	269	143 00
Campbell George	E B Yoakum	"	1839	Z	273	200 00
Carr J H & James	Division of Land	D	1836	Z	276	
Carr Jas	W W Greer Shiff	"	1839	Z	277	176 00
Cloud B F	F M Fulkerson	"	1839	Z	281	37 50
Cloud B F	John Forgerson	"	1859	Z	289	200 --
Cloud B F	James Carroll Sr	D	1834	Z	291	10 00
Cook W R L et als	James A Hamilton	"	1860	Z	301	Love
Chumbly Lewis	J J Sewell et als	"	1860	Z	315	300 00
Crawford John W	David Thomas	"	1858	Z	323	318 00

Grantee	Grantor	Ins	Date	Book	Page	Amount
Cosby David	Montgomery Harrell	"	1860	Z	336	300 00
Cadle Martin	Danuel Huff	"	1860	Z	340	200 00
Cadle Martin	Danuel Huff	"	1860	Z	341	100 00
Cadle Martin	Almarian Mitchell	"	1849	Z	344	350 00
Corbin W W et als	Wm Bartlett Guard &c	"	1860	Z	391	66 66 2/3
Corbin Wm W	John Day & wife	"	1858	Z	393	66 66 2/3
Campbell Eldrige	Toliver D Campbell	"	1838	Z	395	600 00
Campbell George	E B Yoakum	"	1839	Z	421	35 00
Carpenter J M	John Pearson	D	1836	Z	449	12 72
Cottrell D C	Decree Circuit Court	"	1861	Z	452	1001 00
Cloud Leander	Franklin Cloud	PA	1835	Z	465	
Cockreham Thos G	Caswell Day	Deed	1861	Z	478	10 00
Cupp Jacob	J C Lankford & wife	"	1861	Z	501	100 00
Cantwell Thomas	William Cantwell	"	1857	Z	504	250 00
Craft Franky	Mathew Keck	"	1861	Z	563	300 00
Chance Samuel	James Minton	D	1860	Z	608	526 25
Carroll W S	Samuel Whitsell & wife	"	1838	Z	612	400 --
Campbell Wm	William Cook	"	1851	Z	615	200
Campbell Wm	William Fugate	D	1852	Z	617	13 00
Cardwell Ann	Sarah Hurst et als	D	1844	Z	617	100
Corbin W W	Wm H Condry	"	1862	Z	635	800
Corbin A C et als	Wm W Corbin	"	1862	Z	636	5 75
Cardwell William	David Cardwell	"	1857	Z	645	
Crawford Samuel	Isaac Walker	"	1836	Z	646	250
Crauford Saumuel	J T Morgan & wife	"	1860	Z	647	360 00
Chadwell Alex	David Chadwell Jr	"	1860	Z	651	10 00
Cheek Eliza	Thomas Stone & wife	"	1863	Z	709	250 00
Cheek Eliza	Green M Harper	"	1863	Z	710	250 00
Cheek Eliza	Leander W Harper	"	1863	Z	711	250 00
Cheek Eliza	Rasanah Harper	"	1863	Z	712	

Grantee	Grantor	Ins	Date	Book	Page	Amount
Davis Nathaniel	Nathaniel Hart	WD	1800	A	1	
Dodson Nimrod	Elijah Chisum	QC	1801	A	32	
Dobbins Jacob	Elisha Wallen	WD	1802	A	33	
Doherty Wm	Elisha Wallen	"	1802	"	46	550 --
Dobbins Jacob	Lee Stewart	"	1803	"	57	95 ½
DeVault Henry	Joseph Crabb	"	1807	"	58	800 00
Dawherty Wm Jr	Wm Darhety Sr	"	1803	"	61	200 00
Davis Thos	Wm Cobb	"	1801	"	68	320 00
Duke John	Nathaniel Austin	"	1802	"	84	100 00
Davis John	William Cocke	"	1803	"	121	93 00
Davis Aaron	Stephen Austin	"	1804	"	124	300 00
Dodson Samuel	Nathan'l Austin	"	1804	"	140	30 00
Dobbins Jacob	William Kile	"	1805	A	190	400 00
Donelson Stockley	James King	"	1799	"	197	2000 -
DeVault Abraham et al	Robert King	"	1805	"	216	500 --
Duncan Jesse et al	Stockley Donalson et als	"	1804	"	228	20 00
Davis Nathaniel	Thomas Adkins	"	1805	"	235	150 00
Davis Moses	Smuffer George Shff	"	1806	"	247	12 00
Deery Wm	Peter Howard	BS	1806	"	266	150 00
Davis Nathl	Stephen Keewood	D	1806	"	266-317	2000
Davis Nathl	Stephen Cawood	"	1806	"	270-321	600 --
Dodson Nimrod	North Carolina	G	1801	"	327	100 ½
Donalson Stockley	North Carolina	"	1794	"	328	500 00S
Douthet John	Nathaniel Davis	"	1808	"	377	307 50
Douthet Evan	Nathaniel Davis	"	1808	"	378	217 00
Dodson Jeff	William Herd	D	1789	B	25	10 00
Davis Moses	John Vanbebber	"	1807	B	55	500 00
Dobbs Chesley	Thos Henderson	"	1808	B	93	570 --
DeVault Henry	Jacob Shults	"	1808	B	95	67 00
Daniel Archibald	John Thompson	"	1808	B	119½	400 00
Dun Thomas	Davis Fields	"	1808	B	124	400 --
Dobkins Jacob	Jessee Cheek	BS	1809	B	175	
Dougherty John	Ruben Greening	BS	1808	B	202	400 00
Dotson Lazras	Abnar Lea	D	1810	B	316	1400 00
Dougherty John	John Hall	BS	1810	C	13	140 --
Dougherty John	Daniel Fraxell	D	1810	C	20	200 00
DeVault Henry	Joab Hill	"	1809	C	117	1400 00
Dobb Wm	J Jack & J Cocke	"	1810	C	133	150 00
Davis Elathan	James Glasgow	"	1811	C	166	17 50
Damron Christopher	James Glasgow	"	1811	C	176	20 00
Devins Benjamin	John Owens	BS	1811	C	191	300 00
Day Ranson	George Stubblefield	D	1811	C	204	100 00
Dunn Thomas	Abraham Hunter	"	1812	C	216	1100 00
Day Ransom	Tidance Lane	"	1811	C	254	300 00
Dodson Lazories	Joseph Williams	D	1812	D	4	425 --
Dever Jessee	David Cain	"	1812	D	9	200 00
Day Ransom	Isam Clark	"	1811	D	18	100 00
Day Ransom	Isam Clark	"	1812	D	19	380 00
Donaldson Stokely	Wm Acklen	"	1811	D	25	100
Dodson Edward	Wm Jacob Wolfenbarger	"	1812	D	40	80 00
Davis Aaron	Moses Davis	"	1813	D	100	Love
Dobbs William	Walter Evans	"	1812	D	104	15 00

Grantee	Grantor	Ins	Date	Book	Page	Amount
Day Ransom	John Simmons	D	1812	D	110	550 00
Dobbins Jacob	John Hunt	"	1813	D	161	400 00
Davison Golden	Jevymiarh Campbell	"	1813	D	203	300 00
Davis Elnathan	John Rogers	"	1810	D	258	150 00
Davis Elnathan	John Casey et als	"	1814	D	320	Deed
Dameron Christopher	John Casey et als	"	1814	D	326	10 00
Dobbs William	John F Jack et als	"	1815	D	329	15 00
Dobbs William	John F Jack et als	"	1815	D	331	12 00
Davis Elnathan	James Glasgow	"	1812	D	336	25 00
Dobbs John	Walter Evans	"	1815	E	16	150 00
Dobbs John	James Glasgow	"	1814	E	17	25 00
Davis Moses	Aaron Davis	"	1816	E	68	500 00
Dobbs John	State of Tenn	G	1816	E	85	
Doherty William	State of Tenn	"	1809	E	168	
Dobkins Solomon	Elijah Jones	D	1816	E	184	400 00
Dickenson Lavined	John McKeon	BS	1817	E	188	Love
Davis Elanthan	James Glasgow	D	1820	E	189	20 00
Damron Christopher	William Smart	D	1817	E	280	100 00
Damron Christ	James Glasgow	"	1814	E	285	2 50
Dobbs Thomas	William Dobbs	"	1818	E	332	40 00
Dobbs John	Jacob Cloud	"	1817	E	357	50 00
Dotson Lazarus et al	Wm Hugan	B	1819	E	366	5000 00
Dobbs William	Reuben Rose	D	1818	E	391	600 00
Davis Aaron	Wm Jones	D	1820	E	444	300 00
Dobbs Joel	Peter Neal Sr	"	1818	F	28	122 00
Day Ransom	James W Glasgow	"	1820	F	42	60 --
Donaldson Stokley	State of North Carolina	G	1794	F	129	20 ₤
Davis Aaron	Peter Huffaker	D	1822	F	278	10 00
Davis Andrew	Jacob Cloud	"	1821	F	306	200 00
Davis Benjamin	Elnathan Davis	"	1822	F	308	500 00
Davis Benjamin	Jas Casey	"	1819	F	317	150 00
Davis Harmon	Moses Davis	"	1818	G	8	300 00
Dobbs William	John Dobb	"	1818	G	45	150 00
Davis Aaron	William Lane	PA	1819	G	85	
Day Ransom	James W Glasgow	D	1820	G	118	15 00
Day Ransom	James Glasgow	"	1821	G	223	30 00
Dodson George	Thomas Johnson	"	1823	G	225	250 00
Dodson George	Thomas Johnson	D	1821	G	228	150 00
Dunn Thomas	Peter Beeler	"	1820	H	13	650 00
Dunn John	Thomas Dunn	"	1820	H	39	325 00
Davis Alexander	John Mitchell	"	1824	H	78	60 00
Aaron Davis et als	John Hunt Shiff	"	1824	H	161	41 00
Dickerson James	Peter Marcum	"	1826	H	216	675 00
Day Samuel	Hiram Hurst	"	1826	H	226	520 00
Davis Aaron	Wm Graham et als	D	1826	H	238	280 00
Day Ransom Sr	Peck & Johnson	"	1823	H	253	200 00
Day Ransom Sr	Peck & Johnson	"	1824	H	255	100 00
Doherty Elizabeth W	John Overton Exr &c	"	1825	H	385	Will
Day Samuel	Hiram Hurst	"	1828	H	433	530
Dickerson James	David C Posey	"	1829	I	133	15 00

Grantee	Grantor	Ins	Date	Book	Page	Amount
Dodson Thomas	Thomas Johnson	"	1823	I	172	35 00
Dunn Joseph	Hardin Cary	"	1826	I	180	580 00
Dobbs John	Jacob Peck	"	1827	I	189	
Dobb Hiram	Drewry Gratner	"	1824	I	244	25 00
Davis Joseph	Henry Gratner	"	1828	I	259	2000
Dodson Lazrous et als	William Hogan	"	1826	I	285	3500 --
Davis William I	Isaac Miller	"	1830	I	293	625 00
Dickerson James	Sam R Sevier	"	1831	I	340	1500 --
Day Samuel	Hiram Hurst	"	1830	I	447	200 00
Davis Eli	Neil McNeil	"	1829	I	567	1 00
Dickinson James	Abel Lanham	BS	1833	I	571	437 00
Dickinson James	Abel Lanham	"	1833	I	571	200 --
Dickinson James	Bennet Posey	D	1832	K	10	150 00
Dunn Drury	William Killion	"	1833	K	29	200 00
Dobbs James	William Dobbs	Pa	1825	K	33	
Dobkins Solomon	Jacob Dobkins	D	1830	K	35	500 00
Dickenson James	Samuel Dodson	"	1833	K	174	150 00
Dunn Joseph	James Walker et als	"	1830	K	321	25 00
Davis Hiram	Jacob Yoakum et als	"	1834	K	458	60 00
Dickenson James	George W Posey	"	1835	K	554	250 00
Dickenson James	William Hurst	"	1834	L	133	40 00
Dickenson James	Alex H Chadwell	"	1835	L	136	1000 00
Dickenson James	David Chadwell	"	1835	L	138	100 00
Dickenson James	William Chadwell	D	1835	L	139	100 00
Dickenson James	Daniel O'Daniel & wife	"	1833	L	141	100 00
Dickenson James	Jerrimaile Skelton & wife	D	1835	L	143	100 00
Dickenson James	Benj Cloud & wife	"	1836	L	153	1 00
Dobkins Solomon	William Critchfield	"	1825	L	209	800 00
Drummon L D	Jacob Peck	"	1836	L	384	50 00
Drummons William	William Sparks	"	1836	M	7	23 00
Dyke Lofton	James Walker et als	"	1835	M	21	410 00
Dean Ruben	William Herrell	"	1835	M	63	2000
Dunn J & M	Joseph Dunn	"	1836	M	72	600 00
Drummons Tobithea	Daniel Drummons	"	1836	M	76	10 00
Dodson Samuel	William Graham et als	"	1833	M	85	300 00
Dolton Nancy S	William Clark	"	1837	M	87	Love
Dolton Nancy S	William Clark	"	1836	M	88	Gift
Dolton Jesse W	John West	"	1835	M	113	25 00
Dunn Joseph	Peter Wilson	"	1837	M	123	500 00
Day John	Ransom Day	"	1836	M	159	50 00
Day John	Hiram Hurst	"	1829	M	160	10 00
DeVault Abraham	George Shultz	"	1833	M	198	35 00
Drummons William	Joseph Webb	"	1831	M	208	18 00
Drummons William	Joseph Webb	2	1831	M	208	178 00
Drummons William	John Owsley	"	1832	M	209	100 00
Davis Joseph	Richard Mitchiel	"	1835	M	221	300 00
Donaldson Stokley	James King	"	1799	M	222	2000 00
Dunsmore Wm D	Wesley Simmons	"	1836	M	250	700 00
Dunsmore Wm D	State of Tennessee	G	1828	M	251	
Dunsmore Nathaniel	Wm D Dunsmore	D	1832	M	252	65 00
Duncan Jeremiah	John Critchfield	"	1831	M	255	300 00

Grantee	Grantor	Ins	Date	Book	Page	Amount
Daron Dennis	Dennis Condry Shff	"	1838	M	324	11 98
Day John	Henry Jenkins	"	1838	M	336	500 00
Davis Thos L	John Wallen	"	1837	M	338	3 50
Dodson George	Samuel Nichelson	"	1830	M	350	12 00
Davis Abraham	Claiborne Robert	"	1836	M	375	250 00
Davis Harman	Isaac Lane Shff	"	1838	M	428	100 00
Davis Moses	R & M Moss	"	1818	M	453	800 00
Dunsmore Wm D	Henly Hurst	"	1838	M	495	1500 00
Day John	Isreal Newton & wife	"	1838	M	502	50 00
Dunn Joseph	Peter Wilson	"	1837	M	503	150 00
Dickenson James	George Powers	"	1858	N	181	50 00
Dickenson James	Henry Harmon	"	1858	N	184	200 00
Davis Thos	Aaron Davis & wife	"	1820	N	190	
Dickenson E H C	Isaac Lane Shff	"	1840	N	306	167 09
Dickenson E H C	William Murphy	"	1840	O	66	350 00
Dunn William	John Dunn	"	1840	O	191	300 00
Dunn John	Joseph Dunn	"	1840	O	193	400 --
Day Ransom	Edward Clark	"	1835	P	35	750 00
Davis & Moss	F Bowlinger & et als	"	1841	P	146	50 00
Davis Joseph	Gabnial McCrow	D	1841	P	231	125 00
Dobbs Lucy	Daniel Marcum	D	1841	P	351	60 00
Day Samuel	Ezekiel P Harrell	"	1841	P	371	400 --
Day Ransom Jr	Ransom Day Sr	D	1840	P	416	100
Day Ransom Jr	John Lovelas	"	1840	P	417	20 00
Davis James	George McNeil	"	1842	P	425	400 --
Davis Thomas L	B F Cloud	"	1837	Q	66	125 00
Drummons William et als	John Treece et als	"	1837	Q	70	17 50
Drummons D	William Drummons	"	1842	Q	73	100 00
Dunn W B	Nelson Lynch	TD	1842	Q	77	150 00
Dunsmore Wm D	John Day et als	D	1841	Q	90	20 00
DeVault John	Thomas Hord	"	1836	Q	98	600 00
Davis Andrew	Nathan Moore	"	1834	Q	148	300 00
Dodson Samuel	Fany Breeden Adm & others	"	1833	Q	183	300 00
DeVault John	Burrell Cloud	BS	1835	R	27	100 00
DeVault John	Jane Cloud	BS	1842	R	45	120
Davis J	A Bray	TD	1842	R	109	5 00
Davis Joseph	R Crockett	BS	1838	R	165	1000 00
Day Samuel	Chas Hurst	D	1843	R	288	800 00
Davis Andrew	W W Hollinsworth	"	1841	R	289	15 00
Davis Andrew	John Shields	"	1843	R	368	10 00
Davis Eli	State of Tenn	G	1828	S	76	
Davis Eli	State of Tenn	"	1824	S	77	
Davis Eli	State of Tenn	"	1828	S	78	
Dodson Thomas	Joel Mills	D	1833	S	137	20 00
Davis Walter	G W Smith	D	1844	S	174	20 00
Davis Walter	Joseph H Davis	"	1844	S	175	300 00
Davenport William	Samuel R Harkins	"	1844	S	189	200 00
Dunsmore Nathan	Bartly Ward	"	1843	S	192	250 00
Davis Thomas L	Daniel Huff	D	1843	S	367	125 00

Grantee	Grantor	Ins	Date	Book	Page	Amount
Dowell Major	State of Va	G	1796	S	462	
Dunn W B	William Kincaid	D	1844	S	468	125 00
Dykes Charles	Nathan Collins	"	1846	S	478	100 00
DeVault John	William Madden	D	1835	S	487	70 00
Dunn F	Thos Hamblin & wife	PA	1841	S	499	
Dunn John	Francis Dunn et als	D	1841	S	500	400 00
DeVault John	G McCraw	"	1841	S	532	10 00
DeVault John	G McCraw	"	1841	S	544	30 00
Dunn John	Benj Ausmus et als	"	1842	S	650	600
Day Samuel	Abraham Brice	BS	1846	S	683	3 --
Day Samuel	Sand W Baltrip	"	1846	T	52	50 00
Dean Ruben	Bluford Woodall	D	1847	T	76	10 00
Dunn William B	Hugh Graham	D	1847	T	151	375
Dobkins Solomon	Linch Hatfield	"	1846	T	173	77 96
Day Polley	Richard Hopson	"	1846	T	215	160 00
Drummons Daniel	Wm Needham	"	1847	T	221	200 00
Day Nancy	Ransom Day	"	1846	T	229	20 00
Dean Reuben	Jacob Shultz	D	1848	T	425	40 00
Dean Ruben	N A Evans	R	1848	T	355	
Dean Ruben	Geo W Rose	R	1848	T	426	
Davis Isaac	P L Davis	D	1865	T	578	250 --
David Andrew	J M Treece	D	1848	U	24	8 00
Damron John	Benj Sewell	"	1839	U	44	150 00
Dobb Belinda	William Marcum	"	1849	U	127	400
Dickerson J D	William C Treece	L	1849	U	131	
Dickerson Jno S M	George H Glass	T	1849	U	141	1 00
Dodson Samuel	James Hunter	D	1847	U	142	15 00
Deavenport Wm	Montgomery Harrell	T	1849	U	208	1 00
Day Ewons	John McMahan	D	1850	U	238	1000 00
DeVault John	Jane Cloud	BS	1850	U	270	
Devanport William	James McNeil	TD	1850	U	274	200 00
Drummons Danl	Jacob Peck	D	1836	U	340	10 00
Dickenson John S M	Lucy Ann Gray	D	1830	U	372	
Dickenson J & M	Isaac Allway et als	T	1830	U	405	115
Day Nancy	Simpson Hurst	D	1830	U	417	300
Dobkins Jefferson	Solomon Dobkins	A	1850	U	436	Horse
Davis Andrew	John Stallings atty	D	1849	U	442	5 00
Davis Andrew	John Stalling Atty	"	1849	U	443	112 50
Dobkins Solomon	Joseph H Bullard	"	1851	U	462	1000 00
Dobkins Solomon	Joseph H Bullard	"	1851	U	464	5000 00
Devenport William	William S McVey	BS	1851	U	486	60 00
Drummons Andrew	William Drummons	D	1850	U	489	35 00
Davis Abraham	Leander Cloud	"	1837	U	566	650
Duncan A J	Chas McDay	"	1837	U	583	262 52
Davis Andrew	Daniel Brock	"	1851	U	594	120
Deen William A	Bluford Woodall	"	1851	V	54	60 00
Daniel John	Elnathan D Cloud	"	1851	V	73	575 00
Day Nancy	James Ritter		1851	V	106	10 00
Day Noah	John Ousley	"	1840	V	118	150 00
Dunn Henry A	John Dunn	D	1851	V	153	600 00
Daniel John	Henry Meyers	D	1831	V	176	250 --
Day Samuel	Jessee Evans	TD	1851	V	245	300 00
Davis Sarah Ann	James C Harrell	D	1851	V	279	225

Grantee	Grantor	Ins	Date	Book	Page	Amount
Dunsmore Preston	Vany Barnwell	"	1852	V	288	300 00
Dunn Thos	William Kincaid	"	1851	V	378	1000 --
Dobkins Solamon	John Dobkins	"	1836	W	3	300 00
Davis A	Daniel C Bullard R C	"	1851	W	231	237
Day Samuel	Henry Hipshire	"	1854	W	240	1000 00
Dyer Isaac C	Authur Nash	"	1851	W	244	325 00
Dickerson J D	T M Kelly et als	A	1854	W	254	
Day Nancy	Wesley Simmons	D	1854	W	281	450 00
Day Chas M	Noah Day	D	1837	W	370	150
Day Corlenileos	Chas Hurst	PA	1854	W	376	
Day William	John West	D	1854	W	408	150 00
Day William	Samuel Day	"	1854	W	409	700 00
Davis Charles J	John Bratchur	"	1834	W	483	500 00
Davis Andrew	Sterling Mayes	D	1804	W	491	400 00
Day Chas Mc	Noah Day et als	BS	1834	W	505	75
Day Chas Mc	William Owens	D	1834	W	464	1000
Dickenson William	William Hamilton & wife	"	1832	W	521	47 00
Debusk Martin	J D Mayse	D	1855	W	558	325
Dunsmore W E	Preston Dunsmore	"	1855	X	16	300
Day N and R F Stone	Decree Chancery Court	D	1852	X	21	
Dunn William B	Joseph Hunter	"	1852	X	26	250 00
Day Noah	Charles McDay	"	1855	X	112	
DeVault Abraham	W W Greer Shff	D	1835	X	167	
DeVault Abraham	F M Fulkerson C & M	"	1835	X	169	
Debusk Elijah	Mary Richaras	"	1835	X	173	2000 --
Dunsmore W E	Russell Breeding & wife	"	1835	X	183	300
DeVault John	Malinda Mitchell	BS	1851	X	237	5000 --
Dunn John	William H Myers	D	1855	X	256	160 00
Dunn John	William B Dunn	"	1833	X	258	100 00
Dunn M & M	Decree County Court	"	1854	X	279	291 00
Drummon D	W Huffaker et als	"	1854	X	289	500 00
Dickenson J D	Leander Miller & et als	"	1835	X	342	1800 00
DeVault Abraham	Hiram DeVault	"	1835	X	377	1300 00
DeVault John	Abraham Devalt	"	1856	X	379	3700 00
Day Nancy	Simpson Hurst	D	1854	X	386	300 --
Debusk Martin	James F Hooper	"	1855	X	489	250 00
Dunsmore Preston	Harper Rice	"	1836	X	500	500
Day C M	Noah & Caswell Day	D	1834	X	509	143
Day C M	Robert Wylie	"	1834	X	511	143
Drummons A	Daniel Drummons	"	1856	X	537	250
Day C M	Clerk County Court	"	1835	X	553	650
Day C M	Sarah Day	BS	1837	X	563	
Dickenson J S M	J D Dickenson	D	1858	Y	333	2000
Dunsmore Nathan	Hugh Jones	"	1837	Y	336	345
Derraberry Micheal	Harmon Davis & wife	D	1858	Y	361	1 00
Dunn Wm B Jr	John Dunn	"	1854	Y	430	400 00
Dunn Wm B Jr	William S Wilson	"	1856	Y	432	500 00
Dunn Madison	William Dunn	D	1858	Y	438	600 00
Day J E Et als	Jeheil Fugate	TD	1858	Y	537	10,000
Davis Bradford	Benj Lundy	D	1858	Y	557	300 00

Grantee	Grantor	Ins	Date	Book	Page	Amount
Drummons Stephen	Jacob Cupp	"	1854	Y	600	100 00
Davis T L	David Thomas	DT	1859	Y	639	150 00
Dunsmore William E	Margarett Dunsmore	D	1858	Y	650	500 00
Debusk Martin	W W Hooper	"	1859	Y	683	100 00
Dodson Samuel	Samuel Barnard	PA	1859	Y	700	
Debusk James	Wm Marshall & wife	D	1836	Z	45	275
Davis H J	J T & S P Burdine	TD	1839	Z	76	5 00
Davis H J	J T & S P Burdine	TD	1839	Z	78	5 00
Davis T L	Charles Bussell	TD	1859	Z	131	200 00
Davis Walter	Washington Davis et als	D	1851	Z	136	200 00
Day Elizabeth	Nacy Day	"	1859	Z	154	Love
Day Elizabeth et als	Nancy Day	"	1859	Z	155	Love
Dunsmore Margaret	Jas D Walker	"	1859	Z	329	175 00
Dunsmore Preston	Henry Walker	"	1858	Z	337	1200 00
Damn Benj	John Dunn	"	1856	Z	342	200 --
Day Caswell	Mathew Collins	"	1841	Z	369	62 50
Day Caswell	Mathew Collins	"	1841	Z	370	62 50
Davis T L	Willis Grantham	TD	1861	Z	444	5 00
Dunsmore Nathan	John DeVault	D	1861	Z	469	325 00
Day William	Levi Hurst	D	1859	Z	472	300
Davis Benj	William Lewis	"	1861	Z	557	800 00
Debusk Elisha	James Minton	"	1859	Z	582	800 00
Davis John C	Samuel Breeding	"	1860	Z	633	500
Dunn Robert	Allen Hurst	"	1862	Z	675	10 00
Davis Hesten	William Lewis	D	1862	Z	677	1000 00
Dunsmore E H	John DeVault	"	1863	Z	698	
Day Samuel	J C Lane T Col	"	1863	Z	704	

Grantee	Grantor	Ins	Date	Book	Page	Amount
Evans Walter	J W Lackey	PA	1806	A	B	
Heirs of L Edwards	Joab Hill	WD	1802	A	11	300 00
Edwards Lewis	James Glasgow	"	1806	A	53	12 00
Evans James Price	Walter Evans et als	Birth	1806	A		
Evans George	Walter King	D	1807	A	105	250 00
Evans George	Robert Yancy	"	1803	A	119	300 00
Evans Walter	John F Jack et als	"	1810	A	131	50 00
Evans Walter	John Umstead	"	1804	A	165	90 00
Evans Walter	Nathanal Austin	"	1803	A	196	20 00
Evans W & J P		Birth	1806	A	199	
Evans Walter	Nathaniel Austin	D	1805	A	200	Dollars
Evans Walter	Nathaniel Austin	"	1805	A	201	30 00
Epison Robert	Thos Adkins	"	1805	A	212	85 00
Evans George	Nathaniel Austin	"	1805	A	234	30 00
Evans George	Nathaniel Austin	"	1805	A	239	62 00
Estes Micajah	Isaac Lane	"	1807	A	268	200 00
Evans Walter	James Glasgow	"	1806	A	284	100 00
Evans Walter	Nathaniel Austin	"	1806	A	286	7 00
Evans Walter	George Snaffer Shff	D	1807	A	344	4 00
Evans Walter	George Snuffer	"	1807	A	347	2 00
Evans Walter	James Glasgow	"	1806	A	365	150 00
Evans Walter	Denis Condry Shff	"	1810	B	001	4 10
Evans Walter	James Glasgow	"	1809	B	153	30 00
Evans Walter	State of Tennessee	G	1809	B	191	
Evans Jessee	Jesse Chick	BS	1809	B	201	
Erles S & J	Thomas Shurley	D	1808	B	258	200 00
Evans Walter	State of Tennessee	G	1810	B	288	
Evans Walter	State of Tennessee	"	1809	B	311	
Evans Joseph	Thos McLane	D	1808	C	23	400 00
Evans Walter	Elias Lunsford	PA	1811	C	63	
Ely Isaac	Elias Lunsford	D	1810	C	81	800 00
Ewel Laton	Bayes Joel	"	1813	C	255	200 00
Bayes Joel	Ewel Laton	"				
Eurl Laton	James Flowers	"	1811	D	47	160 00
Ewrl Laton	Peter Ausmus	"	1810	D	48	100 00
Ewrl Laton	Thomas Adkins	"	1811	D	55	50 00
Evans John	Wm Stublefield	"	1812	D	62	400 00
Estess Richard	Moses Davis	"	1813	D	99	
Ely Williams	Peter Huffaker	"	1812	D	125	200
Ellington John	Thomas Huddleston	"	1812	D	148	100 00
Evans Denis	Joseph Evans	PA	1812	D	199	
Evans Walter et als	James Glassgow	D	1809	D	210	200 00
Evans Joseph	John Camron	D	1811	D	312	400 00
Ely Williams	State of Tenn	G	1814	D	385	
Ely Williams	State of Tenn	G	1814	D	392	
Ely Isaac	State of Tenn	G	1814	D	393	
England Thomas	Amos Johnson	D	1816	E	10	75
Evans John	Allen Brock	"	1813	E	65	200 --
Ely William S	George Ely	D	1818	E	187	79 06
Ely Barton	Arther Monday	"	1817	E	194	
Ely Barton	Arther Monday	D	1817	E	217	
Elmore Thos & wife	John Luttrell & wife	"	1812	E	231	200 00
Evans Walter	Jessee Quarls	PA	1817	E	335	

Grantee	Grantor	Ins	Date	Book	Page	Amount
Evans John	William Rogers	D	1819	E	399	1500 00
Evans Joe	Thos L Evans	PA	1820	E	433	
Ely William	Barton Ely et al	D	1819	F	98	227 00
Ely William	Edward Turner	"	1818	F	114	200 00
Evans Elijah	Henry Baker	"	1818	G	42	1000 00
Evans John	Ransom Day Sr	"	1823	G	257	325 00
Eastridge James	William Richardson	"	1825	H	132	200 00
Eastridge James	John Forgerson	"	1825	H	134	96 00
Eades A	Rachel Shakeford	"	1818	H	181	50 00
Evans Walter	John Hunt Sheff	"	1825	H	197	
Eastridge James	Phillip Johnson	"	1826	H	234	26 00
Eastridge James	Jermiah Fields	"	1827	H	350	20 00
Ely Barton	William Ely et als	"	1828	H	435	1100 00
Ely Catharine	Isaac Ely	"	1827	H	458	60 00
Evans John	Hiram Hurst	"	1828	I	1	30 00
Evans George et als	William Gouge	"	1828	I	3	165 00
Eastridge James	John Eastridge	"	1828	I	28	120 00
Ely Evans	Solamon Ely et als	"	1828	I	35	320 00
Edward James	Jesse Powers	"	1822	I	83	170 00
Ewing David C	John L Hardy	BS	1829	I	199	300
Evans W B	David McAnaly	D	1829	I	203	50 00
Estes Richard	William Hopper	"	1826	I	224	130 00
Edward Authur	Isaac Thomas	D	1835	K	495	482 00
Edward Spencer	Jacob Peck	"	1831	L	319	20 00
Evans Walter R	State of Tenn	G	1827	L	335	
Evans Walter R	State of Tenn	"	1827	L	337	
Evans Walter R	State of Tenn	"	1827	L	338	
Evans J P & W R	State of Tenn	"	1827	L	339	
Ely Barton	Samuel Shields et als	"	1836	L	357	148 00
Evans Neuton A	Walter R Evans	"	1833	L	376	200 00
Evans Jessee	Ransom Day	"	1835	L	378	800 00
Evans W R	Elijah Harp	TD	1836	L	379	1 00
Evans Jessee	Simpson Hurst	"	1836	M	183	15 00
Evans W R & N A	Isaac Lane	"	1838	M	473	550 00
Evans W R	George McCrary	TD	1839	N	27	100
Evans E & H	Alfred Noel	A	1838	N	62	32 00
Evans J H	Benjamin Jones	TD	1840	N	278	1 00
Evans N A	Joseph Owens	TD	1839	O	44	
Evans H E	William White	"	1840	O	99	1 00
Evans W R	A Watson	"	1840	O	161	1 00
Evans William	Jacob Rosebalm	"	1840	O	165	1 00
Evans N A	Joseph Owens	TD	1840	O	179	100 --
Evans W R	Peter Hazlewood	"	1840	O	199	1 00
Evans W R	David Sweet	DT	1841	O	266	1 00
Evans W R	Peter Bundren	DL	1841	O	295	1 00
Evans W R	Hiram Bundren	DL	1841	O	316	1 00

Grantee	Grantor	Ins	Date	Book	Page	Amount
Evans J H	James Monday	DT	1841	P	33	1 00
Evans Walter R	Ben Jones & wife	TD	1841	P	204	100
Evans W R	Samuel Shockley	TD	1841	P	226	1 00
Evans Walter R	James Bowman et als	D	1840	P	233	5 00
Evans Walter R	Elijah Vanoy	TD	1841	P	259	5 00
Evans Walter R	Thompson Hurst	TD	1841	P	338	1 00
Evans William	John Evans	D	1841	P	423	400
Evans Jessee	Henley Hurst	"	1842	Q	39	30 00
Evans James H	Brice L Collins	TD	1841	Q	56	5 00
Evans W R	Henry Moyrs	"	1842	Q	104	100
Eastridge Lawson	James Forgerson	D	1836	Q	132	105 00
Evans W R	J C Large	TD	1842	Q	223	1 00
Evans W R	Samuel W Plenings	"	1842	Q	225	1802
Evans W R	Archibald Gibson	"	1842	Q	228	1 00
Evans W R	William Harrison	"	1842	R	7	100
Evans W R	Isaac Goin	TD	1842	R	25	1 00
Ely John T	Alford Fletcher	"	1841	R	37	160 00
Ely John F	George Ball	D	1841	R	38	200 00
Evans W R	John Davis	TD	1842	R	57	1 00
Evans William	William Sanders	TD	1842	R	61	1 00
Evans W R	Levi Goin	"	1842	R	88	1 00
Evans J H	Carter Hasford	BS	1842	R	114	1 00
Evans William W	Ruth Evans	BS	1842	R	115	Love
Evans Walter R	John Jones	TD	1843	R	160	100
Evans Henry C	Ransom Day	TD	1842	R	278	1 00
England Thos	John Thompson et als	D	1826	R	281	150 --
Ellason James	Arthur McFarland	T	1843	R	304	27 00
Evans James H	Brice G Collins	PA	1843	R	334	
Evans Hamilton	James H Evans	TD	1843	R	335	76 96
Evans Hamilton	Brice G Collins	D	1843	R	336	500 00
Eastridge Jerry	Losson Eastridge	"	1841	R	359	1000
Edward Martin S	William Kincaid	"	1843	R	374	400 00
Evans W R	C B Bullard	"	1843	S	59	5 00
Evans W R & N A	William Kirkpatrick	R	1844	S	61	
Evans Walter R	William Burchfield	TD	1844	S	68	5 00
Evans Hamilton	Ruth Evans	TD	1844	S	71	
Evans William	Mary Evans	G	1844	S	173	
Evans Jessee	Samuel Day et als	D	1844	S	188	290
Evans John Heirs of	William Evans	R	1844	S	246	325
Evans N A et als	Letty Warrucut	PA	1845	S	255	
Evans Walter R	N A Evans	D	1845	S	256	200 --
Evans Oliver P	Alex Plemmings	TD	1845	S	265	1 00
Evans Walter R	William Houston	PA	1844	S	268	
Eppes William	H L Evans	D	1845	S	280	100 00
Easley John	William Eppes & wife	"	1845	S	400	68 00
Easley John	James H Evans	"	1845	S	406	200 00
Evans W R	Chadwell Britton	BS	1845	S	409	465
Evans N A	J H Chapman	D	1845	S	412	700 00
Evans J P	Hamilton Evans	"	1845	S	421	125 00
Evans W R	Gray Garrett	TD	1845	S	426	1 00
Easley John	D D Gibson	T	1845	S	448	1 00
Easley John	George W Rose	D	1845	S	475	42 00
Ellison James	William Kincaid	"	1846	S	496	200

Grantee	Grantor	Ins	Date	Book	Page	Amount
Eastridge J	Lawson Eastridge	"	1841	S	535	100 00
Eastridge Lawson	William Cox	"	1842	S	538	150 00
Eastridge Lawson	William Roak	"	1843	S	541	125 00
Ellison Thomas	James Carroll	"	1841	S	564	10 00
Epps William	John Easly & wife	"	1845	S	613	75 00
Eastridge James et als	Robert Southern	"	1846	S	704	1 00
Eastridge Robert et als	Isaac Eastridge	"	1866	S	725	
Evans W R	Jubel Lee	TD	1846	T	10	5 00
Evans George	Albartis Arwine	D	1846	T	42	78 00
Evans George	John Bunch	"	1846	T	59	120 00
Easley John	Thos Hopper	DT	1846	T	71	55 50
Easly John	John A Hollengworth	"	1846	T	73	1 00
Evans W R	Anderson Malicote	"	1847	T	138	1 00
Evans Jessee	Polly Day	D	1846	T	145	145 00
Easly John	Andrew McClary	TD	1847	T	201	1 00
Evans Walter R	Matheas Householder	T	1847	T	224	100
Evans Walter R	Gray Garrett	D	1847	T	225	100 00
Evans O P	Samuel Welch	DT	1847	T	228	1 00
Evans Jessee	W & N Sanders	D	1845	T	231	145 88
England Wesley	James Carroll	"	1843	T	239	50 00
Evans J H	Layfaett Evans	"	1847	T	257	150 00
Easley John	Elijah Evans heirs	"	1847	T	271	350 00
Eastus Elisha	Sarah Lanham	"	1847	T	290	50 00
Evans W A	Reuben Deon	TD	1847	T	339	1 00
Ellison Thomas	Sarah Roak	D	1840	T	410	200 00
Evans Walter R	William Eppes	"	1848	T	417	1000 00
Eppes William	Walter R Evans et als	"	1848	T	466	450 00
Easley John	Henry C Evans	"	1848	T	480	75 00
Eastridge E & G W	James Eastridge	"	1848	T	486	Love
Evans George	Richard Hopson et als	"	1848	T	494	45 00
Evans W R	Thos W Jennings	T	1848	T	508	500
Evans W R	James E Bowman	TD	1848	T	536	1 00
Evans James H	G W Posey	T	1848	T	555	5 00
Evans N A	William Young	"	1848	T	560	1 00
Evans Hamilton	Henry C Evans	BS	1849	U	10	730
Easley John	Isaac Eastridge	TD	1849	U	28	187 28
Ely A & E	John Guthy	"	1848	U	38	75 00
Ely A & E	John Jenkins	"	1848	U	39	400 00
Ewing G	Thomas Clark	TD	1849	U	43	34 00
Ely Armaias	Elias Ely	D	1849	U	46	350 00
Evans W R	James E Bowman	TD	1849	U	83	457 38
Easley John	William Houston	D	1849	U	107	30 00
Evans W R	Joab Hill	PA	1849	U	128	
Estridge Timothy	Alex Fullington	D	1849	U	150	200
Ewing Samuel	Robt C Hansard	R	1849	U	151	5 00
Evans W R	Abel Kesterson	TD	1849	U	167	5 00
Easley John	Geo W Posey	T	1849	U	190	100
Evans W R	William Houston Jr	D	1850	U	233	311 00
Easley John	John S Perry et als	D	1849	U	249	150 00
Easley John & wife	A A McAmis	"	1849	U	251	
Easley John	Geo W Posey	DT	1850	U	288	22 56
Evans W R	John Cardwell	TD	1850	U	298	175 00
Evans W R	John Cardwell	TD	1850	U	301	1 00
Evans W R	Morris P Rowlett	T	1850	U	337	150

Grantee	Grantor	Ins	Date	Book	Page	Amount
Ellison Sarah	W B Dunn	D	1848	U	338	35 00
Evans N A	W R Evans	"	1849	U	346	100
Evans Walter R	Archibald Gibson	T	1850	U	357	1 00
Epps William	E H Dickerson	L	1850	U	373	House
Ely William J	Eleas Ely	D	1850	U	409	160
Evans John L	William Houston	"	1851	U	503	250 00
Estep William	Green B Cloud	"	1851	U	541	145
Evans Hamilton	State of Tenn	G	1841	U	580	- --
Evans Jessee	Wesley Simmons	TD	1851	V	111	300 00
Easley John	William Marcum et als	D	1851	V	139	50 00
Evans W R	Danil Huff	"	1852	V	232	1319 37
Eppes William	William W Evans	"	1852	V	273	100 00
Evans Jessee	Hugh Cain	"	1852	V	280	400 00
Evans Jessee	Abner Nunn	"	1852	V	281	300 00
Evans Jessee	Henry Nunn	"	1852	V	282	525 00
Estep William	Green B Cloud	"	1852	V	293	100 00
Evans W R	Benj F Cloud	"	1852	V	298	
Evans A A	Elijah Jones	"	1852	V	306	100 00
Ellison Sarah	B & E Ellison	"	1849	V	327	100 00
Evans W R	Willis D Alder	DT	1832	V	348	1 00
Eades Thos	Urias Honeycutt	D	1830	V	386	100
Epps William	James Evans	"	1853	V	423	75 00
Ellis Boyd	U S A	DisC	1865	V	427	
Evans John L	T J Johnson	D	1853	W	78	300 00
Evans John L	Daniel Huff	BS	1853	W	167	Love
Estridge Timothy	James A Hamilton	D	1859	W	193	15 00
England Wesley	William Houston	"	1853	W	203	100 00
Epps William	John S Perry et als	D	1834	W	370	5 50
Epps William	W G Dayru	"	1834	W	372	2 50
Evans W R	N A Evans	"	1854	W	435	600 00
Evans W R et als	William Kincaid	A	1854	W	456	
Edmonson Moses	William Riley	D	1853	W	466	2100 00
Edmonson M et als	John Riley	"	1853	W	468	10 00
Evans N A	E H C Dickenson et als	"	1853	W	470	425 00
Evans W R	H Violet	"	1855	X	36	2003 56
Estep William	Danil Littrell	"	1855	X	71	200 00
Evans Elizabeth	Robert Crockett	BS	1854	X	72	
Edward Hiram	Hugh Jones	"	1855	X	79	50 00
England Alex	Vincent Moyers	D	1854	X	194	2500 --
Ely Annias	Robert Wylie	"	1854	X	209	Love
Evans H C	Thos Hodges	TD	1855	X	228	1 00
Evans N A Admr	Decree Circuit Court	D	1856	X	361	
Evans John L	John M Kelley	D	1856	X	365	112 50
Evans J L	William Murphy	TD	1856	X	375	5 00
Evans Jessee	Wesley Simmons	D	1856	X	466	300 00
England Wesley	Hugh Graham	"	1856	X	467	200 00
Eastridge Timothy	Peter Marcum	"	1855	Y	52	10 00
Ely A	Preston Sparks	"	1857	Y	118	162 50
Ely Anamis	William J Ely	"	1857	Y	120	162 50
Easterly D et als	J Dunn	"	1856	Y	272	500 00
Evans W R	Daniel Huff	BS	1858	Y	279	900 00
Ely Ananias	Belinda Ely	D	1837	Y	319	200 00

Grantee	Grantor	Ins	Date	Book	Page	Amount
Evans N A	Joseph Lambert	D	1840	Y	320	200 00
Evans N A	John Fergerson	"	1840	Y	322	10 00
Ely Annias	John Shumate Sr	D	1853	Y	391	8 00
Epps William	W S Findley	TD	1858	Y	408	1 00
Evans Tipton	J D Belleny	TD	1858	Y	504	5 00
Evans John L	Benj P Bullard	BS	1858	Y	523	99 0
Eades Jesse	Elijah Jones & wife	D	1857	Y	546	100
Ellis Elizabeth	Mordica Cunningham	TB	1852	Y	579	600 --
Evans Jessee	Lou An Evans	D	1859	Y	680	67 50
Evans Tipton	Richard Wade	TD	1859	Y	707	1 00
Ellison Joseph R	Geo Massingill	D	1856	Y	713	112 50
Edmanson Andrew	Samuel Moore	"	1859	Z	103	1500 00
Edmanson William	Andrew McKee	"	1839	Z	115	1200 00
Evans Henry	W H Condry	"	1859	Z	169	350 00
Edmonson Andrew	William Murphy & wife	"	1839	Z	214	400 00
Evans Henry	John Bartlett	"	1860	Z	242	333 00
Evans Jessee	John Bunch	"	1860	Z	243	310 00
Ely Annias	Edward F Napeer	D	1858	Z	260	200 00
Evening Starfodge AT A M	Thos Weir et als	D	1860	Z	414	
Ellison McKindra	Samuel Monday	"	1837	Z	424	275
Eastes Jecknias	William Lanham	"	1839	Z	493	300
Edmonson Andrew	Samuel Moore & wife	"	1860	Z	541	1500 00
Ely Elias	Daniel Huff	TB	1860	Z	553	
Evans W R	C Y Rice	D	1861	Z	568	800 00
Evans W R	William T Moss	TD	1869	Z	592	6933 25
Evans W R	J H Burchfield	D	1861	Z	655	1 00
Evans W R	Charles Moore	PA	1862	Z	665	
Evans W R	F M Fulkerson	D	1862	Z	665	350 00
Evans Tipton	Samuel McBee & wife	"	1865	Z	705	2750 00

Grantee	Grantor	Ins	Date	Book	Page	Amount
Fitchpatrick John Sr	John Fitchpatrick	D	1802	A	72	10 ½
Frost Jonas	Lewis Moor	"	1805	A	73	150 ½
Fitch Abraham	Stokely Donaldson	"	1804	A	133	30 00
Flaner Danial	John Thompson	"	1803	A	141	6 66 2/3
Forest James	Stockley Donelson	"	1804	A	242	10 00
Forrast Richard	Stockley Donelson	"	1804	A	246	35 00
Fugate Riley	Leage John	"	1807	B	35	150 --
Fugate H & Riley John	Isaac Southern	"	1808	B	82	200 --
Fields David	Jessee Lay	"	1807	B	125	300
Fields David	Hardy Hughs	"	1809	B	272	200 00
Fields Richard	Peter Lower	"	1810	B	320	160 00
Forrest Richard	Stephen Claypole et als	"	1809	C	16	40 00
Fields Benjamin	Ezekiel Hendson	"	1810	C	105	400 00
Fletcher Geo	Archiball Daniel	"	1811	C	112	200 00
Farrast James	James Glasgow	"	1811	C	235	25 00
Farrast James	Richard Farrast	"	1811	C	237	35 00
Fitch Abraham	Walter Evans	"	1811	D	63	300 00
Fulps Valentine	John Bullard	D	1814	D	327	200 00
Forguson John	John Dobbs	"	1816	E	98	150 00
Fugate Henly	John Riley	D	1807	F	182	300 00
Farris Gideon et als	William Ball	D	1819	G	16	350
Forgerson Larkin	State of Tenn	G	1809	G	256	
Faris Gidion	Thomas Baker	D	1821	H	17	35 00
Farris Robert	Alex H Chadwell et als	"	1821	H	53	200 00
Fugason John	Larkins Fugason	"	1824	H	76	60 00
Fulks John	Joshua Cox	"	1826	H	217	30 00
Farchilds Joel	Zack Givens et als	"	1824	H	286	1 00
Farchilds Joel	Zack Givens et als	"	1825	H	288	120 00
Fore Aug P	Lazarus Dodson	"	1827	H	291	282 50
Frier Daniel	Beverly Marcum	"	1827	H	425	5 00
Friar Daniel	Ruben Richardson	"	1825	H	426	125 00
Friar Daniel	Walter Evans et als	"	1827	H	428	9 00
Ferrell Joseph	William Morvell	"	1824	I	40	480 00
Forgason John	Benj Auston	"	1828	I	44	130 00
Fugate William	Benj Cloud	"	1829	I	103	250 00
Fugate William	Benj Cloud	"	1829	I	105	200 00
Fugate William	Benj Cloud	"	1829	I	106	400 00
Fugate Henly	John Riley	"	1829	I	137	100 00
Fugate William et als	Thomas McCarty	"	1826	I	254	1200 00
Fugate Henly	John Riley	"	1829	I	327	100 00
Fugate Henly	John Riley	"	1829	I	330	100 00
Ferrell Joseph	Thomas McClain	"	1830	I	424	254 00
Ferrell Joseph	Reuben Moss	"	1830	I	500	200 00
Ford George	Jacob Cup	"	1831	I	544	200 00
Fulps Valentine	William Barnwell	"	1834	L	199	5 00

Grantee	Grantor	Ins	Date	Book	Page	Amount
Ferrell Joseph	William Owens	D	1832	K	123	500 00
Farris Gideon et als	Isaac Thomas	"	1833	K	189	350 00
Farris Gideon et als	Isaac Thomas	"	1833	K	192	150 00
Farris Gideon et als	Isaac Thomas	"	1833	K	194	300 00
Ferrell Joseph	John Hunt Sheff	"	1834	K	293	250 00
Frost John H	George Riggles	D	1832	K	359	195 00
Farrell Joseph	Thos C Norvell	BS	1831	K	515	
Fugate Henley	Elijah Smith et als	D	1833	L	11	150 00
Flemming James	Chas C Johnson	"	1829	L	20	750 00
Ferrell Joseph	Thos McLain	"	1830	L	32	254 00
Fulps Valintine	William Barnwell	"	1834	L	145	495 00
Fulps Valintine	Bowyer Bullard	"	1832	L	146	30 00
Fugate William	William Malicoate	"	1834	L	237	250 00
Fults John	Sampson Dodson	"	1834	L	320	50 00
Farmer John	John Hill	"	1836	L	364	485 --
Fulps Solman	Valentine Fulps	"	1827	M	26	135 00
Fulps Micheal	George Fulps	"	1836	M	79	200 00
Fulps Micheal S	Hiram B Dobbs	"	1835	M	80	50 00
Ford George	John Casey et als	"	1815	M	130	30 00
Farichild Joel	John Rhea	"	1836	M	172	100
Fairchild Wayne	George R Ward	"	1836	M	172	
Fugate William	Alexander Ritchie		1837	M	220	700 00
Fugate William	John Dobkins	BS	1837	M	249	297 00
Fritts John	Isaac C Lane	D	1837	M	274	200 00
Farmer John	A & O Edward	TD	1838	M	339	1 00
Fletcher Alfred	Joshua Edward	TD	1838	M	408	620 00
Freemon John	John Hea	D	1837	M	504	200
Fulps John	Ezekiel Munk	"	1838	N	30	50 00
Freeman John et als	William Sharp	"	1838	N	66	5 00
Fergson James	James Eastridge	"	1834	N	116	Gift
Furgson James	James Eastridge	D	1832	N	117	"
Farechild Jno	Richard Wilborne	"	1839	N	246	60 00
Farechild J W	Richard Wilborne	"	1839	N	248	80 00
Fultz John	N A Evans	"	1834	N	304	24 00
Ford Peggy	Thomas Sherman	"	1831	N	310	50 00
Fugate William	David Ramsey et als	"	1840	O	68	5 00
Fulkerson James	Stephen Wilbourn	"	1840	O	101	15 00
Fugate William	John Dobkins	"	1839	O	163	200 00
Ford Wesley A	Samuel Cloud	"	1840	P	6	45 00
Fullington A	C B Bullard	"	1841	P	44	150 00
Fairchild Obijah	Gabriel McCrow	"	1841	P	163	20 00
Fulkerson James	R C Fulkerson	PA	1839	P	289	
Fields George	Allen Hurst	D	1841	P	300	200 00
Ferrell Jonathan	William Jenkins	"	1838	Q	7	400 00
Farmer Hugh	Christian B Plank	"	1841	Q	12	700 00
Farmer John	E R Hamblin et als	TD	1842	Q	67	623 20
Fullington A	Isaac Eastridge	"	1842	Q	84	100
Farmer John	Peter Bundren	D	1835	Q	150	60 00
Fergason John	William Whiteaker	"	1831	Q	255	80 00
Fults John	Mathew Bussell	"	1828	Q	231	50 00

Grantee	Grantor	Ins	Date	Book	Page	Amount
Fergason John	William Whiteaker	"	1831	Q	255	80 00
Fergason John	State of Tenn	G	1830	Q	258	
Fugate Heirs	Estate of Henley Fugate decd	A	1838	Q	287	
Furgerson John	David Lambert	TD	1842	R	36	406 00
Fairchild Wayne	Andrew Rhea	D	1842	R	56	150 00
Friar Thomas	John Fults	"	1842	R	64	100 00
Farmer John	James Ramsey	TD	1842	R	85	100
Farmer John	James Ramsey	"	1842	R	85	5 00
Friar Thomas	Gideon Wright	D	1829	R	148	75 00
Fullington Alexander	Delilah Hurst	"	1843	R	165	87 00
Friar Daniel	Gideon Wright	PA	1829	R	175	
Freeman John	Lewis Chumbley	D	1840	R	190	200 00
Fugate William	Jonathan Tussey	TD	1843	R	263	5 00
Farmer John	Jabes Hopkins et als	"	1843	R	277	5 00
Fullington Alex	Peter Neal	D	1843	R	286	250 00
Farmer John	John Jones	TD	1843	R	291	100
Frazur Julain	Samuel Cloud et als	"	1843	R	316	5 00
Fields George	Elijah Evans et als	"	1831	R	370	180 00
Freeman John	Christian Sharp	D	1839	R	397	500 00
Fairchild Elijah	Joel Fairchild	I	1843	S	8	100
Fullington A	N A Evans	D	1844	S	48	15 00
Farmer Aquillan	Micheal Farmer	"	1843	S	81	100 00
Fullington William	State of Tenn	G	1843	S	84	
Ford Wiley A	George Ford	D	1839	S	92	150 00
Ferrell James	W P Billingsly	"	1840	S	204	150
Fairchild Jessee	Alex Campbell	"	1844	S	315	200 00
Fugate William	Francis C Allen	BS	1845	S	322	350 00
Farmer John	Elijah Manon	TD	1845	S	375	5 00
Fugate William	John B Yeary	D	1844	S	479	300
Fulps M	Andrew Philips	"	1842	S	515	10 00
Fullington A	Thos Allison	"	1846	S	551	90 00
Fortner Jonathan	William Keck	"	1838	S	569	100 00
Fugate William	Thos J Hardy	BS	1844	S	615	300 00
Fugate Henly	Rachel Fugate	D	1846	S	669	1000
Fugate William	W H Jennings	"	1846	T	22	550 00
Fairchild Wayne	James W Fairchild	"	1843	T	67	150 00
Ferrell Jonathan	William B Dunn	"	1847	T	152	600 00
Fugate William	James Overton et als	"	1846	T	182	100 00
Fletcher Geo R	William Hurst	"	1847	T	240	350 00
Ford George	Patrick Vance	"	1838	T	243	150 00
Fullington Alex	Benj Sewell	"	1847	T	322	50 00
Falkner James	Nathan Buchanan	D	1847	T	344	60 00
Fitts James R	Hamblin & Ramsey	"	1846	T	433	600 00
Fulps Valentine	W & L Goings	"	1847	T	456	15 00
Ferrell Jonathan	John Day	R	1848	T	507	
Fox Aquilla	Joseph B Morton	D	1849	T	77	180 00
Faulkner James	State of Ky	G	1846	U	113	
Fortner James	Jonathan Fortner	D	1849	U	176	300
Fortner Jonathan	Isaac Goin	D	1847	U	178	300
Ferrell R G	Joseph Ferrell	A	1849	U	201	
Ford George	Richard D Goin	D	1849	U	225	200 00

\# (See Errata for correction)

Grantee	Grantor	Ins	Date	Book	Page	Amount
Fletcher Geo R	Hugh Cane	"	1850	U	239	300 00
Fields Edward	Wm Cunningham	"	1837	U	281	50 00
Fugate William	Jacob J Parks et als	"	1848	U	332	180 00
Furgerson James	Alex Fullington	"	1849	U	349	20 00
Fletcher Geo R	A J Brock Shff	"	1850	U	376	30 00
Fugate William	Hugh Martin	T	1850	U	420	1 00
Fox Abraham	Samuel Moore	D	1850	U	422	1000 00
Fugate William	Solomon Dobkins	"	1851	U	469	6000 00
Fletcher David	Andrew McClary	TB	1846	U	494	800 00
Fulps Valentine	Copy Decree Circuit Court	D	1837	U	588	
Ford Wiley A	Richard Goin	D	1850	V	19	200
Friar Thomas	Elijah Jones	"	1851	V	97	10 00
Fugate Jehiel	Geo W Rose	"	1851	V	112	1300 00
Fields Edward	William Hicks	"	1831	V	121	100
Ford James P	George Ford	"	1831	V	136	200 00
Fulkerson James	Lucy Dobbs	"	1832	V	235	110 00
Fulps Solamin Jr	Vincent Meyers	"	1852	V	239	150 00
Fulkerson F M	Daniel C Bullard	"	1852	V	299	800 00
Fields Edward	John Hurst	"	1851	V	313	35 00
Furegeson John	Peter Marcum	"	1851	V	362	Land
Fulkerson F M	John Bullard Adm	PA	1832	V	367	
Ford George \#	Elijah Harp	D	1852	W	4	950 00
Firth Drewry	Marcellus Yoakum	"	1843	W	18	100 00
Ford James P	George Ford	"	1853	W	37	350 00
Fugate William	Enoch Moore	"	1853	W	70	1400 00
Fletcher R H	Nicklos Sharp	"	1853	W	84	212 00
Fugate William	Wells W Baker	"	1849	W	157	350
Ford William P	George Ford	"	1853	W	159	400
Fugate Henly	Johiel Fugate	"	1854	W	251	25 00
Forgerson James	Elijah Jones	D	1853	W	359	50 00
Farmer Hugh	William W Greer Shff	"	1854	W	437	10 60
Fox Aquilla	Daniel Kelly	"	1857	W	460	10 00
Fugate Jehiel et als	J L Evans	"	1855	W	565	475
Fulton James	F K Snodgrass	TD	1855	X	49	250 00
Forgason James	Hiram Johnson	D	1832	X	74	128 00
Farmer Micheal	John Gibbens	"	1834	X	75	60 00
Fox Abraham	W W Hollinsworth	"	1855	X	88	136 00
Fugate H	John Bolton	TD	1856	X	252	100 00
Fulkerson F M	E D Murphy	"	1856	X	300	130 00
Fulps George Heirs	Valentine Fulps	D	1836	X	337	250 --
Fulkerson F M	M Carogar et als	"	1836	X	357	
Fulkerson F M	Micheal Cargar	"	1836	X	360	20 00
Fulkerson William H	John C Lankford	TD	1856	X	441	100
Fox A	W W Hollingsworth	D	1856	X	454	360 00
Fulkerson William H	James Dobbs	T	1856	X	475	1 00
Fulkerson F M	Micheal Carigar	D	1856	X	503	
Fugate Johiel	J L Epperson & wife	PA	1857	X	529	
Fugate Roddy	V A Minton	T	1857	X	556	10 00
Fulkerson F M	John Brown	D	1837	X	573	
Fulkerson F M	Henry A Garrett	"	1837	X	574	
Fulkerson F M	A Fullington	"	1858	X	284	5 00

Grantee	Grantor	Ins	Date	Book	Page	Amount
Fulkerson F M	B F Cloud	"	1838	Y	346	
Fulkerson F M	T Margraves	A	1858	Y	417	
Fugate Jehiel	Ruben Rose	D	1838	Y	419	3000 --
Fletcher William	John H Jones	D	1836	Y	503	1200 00
Fouler J D	William Bates	TB	1835	Y	309	
Fugate Jehiel	Wm & P Murphy	BS	1858	Y	552	2900 00
Fulkerson F M	Abraham Moyer	DT	1838	Y	581	5 00
Fulkerson F M	William Neil (Trustee)	D	1858	Y	586	62 60
Forgerson John	B F Cloud	B	1859	Y	606	
Fulton A J	William Sayers	D	1858	Y	620	100 00
Fletcher David	Leander Cloud	"	1859	Y	661	968 00
Forgeson Elijah	Elijah Jones	"	1858	Y	704	47 50
Ford Isaac	George Ford	D	1855	Z	14	200
Fulkerson F M	W W Greer Sheff	"	1839	Z	47	400
Fulkerson F M	Geo H Cheek	TD	1839	Z	54	5 00
Fulps Augustin	Valintine Fulps	D	1859	Z	170	100 00
Ford J P	William P Ford	"	1858	Z	172	650 00
Fortner John	W W Hollinsworth	"	1860	Z	221	75 00
Fulkerson F M	John H Hansord	PA	1839	Z	252	
Fortner John	James Fortner	D	1860	Z	266	400
Fulkerson R F	Josiah Chadwick	T	1860	S	304	100
Fulkerson R F	Josiah Chadwick	"	1860	Z	307	100 00
Fulkerson W H	H L Freeman	TD	1860	Z	332	25 00
Fultz Fredrick	Elijah Jones et als	D	1853	Z	357	100 00
Fugate Jehiel et als	Elizabeth Rose	"	1860	Z	394	
Fortner John	Wiley A Ford	"	1860	Z	399	135 00
Fulkerson W H	Lewis Jones	TD	1861	Z	479	75 00
Fulkerson F M	Alex Fullington	TD	1860	Z	499	416 --
Fortner John	J C Lankford & wife	D	1861	Z	503	100 00
Fullington Elizabeth	F M Fulkerson (Trustee)	D	1861	Z	506	
Fugate Jehiel	William Murphy et als	BS	1861	Z	536	2900 00
Fuls John	P L Lanham Trustee	D	1861	Z	573	150 00
Ford James P et als	George Ford	"	1861	Z	583	100
Fulkerson F M	Cy Rice (Trustee)	D	1862	Z	603	204
Francisco Chrisefer	James Venable	E	1862	Z	672	600 00
Fugate Heirs	Estate of Henly Fugate Ded	A	1838	Q	287	
Fugerson John	David Lambert	TD	1842	R	36	40 61
Fairchild Wayne	Andrew Rhea	D	1842	R	56	150 00
Fair Thomas	John Fults	D	1842	R	64	100 00
Farmer John	Farmer Ramsey	TD	1842	R	85	1 00
Farmer John	James Ramsey	"	1842	R	85	5 00
Frair Thomas	Gideon Wright	D	1829	R	148	75 00
Fullington Alexander	Delilah Hurst	"	1843	R	165	87 00
Frair Daniel	Gideon Wrigh	PA	1829	R	175	
Freeman John	Lewis Chumbley	D	1840	R	190	200 00
Fugate William	Jonatham Tussey	TD	1843	R	263	5 00
Farmer John	JabesHopkins et als	"	1843	R	227	5 00
Fullington Alex	Peter Neal	"	1843	R	286	250 00
Farmer John	John Jones	TD	1843	R	291	100
Frazier Julain	Samuel Cloud	"	1843	R	316	5 00
Fields George	Elijah Evans et als	"	1831	R	370	180 00

Grantee	Grantor	Ins	Date	Book	Page	Amount
Freeman John	Christian Sharp	Q	1843	S	8	1 00
Fullington A	N A Evans	D	1844	S	48	15 00
Farmer Aquilla	Micheal Farmer	"	1843	S	81	100 00
Fullington William	State of Tenn	G	1843	S	84	
Ford Wiley A	George Ford	D	1839	S	92	150 00
Ferrell James	W P Billingsly	D	1840	S	204	150 --
Farchild Jessee	Alex Campbell	"	1844	S	315	200 00
Fugate William	Francis C Allen	BS	1845	S	322	350 00
Farmer John	Elijah Manon	TD	1845	S	375	5 00
Fugate William	John B Yeary	D	1844	S	479	300
Fulps M	Andrew Philips	"	1842	S	515	10 00
Fullington A	Thos Allison	"	1846	S	551	90 00
Fortner Johnathan	William Keck	"	1838	S	569	100 00
Fugate William	Thos J Hardy	BS	1844	S	615	300 00
Fugate Henly	Rachel Fugate et als	D	1846	S	669	1000
Fugate William	W H Jennings	"	1846	T	22	550 00
Fairchild Wayne	James M Fairchild	"	1843	T	67	150 00
Farrell Jonathan	William B Dunn	"	1847	T	152	600 00
Fugate William	James Overton	D	1846	T	182	100 --
Fletcher Geo R	William Hurst	"	1847	T	240	350 -
Ford George	Patrick Vance	"	1838	T	243	150 00
Fullington Alex	Benj Sewell	D	1847	T	322	50 00
Falkner James	Nathan Buchanan	"	1847	T	344	60 00
Fitts James R	Hamblin & Ramsey	"	1846	T	433	600 00
Fulps Valentine	W & L Goings	"	1847	T	456	15 00
Ferrell Jonathan	John Day	R	1848	T	507	
Fox Aquilla	Joseph B Morton	D	1849	U	77	180 00
Faulkner James	State of Ky	G	1846	U	113	
Fortner James	Jonathan Fortner	D	1849	U	176	300 --
Fortner Jonathan	Isaac Goin	D	1847	U	178	300
Ferrell R G	Joseph Ferrell	A	1849	U	201	
Ford George	Richard P Goin	D	1849	U	225	200 00
Fletcher Geo R	Hugh Cain	"	1856	U	439	300 00
Fields Edward	Wm Cunningham	"	1830	U	281	50 00
Ferrell Joseph	William Owens	D	1832	K	183	500 00
Farris Gideon et als	Isaac Thomas	"	1833	K	189	350 00
Farris Gideon et als	Isaac Thomas	"	1833	K	192	150 00
Farris Gideon	Isaac Thomas	"	1833	K	194	300 --
Ferrell Joseph	John Hunt Shff	"	1834	K	293	250 00
Frost John H	George Riggles	"	1832	K	359	195 00
Farrell Joseph	Thos C Norell	BS	1831	K	515	
Fugate Henley	Elijah Smith et als	D	1833	L	11	150 00
Flemming James	Chas C Johnson	"	1829	L	20	750 00
Ferrell Joseph	Thos McClain	"	1830	L	32	254 00
Fulps Valentine	William Barnwell	"	1834	L	145	495 00
Fulps Valentine	Bowyer Bullard	"	1833	L	146	30 00
Fugate William	William Malicoate	"	1834	L	237	250 00
Fults John	Sampson Dodson	"	1834	L	320	50 00
Farmer John	John Hill	"	1836	L	364	485 00
Fulps Solamon	Valentine Fulps	"	1827	M	26	135 00
Fulps Micheal	George Fulps	"	1836	M	79	200 00

Grantee	Grantor	Ins	Date	Book	Page	Amount
Fulps Micheal S	Hiram B Dobbs	"	1835	M	80	50 00
Ford George	John Casey et als	"	1815	M	130	30 00
Fairchild Joel	John Rhea	"	1836	M	172	100
Fairchild & Wayne	George R Ward	"	1836	M	172	
Fugate William	Alexander Ritchie	"	1837	M	220	700 00
Fugate William	John Dobkins	BS	1837	M	249	297 00
Fults John	Isaac C Lane	D	1837	M	274	200 00
Farmer John	A & O Edwards	TD	1838	M	339	1 00
Fletcher Alfred	Jashua Edward	TD	1838	M	408	62 00
Freeman John	John Lea	D	1837	M	504	200
Fulps John	Ezekiel Munk	"	1838	M	36	50 00
Freeman John et als	William Sharp	"	1838	N	66	5 00
Furgeson James	James Eastridge	"	1834	N	116	Gift
Furgason James	Jame Eastridge	"	1832	N	117	"
Fairchild John	Richard Wilborn	"	1839	N	246	60 00
Fairchild J M	Richard Wilborn	"	1839	N	248	80 00
Fultz John	N A Evans	D	1834	N	304	24 00
Ford Peggy	Thomas Sherman	"	1831	N	310	50 00
Fugate William	David Ramsey et als	"	1840	O	68	5 00
Fulkerson James	Stephen Wilborn	"	1840	O	101	15 00
Fugate William	John Dobkins	"	1839	O	163	200 00
Ford Wisley A	Samuel Cloud	"	1840	P	6	45 00
Fullington A	C B Bullard	"	1841	P	44	150 00
Fairchild Abjah	Gabriel McCraw	D	1841	P	163	20 00
Fulkerson James	R C Fulkerson	PA	1839	P	289	
Fields George	Allen Hurst	D	1841	P	300	200 00
Ferrell Jonathan	William Jenkins	"	1838	Q	7	400 00
Farmer Hugh	Christian B Plank	"	1841	Q	12	700 00
Farmer John	E R Hamblin et als	TD	1842	Q	67	623 20
Fullington A	Isaac Eastridge	"	1842	Q	84	1 00
Farmer John	Peter Bundren	D	1835	Q	150	60 00
Fults John	Mathew Bussell	"	1828	Q	231	50 00
Ferjason John	William Whiteaker	"	1831	Q	255	80 00
Ferjason John	State of Tenn	G	1830	Q	258	
Fugate William	Jacob J Parks et al	D	1847	U	332	180 00
Furgerson James	Alex Fullington	"	1849	U	349	20 00
Fletcher Geo R	A J Brock Shff	"	1850	U	376	30 00
Fugate William	Hugh Martin	T	1850	U	420	1 00
Fox Abraham	Samuel Moore	D	1830	U	422	1000 00
Fugate William	Solamon Dobkins	"	1851	U	469	6000 --
Fletcher David	Andrew McClary	TD	1846	U	494	800 00
Fulps Valentine	Copy Decree Circuit Court	D	1837	U	588	
Ford Wiley A	Richard D Goin	"	1830	V	19	200
Friar Thomas	Elijah Jones	"	1851	V	97	10 00
Fugate Jehiel	Geo W Rose	"	1851	V	112	1300 00
Fields Edward	William Hicks	D	1851	V	121	100
Ford James P	George Ford	D	1851	V	136	200 00
Fulkerson James	Lucy Dobbs	"	1852	V	235	110 00
Fulps Solamon Jr	Vincent Meyers	"	1852	V	239	150 00

Grantee	Grantor	Ins	Date	Book	Page	Amount
Fulkerson F M	Daniel C Bullard	"	1852	V	299	800 00
Fields Edward	John Hurst	"	1851	V	313	35 00
Fugerson John	Peter Marcum	"	1851	V	362	Land
Fulkerson F M	John Bullard Adm	PA	1832	V	367	
Ford George	Elijah Harp	D	1852	W	4	950 00
Ford Richard B	Elijah Harp	"	1852	W	6	250 00
Frith Drewry	Marcellus Yoakumn	"	1843	W	18	100 00
Ford James P	George Ford	"	1853	W	37	350 00
Fugate William	Enoch Moore	"	1853	W	70	1400 00
Fletcher R H	Nicklos Sharp	"	1853	W	84	212 00
Fugate William	Wells W Baker	D	1849	W	157	350 00
Ford William P	George Ford	"	1853	W	159	400 --
Fugate Henly	Jehiel Fugate	"	1854	W	251	25 00
Forgerson James	Elijah Jones	D	1853	W	359	50 00
Farmer Hugh	William W Greer Shff	"	1854	W	437	10 60
Fox Aquilla	Daniel Kelly	"	1851	W	460	10 00
Fugate Jehiel et als	J L Evans	"	1855	W	565	475
Fulton James	F K Snodgrass	TD	1855	X	49	250 00
Forgason James	Hiram Johnson	D	1832	X	74	128 00
Farmer Micheal	John Gibbeons	"	1834	X	75	60 00
Fox Abraham	W W Hollingsworth	"	1855	X	88	136 00
Fugate H	John Bolton	TD	1856	X	252	100 00
Fulkerson F M	E D Murphy	TD	1856	X	300	130 00
Fulps George heirs	Valentine Fulps	D	1856	X	337	250 00
Fulkerson F M	M Carigar et als	D	1836	X	357	
Fulkerson F M	Micheal Cargar	"	1836	X	360	20 00
Fulkerson William H	John C Lankford	TD	1856	X	441	1 00
Fox A	W W Hollingworth	D	1856	X	454	360 00
Fulkerson William H	James Dobbs	T	1856	X	475	1 00
Fulkerson F M	Micheal Carigor	D	1856	X	503	
Fugate Jehiel	J H Epperson & wife	PA	1857	X	529	
Fugate Roddy	V A Minton	T	1857	X	556	10 00
Fulkerson F M	John Brown	D	1857	X	573	
Fulkerson F M	Henry A Garrett	"	1837	X	574	
Fulkerson F M	A Fullington	"	1858	Y	284	5 00
Fulkerson F M	B F Cloud	D	1838	Y	346	
Fulkerson F M	T Margraves	A	1858	Y	417	
Fugate Jehiel	Ruben Rose	D	1838	Y	419	30 00
Fletcher William	John H Jones	D	1836	Y	503	1200 --
Fowler J D	William Bates	TB	1835	Y	509	
Fugate Jehiel	Wm & P Murphy	BS	1858	Y	552	29 00
Fulkerson F M	Abraham Moyers	DT	1838	Y	581	5 00
Fulkerson F M	William Neil (Trustee)	D	1858	Y	686	62 60
Forgerson John	B F Cloud	B	1859	Y	606	
Fulton A J	William Sayers	D	1858	Y	620	100 00
Fletcher David	Leander Cloud	"	1859	Y	661	968 00
Forgeson Elijah	Elijah Jones	"	1858	Y	704	47 50
Ford Isaac	George Ford	D	1855	Z	14	200
Fulkerson F M	W W Greer Sheff	D	1859	Z	47	400
Fulkerson F M	Geo H Cheek	TD	1859	Z	54	500
Fulps Augustin	Valentine Fulps	D	1859	Z	170	100 00
Ford J P	William P Ford	"	1858	Z	172	650 00

Grantee	Grantor	Ins	Date	Book	Page	Amount
Fortner John	W W Hollinsworth	D	1860	Z	221	75 00
Fulkerson F M	John H Hansord	PA	1859	Z	252	
Fortner John	James Fortner	D	1860	Z	266	400
Fulkerson R F	Josiah Chadwick & wife	TD	1860	Z	304	1 00
Fulkerson R F	Josiah Chadwick	T	1860	Z	307	100 00
Fulkerson W H	H L Freeman	TD	1860	Z	332	25 00
Fultz Fredrick	Elijah Jones et als	D	1853	Z	357	100 00
Fugate Jehiel et als	Elizabeth Rose	A	1860	Z	394	
Fortner John	Wiley A Ford	D	1860	Z	399	135 00
Fulkerson W H	Lewis Jones	TD	1861	Z	479	75 00
Fulkerson F M	Alx Fullington	TD	1860	Z	499	416 --
Fortner John	H Lankford & wife	D	1861	Z	503	100 00
Fullington Elizabeth	F M Fulkerson Trustee	"	1861	Z	506	
Fugate Jehiel	William Murphy et als	BS	1861	Z	536	2900 00
Fults John	P L Lanham Trustee	D	1861	Z	573	150 00
Ford James P et als	George Ford	"	1861	Z	583	1 00
Fulkerson F M	Cy Rice Trustee	"	1862	Z	603	204 --
Francisco Christofer	James Venable	"	1862	Z	672	600 00

Grantee	Grantor	Ins	Date	Book	Page	Amount
Goin William	James Glasgow	WD	1805	A	3	20 00
Graves John	Geo Sharp Jr	"	1806	A	80	1200 00
Graves John	Geo Sharp	"	1806	A	82	300 --
Gest Joseph	Wm Paine	"	1803	A	88	100 00
Gossage John	Stockley Donelson	"	1804	A	123	70 00
Grant James	William Norvell	"	1804	A	128	462 00
Gordon Robt C	James Blair Jr	"	1804	A	153	200
Graham William	Nathaniel Austin	"	1804	"	155	81
Graham William	Nathaniel Austin	"	1804	"	156	35
Graham William	Nathaniel Austin	"	1804	"	170	2000
Glasgow James	Stockley Donelson	"	1800	"	198	2000
Griffith James	Thomas Adkins	"	1805	"	211	265 00
Graham William	George Snuffer Shff	"	1805	"	219	6 75
Graves John	Coonrod Sharp	"	1803	"	223	450
Graham William	David Chadwell	BS	1806	"	268	500 --
Graham William	William Cocke	D	1806	"	280	1000
Gibson Zachariah	Andrew Crocket	"	1807	"	287	50 00
Gray Willis	Nathaniel Davis	"	1807	"	380	600 00
Glasgow James	George Snuffer Sheff	D	1808	B	90	40 --
Gowing William	James Glasgow	D	1809	B	136	100 00
Graham Wm	William Cocke	"	1808	B	145	3000
Graham Wm	Thos Henderson	"	1809	B	148	15 00
Grace Racheal	James Berry	D	1808	B	167	100 --
Graham William	Wm Robinson	BS	1808	B	179	400 --
Graham William	Jno & Thos Pryor	"	1805	B	186	358 00
Gollahorn William	J & L Bishop	D	1808	"	227	875 00
Graham William	James Bradley	BS	1810	B	274	275 00
Graham William	Elijah Blundon	"	1809	B	275	200 00
Graham William	Samuel Blundon	"	1809	B	276	220
Gibson George	John Thompson	"	1810	B	309	320 00
Goin Uriah L Goin	James Glasgow	"	1810	C	36	50 00
Givans Edward	James Glasgow	"	1811	C	191	30 00
Gray John	James Glasgow	"	1811	C	203	35 00
Goin Charles	State of Tenn	G	1812	D	15	
Goss John	Walter Alves	D	1811	D	30	300 00
Graves John	William Munkus	"	1810	D	45	170 00
Guthery John	Moses Davis	"	1813	D	101	Love
Goin William	James Glasgow	"	1812	D	142	50 00
Graves Boston	Jacob Owens	"	1812	D	165	300 00
Goin William	John Casey et als	"	1814	D	322	30 00
Griffeth Aaron	James Griffeth	D	1812	D	358	Love
Grimes John	Phillip Naanes	"	1815	D	363	80 00
Gowen William	John Casey et als	D	1814	D	364	Deed
Graham Hugh	William Murphy	"	1816	E	48	300 00
Gratner Hewy	Thomas Johnston et als	D	1816	E	115	188 00
Greene James	Richard Mitchell	"	1816	E	220	
Graham Hugh	Henry Baker	D	1818	E	323	110 00
Graham Hugh	William Dobb	"	1818	E	325	80 00
Grimes Graham Wm et als	Grimes Neal	D	1819	E	329	170 00
Graves Boston	Geo Yoakum	"	1819	E	359	251 75
Gibson George	Benjamin Sharp	D	1816	E	368	150 00

Grantee	Grantor	Ins	Date	Book	Page	Amount
Graham Wm & Co	Thomas Dobbs et als	"	1819	E	387	80 00
Graham Wm et als	Alfred Noel	"	1819	E	388	171 00
Graham Wm et als	Wm Dobbs	"	1819	E	402	260 00
Graham Hugh	John Evans	"	1820	E	412	5 00
Graham Hugh	William Rodgers	"	1820	E	413	600 00
Gray Benjamin	State of Tenn	G	1819	E	421	Should be
Gray Benjamin	State of Tenn	"	1817	E	422	"Bray"
Gray Benjamin	State of Tenn	"	1820	E	424	see
Gray Benjamin	State of Tenn	"	1820	#	424	"B"
Gratner Henry	Thomas Johnston	D	1817	E	1	103 00
Graham Hugh	William Maddy	"	1820	F	44	350 --
Graham Hugh	James Glasgow	"	1820	F	47	100 00
Graham Wm et als Exercis	Christ Damron Decd	W	1812	F	49	664
Givens Zack et als	Wm Baley	D	1820	F	62	1 00
Givens James	Thomas Johnston	"	1819	F	64	135 00
Graham Hugh	Richard Hitson	"	1820	F	74	550 00
Graham H & W et als	Wm Hill	"	1820	F	77	230 00
Graham Hugh	Jas W Glasgow	"	1820	F	82	25 00
Gramham Wm	Jas W Glasgow	"	1820	F	83	20 00
Graham Hugh	Dennis Condry	BS	1821	F	125	200 00
Graham Hugh & Co	Alfred Noel	D	1823	F	223	410 00
Gobble Isaac	Jessee Hurst	"	1823	F	262	250 00
Graham Hugh	John Hunt et als	"	1823	F	272	100 00
Graham Hugh & Co	Alfred Noel	"	1824	F	327	390 00
Goin William	Abraham Murphy	D	1818	G	51	34 00
Graham Hugh & Co	Anderson Barton	"	1822	G	69	281 00
Goin John	Thos Shurman	"	1821	G	78	100 00
Givins Zack et als	Thomas Johnson	"	1821	G	101	135 00
Grubbs John	Samuel McBee	"	1820	G	141	150 00
Graves Boston	William Owens	"	1818	G	202	1150 00
Graham Hugh et als	William Renfro	"	1823	G	230	316 00
Graham Hugh	James McReynolds	"	1823	G	235	15 00
Goin James Sr	Blain Davison	"	1815	H	14	200 00
Goin William	James W Glasgow	"	1820	H	57	6 00
Graves Boston	John Rodgers	"	1835	L	195	800 --
Goin William	James W Glasgow	"	1820	H	58	6 00
Goin William	James W Glasgow	P	1820	H	59	100 00
Graham Hugh & Co	Drewry Harrell	"	1825	H	83	142 00
Graham W & H & Co	Aran Davis	"	1825	H	85	208 00
Graham William	David Stewart	"	1824	H	99	100 00
Graham Hugh	John McCubbins	"	1825	H	101	700 00
Gray John	Thomas Sherman	"	1818	H	136	100 00
Graham Hugh & Co	A Davis	"	1825	H	164	
Gobble Abraham	William Gobble	"	1826	H	337	50 00
Graham Hugh & Co	James Monday	"	1828	H	416	261 --
Graham Hugh & Co	Ruben Moss	BS	1828	H	418	438 00
Graham Hugh & Co	Marcellus Moss	BS	1828	H	419	350
Graves John	James Glasgow	D	1813	H	430	27 00
Goin Levi	Jacob Peck	"	1827	H	439	20 00
Goin William	Jacob Peck	"	1827	H	439	200 00
Gibson Robert	James Renfro	"	1825	H	463	25 00
Gibson Robert	James Renfro	"	1825	H	464	150 00

Grantee	Grantor	Ins	Date	Book	Page	Amount
Grimes John	William Gobble	"	1826	H	469	50 00
Graves Boston	George Yoakum	"	1823	I	8	2500 00
Graham Hugh & Co	Thomas Hill	BS	1829	I	50	200 00
Graham Hugh & Co	Daniel Huff	"	1829	I	52	2000 00
Graham H & Co	William G Henderson	D	1829	I	61	75 00
Graham H & Co	Harod Hopson	"	1829	I	63	42 50
Graham H & Co	Thomas Bullard	BS	1829	I	65	73 50
Gibson Robert	Ruth Snuffer Exa &c	D	1826	I	74	Bond
Graham Hugh & Co	Robert Southern Co	Cor D	1829	I	109	204 83
Graham Hugh & Co	John Hardy et als	BS	1829	I	138	300 00
Gowen William	Elijah Hurst	D	1823	I	147	150 00
Gratner John	Thomas Johnson	"	1815	I	192	268 50
Graham Hugh	Tennessee Margrave	"	1830	I	283	25 00
Graham Hugh & Co	Joseph Damron	"	1831	I	313	100 00
Graham Hugh et als	Reuben Rose	"	1831	I	332	25 00
Graham Hugh & Co	John Wallace	BS	1831	I	353	425 00
Graham Hugh	Bennet Posey	D	1831	I	354	300 00
Graham Hugh	Tennessee Margraves et als	"	1831	I	375	100 00
Graham Hugh	Tennessee Margraves	"	1832	I	379	100
Graham Hugh	Alfred Noel	B S	1832	I	382	325 --
Graves John	Elizabeth Bowman	D	1832	I	388	200 --
Graves John	Jacob Graves	DT	1832	I	413	1 00
Graham William	John Hurst Shff	D	1824	I	503	79 92
Graham William	Daniel Huff	BS	1832	I	505	675
Graham Hugh	Robt Hansford	BD	1822	I	585	1 00
Garrett Gray	David Clarkson	"	1833	I	582	243 00
Graham Hugh	R C Hansford	A	1833	I	588	
Garrett Gray	John Graves	TD	1833	I	12	1 00
Garrett Gray	David Clarkson	"	1833	K	115	1 00
Garrett Gray	David J Clarkson	"	1833	K	80	1 00
Graham Hugh	George Stewart	D	1832	K	92	500 00
Graham William et als	Thomas R McClary	"	1833	K	98	10 00
Graham Hugh & Co	Thomas Hill	TD	1832	K	199	800 00
Graham Hugh	Samuel Dodson	D	1833	K	227	50 00
Graham Hugh	James Shelton et als	"	1833	K	229	40 00
Graham Hugh	Isaac C Lane	"	1833	K	246	95 00
Garrett Gray et als	James Thompson	TD	1833	K	271	77 00
Graham Hugh	John Graham	TD	1834	K	289	95 00
Graham Hugh	James Shelton	D	1834	K	291	10 00
Graham Hugh	William Killion	TD	1834	K	295	100 00
Graham William	John Graves	"	1834	K	311	100
Graham William	Daniel Sowders	"	1834	K	316	1 00
Graham William	John Hunt Shff	"	1834	K	324	
Graham Hugh	William Houston	R	1834	K	363	4 00
Graham Hugh	David C Clarkson	BS	1834	K	364	83 00
Graham Hugh	William Graham etals	R	1834	K	365	1 00
Graham Hugh	David C Clarkson	TD	1834	K	367	1 00
Graham Hugh	Alford Noel	D	1834	K	368	1 00
Graham Hugh	Tennessee Margraves	"	1834	K	370	145 00
Graham Hugh	James Dobbs	"	1834	K	373	30 00
Graham Hugh	John Dobbs	"	1834	K	375	295 00
Graham Hugh	John Dobbs	"	1834	K	379	40 00
Graham Hugh	John McCubbins	"	1834	K	379	600 00

Grantee	Grantor	Ins	Date	Book	Page	Amount
Graham Hugh	Sallie McCubbins	R	1834	K	382	100 00
Graham William	Eldridge Hord	D	1834	K	383	Bond
Graham Hugh	John Lebow	A	1833	K	386	174 25
Graham Hugh	Isaac C Lane	D	1834	K	388	20 00
Graham Hugh	Thos England & wife	"	1834	K	395	40 00
Gibson George	Soldier of Revolution	Afft	1825	K	411	
Grubb Mary	Sparkman Smith & wife	D	1834	K	449	
Graham William	Peter Clark	TD	1834	K	462	
Garrett Gray	A G Bagwell	TD	1835	K	469	
Graham Hugh	Joseph White Corst	BS	1835	K	475	100 00
Graham Hugh	Richard White	BS	1835	K	491	5 00
Graham Hugh	John L Hardy	D	1835	K	517	3000 00
Graham William	William Hurst	"	1835	L	63	425 00
Graham William	John Hunt Shff	"	1834	L	75	135 45
Garrett Gray	Thomas C Norvell	"	1835	L	98	100 00
Graham Hugh	Caleb Dobbs	"	1835	L	108	30 00
Graham Wm et als	Joab Hill	"	1833	L	175	500
Graham Robt	Chas Gresham	"	1819	L	221	50 00
Graham Hugh	William Shelby et als	"	1836	L	242	153 10
Goin Pleasant	Burton Goin	D	1836	L	350	160
Gibson Robert	William Hoggan	"	1831	M	3	30 00
Gibson Robert	Joushua Snuffer	"	1832	M	4	21 50
Graham Hugh	William Hurst	"	1836	M	24	25 00
Graham Hugh	William Killion	"	1836	M	34	2000 00
Garrett L A	Drewry Gibson	TD	1836	M	47	850 00
Green John	Thomas Lawrence	D	1836	M	53	500 00
Graves Soloman	Benj Barney	"	1833	M	71	150 00
Graham Hugh	Bullard Heirs	A	1834	M	114	
Gilbert James	Thos Jones	D	1837	M	128	20 00
Graves John	Jacob Peck	"	1837	M	132	25 00
Goin Isaac	Jacob Adams	"	1833	M	143	200 00
Glasgow James	Stokley Donalson	"	1800	M	223	2000 00
Gibson Robert	George Snuffer	"	1830	M	227	67 50
Gibson Robert	Theodick Snuffer	"	1830	M	331	67 50
Garrett Gray	Joseph Ferrell	DT	1837	M	233	
Goin Isaac	Jacob Peck	D	1836	M	298	35 00
Graham Hugh	Benj Sewell	"	1837	M	260	190 00
Gibson Drewy	Jesse Hurst	"	1837	M	262	150 00
Garrett Gray	John Caylor	BS	1837	M	267	1 00
Gibson Drewry	Martin Moles	D	1827	M	275	75 00
Graves Sabatian	Thos Brassfield	"	1837	M	306	100 00
Garrett Gray et als	John Carr	"	1838	M	320	1 00
Gibson (Heirs)	Alford Snuffer	"	1835	M	343	21 00
Graves Boston	William Alvis	"	1838	M	366	14 36
Graham Hugh	Richard White	BS	1838	M	395	148
Graves E L	David Bledsoe	D	1838	M	441	600 00
Graham Hugh	Drury Gibson	BS	1838	M	488	133 00
Gilbert James	Jacob Poteet	D	1834	M	529	47 00
Gilbert James	Jacob Poteet	"	1834	M	530	21 00
Goin Uriah	William Purvine	"	1828	M	542	30 00
Goin Uriah	Thos Sherman	"	1828	M	543	100 00
Goin Levi	Uriah Goin Jr	"	1839	M	546	200
Green John	Stephen Hardy	"	1837	N	14	6 00

Grantee	Grantor	Ins	Date	Book	Page	Amount
Garrett Gray	Henry Banton	TD	1838	N	48	1 00
Graham H	C B Bullard	TD	1838	N	60	475 00
Graves Boston	Henry Sharp	BS	1838	N	63	50 00
Graham H	Daniel McVey	TS	1839	N	68	1 00
Graham H	Peter Marcum	D	1839	N	86	15 00
Goin Richard	Samuel Cloud	D	1835	N	119	25 00
Goin Richard	Benj Sewell	"	1837	N	120	
Goin Burton	George W Thompson	"	1839	N	136	100
Grose Close Peter	Jessee Neil	D	1838	N	186	900 00
Graham Hugh	John McNeilance	BS	1839	N	219	156 50
Gibson Tyne	State of Kentucky	G	1837	N	220	
Goin William	William Slattering	D	1832	N	233	50 00
Goin William	William Slattering	"	1832	N	235	100
Garrett Gray	Peter Bundren	"	1840	N	276	346 83
Graham Hugh	John M Brabson	BS	1834	O	1	65 20
Gibson Samuel	Samuel E Hardy	D	1839	O	34	1250 00
Graham Hugh	John Bunch	D	1840	O	200	20 00
Graham Hugh	Peter Marcum	TD	1841	O	279	1 00
Graham Hugh	Peter Marcum	D	1841	O	281	150
Graham Hugh	Daniel Huff	TD	1841	O	287	1872 85
Goin Isaac	William Stalling	D	1830	O	314	50
Glasgow James W	George Yoakum	"	1820	P	16	400 00
Graham Hugh	F Bollinger	"	1891	P	82	46 95
Golehorn Isaac	Sarah Cardwell et als	"	1825	P	86	2000
Graham Hugh	William Wallace	TD	1841	P	178	159 74
Graves Boston	Isaac Sharp	TD	1841	P	242	1258 00
Graves Boston	William Sharp	"	1841	P	244	230 00
Goin Levi	William Murphy	D	1833	P	343	150
Graham Hugh	John Hunt	TD	1842	Q	15	124 00
Graham Hugh	Benj Sewell	D	1842	Q	17	475 00
Graham Hugh	Azariah Watson	TD	1842	Q	21	139 80
Graham Hugh	Jessee Webb	D	1842	Q	52	323 88½
Graham Hugh	Washington Wamacott	D	1842	Q	80	1 00
Graham Hugh	R H Harrison	DT	1842	Q	82	57 75
Goin William	Samuel Moore	D	1822	Q	157	150 00
Gipson Robert	Jacob Snuffer et als	"	1830	Q	205	
Graham Hugh	Isaac C Lane	TD	1842	Q	20	1 00
Godwin Jacob	Ruth Evans	"	1842	R	24	730 --
Graham Hugh	John Day	TD	1842	R	28	94 46
Graham Hugh	Hiram Hurst	"	1842	R	43	50 00
Gray Garrett	William Bowman	TD	1842	R	76	1 00
Goin Levi	Abraham Moyres	D	1818	R	83	4 00
Gree William W	John Capps	T	1842	R	97	1 00
Graham Hugh	Richard White	BS	1842	R	113	100 00
Graham Hugh et als	Drury Dunn	TD	1842	R	122	5 00
Graham Hugh et als	Drewry Dunn et als	"	1842	R	124	5 00
Graham Hugh et als	Washington Womocott	TD	1842	R	147	20 22
Graves Boston	Isaac Thomas	TD	1843	R	154	
Garrett Gray	Comfert Robinson	D	1842	R	199	10 00
Graham Hugh	James Bartlett	TD	1843	R	244	39 00
Graham Hugh	James Bartlett	"	1843	R	245	75
Graham Hugh	James Bartlett	"	1843	R	246	5 00

Grantee	Grantor	Ins	Date	Book	Page	Amount
Gray Garrett	Obediah Cardwell	T	1843	R	255	1 00
Garrett L A	Hezekiah Jones	TD	1843	R	275	100
George Robert	John C Childs	D	1843	R	293	1000
Gibson Samuel	Isaac Vanbebber	R	1843	R	311	
Graves John	James Glasgow	D	1813	R	346	78 00
Gibson William	Pleasant Owens	T	1843	R	362	2000 00
Goins John	John Frost	D	1839	R	363	150 00
Graham Hugh	Drury Gibson	D	1843	R	401	300 00
Gray Garrett	Adam Beeler	TD	1844	S	31	100
Gibson William R	Pleasant Owens	TD	1844	S	124	165 50
Graham John W	John Graham	D	1844	S	126	500 00
Graham William	Gray Garrett	T	1835	S	127	485 00
Graham Hugh	J W & J Graham	B	1844	S	130	400 00
Goin Levi	Benj F Cloud	R	1843	S	159	
Graham Hugh	Joseph Jones	D	1844	S	165	550 00
Graham Hugh et als	Walter R Evans	D	1844	S	181	385 76
Garrett Gray	Wm & J E Bowman	TD	1845	S	270	1 00
Graham Hugh	William Spillers	D	1845	S	277	150 00
Gibson Drewry	Whorton Nunn	"	1845	S	287	250 00
Garrett L A	John Hunter	BS	1845	S	316	300 00
Goin Isaac	John W Buford	TD	1845	S	319	5 00
Gibson William R	Benj F Walker	D	1895	S	349	300 00
Graham Hugh	F A Ross et als	"	1845	S	358	450 00
Greer W W Shff	Z Hodges	SD	1843	S	360	31 38
Garrett L A	John Hunter	BS	1845	S	379	300
Garrell L A	Bussell Miller	BS	1845	S	380	265 50
Greer Benj	William Lawson	D	1845	S	383	250
Grimes William	Joseph McNight	"	1831	S	411	100 00
Grimes William	Wm Barton	"	1845	S	144	500 00
Garrett L A	Thos L W Sawyers	"	1845	S	434	380 --
Garrett L A	John P Bruce	BS	1845	S	439	400 00
Garrett Gray	Isaac Rogers	T	1846	S	469	1 00
Gibson Robt Heirs	Robert Jones & wife	D	1846	S	480	16 00
Graham Hugh	William Spiller	"	1846	S	502	50 00
Graham Hugh	Samuel Wilson	"	1846	S	514	8000
Garrett L A	B F Cloud	"	1846	S	570	115 00
Gibbs John	John W Walker	"	1854	S	515	250 00
Gibson Drewry	Sally Hodges et als	"	1846	S	596	180 00
Gibson W R	Sally Jones	TD	1845	S	608	100 00
Graves John	Jacob Peck	D	1829	S	649	30 00
Graham Hugh	Washington Hamilton	BS	1846	S	659	80 00
Goin Richard	Phillip Keck	D	1844	S	662	150 00
Greer W W	Alfred Corbin	"	1846	S	708	500 00
Goin John	Jonathan Walker	"	1846	S	715	178 00
Goin A	William L Harmon	L	1866	S	728	
Goin A G	James A Brooks	L	1866	S	729	
Graham Hugh	James A Hamilton	D	1846	T	48	180 00
Greer W W	Joseph Turner	TD	1846	T	58	5 00
Graves John	Thos Johnson et als	D	1819	T	60	45 00
Goins L & N	Levi Goins Snr	"	1845	T	79	44 81
Gist Joshua H	L A Garrett C & M	"	1847	T	93	
Graham Hugh	Daniel Huff	BS	1847	T	110	550
Goin Sterling & Eli	Levi Goin	BS	1847	T	155	150
Gibson Isham	Drury Gibson et als	D	1847	T	177	90 00

Grantee	Grantor	Ins	Date	Book	Page	Amount
Graham Hugh	Fred Bollinger	"	1847	T	218	330 00
Garrett Henry A	Walter R Evans	"	1847	T	226	99 97
Goin John A	Jacob Peck	"	1847	T	260	
Garrett Matilda	L A Garrett C & M	D	1847	T	303	
Graham J W	John A Berrt	TD	1847	T	308	1 00
Garrett L A	Isaac Sharp	TD	1847	T	319	5 00
Graham J W	S & J W Welch	DT	1847	T	324	1 00
Garrett L A	James B Smith Shff	BS	1848	T	360	43 06
Graham Hugh	Daniel Huff	A	1835	T	369	
Graves Peter	Henry Stiner	D	1847	T	403	300 00
Graves John	Henry Stiner	D	1847	T	458	300 00
Goin Rich D	L & W Goin	"	1844	T	530	150 -
Gibson W R	James Gibson et als	"	1848	T	531	
Gollihorn Wm	George McNeil	"	1837	T	548	200
Garrett Matilda	W R Evans Trustee	BS	1849	U	11	5 50
Gibson William R etals	William Owen	D	1848	U	14	1 50
Goings William	Geo W Rose	R	1849	U	32	
Garrett Matilda	Joseph White	BS	1849	U	105	550 00
Graham Thos P	Robert B Love	TD	1849	U	120	1 00
Graham Hugh	William Hamilton	BS	1848	U	132	240
Graham Hugh	Daniel Marcum	D	1849	U	158	500
Gibson Drury	William Townsley	"	1830	U	159	25 00
Graves John	John Sharp	TD	1849	U	174	100
Goin Isaac	Walter R Evans	D	1847	U	177	342 00
Garrett L A	William Mitchel	TD	1830	U	211	5 00
Graham Hugh	Z Hodges Ex &c	D	1850	U	227	
Garrett L A	W R Caswell Assg	"	1849	U	263	2 62½
Garrett Gray	Jacob Peck	"	1836	U	290	50 00
Gill Samuel	T D Knight	"	1850	U	303	100 00
Goins Wilson	Levi Goins	"	1850	U	328	300
Gibson W R	Stephen Lea	"	1850	U	360	125 00
Green John	Samuel Shelby	"	1830	U	390	72 00
Garrett L A	John Kelly	TD	1850	U	429	600 00
Graham Hugh	William C Hodges	D	1850	U	447	100 00
Gibson Z S & T S	W R Gibson	"	1850	U	478	125 00
Greer William W	William McBee	D	1851	U	485	40 60
Graham Hugh	Drury Dunn	TD	1851	U	522	1 00
Gibson James E	Wm Renfro	D	1835	U	534	10 00
Graham Hugh	E H C Dickenson	BS	1831	U	547	250 --
Gower A J	Robt Ellison	L	1836	U	598	8 pr ct.
Gower A J	J M Lemar & wife	"	1866	U	598	
Gower A J	George Braden	"	1865	U	599	
Graham Hugh	Thomas Rutledge	D	1831	V	3	75 00
Grimes William	John Grimes	D	1830	V	17	50 00
Graham Hugh	William Neil	TD	1831	V	40	65 00
Graham Hugh	Daniel Huff	D	1851	V	50	700 00
Gibson William et als	Enoch Gibson & wife	D	1851	V	76	200 00
Graham Thomas P	Levi Goin	TD	1851	V	77	1 00
Garrett Henry A	Marten Burchfield	D	1850	V	152	90
Graham Hugh	Daniel Huff	"	1832	V	178	3260 00
Graham Hugh	Daniel Huff	"	1832	V	180	7708 00
Gibson W R & Brothers	Enoch Gipson & wife	"	1832	V	219	200
Gibson W R & Brothers	E B Yoakum	"	1852	V	243	1750 00
Goin Wilson	Levi Long	BS	1852	V	246	400 00

Grantee	Grantor	Ins	Date	Book	Page	Amount
Goin Levi	Wilson Goin	BS	1852	V	278	
Goin Wilson	Daniel Drummons	D	1850	V	289	500 00
Goins S & E	Richard B Goins	D	1848	V	325	50 00
Goins S & E	Elijah Harp	"	1852	V	326	200 00
Gibson W B & Brothers	Andy D Woodson	"	1832	V	357	680 00
Grubb John	Bowyer Bullard	"	1831	V	369	125 00
Grimes Jno M	Thos Brooks	"	1830	V	372	
Gibson W R & Brothers	John Neatherland et als	"	1852	V	402	296 00
Goin Nelson	Andrew J Sarten & wife	"	1853	W	7	37 00
Goin Isaac	Jacob Peck	"	1840	W	16	5 00
Garland Prior	Geo W Rose	TD	1852	W	19	
Garland Priar	B F Cloud	D	1852	W	73	200 00
Greer W W	John W Woods	"	1853	W	80	100 00
Greer Joseph	N & J Sharp	D	1833	W	111	200
Gibson W R & Bro	Isaac Thomas	D	1853	W	140	611 00
Garrett L A	Johnson Mayse	"	1853	W	171	1 00
Gibson Wm R et als	Mary Lee et als	"	1854	W	276	600 00
Gose C & Wm M	David Moore	D	1854	W	301	500 --
Garland Prior	William Venable	"	1854	W	444	300 00
Graves John	Alexander Rouse	TD	1855	W	556	5 00
Gibson W R & Brothers	William T Lee	D	1854	W	573	100 --
Graham Hugh	W W Greer Shff	D	1855	X	1	127 00
Graham Hugh H	Samuel Huff	"	1855	X	54	3300 00
Goin Hugh H	William M Mayse	"	1855	X	176	300 --
Goin Calep	Levi Goin	"	1855	X	178	Love
Gibson W R et als	A B Gilbert et als	D	1855	X	196	16 00
Gibson W R et als	Samuel Wilson et als	D	1855	X	199	30 00
Gibson W R	Z S & T S Gibson	"	1850	X	201	
Gibson W R	W R & T S Gibson	"	1855	X	205	
Gibson T S	W R & Z S Gibson	"	1855	X	207	
Gray W H & J H	D D Spivey	D	1835	X	210	8 00
Graham Hugh	Wm & D N Sanders	"	1855	X	230	74 00
Grace William	Jefferson Cline	"	1850	X	245	75 00
Gray John	Mary Gray	PA	1856	X	268	
Greer Ewell	Harper Rice	D	1853	X	273	225 00
Greer Henry	Anderson Burk	"	1856	X	298	300
Graham Thos P	John Sanders Sr	D	1836	X	344	850
Greer W W	J P Parker	"	1836	X	346	14 00
Goin Levi	W W Hollingsworth	TD	1836	X	392	1 00
Goin S & Eli	Andrew Davis	D	1855	X	394	20 00
Greer William W	David N Sanders	"	1856	X	417	1200 --
Gousley J C & R J	Geo W Stout	"	1856	X	455	500 00
Graham Hugh	Ann J Kelly	BS	1857	Y	43	792 00
Grimes J M	Z Cadlis heirs	D	1857	"	46	250 00
Goins Mack	James Bunch	"	1857	Y	86	275 00
Goin L & N	Ewriale Goin Sr	"	1857	Y	99	100 00
Gibson W R	Granville Vanbebber & Wife	"	1837	Y	168	100
Goin Levi & N	Uriah Goin	"	1837	Y	176	50 00
Goodson William S	E H Skaggs	"	1857	Y	249	500 00
Greer W W	W S McVey	TD	1858	Y	316	241 68
Gose Stephen	Levina Gose	D	1858	Y	374	50 00

Grantee	Grantor	Ins	Date	Book	Page	Amount
Graham Hugh	Thos McCarter	D	1838	Y	410	243 00
Greer W W	Andrew Buchanan	PA	1858	Y	443	
Godman Joseph	Albert Simmons & wife	D	1834	Y	472	365 00
Gibson W R & Z S	James Venable	"	1838	Y	516	213
Graham Hugh	Thos McCarty	D	1838	Y	570	650
Graham T P	Isaac Carmack	T	1838	Y	591	5 00
Greer W W	William Sanders	D	1858	Z	97	3000 --
Gibson W R & Z S	Charity Jones	D	1839	Z	101	1300 00
Gibson W R	Decree County Court	"	1859	Z	124	100 00
Grason W E	Vinson Wilson	D	1859	Z	200	400 --
Gibson W R & Z S et als	Christian Sharp	"	1857	Z	202	200 00
Gibson W R & Z S	C G Alexander	D	1859	Z	203	
Graham Hugh	Tennessee Margraves	BS	1860	Z	216	1375 00
Gibson Wm R	Jerusha Lee	D	1860	Z	375	100 00
Goin Sterling	James & Jacob Minton	"	1859	Z	403	325
Goin Eli	Levi Goin	D	1859	Z	404	Love
Grantham Willis	Wesley Chittum	"	1853	Z	442	500 00
Grubb John	Preston Dunsmore	"	1860	Z	453	180 00
Graham Hugh	James Bunch	"	1861	Z	524	800 00
Goin Isaac	Wm Houston et als	"	1854	Z	653	
Goin Sterling	John Fortner	"	1862	Z	709	35 00

Grantee	Grantor	Ins	Date	Book	Page	Amount
Harper Richard	Isaac Lane	WD	1802	A	7	66 2/3
Harrison Elisha	Wm Herrell	D	1806	A	25	1 00
Hunt John	Jessee Dodson	WD	1800	A	43	12 00
Hoskins Thos	Samuel Tate	"	1803	A	61	266 00
Hurst Thos	Wm Strand	"	1807	A	69	900 00
Haly Barnaba	Stokely Donaldson	"	1799	A	67	50 00
Hunter Wm	Henry Clark et als	"	1800	A	79	217 00
Hodges Thomas	John Tucker	"	1803	A	90	400 --
Hodges John	Thomas Hodges	"	1803	A	91	100 00
Houston Robt et als	Steven Keywood	"	1803	A	94	25 25
Hunter Henry	Nathaniel Davis	"	1807	A	105	1175 --
Hunt John Jr	Hunt John Sr	"	1804	"	135	18 50
Hunt Jno Sr	Stokley Donalson	"	1799	"	100	160 00
Harrison John et als	Walter Evans	"	1804	"	173	160 00
Henderson Thomas	Elisha Wallen	"	1804	"	160	100 00
Hodges James	John Hodges	"	1804	"	162	300 00
Hanson Brxon et als	Joseph Watson et als	G	1800	"	185	Land
Hughes Hardy et als	Robert Yancy shff	D	1798	"	187	36 65
Hurst Jessee	William Kile	"	1805	"	194	10 00
Hooper George	James Hogg	"	1804	"	209	25 00
Hord William	North Carolina	G	1794	"	256	320 S
Harper Richard	James Glasgow	D	1806	"	261	2500 S
Hord William	North Carolina	G	1779	"	289	320 S
Hord William	North Carolina	"	1779	"	290	320 S
Hord William	North Carolina	"	1779	"	292	1250 S
Hord William	North Carolina	"	1779	A	293	125 S
Hord William	North Carolina	"	1794	A	295	100 S
Hord William	North Carolina	"	1779	A	297	320 S
Hord William	North Carolina	"	1779	A	298	320 S
Hord William	North Carolina	"	1795	A	301	320 S
Hord William	North Carolina	"	1791	A	303	125 S
Hord William	North Carolina	"	1794	A	305	160 S
Hord William	North Carolina	"	1790	A	306	100 S
Hord William	North Carolina	"	1779	A	307	320 S
Hord William	North Carolina	"	1792	A	309	150 S
Hord William	North Carolina	"	1779	A	310	320 S
Hord William	North Carolina	"	1779	A	311	175 S
Hord William	North Carolina	"	1794	A	332	200 S
Hord William	North Carolina	"	1794	A	337	320 S
Henderson Rich D	North Carolina	"	1794	A	337½	150 S
Henderson Richard	North Carolina	"	1794	A	338	200 S
Henderson Richard	North Carolina	"	1794	A	340	320 S
Hord William	North Carolina	"	1794	A	341	320 S
Hunt John	Nathaniel Austin	"	1804	"	346	41 00
Hunt John	Jacob William	"	1804	"	359	640 00
Huffaker Peter	Hezkiah Jaurden	"	1808	"	362	200 00
Hunter Abraham	Nathaniel Davis	"	1808	"	375	21 00
Henderson Thos	William Cocke	"	1808	"	383	71 ₺
Henderson John	William Cocke	"	1808	"	384	200 00
Hunter Henry	Nancy Durham	BS	1806	"	385	
Hord William	Elisha Wallen	D	1808	B	17	50 00
Henderson Thos	George Snuffer Shff	Sh D	1808	B	51	147 53
Hord William	John Mustard	"	1808	B	65	347 00
Henderson Thos	William Cocke	"	1809	B	67	200 00
Hall John	William Cocke et als	"	1809	B	112	300 00

Grantee	Grantor	Ins	Date	Book	Page	Amount
Hodges John	Zachariah McCubbins	"	1809	B	132	800 00
Hord Wm et als	North Carolina	G	1793	B	151	300 S
Hord Wm	Henry Sumpter	D	1808	B	157	350 00
Hord William	State of Tennessee	G	1808	B	182	
Hord William	Elisha Wallen	D	1808	B	184	100 00
Harrison Elisha	Johnston Harrison	"	1809	B	219	170 00
Hord William	North Carolina	G	1795	B	229	30 S
Hord William	Elias Harrison	D	1809	B	230	1 00
Hord William	Robert King	R	1807	B	135	
Huddleston Thos et als	David Fields	D	1810	B	245	300 00
Huddleston John	John Bullard	"	1810	B	264	50 00
Hoover Christina	Robert Epperson	"	1807	B	266	135 00
Hobbs Thomas	Elisha Wallen	"	1809	B	304	200 00
Huddleston John	Thos Nation	"	1810	B	314	72 00
Henderson William	James Glasgow	"	1810	C	4	450 00
Helms James	Thomas McLain	"	1809	C	28	400 00
Henderson George	William Condry	"	1809	C	31	200 00
Huffaker Peter	John Lea	"	1810	C	34	64 50
Huffaker Peter	Archaball McKnew	"	1810	C	40	100
Hurst Elisha	John Cunningham	"	1811	C	42	3000
Hall John	John Hunt	BS	1810	C	57	250 00
Hall John	Zachariah McCubbins	"	1810	C	59	550 00
Hall John	John Cocke	D	1810	C	61	30 00
Harper John	James Glasgow	"	1810	C	94	75 00
Harper Willis	James Glasgow	"	1811	C	96	14 00
Hurst Thomas	James Glasgow	"	1810	C	113	10 00
Highnote Philip	Martin Comes	"	1811	C	227	450 00
Hopkins Sterm	Joseph William	"	1812	C	257	100 00
Harper Richard	Richard Farrast	"	1813	C	259	100 00
Hord William	State of Tenn	G	1807	D	20	
Hord William	Joseph William	"	1811	D	21	
Hord William	Denis Condry Shff	"	1812	D	23	5 15
Haskins Thomas	Elias Harrison	"	1812	D	28	60 00
Harper Richd	James Farrast	"	1811	D	76	150 00
Hord Wm	John Harrison	"	1808	D	78	15 00
Harper Richard	James Glasgow	D	1812	D	81	10 00
Hord William	Joseph Williams	"	1812	D	85	Land
Hall John	State of Tennessee	G	1811	D	88	
Hodges John	Hodges James	D	1811	D	109	20 00
Hill James et als	John Cunningham	"	1811	D	112	4 50
Hunter Andrew	Amos Johnston	"	1812	D	127	423 33½
Henderson John	Amos Johnston	"	1813	D	163	300 00
Harrell Wm	John Claypole etals	"	1812	D	182	200 00
Hobbs Isaac	Henry Mayes	"	1813	D	185	300 00
Hunter Abraham	Nathaniel Davis	"	1811	D	206	12 00
Howell Edward	Denis Condry Shff	D	1814	D	219	25 22½
Hurst Thomas	Silas Clark	"	1812	D	229	1 00
Hurst Thomas	Silas Clark	"	1812	D	238	40 00
Hunter Mathew	Andrew Hunter	"	1814	D	243	450 00
Hodges John	John Casey et als	"	1814	D	268	1 00
Hunt John	Jesse Jones	"	1813	D	283	100 00
Harper William	William Petty	BS	1815	D	352	333 33
Howerton William	John Casey et als	D	1814	D	360	30 00
Hunter Henry	Samuel Weaver	"	1815	D	412	300 00

Grantee	Grantor	Ins	Date	Book	Page	Amount
Hodges John	Thomas Hodges	"	1815	D	416	500 --
Hurst Abraham	James Glasgow	"	1812	D	419	25 00
Harrell Drury	John Casey et als	"	1815	D	426	40 00
Hencha John	John Casey et als	"	1815	D	430	12 00
Harrell Elizabeth	Luke Bowyers	"	1815	E	19	80 00
Harper Richard	Ruben Rose	"	1813	E	39	450 00
Hopper Harmon	Walter Evans et als	QC	1814	E	61	
Henderson John	John Casey et als	D	1814	E	92	Deed
Harriss Silas	John Marrass	"	1816	E	110	100 00
Henderson Jerry	Thomas Langhlin	"	1817	E	176	325 00
Huddleston David	John Murphey	D	1814	E	201	150 00
Harper Ruben	Richard Harper	"	1816	E	205	300 00
Himmel Micheal	John Rowan	"	1818	E	236	640 00
Hardy John L	James Sellers	"	1817	E	268	1 00
Hooper William	John Casey et als	"	1816	E	278	Deed
Hooper Wm	Fielding Lewis	"	1816	E	294	60 00
Hamilton Andrew	Dennis Condry	D	1818	E	297	500 00
Harrison Daniel	Wm Morgan	"	1817	E	334	150 00
Huddleston John	John Murphy	"	1815	E	349	500 00
Hobbs Enal et als	State of Tenn	G	1817	E	352	
Hogan William	Abner Lea et als	B	1810	E	360	2500 00
Hogan Wm	Abner Lea	D	1819	E	360	2500 00
Hamilton Jas A	Nichalas McCubbins	"	1818	E	365	150 00
Hunt John	Jessee Jones	"	1813	E	377	226 25
Hogan William	Joseph William	"	1819	E	379	1600 00
Henderson James	Isham Stinnet	"	1815	E	394	900 00
Henderson James	Isham Stinnet	"	1815	E	396	2 00
Hopkins Jabish	Elisha Clark	"	1819	F	9	200 00
Henderson James	John Walker	"	1817	F	30	1000 00
Hardy John L	Arther L Campbell	"	1819	F	51	900 --
Hurst Joseph	Elijah Hurst	"	1818	F	69	300 00
Hodges Bibben	James W Glasgow	"	1820	F	72	50 00
Hill William	William Baker	"	1820	F	75	175 00
Hurst John	William Condry	"	1820	F	112	700 00
Hill William	William Graham et als	QC	1821	F	135	
Hodges Miles	Richd Mayes	"	1820	F	140	268 00
Harper Ruben	Jas W Glasgow	"	1820	F	144	100 00
Hughes Hardin	John Jones	D	1803	F	209	150 00
Hughes Hardy	Peter Lower	D	1805	F	211	
Hughes Hardy	Thomas Anderson	"	1820	F	213	100 00
Huffacre Peter	Wm Lane	"	1822	F	276	10 00
Hodges Bibby	Miles Hodges	D	1823	F	284	300 00
Huffacre Peter	William Hogan	"	1821	F	291	60 00
Houston William	Daniel Meek	BS	1824	F	294	610 00
Hodges John	Wm Norvell	"	1826	F	309	250 00
Hamilton Joseph	Benj Cloud et als	D	1824	F	319	30 00
Hopper Jessee	Jessee Powers	"	1822	F	324	300 00
Hurst John	Micajah Estis	"	1814	G	19	400 00
Hodges John Adm &c	Baker Wm	D	1820	G	29	138 00
Hunter Squire	John Whiteaker	"	1819	G	56	320 00
Hurst Hiram	Tobert Shipley & et als	"	1820	G	64	600 00
Huddleston David	James W Glasgow	"	1820	G	67	50 00

Grantee	Grantor	Ins	Date	Book	Page	Amount
Hambleton James	William Williams	D	1817	G	75	
Hurst Elija	Dennis Condry	"	1821	G	78	1 00
Hurst Elija	James W Glasgow	"	1820	G	79	10 00
Hurst Elija	John Casey & et als	"	1815	G	86	Deed
Hopper William	William Stinnett	"	1821	G	87	100 00
Hoges James	John Archer	"	1819	G	97	1000 00
Hodges James	Reuben Harper	"	1820	G	99	200 00
Harrison Elias	Jesse Neil	"	1819	G	105	160 00
Huddleston John	James W Glasgow	"	1820	G	130	60 00
Hopson Daniel et als	James W Glasgow	"	1820	G	135	65 00
Hopson Daniel	Herad Hopson	"	1821	G	148	100 00
Hurst Hiram et als	Isaac Lane	"	1821	G	151	200 00
Hooper William	Thos Johnson et als	"	1819	G	156	76 50
Howerton William	David Shultz	"	1818	G	171	365 00
Houston Wm	John Hunt Shff	D	1822	G	178	35 50
Houston Wm	Stomly P Gowen	BS	1822	G	182	266 25
Harper Richard	Whitehed Thos	D	1822	G	184	20 00
Hurt Jeremiah	H & R Harper	"	1820	G	186	140 00
Hurst John	Joel Dobbs	D	1821	G	193	400 00
Housley Isaac	James W Glasgow	"	1820	G	195	15 00
Hurst William	John Hurst Sr	"	1821	G	234	300 00
Henderson Jeremiah	Thomas Henderson	"	1823	G	237	400 --
Henderson Thomas	John Whitehead	"	1823	G	247	400 --
Howerton James	William Howerton	"	1820	G	248	180 00
Hamilton James A	James Hamilton	"	1824	H	22	100 00
Hurst John	James W Glasgow	"	1820	H	25	25 00
Hurst William	William Hurst	"	1822	H	32	300 00
Hurst William	Elijah Hurst	"	1822	H	33	200 00
Hausman Benj	William Lewis	"	1824	H	37	224 50
Hamilton James W	State of Tenn	G	1818	H	41	
Hobbs Enous	Thomas Baker	D	1819	H	11	50 00
Hurst George	Jessee Hurst	"	1823	H	74	50 00
Hodges John	George Rowland	"	1824	H	80	350 00
Hurst Abraham	William Hoard	"	1822	H	81	300 00
Harrell Drury	James W Glasgow	"	1825	H	87	40 00
Hunt John	Joel Dobbs	"	1820	H	58	200 00
Harp Elijah	James Forest	"	1812	H	112	100 00
Harp Elijah	James Forest	"	1812	H	113	200 00
Hamilton Joseph	Jacob Hise	"	1825	H	149	300 00
Hamilton Joseph	Henry Hise Exc &c	B	1825	H	150	Bond
Hair James	Samuel Nichelson	D	1825	H	203	1000 --
Houston Mathew H	James Hair	"	1826	H	205	Irn-3000 #
Hurst Elijah	Isaac Lane	"	1822	H	221	1 00
Hurst Hiram	John Hunt Shff	"	1826	H	222	50 20
Hardy John L et als	John Hunt Shff	D	1820	H	249	625 00
Huff Daniel	John Miller	"	1826	H	250	1003 --
Huff Daniel	John Ward	"	1827	H	261	1000 --
Husly Mathew	John Hodges	"	1823	H	311	15 00
Hodges Bibby	Ransom Day	"	1827	H	321	121 00
Hurst Elijah	Thomas Shearman	"	1824	H	324	720 00
Hurst Elijah	Hiram Ashly et als	"	1825	H	334	180 00
Hurst Aaron	Abraham Hurst	"	1825	H	343	100 00
Hurst Aaron	Hiram Hurst	"	1826	H	344	600 00
Henderson William	Pennis Condry	"	1826	H	349	500 00
Harper Richard	Reuben Harper	PA	1826	H	352	

Grantee	Grantor	Ins	Date	Book	Page	Amount
Housman Benj	Jacob Peck	D	1827	H	411	60 00
Hurst Hiram	Jacob Peck	"	1827	H	434	25 00
Harris John	William Goin	"	1826	H	443	180 00
Hopkins Stephen	Joseph William	"	1826	H	447	1 00
Harris John	James Goin Sr	"	1825	H	448	200 00
Harp Elisha	Clarisey Gray	"	1827	H	458	50 00
Hopper William	Jacob Peck	"	1827	H	471	30 00
Hodges James W	William Killian et als	"	1827	H	7	60 00
Hodges Allen	John Cocke et als	"	1834	L	157	40 00
Hurst Aran	John Simmons	BS	1828	I	11	450 00
Huff Daniel	H Graham & Co	D	1829	I	51	350 00
Hance James	Reuben Moss	"	1829	I	71	500 00
Hance James	Reuben Moss	"	1828	I	72	1200 00
Hurst Delila	Squire Hurst	"	1825	I	80	200 00
Hurst Delila	Jessee Ward	"	1825	I	81	100 00
Hodges Bibby	George Shults	"	1827	I	146	4 00
Hodges Bibby	Hiram Hurst	"	1828	I	149	33 00
Hopson Richard	Jacob Peck	"	1828	I	154	25 00
Hurst Henley	Ransom Day Sr	"	1828	I	156	450 00
Hodges William	Christion Plank	"	1828	I	183	400 00
Houston Harmon	Farwise Clayton	"	1825	E	187	120 00
Hurst Deliah	Elijah Hurst	BS	1828	I	195	400 00
Hurst Elijah	P N Masoney	TD	1830	I	196	1 00
Hurst Jessee Jr	Harrit Cooper	D	1829	I	206	300 00
Hurst Squire	Delilah Hurst	"	1830	I	220	300 00
Hurst Henly	Hiram Hurst	"	1829	I	233	20 00
Herrell Dempsey	Elizabeth Herrell	"	1829	I	239	100 00
Hopson Herrid	William Blackwood	"	1817	I	265	80 00
Hance James	Ruben Moss	"	1830	I	275	800 00
Hardy John S	John Hunt	"	1831	I	299	400 00
Hardy Samuel E	John S Hardy	"	1831	I	325	861 00
Hunt John	Henry Wiser	"	1829	I	349	35 00
Houston Wm et als	John Wallen et als	"	1832	I	387	745 41
Hooper Wm	Jacob Peck	"	1829	I	390	12 50
Houston Wm	Samuel Wilson	"	1832	I	391	100 00
Hunter John	Peter Marcum et als	"	1832	I	405	1 00
Hunley Robertson	Thomas Johnson	"	1821	I	408	200 00
Hopson Sally	John Hunt Shff	"	1832	I	435	
Hurst John	Randolph Lanham	"	1832	I	437	25 00
Hurst John	Randolph Lanham	"	1832	I	439	250 00
Huffacre Peter	James Lea	"	1800	I	441	1000 --
Houston William	Drewry Gibson	"	1832	I	506	105 --
Houston William	Thomas R McClery	R	1832	I	508	
Hurst Squire						
Huff Daniel	John Hunt Shff	D	1830	I	512	
Hardy Samuel E	John L Hardy	"	1831	I	526	100 --
Hunt John	Thomas Haws	"	1830	I	534	25 00
Haws Thomas	John Hunt Shff	"	1824	I	536	130 00
Hamilton Joseph	Mathew Hamilton	"	1830	I	543	10 00
Hamilton Joseph	Mathew Hamilton	"	1830	I	551	50 00
Hunt John	John Lebow	"	1833	I	564	1 00
Hunter John	David Bolinger	D	1831	I	574	250 00
Hunter John et als	George Sharp et als	"	1830	I	575	600 00
Hunt John	John McCubbins	"	1832	K	48	1 00

Grantee	Grantor	Ins	Date	Book	Page	Amount
Hunt F S et als	John Hunt	D	1831	I	578	400 --
Hurst William	Samuel Wilson	"	1833	K	84	24 00
Hodges James	John Kelley	TD	1831	K	86	1 00
Hord Thomas	William Weaver	TD	1833	K	89	
Houston William	Druery Herrell	D	1833	K	96	50 00
Houston William	James Hill	"	1832	K	172	70 00
Hodges Z & A	J H Chapman	"	1828	K	179	500 00
Hodges Z & A	Drury Dunn et als	"	1830	K	181	40 00
Huffacre Wiley	Gideon P Brooks	TD	1833	K	183	1 00
Houston William	John Hunt Shriff	"	1834	K	208	
Huff Daniel	John Hunt Shff	"	1831	K	216	125 00
Hunt John	John L Hardy	"	1833	K	223	1 00
Hunter John	John Huntt Shff	"	1829	K	231	
Houston William	Peter Marcum	"	1833	K	238	200 00
Hurst Elijah	Archibald Cooper Cornor	"	1834	K	240	
Hunt John	Drewry Gibson	TD	1831	K	251	1 00
Hunt John	Daniel Huff	TD	1834	K	286	100
Hunter Joseph	John Stinnet	D	1824	K	299	125 00
Houston William	Charles Shearman	T	1834	K	308	100
Hurst Elijah	John Hunt Sheff	"	1832	K	348	1 00
Hurst Elijah	John Hurst	"	1831	K	352	200 00
Huff Daniel	William Renfro & wife	"	1821	K	404	300 00
Huffacre Peter	Marcellus Moss	BS	1834	K	416	500 00
Hurst Hiram et als	Nancy Hurst	D	1834	K	417	100 --
Houston William	John McCubbins	BS	1834	K	427	325 00
Houston William	Thos McClain	"	1833	K	428	600 00
Hurst Delilah	Elijah Hurst	"	1834	K	441	75 00
Hurst Delilah	William Hurst et als QC		1834	K	442	75 00
Houston William	J H Chapman	D	1834	K	471	350 00
Hurst Elijah	Jessee Lewis	"	1832	K	483	400 00
Hunt John	John S Hardy	D	1835	K	488	
Hunt John et als	Fred Bolinger	TD	1835	K	492	724 00
Hodges W C	James Hodges	D	1832	K	540	150 00
Hodges William	Bibby Hodges	"	1823	K	542	100 00
Hurst William	William Killion et als D		1828	L	7	1 00
Hurst William	Isaac Sanders	"	1826	L	10	150 00
Hunter Henry	Nathaniel Davis	"	1835	L	14	1187 50
Hurst William	Drury Dunn	"	1834	L	30	75 00
Huff Daniel	Hugh Graham	R	1834	L	44	28 00
Hance James	William Houston	D	1831	L	51	
Huff Daniel	Hugh Graham	R	1835	L	55	
Holt Henry	Jessee Neil	D	1834	L	56	500 00
Hunter Joseph	William Hamilton & wfie		1825	L	66	125 00
Hooper William	John Bullard	"	1831	L	70	600 00
Hurst Simpson	John Simmons	"	1832	L	104	300
Hooper William	John Hunt Sheff	D	1831	L	73	25 00
Houston William	A B Jackson	TB"	1835	L	82	150 00
Hooper William	Peter Marcum	D	1835	L	90	50 00
Hill James	William Hill	"	1827	L	92	300 00
Hurst John	W H Jenning	"	1835	L	96	615 00
Huffacre Wiley	Daniel Huff	BS	1835	L	115	1 00

Grantee	Grantor	Ins	Date	Book	Page	Amount
Hurst Harmon	James B Roberson	DT	1835	L	117	20 00
Huff acre Wiley	Hannah Huzzie et als	DT	1835	L	121	50 00
Hurst William Jr	Delilale Hurst	D	1835	L	126	200 00
Henly Hurst	Ransom Day	"	1833	L	182	300 00
Hunt F S	John Hunt Shff	D	1833	L	200	15 15
Hatfield Ralph	Thomas Johnson	"	1822	L	214	30 00
Hurst John	Abel Lanham	"	1834	L	218	700000
Hansord R C	Samuel Wilson et als	"	1834	L	233	20 00
Houston William	Drury Harrell	"	1836	L	240	100 00
Hunter Jessee	James Cain & wife	PA	1824	L	273	
Hunter Jessee	James Cain & wife	D	1824	L	275	125 00
Hamblen Geo	Jesse Yoakum	D	1834	L	301	600 00
Houston William	Flemming James & wife	D	1836	L	325	2200 --
Houston William	D Alexander C & M	"	1835	L	329	3000 00
Hurst Aaron	Hiram Hurst	"	1830	L	332	10 00
Hurst Aaron	Thos Hurst	"	1835	L	333	500 00
Hall John	Henry G Birch	"	1824	L	347	100 00
Hamilton Jas A	Mary A Dinkins	TD	1833	L	359	1 00
Harp Elijah Jr	Elijah Harp Sr	"	1833	L	403	375 00
Harp Elijah	Samuel W Hargis	D	1834	M	2	125 00
Hurst William	Thomas H Stone	"	1835	M	43	500 00
Hurst Mark	Gideon Brooks	"	1832	M	46	250 00
Hopper Hezkiah	Harmon Hopper	"	1835	M	49	37 00
Hurst Aaron	Isham Simmons	"	1834	M	52	100 00
Howlinsworth W W	Enoch Simmons	"	1836	M	56	300 00
Harp Richard	Jacob Peck	"	1836	M	86	6 00
Hogan William	Martin Beaty	"	1821	M	93	200 00
Hurst Simpson	John Simmons	"	1832	M	95	256 00
Huddleston John F	William McCubbins	PA	1836	M	112	
Hardy Stephen	Jane Walton	D	1833	M	121	95 00
Harrell Larkin	Nathan McDowell	"	1834	M	127	200 00
Hiram Hurst	Royal Jenning et als	"	1832	M	144	600 00
Houston & Hamilton	Stephen Wilborn	"	1837	M	153	50 00
Hurst Thos	Daniel Lebow	"	1825	M	156	700 00
Hurst Thos	Daniel Lebow	"	1825	M	157	300 --
Hurst Thos	Henly Hurst	"	1837	M	158	300 00
Houston Wm	Peter Moyers	TD	1837	M	161	760 80
Houston Wm	Wm Graham	D	1837	M	168	1000 --
Houston Wm	Peter Marcum	"	1837	M	170	100 50
Hardy William B	William Thompson	"	1836	M	180	62 00
Hardy William B	William Houston	"	1836	M	187	95 00
Huffacre Wiley	Thos Rutledge	TD	1837	M	191	18 50
Huddleston J C	Elijah Hurst	D	1835	M	192	450 00
Houston William	Joseph Jones	"	1837	M	206	145 00
Hooper Charles M	Fred Bolinger	"	1830	M	215	150 00
Huff Daniel	Marcellus Moss	"	1837	M	241	100 00
Hurst Henly	William R Clark	"	1837	M	246	600 00
Huffacre Wiley	William Monday	TD	1837	M	265	100 --
Hurst Charles	Hugh Graham et als	D	1830	M	268	286 00
Hurst Allen	Henry Lower	"	1837	M	278	75 00
Harmon Lewis	Charles Shearman	"	1834	M	284	400 00
Hunt John	B F Cloud	"	1837	M	303	75 00
Huffacre Wiley	Pleasant Murphy	TD	1837	M	315	1 00
Hollensworth W A	Isham Stinnet	D	1838	M	342	600

Grantee	Grantor	Ins	Date	Book	Page	Amount
Hansford Robt C	Elijah Evans	D	1838	M	345	65 00
Huddleston W B	D Huddleston	BS	1834	M	354	200 00
Hatfield Henry	William Lawson	D	1838	M	357	300 00
Hunter Joseph	John Moyers	"	1837	M	361	500 00
Hamilton J A	William Jenkins	"	1838	M	362	225 00
Huff Daniel	State of Tenn	G	1830	M	370	
Hurst Henly	Ransom Day	D	1837	M	374	400
Hodges Geo W	Henly Hurst	"	1838	M	378	100 00
Hooper F James	John C Grower	"	1828	M	385	150 00
Hurst Allen	Samuel Shelby	"	1838	M	395	121 47
Hurst Henly	William Day	TD	1838	M	399	1 00
Hurst William	Wiley B Huffacre	TD	1838	M	402	1 00
Houston William	William Carroll	TD	1838	M	432	50 00
Hurst Allen	John Tucker	D	1838	M	433	100 00
Hunter Jefferson	Joseph Hunter	"	1838	M	434	325 00
Hill John	Heirs of James Hill	"	1857	M	437	800 00
Hunter John	Henry Hunter	"	1835	M	438	50 00
Hunter Joseph	John Hunter	"	1835	M	438	50 00
Hobson Daniel et als	James W Glasgow	"	1820	M	440	65 00
Hill Reuben M	James Hill Heirs	R	1837	M	441	
Huddleston W P et als	John Huddleston	D	1838	M	442	100 00
Hodges Thomas	Jacob R Cheek	"	1838	M	446	150 00
Hodges Thomas	James Hodges et als	"	1838	M	491	50 00
Hodges George W	Thomas Hodges	"	1838	M	492	250 00
Hodges G W	William Huddleston et als	"	1838	M	493	25 00
Hooper James	Gideon P Brooks	TD	1839	M	524	100
Hooper William	W & W R Evans	D	1830	M	531	20 00
Hurst John	Henry Wiser	"	1829	M	539	15 00
Hodges James	Richard Harper	"	1830	M	540	24 00
Hodges D W	Henry Wiser	"	1837	M	541	400 --
Houston William	James Gilbert	D	1839	M	544	400
Hunt John	State of Tenn	G	1838	M	548	
Hardy Thos J	W B Hardy	D	1837	M	7	500 --
Hamilton J & M	Elijah Hurst	"	1839	N	9	500 00
Hurst Aaron	Simpson Hurst	"	1839	N	41	800 00
Hurst Henly	B F Cloud	"	1838	N	50	900 00
Huff Daniel	Lydia Darnne	"	1839	N	55	106 00
Hurst Thomas	Henly Hurst	"	1839	N	56	400 00
Hurst Thomas	George Shultz	"	1839	N	101	100
Hamilton J & W	William Hurst	"	1839	N	107	500 00
Houston William	Stephen Wilborne	"	1839	N	134	50 00
Houston William	Thomas Jones	"	1839	N	139	127 00
Hunter Henry et als	James Braden	"	1839	N	145	600 00
Hamilton Wm et als	Mary Berry	QC	1839	N	152	
Houston William	Richard Barks et als	TD	1839	N	165	1 00
Houston William	Joseph McWilliam et als	D	1839	N	170	1 00
Harmon Henry	William Hopper	"	1838	N	182	50 00
Huffaker Wiley	William Herrell	TD	1839	N	253	49 --
Houston William	Ezekiel Monk	"	1840	N	256	1 00
Hooper James F	Peter Marcum	D	1839	N	290	1 00
Harrell Ezekiel P	Joseph Welch	D	1839	N	317	400
Hurst John	Hiram Hurst	"	1839	O	17	1000 00

Grantee	Grantor	Ins	Date	Book	Page	Amount
Hooper James F	W S Rose	D	1838	O	22	350 00
Hurst John	James B Dodson	BS	1840	O	24	1075 00
Hurst John	James Johnston	D	1839	O	42	35 00
Hopkins William	George Hopkins	"	1840	O	63	410 00
Hopkins Isaac	Stephen Hopkins Sr	DT	1840	O	64	
Hurst William	George H Cheek	D	1840	O	77	262 50
Hodges Thomas	George H Cheek	TD	1840	O	79	200 00
Hamblen D et als	Elisabeth Ramsey	D	1840	O	111	4550 00
Huffaker Wiley	Z Harrell	TD	1839	O	187	40 00
Hurst Thos	Geo H Cheek	"	1840	O	198	262 50
Hodges Thomas	Granville A Cheek	"	1840	O	205	
Hodges Thomas	Milton Cheek	"	1840	O	207	100 00
Hubbard David	William Dyer	"	1829	O	248	12 50
Houston William et als	Walter R Evans	TD	1841	P	13	314 00
Holt Henry	Samuel Walker	D	1839	P	18	100 00
Hooper John	Fred Bolinger	"	1832	P	23	100 00
Harrell Ezekial	Ransom Day Sr	"	1840	P	71	400 00
Houston William	Benj Sewell	"	1841	P	78	100 00
Houston William	W R Evans	TD	1840	P	84	159 96
Henly Robinson	Lewis Johnson	D	1831	P	118	300
Houston William	Isaac Miller	TD	1841	P	126	
Huff Daniel	State of Tenn	G	1840	P	173	
Hardy Stephen	Alford Corban	D	1841	P	180	1 00
Houston William	Peter Marcum	D	1833	P	182	200
Hopson Pennlope	Hiram Hurst	"	1828	P	208	10 00
Henly John	George Brooks	PA	1796	P	218	
Houston William	A B Jackson & wife	D	1841	P	240	150 00
Hurst A	George Fields	TD	1841	P	301	420 00
Huffaker White	John Wallen	TD	1841	P	309	
Hurst William	Whorton Nunn	D	1841	P	355	105 00
Hurst Abraham	Bryant Breeding	"	1824	P	359	500 00
Houston William	J W Patterson	"	1841	P	368	165 00
Hurst Simpson	Henly Hurst	"	1841	P	394	50 00
Hurst Simpson	Thomas Hurst	"	1841	P	395	450 00
Hurst John	Abraham Hurst	"	1824	P	406	500 00
Hurst John	James Hodges	"	1840	P	408	10 00
Hodges James	John Bullard	BS	1842	P	410	450 --
Hurst John	Sarah Hurst	BS	1840	P	411	410
Hodges David M	John Hurst	D	1840	P	412	450
Hodges D M	John Hurst	"	1840	P	414	50 00
Hurst Daniel	Jacob Peck	"	1841	Q	14	25 00
Houston William	Alexander Fullington	"	1842	Q	26	200 00
Hardy Thomas	Stephen Hardy	TD	1841	Q	37	1 00
Huffaker & White	Henry Buchanan	TD	1842	Q	47	1 00
Houston William	Hugh Graham	D	1841	Q	50	
Hitson Richard	Thomas Johnson	D	1822	Q	75	200 00
Hansord R C	Hugh Graham	R	1842	Q	106	193 90
Huffaker & White	Stephen Hardy	TD	1842	Q	108	100 --
Hurst Deliah	Wiley Vaden	"	1841	Q	124	100 00
Henderson Jere	Euzaly Parrott	D	1842	Q	146	1500 00
Harmon Lewis	G W Thompson	D	1839	Q	174	530 --
Hodges David M	Andy Davis	"	1840	Q	189	25 00
Hooper James F	John S Wallis	"	1836	Q	234	50 00
Houston William	J H Chapman Shff	"	1842	Q	236	51 55

Grantee	Grantor	Ins	Date	Book	Page	Amount
Hurst John	Randolph Lanham et als	D	1827	Q	269	200 00
Hurst A	Elizabeth Miller	"	1842	Q	282	40 00
Hurst Allen	Solaman Tucker	"	1840	Q	284	600 00
Hurst John	Joseph Smith	"	1836	Q	289	175 00
Houston William	Jacob Shultz	"	1842	R	3	31 44
Houston William	Henly Hurst	"	1842	R	5	450 00
Hurst William	Whorton Nunn	"	1842	R	19	250
Hall John D	Jane Cloud	D	1842	R	30	Support
Hooper Miles W	William T Price	TD	1842	R	33	1 00
Hooper Miles W	John Stone	TD	1842	R	44	1 00
Houston William	J H Chapman Shff	D	1842	R	44	25 00
Houston William	Aaron Davis	TD	1842	R	49	79 38
Houston William	James Ritchie Shff	D	1842	R	63	51 55
Hooper Miles N	Harvey Lingar	TD	1842	R	66	68 86
Hamilton J & W	William P Campbell	"	1842	R	105	2100 00
Houston William	Ruth Evans	TD	1842	R	116	1 00
Harrell Mariah M	Jacob Cloud	D	1842	R	119	1 00
Hurst Jessee	John Rosenbalm	"	1842	R	129	15 00
Hunycutt Moses	Ann Queen et als	"	1839	R	130	ea 25 00
Hunycutt M S	Francis Queen	D	1839	R	137	75 00
Hurst Simpson	John Day	"	1839	R	141	200 00
Hooper Miles	James Johnson	T	1842	R	142	1 00
Huffacre Wiley	Isiah Reece	T	1843	R56	156	1 00
Hopkins Jabez	Hopkins Heirs	D	1835	R	164	100 ea
Hurst William	William Houston	"	1843	R	169	200 00
Houston William	Henly Hurst	"	1843	R	182	15 00
Henderson Thomas	Hiram Johnson	"	1842	R	184	500 00
Hunter James	William Bullard & wife	"	1841	R	200	300 00
Hodges Thos	Jas & P Hodge	"	1838	R	201	150 00
Hurst Charles	Hiram Hurst	"	1843	R	208	10 00
Hiram Hurst	William Dobbs	"	1834	R	209	30 00
Houston William	Walter R Evans	"	1843	R	230	36 83
Hodges James	W C Hodges	"	1842	R	240	400 00
Hopkins Isaac	Catharine Hopkins heirs	"	1835	R	257	300 ea
Hopkins Isaac	Ryal Rogers	D	1837	R	258	25 00
Hitson Richard	Thos Johnson	"	1820	R	260	275 00
Huffaker Wiley	John Brewster et als	T	1843	R	297	1 00
Huffaker Wiley	John Brewster	TD	1843	R	299	1 00
Hodges S A	A Cooper & Wife	PA	1842	R	307	
Hunter Joseph	David W Rodgers	D	1843	R	316	25 00
Houston William et als	Elihn E Johnes	TD	1843	R	333	236 00
Hunter Joseph	J H Chapman Shff	D	1840	R	349	50 23
Hurst John	Mariah L McCarty	"	1843	R	352	50 00
Holt Henry	Samuel Jones	"	1843	R	371	300 00
Hamilton J & W	William P Campbell	D	1843	R	105	21 00
Houstin William	Ruth Evans	TD	1842	R	116	1 00
Herrell Mariahm	Jacob Cloud	"	1842	R	119	1 00
Hurst Jessee	John Rosebalm	"	1842	R	129	15 00
Honeycutt Moses	Ann Queen et als	"	1839	R	134	ea 25 00
Huffacre & White	William Roak	D	1843	R	376	150 00
Hamilton J & W et als	John Marshall et als	"	1842	R	387	1400 00
Hatfield Isaac	William Brown	"	1841	R	409	25 00
Houston William	Elisha Nunn	"	1843	R	420	600

Grantee	Grantor	Ins	Date	Book	Page	Amount
Hurst Allen	Campbell Hurst	"	1843	R	423	50 00
Huffaker Wiley et als	William Hooper	"	1843	S	2	400 --
Hurst Allen T	Thompson Hurst	"	1843	S	33	100 00
Hurst Allen	P & M Tucker	"	1844	S	34	350 00
Haynes Penelope et als	Mathew Owsley	"	1844	S	35	Gift
Haynes Penelope etals	Mathew Owsley	"	1844	S	36	"
Houston William	Daniel Marcum	"	1844	S	67	1000
Hooper Miles N	Wesley Chittum	T	1844	S	74	800 00
Hurst William	Abner Nunn	D	1844	S	85	150 00
Hurst John	Abner Nunn	"	1844	S	89	900 00
Houston William	Ben Jones & wife	"	1844	S	91	55 00
Hunter Andrew	Mathew Hunter	"	1821	S	95	450 00
Hunter Andrew	Squire Hunter	"	1821	S	96	350 00
Hunter Andrew	Joshua Cox	"	1830	S	97	25 00
Hopkins Isaac	George Gollahon heirs	"	1842	S	102	350 00
Harrell E P	Andrew Hurst	"	1837	S	105	325 00
Huffacre & White	Daniel Root Sr	BS	1844	S	106	500 00
Hunter Joseph	David W Rogers	"	1844	S	110	630 00
Houston William	George Lynch	"	1844	S	115	127 00
Huffacre & White	Daniel Root	"	1844	S	131	2500 00
Herrell E P	James Ritter	"	1843	S	132	1500 --
Hopson Carobin	State of Tenn	G	1843	S	134	
Heirs of Gibson	J and E Vanbebber	D	1842	S	163	25 00
Hitson Drucilla et als	Charles Talley	"	1836	S	169	280 00
Hurst Samul	Tandy James	"	1843	S	171	1200 00
Harkins Samuel R	Hardy Mills	"	1840	S	184	150 00
Harp Henry	Jacob Peck	"	1830	S	203	20 00
Huffaker Peter	James Ferrell	"	1845	S	206	120 00
Hunter Joseph	W A Howlingsworth	"	1842	S	232	250
Hatfield Adam	Abner Hatfield	"	1835	S	253	Love
Holingsworth J A	Wesley Chittum	D	1845	S	259	600 00
Hill Joab	State of Tenn	G	1814	S	295	
Houston & Fulkerson	John Jones	D	1844	S	358	157 00
Hollingsworth J A	Benj Sewell	"	1845	S	361	11 00
Honeycutt John	S W Payndexter	"	1838	S	376	250 -
Hopper Hezekiah	John Keck et als	"	1840	S	412	50 --
Hoopper Hizekiah	Harmon Hopper	"	1844	S	407	50 00
Hooper J H	James Campbell	TD	1845	S	441	1 00
Household Andrew	James Cheaten	TD	1845	S	443	1 00
Hutson Henry	Daniel McCullough	D	1845	S	481	200 00
Huffacre & White	Isaac Vanbebber	"	1846	S	511	250 00
Hunter James	John King	"	1825	S	520	100 00
Harrell E P	Ransom Day	"	1845	S	557	20 00
Hurst John	E & E Harrison	"	1827	S	563	100 00
Hardy Thos J	W Neil & J Lynch	TD	1845	S	574	200 00
Houston Benj	Josiah Russell	D	1842	S	590	50 00
Hooper J F	D D Gibson	TD	1846	S	593	4 00
Houston William	Trisham D Knight	D	1846	S	598	350 00
Hurley David	A King	"	1838	S	604	20 00
Houston William	John A Howlingworth	"	1846	S	610	237 --
Houston William	Wm Kirkpatrick & wife	"	1846	S	614	50 00

Grantee	Grantor	Ins	Date	Book	Page	Amount
Houston William	John Easley & wife	D	1846	S	621	110 00
Houston William	Henry C Evans	"	1846	S	627	50 00
Helms Thos	John Bewford	"	1845	S	628	130 00
Hodges James	L A Garrett C & M	"	1846	S	631	254
Hopkins Stephen	Catherine Hopkins et als	"	1835	S	637	150
Houston William	James W Evans	"	1845	S	647	50 00
Hunter Jefferson	Emanuel Sowder	"	1845	S	663	15 00
Hamilton Washington	W & M Whitlock	BS	1842	S	667	130
Hoppe Solamon	W T Moss	D	1846	S	712	150 00
Houston William	Gray Garrett et als	"	1846	S	717	396 00
Hobbs Solamon	Rachel Fugate et als	"	1846	T	27	150 00
Hurst Deliah	Sarah Lanham	"	1846	T	35	100 00
Herrell E P	John Lovelace	"	1846	T	50	40 00
Houston William	J A Hollingworth	"	1846	T	70	10 00
Hurst Andrew	C B Plank	"	1838	T	104	250
Hurley David	Gabriel McCrow	"	1845	T	121	1 00
Hone Cutt Alvis	John Honecutt	"	1847	T	133	Love
Honecutt Ezekiel	John Honecutt	"	1847	T	134	Love
Honecutt John A	John Honecutt	"	1847	T	135	Love
Hansard A C	Peter Marcum	"	1847	T	144	600 --
Harmon Lewis	William Burch wife et als	D	1846	T	163	150 00
Houston William	James Carroll	"	1847	T	166	300 00
Haynes Penelope et als	Mathew Owsley	D	1847	T	186	Love
Haynes Penelope et als	Mathew Owsley	"	1847	T	188	Love
Harpe Elijah	Lucy A Gray	D	1847	T	189	20 00
Hodges Geo W	Samuel McBee	"	1847	T	255	50 00
Houston William	Layfatte Evans	"	1847	T	276	175 00
Houston William	Walter R Evans	"	1847	T	293	235 00
Houston William	J A Hollingsworth	"	1847	T	294	700 00
Hall John M	William Neil	"	1847	T	304	130
Huddleston Willie	David Huddleston	G	1847	T	310	
Hurst Henly	Benj Sewell	D	1847	T	313	150
Household A J	Mathias Household	BS	1846	T	315	72 18
Hurst Mark	Walter R Evans	"	1846	T	327	26 00
Harrell L L Et als	Weston L McKuhaw	D	1847	T	334	640 --
Houston William et als	Isaac Goin	"	1847	T	335	343
Hopper Thos	William P Yaden	"	1845	T	337	50 00
Houston William	Thos Hopper	"	1847	T	338	69 34
Hurst Simpson	Hiram Hurst	R	1848	T	357	150 00
Houston William	Wm Kirkpatrick	D	1848	T	400	800 00
Howerton William	John Pearson	"	1847	T	406	50 00
Howerton William	Richard Howerton	"	1847	T	407	20 00
Howerton William	Geo W Smith	"	1847	T	414	25 00
Huffacre Wiley	James B Smith	BS	1848	T	419	620 25
Hodges William	Canada Hodges	"	1848	T	420	600 00
Hurst Allen	Elijah Evans	A	1848	T	434	1049 20
Herrell L L	E P Herrell	R	1848	T	450	
Herrell L L	William Owsley	D	1848	T	451	
Hodges D M Heirs	James Hodges et als	"	1848	T	454	
Hardy Joseph A	Elisha Mustard	"	1847	T	462	15 00
Hardy Joseph A	Geo S Ball	"	1847	T	465	110 00
Hardy Elisha	Thos J Hardy	"	1847	T	469	100 00
Hitson Thomas	Isaac Goins	DT	1848	T	484	500

Grantee	Grantor	Ins	Date	Book	Page	Amount
Hatfield Linch	Solamon Dobkins	D	1848	T	485	38 96
Hatfield Linch	Isaac Hatfield	"	1848	T	491	30 00
Hurst S & A	Nathens McDowell	"	1848	T	500	1 00
Hopson James 6	William Treece	"	1848	T	524	100
Honeycutt John et als	Jacob Honeycutt	TD	1848	T	527	85 15
Hooper James F	B F Cloud	D	1847	T	553	500 00
Hodges Sarah	Zack Hodges	BS	1843	T	566	490
Hazewood Peter	David Burk	D	1839	T	575	425 --
Hendeson Thos	James Parker	"	1848	U	3	45 00
Harry -- ---	Alexander Sharp	BS	1848	U	5	100 00
Howerton Rich	Wayne Fairchild	D	1849	U	8	
Howerton Richd	Wayne Fairchild	"	1849	U	9	
Hamblin Darent	George Hamblin	"	1848	U	12	100 00
Hamblin Daunt	George Hamblin	"	1848	U	13	100 00
Hurst Allen	L A Garrett C & M	D	1848	U	75	125 00
Harmon L	Aquilla Fox	TD	1849	U	79	1 00
Hardy Elisha A	Susahnah Treece	D	1845	U	87	200 00
Hansard Samuel E	Samuel Ewing	"	1849	U	101	Love
Houston William	Henry G Evans	"	1849	U	106	30 00
Houston & Fulkerson	Stephen Hopkins	"	1843	U	119	50 00
Harper Richard H	Isaac Cupp	D	1844	U	121	30 00
Houston William	John Easly	TD	1849	U	123	450 00
Hill John	William Houston	D	1849	U	124	425
Hill John	William Hill et als	PA	1834	U	129	
Hurst William	Nancy Bartlett et als	D	1849	U	138	32 00
Hodges Bibby R	Elijah Hodges & wife	"	1848	U	139	50 00
Houston William	J & W Lambdin	BS	1849	U	153	100 --
Hansard S E et als	Samuel Ewing	D	1849	U	154	Love
Hill Alexander	John Jones	"	1848	U	157	137 50
Honeycutt Urias	Alvis Honeycutt	D	1849	U	175	300
Hodges Pleasant M	James Hodges	"	1848	U	185	200 --
Houston William	G W Posey	T	1849	U	192	1 00
Houston William	Elijah Evans heirs	D	1844	U	257	720 00
Hicks William	William Mize	D	1850	U	366	25 00
Hodges William	William Kincaid	"	1850	U	381	450
Huff Daniel	Theop Rogan	TD	1850	U	440	315
Henderson Thomas	Samel R Harkins	D	1850	U	438	100 00
Hopkins Stephen	Nehemiah Hopkins	"	1835	U	465	150 00
Herrell Calvin	John Farmer	"	1844	U	470	50 00
Hardy Elisha A	David Cardwell	"	1850	U	512	
Hodges William	Elisha A Hardy	"	1851	U	518	120 00
Houston Mary L	Hugh Houston & wife	Gift	1831	U	535	Love
Hodges W C	Thos Hodges	D	1851	U	548	534 25
Hansord A C	Thos Johnson	"	1851	U	551	600
Harmon Lewis	Daniel Brock & wife	"	1850	U	584	50 00
Huffaker Wiley	James E Bowman	"	1851	U	595	15 50
Hunter Solomon	Woodry Beeler	"	1831	Y	4	150 --
Hunter Nancy	Preston C Brooks	"	1849	V	10	52 50
Harmon Lewis	Samuel D Blythe & wife	"	1848	V	23	50 00
Honeycutt James M	Stephen A Woods	"	1851	V	33	100 00
Honeycutt Micheal	Unas Honeycutt	"	1850	V	58	100 00
Huffaker Wiley	Andrew J Brock Shff	"	1851	V	84	17 00
Huffaker Wiley	Andrew J Brock Shff	"	1851	V	88	299 21

Grantee	Grantor	Ins	Date	Book	Page	Amount
Harper Rice	Henly S Hurst	D	1851	V	93	162 50
Harper Willis	John Lovelace	"	1851	V	96	150 00
Herrell E P	John Lovelace	"	1847	V	98	100 00
Huffaker Wiley	A J Brock Shff	"	1851	V	115	55 00
Hamblin D & R	George Hamblin	"	1851	V	128	50 00
Hamblin D & R	George Hamblin	"	1831	V	129	7 00
Hamblin D & R	George Hamblin	"	1831	V	130	50 00
Harp Levi	Jashua Gye Sr	"	1830	V	140	250 00
Hall John	William Goin	"	1849	V	143	120 --
Hall John	Francis M Goin	"	1831	V	144	220
Hall John	John H Berry	"	1831	V	146	210
Harrell Noah	Bowyer Bullard	"	1852	V	159	53 80
Hunter Jordon	David Leach	"	1851	V	171	50 00
Houston Hugh	John Easley	"	1852	V	185	175
Hodges Zack	Arther Spear	DT	1852	V	190	5 00
Hodges Zack	Arther Spear	D	1852	V	191	79 00
Hansard A C	Tennessee Margraves	"	1852	V	204	350 --
Houston William	John Easley & wife	"	1852	V	205	300
Houston William	A A McAmis	"	1852	V	206	100
Hurst Harmon	James M Hurst	"	1849	"	224	500 00
Hurst James M	Harmon Hurst	"	1849	V	226	500 00
Hurst John	Edward Fields	"	1851	V	247	25 00
Herrell Jarvis J	Hamilton Sanders	"	1852	V	249	570 00
Harrell Roadman	Sarah N Deans	"	1852	V	884	300 00
Hatfield Murry	Simpson Parks	"	1852	V	332	
Harrell Druery et als	Polly Day	"	1852	V	360	225
Helloms Nancy	Bowyer Bullard	"	1852	V	374	35 00
Henderson John	Henderson Thomas	"	1832	V	385	120
Houston Benj	Micheal Honeycutt	"	1851	V	384	100
Hollingsworth W W	Enoch Simmons	"	1853	V	397	262 50
Harmon Lewis	Weley Stalling	"	1849	V	415	35 00
Houston Wm	William Epps	"	1853	V	424	75
Huffaker Wiley B	C Y Rice et als	"	1853	W	1	80 00
Harp Elijah	Geo B Needham	"	1847	W	2	15 00
Harmon Lewis	Bowyer Bullard	"	1852	W	17	15 00
Honeycutt Elizabeth	George Braden	MC	1853	W	77	
Hopper William H	A J Brock Shiff	D	1853	W	93	6 00
Hurst Sally Ann	Isaac Miller	BS	1853	W	98	Love
Hurst Emley	Isaac Miller	"	1853	W	99	300
Henderson Jeremiah	William Campbell	BS	1853	W	133	4 00
Hurst John	Thomas J Johnson	D-CCC	1853	W	134	305
Hamblin Daunn & R	George Hamblin	D	1853	W	142	100
Hurst John	Thos Johnson CCC	D	1853	W	147	305
Houston B & J	William Savage	"	1847	W	175	Love
Hipshire Henry	Albartis Ariwne	"	1853	W	238	1000 00
Hipshire Henry	Carbine Hopson	"	1853	W	241	50 00
Harp James	James Parrott	"	1854	W	256	93 00
Hipshire Henry	Reuben Rose	"	1854	W	351	30 00
Hodges James W	James Chick	T	1834	W	354	5 00
Harp William H	Wm McBee	D	1834	W 5	379	500
Harp William	Wm McBee	"	1834	W	380	100
Harmon Lewis	Andrew Davis & wife	"	1854	W	384	50 00
Hazlewood Peter	State of Tennessee	G	1849	W	422	
Hazlewood Peter	State of Tennessee	D	1834	W	423	
Hodges James W & Z	N A EVans et als	"	1834	W	436	500 00

Grantee	Grantor	Ins	Date	Book	Page	Amount
Hurst Simpson	Rayal Neil	D	1852	W	442	400 00
Hurst Harmon	James M Hurst	"	1854	W	463	600 00
Harrell M M	William Wallis Sr	"	1848	W	479	300 00
Houston Hugh	Decree Chancry Court	"	1855	W	513	1711 00
Huddleston W B	J L C Huddleston et als	PA	1853	W	526	
Hitson David	Henderson Jones et als	D	1855	W	533	100
Hipsher Henry	Ruben F Stone & wife	"	1834	W	545	31 00
Hipsher Henry	Charles C Hurst	"	1854	W	546	40 00
Houston William	Matilda Dickerson	"	1855	W	550	75 00
Houston William	J D Mays	D	1835	W	551	175
Hollingsworth W W	William Houston	"	1855	W	580	498
Harmon Henry	U S A W Ausmus	DisC	1865	W	582	
Hopper David	Jessee Hopper	D	1866	W	583	150
Harper Willis	Robert Crockett	BS	1855	X	53	400 00
Hodges P M	Andrew Buchanan	D	1854	X	61	184 55
Hurst Levi	Heirs Andrew Hurst	"	1855	X	82	30 00
Harrell Drewry	Hiram Hurst	"	1828	X	90	80 00
Huffaker Wiley	David Wilson	"	1855	X	107	250 00
Hatfield Lynch	Murry Hatfield	"	1855	X	147	100 --
Honeycutt R	Wm Robertson & wife	"	1852	X	187	Love
Howerton Richd	James Howerton	"	1855	X	189	75 00
Harrell Montgomery	Raymond Owens	"	1855	X	215	400
Hodges James W	Jessee B Lane	"	1855	X	232	350
Houston William	William W Evans	"	1853	X	236	25 00
Huffaker Wiley	Mathew Collins	"	1856	X	294	17 00
Hurst Isaac M	William S Hurst	"	1855	X	297	100 00
Hodges Z	John Allen & wife	PA	1855	X	315	
Houston Hugh	William Houston	D	1836	X	324	14 40
Hitson David	Leander Cloud	"	1836	X	355	125 00
Hopper Solomon	Hu L W Rogers	"	1835	X	382	100 00
Houston William	William Eppes	"	1855	X	402	200 00
Hitson David	Hugh Jones	"	1856	X	419	100 00
Hurst Mark	William Wallis	"	1855	X	449	
Henderson Gray G	William Henderson	"	1856	X	460	475 00
Hurst Isaac M	Harmon Hurst	D	1856	X	462	110 00
Hurst Samuel	Mary Berry	"	1856	X	463	30 25
Henley Thomas	J C Lankford & wife	"	1856	X	488	400 00
Hurst Mark	Harrison Heirs	D	1836	X	507	ea 50 00
Hurst Mark	B F C Harrison	"	1836	X	508	75 00
Hopper Daniel	William Kincaid	"	1835	X	526	200 00
Hipshire Henry	Geow W Brooks	"	1857	Y	31	490 00
Huffaker Wiley	S M C Bowman	"	1857	Y	34	1400 00
Howthom H T	Jehiel Fugate	R	1856	Y	40	
Howthom Horation T	Eli D Murphy	D	1856	Y	41	
Hodges James	Thos B Shoemake	"	1852	Y	50	25 00
Houston William	James B Smith Shff	"	1850	Y	114	206 61
Hodges Zachariah	Charles Wesley	"	1857	Y	117	350 00
Hollingsworth W W	John F Wolf	"	1837	Y	136	235
Harmon Lewis	Joseph Goodman	"	1838	Y	166	175
Hurst Andrew	George Evans et als	"	1856	Y	173	8 00
Huffaker Wiley	W W Greer Sheff	"	1837	Y	185	302
Harrell L L	F K Snodgrass	"	1856	Y	239	900 00
Henderson Thomas	W B Shoemaker	TD	1808	Y	253	5 00

Grantee	Grantor	Ins	Date	Book	Page	Amount
Henderson Thomas	W B Shoemaker	TD	1858	Y	255	2375 00
Hodges Z	David A King	TD	1858	Y	267	500 00
Harper Lee W	Willis Harper	D	1855	Y	269	300 00
Hooper S	James M Carr Exc	"	1857	Y	270	1333 60
Hurst Simpson	Nancy Day et als	"	1854	Y	293	634 00
Hipshire Henry	Jacob Shultz	"	1857	Y	295	450 00
Hurst Isaac M	Sarah Hurst	D	1858	Y	297	1000 00
Hurst Simpson	Hugh Jones	"	1858	Y	326	75 00
Harper John	Isom Jennings	"	1828	Y	330	20
Hurst Simpson	Charles Hurst	"	1834	Y	338	112 00
Hurst Simpson	Harmon Hurst et als	"	1855	Y	339	ea 2 00
Harmon Wm	F A Chadwell	"	1858	Y	342	100 00
Hurst Simpson	Wm Laffoon	"	1852	Y	359	318 00
Hodges P M	James Minton	TD	1858	Y	369	5 00
Huffaker Wiley	W H Moyers	D	1858	Y	375	300
Harrell Elisabeth et als	Hiram Arnwine	"	1857	Y	377	30 00
Harmon Lewis	Joseph Goodman	DT	1858	Y	474	
Hodges P M	John H Carr	D	1858	Y	536	900
Harmon Lewis	James A McGough et als	"	1835	Y	540	55 00
Harmon Lewis	Fielding Lewis	"	1832	Y	542	300
Hodges Z	James W Hodges	"	1838	Y	574	250
Hodges P M	W W Hollengsworth	"	1839	Y	594	325
Howerton Richd	John Howerton	"	1838	Y	595	110 00
Howerton Richd	John Laycock & wife	"	1838	Y	596	125 00
Hopper Martha	William Kincaid	"	1855	Y	607	200 00
Hurst Leroy	M D Southern	"	1859	Y	637	
Houston William	W W Greer Shff	"	1859	Y	654	85 00
Hurst J M	J M & Harmon Hurst	"	1859	Y	664	560
Hodges Zackarah	W W Greer Shiff	"	1859	Y	687	400 00
Harrell Thos B	Richard Hopson	"	1865	Y	720	150 00
Hunter Jordon	Jessee Cain	"	1851	Z	34	27 50
Hurst Eldridge	Decree Bryant Breeding Lands	D	1836	Z	60	900 00
Hurst Nelson	Eldridge Hurst	M	1839	Z	72	1 00
Hill John	Rachel Hill	D	1839	Z	81	Support
Hodges Z	F M Fulkerson	"	1839	Z	86	400 00
Harmon A J	W W Greer Shiff	"	1839	Z	99	17 00
Harmon William	G C Forrester et als	"	1837	Z	174	200 00
Hurst Isaac M	D B Capps et als	"	1858	Z	176	700 00
Huff Daniel	Elias Ely	TB	1860	Z	191	
Hall John	Sterling Nunn et als	"	1859	Z	245	100
Hall John	Wm & M S Boles	"	1859	Z	247	105
Hicks David A	Morris Trible	D	1860	Z	254	600 00
Howerton Richard	Green B Howerton	"	1860	Z	258	125 00
Hamblin Raney	Ruben Parrott	"	1860	Z	283	100 00
Hurst Azariah	Christon Hurst et als	PA	1860	Z	299	
Henderson John & Bros	R C Woodson	D	1860	Z	309	150 00
Houston Thos G	William Eppes	"	1860	Z	310	475 00
Hatfield A H	Lynch Hatfield	"	1860	Z	312	300 00
Hatfield Andrew H	Lynch Hatfield	"	1860	Z	313	50 00
Hurst Samuel	William Breeding	BS	1848	Z	345	Love
Harmon A J	William Bowman et als	D	1845	Z	363	400 --
Hurst Levi	John West Jr	"	1857	Z	373	214
Hurst Levi	John West Jr	"	1860	Z	372	50 00

Grantee	Grantor	Ins	Date	Book	Page	Amount
Higgans James	Christian Cox	TD	1860	Z	374	75 00
Hurst Harmon	William Bartlett Guard	D	1860	Z	381	333 33
Harmon J H	W K Rector	"	1860	Z	382	300 00
Hurst John	A T Burchett	"	1859	Z	384	1200 -
Helton A P	T W Twrley	D	1858	Z	400	
Hislop Henry	Jas Buchanan	"	1861	Z	436	150
Huff Daniel et al	J C Lane	A	1860	Z	441	
Hurst Robert	Mary Houston et als	D	1861	Z	475	600
Hopson Catharine	Austin Honeycutt & wife	"	1839	Z	487	50 00
Hopson Catharine	James Lewis	"	1859	Z	488	30 00
Harrell D P et als	Daniel Hopson & wife	"	1861	Z	489	200 --
Huff Daniel	Hugh Graham	D	1855	Z	491	475
Hurst Henly	James Bunch	"	1861	Z	492	350
Henderson J & C	S R Lanham & wife	"	1860	Z	517	80 00
Henderson Calvin	G G Henderson	"	1860	Z	519	Love
Henderson J & C	G G Henderson	"	1860	Z	520	2400 --
Henderson J & C	Hawkins Campbell & wife	"	1860	Z	521	51 00
Henderson J & C	Ruben Kesterson & wife	"	1860	Z	523	51 00
Hipshire Henry	John DeVault	"	1861	Z	526	1300 00
Henderson J & C	Prestince Lanham	"	1860	Z	528	51 00
Henderson J & C	G G Henderson	"	1860	Z	530	51 00
Harmon Wm L & wife	Jacob Cloud	"	1858	Z	544	Love
Higgans James	Hiram K Riley	"	1859	Z	562	192 00
Hall H C	William Neil	"	1864	Z	567	
Hiet John	Wilson Goin	"	1861	Z	571	600 00
Hodges Z	W W Hollingsworth	"	1861	Z	577	300 00
Hurst Robert	William Hurst	"	1861	Z	585	2000 --
Hurst William	Robert Hurst	"	1861	Z	586	800 00
Henderson Thos	E B Yoakum	TD	1862	Z	605	5 00
Hamblin George W	George Bryant	D	1838	Z	626	200 --
Hamblin George W	George Bryant	D	1838	Z	627	250
Harbison J M	John Kincaid Jr & wife	"	1862	Z	628	2000 --
Huffaker Wiley B	Stephen Cawood	"	1838	Z	653	
Hurst W H	John Ritter	D	1862	Z	657	300
Hodges Z	Charles Moore	PA	1862	Z	678	
Hall Jahugh	Samuel B Day	D	1863	Z	688	1000
Hopson Daniel & wife	Samuel B Day	"	1863	Z	696	400 00
Hamlet S A	Vincent Moyers	"	1858	Z	700	
Hamlet Samuel A	Vincent Moyers	"	1859	Z	700	
Hodges Thomas	S J Barnard Trustee	"	1863	Z	703	
Harper L M						

Grantee	Grantor	Ins	Date	Book	Page	Amount
Idle Adam	Hesekiah Bransom	D	1812	D	138	160 00
Inglebarger Wm	Samuel Jones	"	1815	E	52	300 00

Grantee	Grantor	Ins	Date	Book	Page	Amount
James George	William Hord	WD	1802	A	5	400 00
Joseston Amas	David Hudson	D	1802	A	41	4000 00
Jennings William	Robt King	"	1801	A	42	300 00
Jones John	John Fitispatrick	"	1802	A	51	27 L
Jones Wm	William Hord	"	1803	A	96	10 00
Jeffers Thomas	James Chisum	"	1803	A	98	100 00
Jones John	Patrick Fitzpatrick	"	1803	A	108	230 00
Jones Thomas	John Morgan	"	1804	A	172	100 L
James David	Thomas Adkins	"	1805	A	217	375 00
James John	Jessee Duncan	"	1805	A	250	150 00
Jeffers Thomas	North Carolina	G	1801	A	329	64 L
Jones Thomas	Thos Wallen	D	1808	B	44	150 00
Jones Thos	Joseph Cogdale	"	1808	B	83	300 00
Jones John	State of Virginia	G	1782	B	161	
Jack John F et als	Thos Plummer	D	1808	B	170	10 00
Jones Isaiah	Thomas Walling	"	1809	B	225	440
Jack John F	George Snuffer Shff	"	1810	B	248	28 00
Jack John F	Thomas Henderson	"	1808	B	254	500 00
Johnson Amos	Timothy Roarak	"	1809	C	30	240 00
Jack John F	Nathaniel Davis	"	1811	C	87	100 00
Jack John F	John McIver	PA	1811	C	89	
Jones Jessee	Alex Cameron et als	D	1811	C	143	400 00
Jones Jessee	Alex & John Shields	"	1811	C	144	400 --
Jones Isah	Thomas Wallen	"	1813	C	256	142 00
James David	Thomas McLean	"	1812	C	5	100 --
James David	Christinea Hoover	D	1811	D	42	200 00
Jinkins John	State of Tenn	G	1812	D	60	
Jones Thomas	Wallen Thomas	D	1812	D	105	700 00
Jenkins James	Timothy Jenkins	PA	1813	D	107	
Jones Jessee	James Glasgow	D	1811	D	128	25 00
James George	William Heord	D	1802	D	5	400
Jenkins Henry	Wm Heord	"	1812	D	140	100 00
Jennings Wm	Thomas Davis	"	1812	D	150	120 00
Jones Elijah	Jacob Dodson	"	1814	D	226	300 00
Jones Samuel	George Fleacher	"	1812	D	237	250 00
Jones Samuel	David Denham	"	1812	D	261	400 00
Jennings Edward	John Casey et als	"	1815	D	388	7 00
Jennings William	John Casey	D	1815	D	389	30 00
Jennings Edward	John Casey et als	"	1815	D	397	Deed
Jones Thomas	John Wallen	"	1815	D	406	500 00
Jennings Sallie	John Casey et als	"	1816	D	402	25 00
Jackson Ruben	Thos Botts	D	1813	D	427	600 00
Jones Isaiah	John Crabtree	"	1815	E	24	525 00
Jones Samuel	Benomy Perryman	"	1812	E	113	400 00
Jennings Isham	Wm Jennings	"	1817	E	124	150 00
Johnston Thomas	John Casey	D	1817	E	134	
Johnston Thomas	Samuel Nichalson	"	1816	E	172	100 00
Jones Samuel	Benjamin Sharp	"	1816	E	219	600 00
Jones Isaach	Thomas Rice	"	1819	E	338	625 00
Jones Wm	Wm Hord	"	1819	E	442	10 00

Grantee	Grantor	Ins	Date	Book	Page	Amount
Jennings Edward	Jas W Glasgow	D	1820	F	156	30 00
Jennings Edward	John Henderson	"	1820	F	157	1500 00
Jackson Jacob	William Purvine	"	1817	F	200	100 00
Johnston Chas C	William Hogan	"	1823	F	230	1 00
Jennings Sallie	John Hunt Sheff	"	1823	F	232	55 17
Jennings Joseph	Edward Jennings	"	1820	F	244	5 00
Jenning Joseph	John Jennings	"	1829	F	245	250 00
Jones Samuel	George Gipson	"	1819	G	12	2 00
Jones John	Thos R McClary	"	1817	G	13	33 331/3
Jennings Joseph	John Hunt (Sheff)	SD	1822	G	158	100
Jennings Isom	John Hunt (Sheff)	D	1822	G	161	50 ¢
Jennings Dicson	James W Glasgow	"	1821	G	191	10 00
Joseph Jenning	Dickason Jennings	"	1821	G	250	5 00
Johnson Thomas	Micheal Cammon	"	1821	H	93	93 50
Jennings William et als	Joseph Jennings	"	1826	H	176	1200 --
Jennings Isom	Dickerson Jennings	"	1823	H	207	110 --
Jones Samuel	Joseph William	"	1826	H	208	10 00
Jennings Joseph	William Jennings	"	1826	H	297	1200 00
Jennings Anderson	Sallie Jennings	"	1826	H	300	Love
Jennings Anderson	Jacob Peck	"	1827	H	387	10 00
Jennings Edward	John Henderson	"	1827	I	134	200 00
Jennings Isom	D Dunn et als	"	1829	I	136	20 00
Jennings Isom	Thomas Hurst	"	1829	I	151	20 00
Jennings W & P	William Jennings	"	1829	I	165	500 00
Jennings W D	John Hunt Sheff	"	1830	I	208	
Jones Elijah	David C Jones Adm	D	1830	I	213	1000 00
Johnston James	Hiram Hurst	"	1829	I	267	38 00
Jones Richard K	David C Jones	PA	1831	I	308	
Jenkings James	Thos Johnson et als	D	1825	I	502	35 00
Jennings Anderson	William D Jennings	"	1832	I	524	16 00
Jones R K	David C Jones	"	1831	I	527	
Johnson Thomas J	Woodson Willis	TD	1834	K	268	5 00
Jennings Edward et al	John Jennings	D	1832	K	453	850 00
Jones John	Abraham Jones et als	D	1834	K	456	650 00
Jennings Wm H	Edward Jennings	"	1834	K	460	425 00
Jones Samuel	C B Bullard	"	1835	K	503	340
Jones Samuel Sr	Stockley Lawson	"	1833	K	544	300 00
Jones Thos	William Jones	"	1833	K	558	600 00
Johnson Lewis	W B Reece	"	1833	L	36	220 00
Jones Joseph	A B Jackson & wife	D	1835	L	81	350 00
Jones Joseph	A B Jackson	B	1835	L	87	1000 00
Jones Daniel	William Graham	R	1836	L	124	387 59½
James Tandy	Jeremiah Henderson	D	1836	M	40	900 00
Janeway William	William Hurst	"	1835	M	42	60 00
Johnson James	John Harper et als	"	1835	M	118	100 00
Johnson James	Thos Hurst	"	1830	M	150	350 00
Jones Joseph	Benj Sewell	"	1832	M	176	50 00

Grantee	Grantor	Ins	Date	Book	Page	Amount
Jones Joseph	G P Shakleford	D	1831	M	225	300 00
Jenkins Henry	William Norvell & wife	"	1828	M	334	50 00
Jenkins Henry	James Freeman & wife	"	1828	M	325	75 00
Jennings Anderson	Henry Condry	"	1830	M	371	100 00
Jones Hugh	Daniel G Miller	"	1838	M	532	300 00
Jones Hugh	Daniel G Miller	"	1838	M	533	600 00
Jones Hugh	Isaac Miller	"	1837	M	534	550 00
Jones Hugh	Leander Miller	"	1838	M	535	600 00
Jones Hugh	Heram G Miller	"	1837	M	536	500 00
Jones Hugh	Herrald Miller	"	1837	M	537	550 00
Johnson Martin B	Burton Ely	"	1837	M	1	262 62
Johnson William	Hamilton Heirs	"	1839	M	72	
Johnson Hiram	William McCubbins	"	1836	N	103	100 00
Jennings W H	Orange Blevin & wife	"	1839	N	260	30 00
Jennings W H	David Kesterson	"	1839	N	294	35 00
Johnson Ashel	Thomas Johnson	PA	1817	O	41	
Johnson Hiram	Wesley England	D	1837	O	98	
Johnson L	R Wilborne	"	1833	P	3	15 00
Jones E	J H Bratcher	TD	1841	P	75	500 00
Johnson T J	Prior Garland	TD	1841	P	91	1 00
Jones Elisha E	Isaac Bledsoe	"	1838	P	144	300 --
Jennings Anderson	Christian Plank	"	1832	P	148	225
Johnson Thos J	J C Large	"	1840	P	194	100 00
Jennings Anderson	Jessee Rogan	TD	1841	P	237	1 00
Johnson James	Joshua Hamilton & wife	D	1841	P	273	75 00
Jennings A	Hiram Hurst et als	"	1834	P	421	40 00
Johnson Martin B	John Sewell	TD	1841	R	33	307 00
Jones John	State of Va	G	1787	Q	109	
Jones R C	Elish E Jones	TD	1842	Q	116	500
Johnson Thos J	Hiram Misser	TD	1842	Q	191	500 --
Jones John	W R Evans	DT	1842	Q	274	1 00
Jones Daniel	James Dobbs	D	1834	Q	290	400
Jones William	John Jones Sr	"	1841	R	12	Gift
Jones Benj	John Jones	"	1841	R	13	Love
Jennings J R	Ben & W Jones	"	1842	R	17	100
Johnson T J	Holen William	TD	1842	R	31	100
Johnson T J	L D Dobkins	"	1843	R	228	1 00
Jones Hugh	James Carpenter	TD	1843	R	229	5 00
Johnson Thos J	William Willis	TD	1843	R	235	1 00
Johnson T J et als	Peter Marcum	D	1843	R	251	250
Jones Hezekiah	John Jones Sr	"	1841	R	274	Love
Jennings W H	William Jones	"	1843	R	287	266 --
Johnson Thomas J	Peter Marcum	"	1843	R	322	275 00
John Jones	Thomas R McClary	D	1820	R	323	90 00
Johnson Thomas J	William Jannary	"	1842	R	367	200 00
Johnson Thos J	J C Large	"	1843	R	414	100 00

Grantee	Grantor	Ins	Date	Book	Page	Amount
Jones E	Jubel Lea	PA	1844	S	52	
Jones Joseph	Henry Sims	D	1832	S	56	30 00
Jones Daniel	G McCraw	D	1842	S	279	50 00
Jennings William H	Benj Sewell et als	D	1845	S	281	750 00
Johnson T J	Daniel McVey	TD	1845	S	284	1 00
Jones Penelope	W R Evans	TD	1845	S	299	
Johnson Thomas J	Peter Marcum	D	1844	S	353	62 50
Jones Sally	Jubel Lea	C	1845	S	392	400 --
Jones Daniel	Gim G McCrow	D	1842	S	423	50 00
Johnson T J	Carter Hasford	TD	1845	S	440	1 00
Jennings Sarah	John Cardwell	B	1835	S	444	500 00
Johnson William	William Kincaid	D	1844	S	534	75 00
Johnson T J	Littleton Brooks	TD	1846	S	578	5 00
Johnson T J	George W Denkins	"	1846	S	636	1 00
Jones John	John Skidmore	D	1830	S	644	300 --
Jones Salley	Jubal Lea	"	1845	S	690	300
Jones Thoebe	George Shultz	TD	1846	S	695	583 --
Jones Joseph	Alford Jackson & wife	D	1846	S	698	350 --
Johnson Thos J	George W Smith	TD	1846	S	707	47 49
Jennings Thos W	Edward Jennings	D	1846	T	2	Love
Johnson Thos J	Daniel Marcum	TD	1847	T	170	500
Johnson Thos J	Robt C Hansord	D	1846	T	185	75
Johnson Thos J	Robt C Hansord	D	1846	T	185	75 00
Johnson Thos J Et als	George W Posey	T	1848	T	558	100
Jennings Edward	State of Tenn	G	1833	U	48	
Johnson Thos & wife	Mariah Graham	D	1849	U	181	Love
Jennings Royal	Thos W Jennings	T	1850	U	219	100
Johnson Thos J	Peter Marcum	D	1850	U	283	600 00
Jennings R	J M Seales	TD	1830	U	391	1 00
Jones E	William Owens	TD	1851	U	466	50 00
Johnson P & G	George W Smith	D	1851	U	587	100 --
Jones John Jr	Jones John Sr	"	1840	V	26	Love
Jennings R	Thos W Jennings	TD	1851	V	119	157 00
Jones Hugh	Isham Gibsen	D	1852	V	175	271 00
Jones Hugh	Drewry Gibson	"	1852	V	267	
Jones Hugh	William Estes	"	1852	V	268	125 00
Jones Moses	Lynch Hatfield	"	1852	V	331	
Janeway Joseph	William Lewis	"	1851	V	352	150
Johnson Thos J	Drury Dunn	D	1851	V	359	25 00
Johnson Thos J	Levi Goin	D	1853	V	402	450 --
Jones John H	W & J Bolinger	"	1853	W	44	700 00
Jones Elijah	State of Tenn	G	1830	W	47	
Jessee John T	G W Priddy	D	1843	W	154	150
Johnson Thos J	John W Hall	"	1851	W	168	250
Johnson Thos J	Elisha Clark	D	1853	W	183	1 00
Jinkins James	Nathan Perry	"	1831	W	235	150 00
Jones Daniel	William Campbell	"	1852	W	296	1300 00
Jones Elijah	Jacob Peck	PA	1853	W	315	
Jesse John F	William Goin	D	1834	W	318	500
Jones Nancy	Simpson Parks	"	1854	W	432	70 00
Jones J H et als	Anderson Smithe	"	1849	W	489	1000 00
Johnson Thos J & wife	Maria Graham	"	1853	W 5	554	175 00

Grantee	Grantor	Ins	Date	Book	Page	Amount
Jones Hugh	Patterson Breeding	D	1855	X	18	500 --
Jones M et als	Abel Kesterson	"	1854	X	78	712 00
Jones William E et als	Thos Friar Guard &c.	"	1853	X	223	25 00
Jones Furney	Isaac Miller	"	1856	X	447	5000 --
Jessee J T	William Murphey et als	"	1856	X	457	178 00
Johnson Thos J	E H C Dickenson	"	1848	Y	82	100 00
Jones Elijah	James Lakey	"	1857	Y	96	40 00
Jones Daniel	William Campbell	"	1856	Y	177	
Jones John H	Tobias McNew	"	1835	Y	179	6 00
Johnson Thos J	John Easly & wife	"	1837	Y	206	150
Johnson Thos J	Wesley Chittum & wife	TD	1834	Y	223	300
Johnson J H & wife	Jonathan Barnard	D	1856	Y	262	
Jones Hugh	Simpson Hurst	D	1837	Y	329	675
Jones Hugh	Richard Howerton	"	1857	Y	334	
Johnson Thos J	Z Hodges	D	1857	Y	349	325
Jennings Edward	Jas R Jenning & wife	"	1838	Y	406	
Jones Hugh	Decree Chancery Court	D	1838	Y	534	160 00
Janeway William	William Houston	"	1838	Y	548	150 00
Johnson Pleasant	George Barnard	D	1838	Y	598	500 --
Jones Lucy J	W S Collingsworth	"	1859	Y	678	800 00
Jones Charity	B V Snuffer	BS	1859	Z	41	200
Jones Charity	Sollmon Turpen & wife	BS	1859	Z	88	200 00
Jones Charity	J & E Vanbebber	BS	1859	Z	89	200 00
Jones Charity	Alfred Snuffer	BS	1859	Z	90	200 00
Jones Elijah	J M Beaty et als	R	1838	Z	184	
Jones Arthur L Heirs	Nancy Jones	D	1860	Z	358	100 00
Janeway William	Joseph Janeway	D	1859	Z	426	500
Jones Hugh et als	Ellis Nunn	D	1861	Z	483	50 00
Jessee J T	J H Burchfield	"	1861	Z	578	650 00
Johnson Jas W	Anderson Cain & wife	"	1862	Z	639	95 00

Grantee	Grantor	Ins	Date	Book	Page	Amount
King Robert	North Carolina	G	1793	A	28	250 S
Keywood Steven	Nathaniel Hart	WD	1803	"	81-85	2750 00
King Robert	North Carolina	G	1791	313		300 Shillings
King Walter et als	North Carolina	"	1794	"	314	-- --
Kile Robert	John Harrison	TD	1808	"	48	53 00
King Robert	North Carolina	G	1790	B		23 25
Karr George	George Adams	D	1810	C	47	200 00
Karr Geo	Geo Adams	"	1810	C	102	600 00
King Thomas	State of North Carolina	G	1813	D	66	
King Robert	State of North Carolina	BS	1814	D	256	62 S
King Isaac	Benjamin Cloud	BS	1816	E	128	600 00
Kesterson David	William Hord	D	1817	E	282	75 00
Keach John	John Owsley	"	1817	E	397	
Keen Anderson	Jerry Miah Hurst	"	1823	F	250	150 00
King Andrew	Thos Johnson	D	1821	G	158	37 50
Keck John	Jacob Perkipile	D	1822	G	185	2000 --
Keck Coonrod	James Roberts	"	1814	H	68	29 00
Killion William et als	Jacob Peck	"	1827	H	452	75 00
Keck Andrew	Jacob Peck	"	1828	I	229	12 00
Keck Andrew	Elizabeth Collins	"	1825	I	231	100 00
Kincaid William	Elijah Owens	"	1830	I	291	400 00
Keck John	Daniel Brock	"	1829	I	319	800 00
King Burrell	Thos Johnson	"	1823	I	356	30 00
Kincaid William	Peter Wilson	"	1831	I	371	25 00
Kincaid William	John Berry	"	1831	I	373	1000 00
Kincaid William	John Hunt Shff	D	1833	K	57	
Kincaid William	Joseph Ferrell	"	1833	K	93	450 00
Kincaid William	William Howlensworth	"	1833	K	119	350 00
Kincaid William	Peter Wilson	"	1833	K	125	55 00
Kincaid William	John Hunt Shff	"	1834	K	204	363 26
Kincaid William	Micheal Moyrs	"	1834	K	323	700
Kincaid William	Richard Mitchel	"	1834	K	403	100 00
Kincaid William	William Owens et als	"	1835	K	507	300 00
Kincaid William	Timothy Norvell & wife	"	1835	L	27	10 00
Kincaid William	John Sharpe	"	1835	L	29	20 00
Kincaid William	John Sharp	"	1835	L	34	700 00
Killian William	Drury Dunn	"	1833	M	31	200 00
Keck John	Jacob J Peck	"	1836	M	181	10 00
Kelsoe Edgar C	Mathen M Houston	"	1834	M	197	50 00
Keck Andrew	William Maples	D	1834	M	400	80 00
Kincaid William	Man H Maddy	TD	1836	M	425	1 00
Kesterson Able	David Kesterson	D	1825	M	454	50 00

Grantee	Grantor	Ins	Date	Book	Page	Amount
Keck William	William Wallis Sr	DS	1834	M	471	50 00
Kibert John	Hugh Graham	D	1839	M	525	150 00
King Edward	Thomas Bruce	"	1839	N	150	100 00
Kincaid William	Gray Garrett	TD	1839	N	167	136 50
Killion John	Thos Brewer	D	1840	O	183	150 00
Killion John	Thos Brewer	"	1840	O	184	150 00
Kesterson Abel	Benj F Cloud	"	1840	O	283	750 00
Kesterson Abel	B F Cloud	"	1841	O	285	100 00
Keck John	William Goin	"	1839	O	330	300 00
Keck Phillips	Hugh Graham	"	1841	P	29	210 00
Kincaid William	Elisha McNew	"	1840	P	141	240 00
Kincaid William	Mary Moss	PA	1841	P	150	
Kesterson William	Abel Kesterson	D	1838	P	335	100
Kirkpatrick Wm	William Houston	"	1841	P	378	8 00
Kincaid Jno	Joseph Ferrell	"	1841	P	392	3000
Kesterson Abel	Green B Cloud	"	1842	P	405	60 00
Kirkpatrick Wm	Thos W Sawyers	"	1842	Q	102	5 00
Kincaid Wm	Isaac Vanbebber	"	1840	Q	196	850
Kincaid Wm	Daniel Sowder	"	1842	Q	198	200
Kincaid William	Jesse Rodgers	"	1842	Q	200	150 75
Kincaid John	Thomas McLain	TD	1842	Q	212	400 00
Kincaid William	John Smith	TD	1841	R	19	36 44
Kincaid John	Mary Moss	D	1843	R	192	750 00
Kincaid John	L A Graett C & M	"	1843	R	197	
Kirkpatrick William	D Jones	T	1843	R	295	5 00
Killian William et als	Jacob Peck	TC	1843	R	306	
Kincaid William	Fielding Robinson	D	1842	R	330	425 00
Kibert John	John Lea	"	1843	R	369	600 00
Kincaid William	Jubal Lea	T	1842	R	382	5 00
Kincaid William	Tobeas McNew	D	1843	R	389	225 00
Kincaid William	Elisha McNew	"	1842	R	390	300 00
Kincaid William	Jubal Lea	"	1842	R	392	300 00
Kincaid John	A & J Snuffer	D	1843	R	393	10 00
Kincaid William	William Johnson	"	1843	R	421	166 --
Kincaid John	Cornelues Bowman	"	1844	R	18	400 --
Kincaid John	Cornelues Bowman	"	1844	S	20	100 00
Kincaid William	N S McDowell	"	1844	S	28	2000 -
Kincaid William	Richard Corder	"	1844	S	117	21 25
Kesterson Abel	Isaac Hatfield	"	1843	S	124	50 00
Kincaid William	James Vanbebber	"	1844	S	158	10 00
Kincaid Wm	James Lemar & others	"	1844	S	214	4 25
Kincaid William	Daniel H Root et als	"	1844	S	218	ea 7 68
Kincaid William	Philips Moyer	"	1843	S	220	2 50
Keck John	Harrison Hopper	"	1844	S	228	50 00
Kincaid John	James Vanbebber & wife	"	1843	S	238	13 00
Knight T D	R C Hansard	"	1845	S	278	600 00
Kirkpatrick William	James H Evans	D	1845	S	294	75 00
Kesterson Abel	Gideon Brooks	"	1844	S	311	9 00

Grantee	Grantor	Ins	Date	Book	Page	Amount
Kincaid William	James Hilingar	D	1845	S	314	135 00
Kincaid John	William F Rodgers	PA	1843	S	325	
Kesterson Abel	Daniel Huff	BS	1845	S	334	550 00
Kincaid William	D W & T H Bayers	D	1843	S	334	483 00
Keck Phillip	Harmon Hopper	"	1844	S	397	12 00
Kincaid William	D B Alexander heirs	"	1845	S	304	7 62½
Kelley Daniel	Thos Stone	"	1845	S	437	200 --
Kincaid William	Isaac Rogers	TD	1846	S	471	1 00
Kincaid John	W G Alexander	D	1846	S	482	214 --
Kesterson & Brooks	Richard Crabtree	M	1843	S	509	200 00
King G W	Peter Leger	D	1843	S	604	125 00
Keck Phillip	Isaac Goin	"	1837	S	641	50 00
Kesterson Abel	Ovin Blevin	"	1846	S	667	75 00
Kincaid William	John S McNew et als	"	1846	T	81	100 00
Kincaid William	L A Garrett C & M	"	1847	T	90	
Kincaid William	W W Greer Sheff	D	1847	T	96	1000 --
Kincaid William et als	Isaac Vanbebber	"	1847	T	216	1 00
Kincaid William	Isaac Sharp	TD	1847	T	261	5 00
Kelly Daniel	James Hodges	D	1847	T	287	350 00
Kirkpatrick William	James H Evans	PA	1847	T	292	
Rich John	Thos L W Sawyers	D	1847	T	329	4 20
Knight T D	B F Cloud	D	1847	T	333	140 00
Kincaid William	L L Harrell Tax Col	D	1848	T	346	5 00
Kincaid William	L L Harrell	"	1848	T	348	7 70
Kincaid William	L L Harrell	"	1848	T	350	4 00
Kincaid William	Isaac Vanbebber	T	1848	T	437	5 00
Knight T D	James B Smith Shff	D	1848	T	511	75 50
Kincaid William	William G McNew	D	1848	T	514	300 --
Kincaid William	F H & D W Rogers	TD	1847	T	569	1 00
Kincaid John	David Murry & wife	PA	1841	T	577	
Kirkpatrick Wm	Thos L W Sawyers	TD	1849	U	19	1 00
Kirkpatrick Wm	William Goins	BS	1849	U	25	974 00
Knight T D	State of Tenn	G	1848	U	85	
Knight T D	State of Tenn	G	1848	U	86	
Kesterson Ruben	Gideon Brooks	BS	1849	U	92	500 00
Kincaid Wm et als	Isaac Vanbebber	TD	1847	U	114	
Kincaid William	E and S Johes	"	1849	U	115	325 14
Kesterson Ruben	Abel Kesterson	D	1849	U	198	375 --
Kincaid William	Walter R Evans	TD	1850	U	243	550 00
Kincaid William	Walter R Evans	D	1850	U	245	1205 00
Kincaid William	David Wilson	"	1850	U	312	350 00
Kesterson Ruben	Abel Kesterson	"	1849	U	393	375
Kincaid J W	Alvis St John	T	1850	U	406	1 00
Kelly John	William Whiteted	D	1850	U	427	550 00
Kincaid William	John Kincaid	"	1851	U	477	30 00
Kincaid William	Johnatham Powell	"	1851	U	553	25 00
Kincaid William	Isaac Vanbebber	"	1851	V	48	
Kincaid William	Isaac Koger	"	1851	V	74	798 00
Kincaid William	Sterling C Kincaid	"	1851	V	81	50 00
Keck William	Benj Arnold	"	1847	V	99	100 00
Keck Henry	Peter Lickliter	"	1851	V	100	250 00
Kesterson Abel	Mary S Brabson	D	1831	V	212	150 00

Grantee	Grantor	Ins	Date	Book	Page	Amount
Kincaid William	John Bullard Exc	D	1852	V	218	277 --
Kelley John M	John F Denney	"	1852	V	253	225 00
Keck Andrew	William Seales	"	1852	V	344	175 00
Kelley Edward	Jacob Cupp	"	1842	V	381	150 00
Kelley Edward	Jacob Cupp	"	1842	V	382	100 --
Kelley John	James Jinkins	"	1836	V	387	150 00
Kilborne E C	John M Vanbebber	"	1853	W	87	1300 00
Rogers Isaac	William Kincaid Govr	D	1853	W	88	2212 25
Kirkpatrick William	Joseph H Bullard	TD	1859	W	92	75 55
Keck Frederck	Ambers Sharp	"	1852	W	102	150 --
Kibert Eliza	Richard Barnes & wife	D	1853	W	136	
Kelley J M et als	J D Dickerson et als	D	1853	W	177	17 25
Kincaid William et als	Isaac Vanbebber	M	1854	W	222	2112 12
Keyes A Et als	John Hall et als	D	1854	W	228	700 00
Kelly Evans & Co	John W Buford	A	1854	W	266	
Kelly Evans & Co	Isham Meyers	"	1854	W	267	
Kelly Evans & Co	James Carroll Sr & wife	"	1854	W	275	
Kelly Evans & Co	V Meyers et als	"	1854	W	278	
Kelly Evans & Co	Jonathan Fortner	"	1854	W	282	
Kelly Evans & Co	James Fortner	"	1854	W	297	
Kelley Evans & Co	Noah Day	"	1854	W	298	
Kelley Evans & Co	Colbert Day	"	1854	W	300	
Kincaid William	George W Miller et als	"	1854	W	319	200
Kelley Evans & Co	Joseph Moody	A	1854	W	324	
Kelley Evans & Co	John Keck Sr	L	1854	W	329	
Kibert Eliza	Elisha Butcher	D	1854	W	333	500
King Andrew	George W Wilson	D	1851	W	336	35 00
King James	G B Cloud rev col	"	1854	W	340	6 70
Kincaid William	John Lankford & wife	"	1854	W	348	350
Kesterson Ruben	Peter Marcum	"	1834	W	367	116 --
Kelley Evans & Co	Jesse Poore	L	1854	W	373	
Kelley Evans & Co	Silas William Jr	"	1854	W	377	
Kirkpatrick Wm	V Meyers	TD	1855	W	502	187 50
Kirkpatrick Wm	John C Lankford	TD	1855	W	507	1 00
Kincaid William	Samuel McBee et als	D	1855	W	543	120 --
Keck John	S & W Owsley	D	1854	W	559	200 --
Kelley John M	Decree County Court	D	1855	X	6	76 00
Kelley John M	W R Buchanan	D	1855	X	13	110 00
Kincaid L M L	William Kincaid	"	1855	X	46	2500 00
Kirkpatrick William	William W Evans	"	1853	X	57	125 00
Kesterson Abel	Gideon Brooks	D	1855	X	162	17 50
Kelley Evans & Co	Elverena Trease	N	1855	X	198	500 --
Kelly J M	James J Sewell	D	1856	X	254	Love
Keck Daniel	Samuel Shelby	"	1849	X	285	100 00
Kelley John M	James J Sewell	"	1836	X	330	340
Kelley John M	John Brown	"	1856	X	359	450
Kelley John M	John L Evans	D	1855	X	367	862 50
Kelley John M	John L Evans	"	1836	X	389	225 --
Kirkpatrick William	John C Lankford	TD	1856	X	484	500
Kelley J M	Walter R Evans	D	1852	X	493	53 36
Kelley John M	John Sanders	BS	1836	X	531	750

Grantee	Grantor	Ins	Date	Book	Page	Amount
Kirkpatrick Wm	Madison Burchfield	TD	1837	X	567	100
Kincaid M	William H Hopper	"	1857	Y	88	139 35
Kibert Eliza	Elisha Boucher	D	1857	Y	95	1500 00
King H C	A Mitchiel	"	1857	Y	242	1725 00
Kincaid Margaret	Daniel Huff	BS	1858	Y	437	Love
Kelly John	Pleasant M Hodges	D	1855	Y	500	
Kincaid J M	S C Kincaid	D	1859	Y	636	2 00
Keck Phillip	William P Yaden	"	1858	Y	644	500 00
Kincaid B T	John Braden	TD	1839	Z	23	1 00
Kincaid John	W R Evans	D	1832	Z	24	
Kincaid William C	S C Kincaid	D	1838	Z	293	1350 00
Kincaid John	G W Petree	TD	1860	Z	338	398 00
Keck Mathew	Caleb Goin	D	1860	Z	368	600 00
Keck M & J	J C Lankford & wife	"	1859	Z	378	100 00
Keck John	Hezikiah Mayers	"	1859	Z	380	100 00
Kincaid Jas M	William T Moss	"	1860	Z	397	605 00
Kelley Ann J	Decree Chancery Court	"	1857	Z	580	
Kincaid John	Thos McClain	"	1862	Z	599	2500 00
Kylle William C	Samuel Craft	"	1865	Z	704	500 00
Kincaid Wm Heirs	C J Lewis	"	1857	Z	714	40 00

Grantee	Grantor	Inc	Date	Book	Page	Amount	
Lane Isaac	Elijah Chisum	QC	1802	A	30	200	00
Lea Mager	Jas Berry	D	1800	"	36	500	00
Lusk Samuel	Elijah Chisum	"	1802	A	53	1	00
Lusk Samuel	Nathaniel Austin	"	1802	"	50	50	00
Lay David	Jessee Lay	"	1803	"	98	50	00
Lane Isaac	James Berry	"	1807		114	20	L
Lea Thomas	John Umstead	"	1804	A	115	600	00
Leabow Henry	James Blair	"	1801	A	145	600	00
Lea Abner	Mager Lea	"	1804	A	153	300	00
Lanham Able	Allen Chatman	"	1805	A	218	50	00
Lewis Fielding	John Walden	BS	1807	A	221	300	00
Linch David	Thos Adkins	D	1805	A	227	200	00
Lyn Edmond	North Carolina	G	1779	A	321	300	S
Lea James	North Carolina	D	1790	A	333	100	S
Lemare John	Thos McLane	D	1808	A	386	200	00
Lea William	Thos McLane	"	1808	A	23	100	--
Laye John	Benjamin Morgan	"	1805	A	36	300	
Lea John	William Lane	"	1808	B	88	900	--
Lay David	James Glasgow	"	1808	B	117	60	00
Lay David	Jesse Lay	"	1808	B	119	400	00
Loomy John	James W Lusk	"	1809	B	158	700	--
Loomy John	James W Lusk	"	1809	B	158	700	--
Lackey James W	North Carolina	G	1790	B	169	500	S
Latham John	Stephen Claypole et als	D	1808	B	172	330	--
Lumford Elias	Hezekiah Jorden et als	"	1808	B	211	600	00
Lea Abner	Samuel Henderson	"	1810	B	282	1450	00
Lay David	James Glassgow	D	1795	C	38	45	00
Lea John	David Burchfield	BS	1811	C	60	250	00
Lane Isaac	Samuel Chunn	"	1811	C	77	280	00
Lane Isaac	Tidence Lane	"	1811	C	77	400	00
Lickliter Peter	Alen Brock	D	1810	C	109	30	00
Lanham Able	Abner Chapman	"	1811	C	121	50	00
Lewis Fielden	John Adair	"	1811	C	160	10	00
Lynch John	Nathaniel Davis	"	1807	C	223	200	00
Lard S et al	Salathel Martin et al	D	1812	C	250	1000	00
Leneard James	Nathaniel Narvel	"	1812	D	35	500	00
Licklighter Peter	James Glasgow	"	1811	D	54	15	00
Lathan John	James Glasgow	"	1812	D	61	15	00
Lynch John	Thos McLain	"	1813	D	69	50	00
Lard James	State of North Carolina	G	1793	D	87	320	S
Lea Major	Joseph Rash	D	1813	D	98	50	00
Lingar John	William Hord	"	1812	D	102	220	00
Leabow John	James Glasgow	"	1811	D	133	50	00
Lynch Jessee	Henry Hunter	"	1813	D	177	400	00
Lathin John	Walter Evans et als	"	1814	D	235	15	00
Lower Peter	John Casey	D	1815	D	306	8	00
Latham William	State of Tenn	G	1812	D	357	--	--
Lewis Fielding	Dennis Condry	D	1815	D	390	550	
Langhlin Thos	John Hunt	D	1816	D	403	50	00
Licklighter Peter	John Casey et als	"	1815	D	415	Deed	

Grantee	Grantor	Ins	Date	Book	Page	Amount
Lewis Fielding	William Savage	"	1814	D	421	450 00
Lanham Abel	Joseph William	D	1815	E	6	25 00
Lebow John	John Casey et als	"	1815	E	13	Deed
Lay David	John Casey et als	"	1815	E	25	20 00
Lewis William	John Evans	D	1816	E	66	200 00
Langhlin Thos	Geo Yoakum	"	1817	E	117	200 00
Lovely James	Joseph Mahan	D	1817	E	203	100 --
Legear Peter	Thos Johnson	"	1818	E	240	80 00
Lewis Fielding	Walter Evans et als	"	1814	E	4-285	1 00
Long John	Marcellus Moss	"	1816	E	301	128 00
Lewis Fielding	Dennis Condry	"	1817	E	303	150 00
Lewis Fielding Se	Seth Botts	"	1817	E	306	300 --
Lower Peter	George Brocks	"	1819	E	374½	40 00
Langham Wm	Robt W McClary	"	1817	E	448	160 00
LayDaniel	Jesse Anderson	"	1819	F	6	70 00
Lower Peter	Hardy Hughes	"	1805	F	12	
Lea John	James Roddye	"	1819	F	90	Deed
Lea John	James Roddye	"	1819	F	94	50 00
Lea John	James Rodye	"	1819	F	95	50 00
Lewis Fielding	Jas W Glasgow	"	1820	F	109	41 00
Licklighter Peter	Jas W Glasgow	"	1820	F	126	15 00
Landers John	Thos Cunningham	"	1820	F	151	600 00
Lankford Benj	Jeremiah Cloud	D	1821	F	189	300 00
Lower Peter	Thos Johnston et als	"	1823	F	260	10 00
Lane Sallie	Alecy Willington	"	1818	G	7	110 00
Lower Peter	George Brock	"	1817	G	9	10 00
Lebo John	John Huntt Shff	BS	1821	G	164	180 00
Lynch William	George Yoakum	D	1818	G	173	600 00
Lane William	William Hall	D	1797	G	261	400 00
Lebow Daniel	C H McGinnis	"	1823	H	1	300 00
Lebow Daniel	C H McGinnis	"	1823	H	3	700 00
Lynch Alfred	John Lynch Sr	"	1823	H	46	25 00
Long Henry	John Vanbebber	"	1817	H	107	60 00
Landers Isaac	William Ritter	"	1819	H	201	100 00
Long Henry	Marcellus Moss	"	1826	H	242	100 00
Long John	William Beeler	"	1825	H	245	425 00
Lawson Drury	William Hord	B	1819	H	359	
Lovelace John	Drury Dunn et als	D	1828	H	376	82 00
Lebow John	Royal Cardwell et als	"	1825	H	427	100 00
Legar Peter	Gabriel Slaton	"	1828	H	438	300 --
Lane Colman	William Killion et als	"	1820	I	100	19 00
Lynch William	George Vanbebber	D	1825	I	167	150 00
Lynch William	Peter Vanbebber	"	1819	I	168	200 00
Long Jacob	Marcelles Moss	"	1825	I	179	20 00
Lanham William	Abel Lanham	"	1820	I	252	100 00
Lane Isaac	John Hunt	"	1830	I	352	26 00
Lewis Jessee	John Ashly et als	"	1825	I	365	150 00
Long Jacob	Moses Davis	"	1818	I	417	130 00
Lovelace John	Thomas Hurst	"	1831	I	448	410 00
Lynch Andrew	Jonah Moore	"	1831	I	521	340 00

Grantee	Grantor	Ins	Date	Book	Page	Amount
Lake James	John Hunt Shff	D	1831	K	68	
Lewis William	Hiram Dobbs & wife	"	1834	K	421	50 00
Lane Isaac C	Peter Neil	"	1835	L	58	325 00
Lynch Alfred	John Lynch	"	1829	L	271	500 00
Lambert Joseph	George Gost	"	1833	M	67	150 00
Lickliter Peter	Jacob Peck	"	1831	M	74	35 00
Lite Jonathan	Robert Man	BS	1836	M	94	30 00
Lewis William	Francis Keen & wife	D	1837	M	100	50 00
Lea Gable	Joseph Webb	"	1831	M	134	300 00
Lea Gable	John Critchfield	"	1831	M	136	200 00
Lynch John	David James	"	1816	M	138	5 00
Lynch Aaron	Alford Lynch	"	1833	M	139	300 00
Lea Gable	Samuel Wyatt et als	"	1829	M	139	125 00
Lea Gable	Timothy Norvell	"	1837	M	179	150 00
Laffoon William	Joab Cook	"	1833	M	235	140 00
Laffoon William	Mathew Sims	"	1833	M	236	72 50
Lane Isaac C	J & T Berry	BS	1837	M	261	65 00
Lewis Jessee	Fielding Lewis	D	1825	M	357	Love
Lay David	Jacob Peck	"	1828	M	359	30 00
Lanham Joseph	Jacob Peck	"	1830	M	456	25 00
Lanham Joseph	Abel Lanham	"	1820	M	458	500 00
Lanham Joseph	Jacob Pike	"	1838	M	460	525 00
Lane Isaac C	Joseph Jones	"	1838	M	462	275 00
Lambert Joseph	Mark Hurst	"	1836	M	477	250 00
Lovelace John	Jacob Peck	"	1839	N	174	40 00
Longmire Elijah	David Ellington	"	1835	N	188	250 00
Lane Isaac C	Mathew Hamilton	"	1830	N	218	50 00
Lanham Joseph	Isaac C Lane	"	1830	N	240	50 00
Lanham Joseph	Mathew Hamilton	"	1831	N	240	300 00
Large J C	Peter Marcum	D	1840	N	288	325
Lane I C	John Green	"	1839	N	315	600 00
Lewis William	Benidict Plank et als	"	1839	O	8	50 00
Lynch Lee et als	George Fulps et als	"	1840	O	46	5 00
Lewis William	Bransom Heirs	"	1829	O	74	200 00
Lewis William	J & A Cabbage	D	1835	O	83	25 00
Lewis William	Jonathan Pruit et als	"	1839	O	88	40 00
Lamarr James T	Fred Bollinger et als	"	1828	O	96	225 00
Lynch Lewis	Micheal Fulps	"	1828	O	108	75 --
Lynch Judy	Leen Lynch	"	1840	O	139	50 00
Lindsey Jessee	A Huffaker	DT	1841	P	11	1 00
Large J C	William Neil	TD	1841	P	95	132 47
Lewis William	William Inkebarger	TD	1840	P	132	25 00
Lane G W	George W Hammer & wife	D	1841	P	221	80 00
Lane Isaac C	Joseph C Large	"	1841	P	278	500 00
Lynch Joseph	J Dunkin	"	1837	P	311	300 --
Lea Sally	Joseph Ferrell	BS	1840	P	362	650
Lea Andrew	Andrew King et als	D	1836	P	382	150 --
Lynch George	Richard D Goin	"	1841	Q	28	150 00
Lynch George	Richard Goin	"	1841	Q	30	150 00

Grantee	Grantor	Ins	Date	Book	Page	Amount
Lanham Abel	William Kincaid	R	1834	Q	267	363 26
Lanham Abel	John W Thompson	D	1835	S	567	350 00
Lay Jessee	Samuel Shelby	TD	1842	R	58	100 00
Lynch Peter	Jacob Vanbebber	D	1824	R	60	180 00
Lingar J H	Sampson Goodman & wife	"	1842	R	65	100 00
Lea Jubal	Sally Lea	R	1843	R	382	1 00
Lew Sallie	Elijah Jones	M	1844	S	51	
Lanham Sarah	Jonathan Fortner	D	1844	S	83	200 00
Lanham Abel	Thomas Nunn	"	1837	S	103	50 00
Long Peter	James Nicely	TD	1845	S	250	500
Lawson William	Drewry Lawson Sr	D	1842	S	321	10 00
Lawson William N	Peter Leger	"	1842	S	382	200
Leger Peter G McCrow	G McCrow	"	1840	S	384	75 00
Lay Lewis	John Ellington	"	1822	S	410	300 00
Lewis Fielding	Samuel Niclason	"	1825	S	428	6 00
Like Micheal	William B Dunn	"	1846	S	474	125 00
Lynch Aaron	William Kincaid	"	1846	S	493	300 00
Lane G W	G W Smith	"	1846	S	502	75 00
Lewis Issable	Fielding Lewis	"	1846	S	518	
Legear P	William Madon	"	1835	S	537	200 00
Lewis William	Henry Needham	"	1829	S	658	300 00
Lea Jubal	S & E Jones	"	1846	S	693	325 --
Lewis George	William Beeler	"	1846	T	25	600 --
Lovelace John	E P Herrell	"	1846	T	49	40 00
Lovelace John	Ezekiel P Harrell	"	1845	T	78	10 00
Lay John	David Lay	"	1845	T	116	800 --
Lay Jessee	David Lay	D	1847	T	118	100
Lewis William	Ann Bowyers et als	"	1841	T	128	56
Langham Joseph	Daniel Huff	BS	1847	T	179	300
Lanham Sand E	Andrew McClary	D	1847	T	206	630 00
Longworth William	Greenbery Cloud	"	1847	T	281	50 00
Laffoon William	Whitetied William	"	1847	T	316	700 --
Lewis William	John Branson	"	1835	T	366	12 60
Lewis William	Adam Idol	"	1833	T	367	300 --
Lanham William	Andrew McClary	"	1847	T	371	300
Littrell William	John Cardwell et als	"	1825	T	376	150
Lewis James M	William Beeler	"	1848	T	562	25 00
Lewis William	C Y Rice Clerk	D	1859	T	579	26 25
Lewis William	Henry Sword	D	1860	T	580	67 20
Lane J B	John S Berry	"	1849	U	18	500 --
Laffoon William	Jacob Peck	"	1848	U	23	10 00
Lea Andrew	Louise Reed	"	1848	U	53	20 00
Lewis James M	William Lewis	"	1849	U	130	400 00
Lanham Stockly R	Andrew McClary	B	1847	U	149	1600 00
Longworth Wm	G B Cloud	D	1849	U	156	90 00
Laffoon William	J & S Harper	PA	1849	U	161	
Lankford Ruth	Jacob Peck	D	1849	U	205	50 00
Lanham Joseph	Wesley Chittum	BS	1850	U	222	750 00
Lynch Deptha	Andrew Lynch	D	1850	U	248	300 00
Lane G W Sr & Jr	Hiram Bundren	"	1850	U	278	300 --
Lebow Rial	John Lebow	"	1850	U	315	Love

Grantee	Grantor	Ins	Date	Book	Page	Amount
Lebow Rial	John Lebow	D	1850	U	316	Love
Lefarce J B S	George Hamblin	"	1849	U	322	100
Lefarce L & et als	William Bowman	D	1844	U	340	50 00
Lake James	Mark Cadle	D	1834	U	410	150 00
Lewis Geo W	Fielding Lewis	"	1829	U	439	Love
Leforce Sturvan	Tilford Moore	"	1846	U	482	55 00
Lewis William	Joseph Priddy	D	1851	U	528	365
Lane G W Jr & et als	Jacob Wilson & wife	"	1837	U	529	35
Longworth Wm	Abel Kesterson	D	1831	U	537	40 00
Lynch Andrew	W W Howlingworth	"	1840	U	573	20 00
Langham Joseph	Wm McHenry	BS	1851	U	574	550
Lewis George W	Soloma Hunter	D	1851	V	5	150
Lynch Jessee M	George Lynch & wife	"	1850	V	21	100 00
Lynch Andrew	Jacob Peck	"	1837	V	61	10 00
Lane J C	Pleasant Murphy	TD	1851	V	62	833 21
Lovelace John	E P Herrell	D	1851	V	107	400 00
Lovelace John	E P Herrell	"	1851	V	108	150 00
Lovelace John	E P Herrell	"	1851	V	109	50 00
Lewis Fielding	William Bullard	"	1852	V	154	60 00
Lambert William	William Bullard et als	"	1852	V	177	36 00
Liford George W	Abel Kesterson	"	1852	V	189	150
Lane J C	Pleasant Murphy et als	TD	1852	V	196	1 00
Lewis Fielding	Isabell Lewis	D	1852	V	236	200 00
Litrell Daniel	William Carter	"	1852	V	237	100 00
Lewis William	Bowyer Bullard	"	1832	V	350	1050 00
Lyndsey Jesse E	Charles Cupp	D	1832	V	380	150 --
Littrell Daniel	Sherred Loverton	D	1844	V	407	100
Lewis Jessee	Ruben Harper & wife	PA	1852	W	11	
Littrell Daniel	Greenberry Cloud	D	1844	W	13	18 00
Lewis Jessee	Ewhicy Lewis	PA	1853	W	26	
Longworth George	P M Chadwell	D	1852	W	68	150 00
Lane Jessee B	A A McAmis	"	1832	W	163	300 --
Lankford John C	John Russell	PA	1853	W	174	
Lankford John C	John Netherland	A	1853	W	262	400 00
Lambert Jefferson	Jeremiah Roak et als	D	1834	W	303	129
Lankford J C & wife	William Kincaid	D	1834	W	349	150 --
Lane J B et als	J H Bullard	A	1854	W	403	
Leforce J B S	John Huddleston et als	D	1833	W	429	50 00
Ledger Nelson	Benj Bray	"	1855	W	490	50 00
Lankford J C	Solomon Fulps	"	1834	W	506	30 00
Laffoon Drewry	Jacob Peck	"	1855	X	32	5 00
Lafoon Drury	William Lafoon	D	1833	X	218	180
Lovelace John	Ewell Green	"	1856	X	282	185 00
Lyke R & M	Circuit Court title land	"	1848	X	287	50 25
Lankford J C	Jonathan Lankford	TD	1856	X	291	45 00
Lee Phillip	Benj Bray	D	1856	X	422	25 00
Lankford John C	William Lewis	"	1856	X	479	400 00
Lankford John C	William Lewis	BS	1856	X	483	400
Lankford John C	Ira Scalf	D	1855	X	491	300 00

Grantee	Grantor	Ins	Date	Book	Page	Amount
Lankford R C	Andrew Phillips	"	1859	X	134	300
Lewis William	Aquilla Fox	D	1856	X	496	310 00
Lebow Mary	John Lebow	BS	1856	X	504	Gift
Lovelace John	L W Harper	D	1858	Y	299	450 00
Lankford J C	Wm Kirkpatrick	"	1836	Y	334	
Laffoon Wm	Sarah Harper	PA	1832	Y	357	
Lundy Benj	Vicent Moyes	"	1838	Y	398	450
Lankford J C	Jacob Peck	"	1852	Y	484	10 00
Lake James	James Cadle	"	1831	Y	492	100 00
Lundy Benj	Isaac Thomas	D	1838	Y	501	237 50
Lewis William	Jacob Peck	"	1849	Y	559	15 00
Liford G W	P N Chadwell	"	1856	Y	609	
Liford Geo W	Moses Jones	"	1857	Y	611	25 00
Lanham P L	G W H Gray	TD	1859	Y	619	5 00
Lewis Isaac	Jackson Penalton	D	1864	Y	720	175 00
Lambert Lucy J	William Lambert	D	1856	Z	2	130
Lewis George W	James B Lewis	"	1853	Z	5	200
Littrell Daniel Jr	James H Taylor	"	1836	Z	8	150 00
Lewis William	W W Greer Sheff	"	1857	Z	17	130 --
Leach David	Hiram Leach	D	1834	Z	20	75 00
Leach W F & J C	Jesse Rogers	"	1838	Z	21	450 --
Lewis James M	Calvin McBee	"	1859	Z	33	500 --
Lewis James M	John Vance	"	1838	Z	36	200 00
Lewis William	David D Spivey	"	1858	Z	125	250 00
Lunday Benj	R F & William Mason	"	1859	Z	186	23 50
Lewis J M	Sam & H Vance	"	1859	Z	209	175
Longmeyers Jordan	J M Vanbebber & wife	"	1836	Z	230	2500 00
Lebow Isham	John Lebow	BS	1860	Z	262	Gift
Lane Isaac C	William T Moss	D	1860	Z	285	700 --
Longworth George	A H Hatfield	"	1860	Z	314	25 00
Lanham P L	John Fultz	TD	1860	Z	349	5 00
Larrimare Eakins	Andrew McBee	D	1859	Z	422	400
Lewis William	Squire Hunter et als	D	1860	Z	428	1 00
Liford Thomas	Abel Kesterson	D	1861	Z	431	100
Longmire J T et als	Thos McLain et als	"	1861	Z	439	50 00
Lane J C	Henry M Moyers	"	1839	Z	458	15 00
Liford G W	John Mitchell	"	1859	Z	462	10 00
Larmar V C	Edward Lamar	PA	1861	Z	471	
Lewis James M	William Janeway et als	D	1860	Z	474	78 50
Lewis William	John C Lankford	"	1861	Z	515	100 00
Lambert Jefferson	William Roak	"	1856	Z	564	85 00
Lambert Jefferson	John Roak et als	"	1836	Z	566	ea 24 00
Lanham P L	John Fults	TD	1861	Z	574	1 00
Lewis William	John C Lankford	D	1856	Z	642	10 00
Lewis J B	Preston Dunsmore	"	1860	Z	673	500 00
Lunday Benj	Wm Sharp	"	1862	Z	680	250 00

Grantee	Grantor	Ins	Date	Book	Page	Amount
Miller John	Geo Brooks	WD	1805	A	24	40 00
Mussick Catharine	Henry Rowen	WD	1802	A	44	300 00
Morgan John	Nathaniel Austin	"	1802	A	78	60 00
Murphy John	Stokely Donaldson	"	1804	"	134	150 00
Miller Fredrick	John Miller	"	1805	"	174	50 00
Miers Christopher	William Nations	"	1801	A	202	375
Muir Robert	Robert King	"	1798	A	222	100 00
Martin Obidiah	Alexander Martin	"	1806	A	255	140 L
Martin Alexander	William Hord	"	1806	A	260	120 00
Miller Martin	John Shrops heirs	"	1806	A	265	150 00
Miller Martin	John Shrops heirs	"	1805	A	316	60 00
Miller Martin	Jesse Lay	"	1807	A	34	250 00
Mabry Francis	North Carolina	G	1801	A	325	327 S
Marritt Benjamin	North Carolina	"	1793	A	368	150 S
Moyers Micheal	Nathaniel Davis	D	1807	A	371	800 00
Maiden Isaac	John Harrison	TD	1807	B	39	53 00
Mays Thomas	William Gowen	D	1808	B	61	600 00
May Bridges	William Gowen	"	1808	B	62	1550 --
Mayes Thomas	Wm & Thomas Bridges	"	1809	B	127	116 --
Mays Thomas	Thomas Bridges	"	1810	B	235	310 --
Miller James	Samuel Wyatt	"	1810	B	298	300 --
Morgan William	John Morgan	"	1808	C	17	150 00
Miller Theopolus	James Campbell	"	1810	C	45	400 00
Majur Nancy	James Glasgow	"	1809	C	115	300 00
Mays Thomas	James Glasgow	"	1811	D	37	20 00
Martin Salahiel et als	John Lird et als	"	1811	D	91	1000 00
Martin Salathiel et als	John Laird et al	"	1811	D	93	1000 00
Markum Bverly	Wm Armstrong et al	"	1812	D	119	400 --
Martin McNan	Abidiah Martin	BS	1812	D	134	200 00
Martin Thos D	Abidiah Martin	D	1812	D	134	50 00
Monday Arthur	Jas Glasgow	"	1811	D	135	50 00
Mady Wm	John Stinnet	"	1811	D	157	500 00
Monday James	John Wallen et als	"	1814	D	240	135L 15 S
Murphey John	Walter Evans	"	1813	D	254	300 00
Mitchell Richard	John Karr	D	1813	D	255	400 00
Mason Katy	State of Tenn	G	1810	D	259	-- --
Moore David	James Glasgow	D	1812	D	274	25 00
Moyers Micheal	Nathaniel Davis	"	1811	D	359	10 00
Moss Marselles	James Knott	D	1815	D	404	400 00
Moore Samuel	Seth Botts	D	1816	D	425	150 00
Moore Samuel	James Glasgow	"	1814	D	428	Deed
Mincha John	John Casey et als	"	1815	D	430	12 00
Monday Arther	John Pevyhont	"	1815	D	432	40 00
Monday Arther	James Glasgow	"	1815	E	12	20 00
Miers Abraham	Thos Botts	D	1816	E	31	30 00
Morgan William	Joshua Cox	"	1816	E	73	100 00
Murphy Wm	Wm Dobb	"	1816	E	76	400 00
Mady William	Isaac Cloud	"	1816	E	102	350 00
Murphy John	James Glasgow	"	1811	E	129	7 50
Murphy John et als	John Casey et als	"	1815	E	133	Deed
Mahan Joseph	State of Tenn	G	1816	E	158	

Grantee	Grantor	Ins	Date	Book	Page	Amount
Mason John	State of Tenn	G	1817	E	277	
Martin Obediah	William Duval	D	1796	E	287	5 S
Moss Marcellus	McIver John	"	1816	E	289	2650 00
More David	John Casey et al	"	1814	E	341	25 00
Mayes Fredrick	Elnathan Davis	"	1814	E	356	160 00
Mahan Joseph	Archiball Hooper	"	1819	E	372	400 00
Moore Jonah	John Casey et als	"	1814	E	374	Deed
Miller Martin	Thomas Anderson	D	1817	F	15	100 00
Miller Martin	Thomas Anderson	"	1817	F	19	700 00
Murphy Abraham	Jeremiah Cloud	"	1818	F	32	60 00
Moore Nathaniel	James Glasgow	"	1820	F	110	1 00
Murphey Abraham et als	John McCubbins	"	1821	F	134	200 00
Marcum Peter	Denis Condray	"	1821	F	162	800 00
Moss Ruben	Dennis Condry Shff	"	1815	F	167	3 35
Mungus Wm	John James	D	1818	F	169	150 00
Murphy William	Andrew Phillips	"	1823	F	292	225 00
Madens Isaac	Thos Johnston	"	1823	F	301	44 00
More Jona	James W Glasgow	"	1821	F	313	25 00
Moore Jonah	James Glasgow	"	1821	F	315	40 00
Moss Marcellis	Blunt John Ex	D	1819	G	27	1137 --
Murphy William	James W Glasgow	"	1820	G	90	40 00
Marcum Peter	John Hunt Shiff	"	1821	G	91	100 61½
Murphy William	John Daugherty	"	1822	G	136	50 00
Minton Nancy	David Pugh	"	1822	G	153	M'tain.
Minton Nancy	David Pugh	"	1822	G	154	50 00
Minton Nancy	David Pugh	"	1822	G	162	50 00
Monday James	William McHenry	"	1821	G	166	150 00
Mays Thomas	James W Glasgow	"	1820	G	197	6 00
Mays Thomas	John Dobbs	"	1821	G	198	50 00
Mays Thomas	John Casey et als	"	1814	G	204	Deed
Moore Nathan	John Dobbs	"	1821	H	10	150 00
Marcum Peter	William Condry	"	1823	H	15	100 00
Mitchiel John	Isham Cloud	"	1824	H	26	100 00
Mays Thomas	Isaac Owsley	"	1823	H	34	50 00
Miller Daniel	Hiram Hurst et als	"	1824	H	45	2500 00
Moss Ruben	John McIver	"	1816	H	47	1350 00
Marcum Peter	Ruben Richardson et als	"	1824	H	51	30 00
Mason John	John Bartlett	"	1825	H	115	450 00
Moss Wm	Marcellus Moss	"	1835	L	193	1400 00
Mays Thomas	Samuel Nichelson	"	1825	H	179	40 00
Miller Isaac	Aaron Davis	"	1826	H	225	5 00
Mays Thomas	Samuel Nichelson	"	1825	H	272	10 00
Mane Robert	D Alexander C & M	D	1828	H	390	
Marcum Peter et als	Beverly Marcum	"	1829	H	422	150 00
Marcum Peter	John Hunt et als	"	1826	H	423	10 00
Miller Martin	Jacob Peck	"	1829	I	127	13 75
Mays Thomas	Samuel Nichelson	"	1827	I	131	15 00
Miller Daniel G	William Killiam et als	"	1830	I	256	100 00
Miller Isaac	James Monday et als	D	1830	I	270	500 00
Monday James	William Graham et als	"	1830	I	273	260 00
Margraves Tennessee	Abraham Murphy et als	"	1823	I	287	550 00

Grantee	Grantor	Ins	Date	Book	Page	Amount
Mayse William	Thos Johnson	"	1822	I	325	200 00
Moyers Henry	William J Alves	"	1824	I	515	75 00
Moyers Henry	Joseph Beeler	"	1822	I	516	250 00
Moyers Henry	Jacob Peck	"	1828	I	518	19 00
Martin Lucy	William Hurst	BS	1833	K	91	25 00
Miller Thomas et als	John Hurst Shiff	D	1833	K	145	00
Miller Daniel	Isaac McNew	"	1832	K	157	125 00
Mannon Wm	John Grimes	"	1833	K	247	100 00
Moyers Michal	Fredrick Bolinger	"	1824	K	279	85 00
Marcum Peter	Thomas Shearman	D	1826	K	282	148 00
Moss Robert B	William Davis	"	1833	K	301	550
Margraves Tennessee	John Hunt et als	"	1831	K	335	20 00
Mason John	William Weaver	"	1834	K	437	500000
Miller Isaac	W B Bullard DS	BS	1835	K	485	300 00
Marcum Peter	John Hunt et als	D	1833	K	509	10 00
Marcum Peter	James Jenkins	"	1834	K	523	180 00
Marcum Peter	John Murphy	"	1830	K	526	17 50
Marcum Peter	Thos Shearman	"	1832	K	529	150 00
Marcum Peter	James Lake	"	1835	K	531	10 00
Marcum Peter	Jacob Peck	"	1834	K	533	50 00
M E Church	Jacob Shultz	"	1825	K	568	1 00
Mountain James	David W Bunch	"	1829	L	84	400 00
Mason John	Henry Holt	"	1835	L	106	280 00
Martin Obidiah	Heirs of Robert Southern et al	A	1835	L	123	
Marcum Josiah	Hugh Montgomery	D	1834	L	128	100 00
Marcum Daniel	Laton Rommies	B	1833	L	148	
Mongtomery James	Robert Farris et al	D	1834	L	149	100 00
Marcum Peter	John Huddleston	"	1832	L	156	40 00
Monday Samuel	William Hodges	"	1833	L	205	150 00
Mayse Thos	John Dobbs	"	1835	L	236	5 00
Marcum Peter	Abel Lanham	TD	1836	L	238	100 00
Martin Nathan	William Norvell	D	1815	L	314	400 00
Miller Daniel	William Dunsmore	"	1836	L	317	500 00
Marcum William	David C Posey	"	1836	L	340	1000 --
Moor Samuel	John Hall	"	1836	L	349	100 00
Mays Jonatham	Joseph York et als	"	1828	L	385	100 00
Mayse Jonatham	Samuel Moore	"	1826	L	387	100 00
Mayse Jonathan	Benj Davis	"	1830	L	388	50 00
Mayse Jonathan	Benj Davis	"	1831	L	390	150 00
Mayse Jonathan	Jacob Peck	"	1834	L	391	50 00
Mayse Jonathan	William Hopper	"	1834	L	393	65 00
Miller Daniel	Heirs of Miller	"	1826	L	401	325 00
Marcum Peter	Alfred Noel	TD	1836	M	1	1 00
Maddy Man H	John Sharp	D	1835	M	5	300 00
Marcum Peter	William Graham	"	1836	M	35	75 00
Marcum Peter	John Caylor	TD	1836	M	36	1 00
Mayers William	J & G Sharp	D	1835	M	38	200 00
Mayse Thomas	J L Huddleston	D	1836	M	39	475 --
Mason John	Isaac C Lane	"	1836	M	54	200 00
Mitchiel A	Joseph Neil	"	1836	M	59	150 00
Mayse John	Jessee Lynch	"	1831	M	70	450 00
Mayers Henry	Jacob Peck	"	1836	M	73	102 00

Grantee	Grantor	Ins	Date	Book	Page	Amount
Montgomery James	Mable Farris	D	1836	M	96	150 00
Mayse Thomas	Jacob Peck	"	1837	M	137	12 --
Mayse Thomas	Jacob Peck	"	1837	M	137	6 00
Moore David	Jessee Lewis	"	1825	M	146	200 00
Murphy Pleasant	David Chadwell	"	1835	M	180	300 00
Monday William	George William	"	1832	M	189	100 00
Miller Theoplis	William Sharp	"	1835	M	193	450 00
Murphy Pleasant	Jerre S Kellon & wife	"	1837	M	196	40 00
Martin Lucy	Robert Southern	"	1837	M	207	100 00
Mahan Joseph et al	James D Rhea	TD	1837	M	240	1000 00
Mason John	Francis Patterson	D	1837	M	244	2025 00
Murphy William	Benj Lankford	"	1823	M	258	150 00
Marcum Peter et al	Drewry Gibson	TD	1837	M	263	1 00
Mitchiel John	Anderson Barnard	D	1835	M	277	200 00
Martin Lucy	Thomas Martin	"	1837	M	287	5 00
Martin Lucy	Menan Martial	"	1837	M	288	1 00
Martin Lucy	John S Martin	"	1837	M	295	5 00
Marcum Peter	Richard Wilborne	"	1838	M	310	1 00
Moore Samuel	Jessee Lewis	D	1832	M	352	5 00
Martin Lucy	John Riley et als	"	1838	M	353	1 00
Mathew John	Richard Hopson	D	1838	M	364	30 00
Marcum William	Bennet Posey	"	1835	M	375	7 00
Marcum William	Benj Sewell	"	1836	M	377	50 00
Marcum Peter	William Holland	TD	1838	M	388	1 00
Marcum Peter	Daniel McVey	D	1838	M	389	1 00
Marcum Peter	James McVey	"	1838	M	391	1 00
Moore Samuel	William Burch	"	1826	M	396	150 00
Moss Marcellus	William Hogan	"	1829	M	412	80 00
Miller David	Martin Miller	"	1838	M	427	Love
Miller William	Martin Miller	"	1838	M	427	"
Miller David	Martin Miller	"	1838	M	428	"
Miller P & E	Martin Miller	"	1838	M	428	
Marcum William	William Dobbs	"	1838	M	430	35 00
Marcum William	Henry Dobbs	"	1838	M	432	25 00
Miller Pleasant	Margaret McBroom et als	"	1837	M	436	1000 00
Moss Ruben	James Henderson	"	1823	M	457	700 00
Miller Pleasant	Margarett McBroom	"	1838	M	468	
Marcum Peter	William Taney	DT	1838	M	472	50 00
Marcum Peter	F S Hunt	PA	1838	M	474	
Murphy Pleasant	Benj Sewell	D	1838	M	479	50 00
Murphy Pleasant	Wiley Huffaker	R	1838	M	481	
Marcum Daniel	Pleasant Murphy	D	1838	M	482	600 00
Marcum Daniel	Peter Marcum	"	1838	M	483	40 00
Murphy M J	William Hurst	TD	1839	M	496	1 00
Methodest Camp Ground	George Stubblefield	D	1837	M	501	100
Miller Daniel G	Hugh Jones & wife	D	1838	M	538	5 00
Miller Francis	John Miller	"	1837	M	550	30 00
Miller Francis	J & A Miller	"	1839	M	551	80 00
Marcum Peter	Martin Fugate	DT	1839	N	53	23 00
Moore Samuel	Fielding Lewis	D	1821	N	79	350 00
Marcum Peter	Ruben Rose	"	1839	N	81	1100 00
Marcum Peter	James F Harper	Tran	1839	N	105	1 00
Margraves T	Jacob Peck	D	1836	N	238	50 00

Grantee	Grantor	Ins	Date	Book	Page	Amount
Marcum Peter	P & W Murphy	TD	1840	N	274	112 25
Mason John	J M Patterson	D	1840	N	280	150 00
Miller J	M Browles	TD	1840	O	37	51 00
Murphy William	Joshua H Chapman	D	1840	O	47	150 00
Moody Joseph	Peter Marcum	"	1840	O	60	500000
Miller I & et als	Henly Hurst	TD	1840	O	90	293 80
Margraves T	Herman Misser	TD	1840	O	102	1 00
Martin Anson C	Micheal McDowell et als	"	1840	O	135	50 00
Mason John	Peter Neal	"	1840	O	154	380 00
Murphy Pleasant	Woodson Willis	TD	1840	O	159	1 00
Mays Thomas	Jacob Peck	D	1840	O	237	5 00
Margraves T	C B Bullard	"	1841	P	42	150 00
Monday James	State of Tenn	G	1825	P	48	
Mays Thomas	David Kibert	D	1839	P	63	5 00
Mills John	William Mayse	"	1835	P	112	4 00
Moss William T	Isham Stinnett	D	1841	P	294	150 00
Mays Thomas	Jacob Peck	"	1837	P	210	10 00
Moore Enoch	Lucy Martin	D	1841	P	262—	1200 00
Moore Alfred	John Capps	"	1839	P	284	100 00
Moss W T	G W Rose et als	BS	1840	P	358	475 --
Mayse Jonathan	Joseph Moody	D	1840	P	365	700 00
Marcum William	Benj Sewell	"	1842	Q	35	700 00
Marcum & Lane	Drewry Gibson	"	1842	Q	41	265 40
Mundy James	Azariah Watson	"	1832	Q	239	25 00
Moss W T & et als	James Ritchie Sheff	"	1842	Q	242	12 00
Mitchiel James	Bernwell Cloud	"	1834	"	251	60 00
Mitchiel James	Gabrial McCraw	D	1842	Q	253	12 50
Marcum Peter	John Forgerson	D	1842	Q	260	300 00
Marcum Peter	James Carroll	TD	1842	Q	272	1 00
Miller Andrew	Jeffry Mullins	PA	1838	Q	292	
Miller D G	Lewis Day	BS	1842	R	39	1 00
Marcum Peter	J C Lane	TD	1842	R	68	1 00
Murphy M J	Clinton Armstrong	"	1842	R	112	5 00
Morris Robert	Moses Honeycutt	D	1842	R	136	60 00
Mitchell Abraham	John V Brewster et als	"	1842	R	178	20 00
Marron Robert	Daniel Huff	TD	1843	R	205	100
Murphy N J	Woodson Willis et als	TD	1843	R	264	5 00
Mitchiel A	John Day	BS	1842	R	308	350 00
Moss W T et als	Isaac C Lane	T	1843	R	338	650 00
Marcum William	Isaac C Lane et als	R	1843	R	377	400 00
Moss William T	Stephen Cawood et als	TD	1843	R	384	5 00
Moss W T Et als	Hannah Vanbebber	D	1837	R	395	28 00
Marcum Peter	Laban McBee	TD	1843	R	417	1 00
Marcum William	Drury Gipson	D	1836	S	45	5 00
Marcum William	John Hunt Shiff	"	1836	S	46	65 --
Marcum Peter	Ruben Harrison	TD	1844	S	70	200 91
Mayers John	William McNew	D	1839	S	79	500 00
Mullins Arch	Joseph Hamilton	"	1839	S	80	400 00
Miller Isaac	Samuel Wilson	"	1844	S	94	25 00

Grantee	Grantor	Ins	Date	Book	Page	Amount
Marcum Daniel	Thomas L W Sawyers	"	1843	S	135	190 00
Marcum Peter	Levi Goin	TD	1844	S	160	317 00
Miller Isaac	James McAllison	D	1844	S	179	16 00
Marcum Daniel	Thos Wallis	"	1844	S	197	200
Marcum Daniel	Major Wallis	"	1844	S	198	30 00
Moore Enoch	Peter Parkey	"	1841	S	212	750
Marcum Peter	Richard Hopson	TD	1845	S	260	1 00
Marcum Peter	Drewry Gibson	TD	1845	S	288	100
Margraves Tennessee	R C Hansord	D	1845	S	293	800 00
Moses Lewis	Allen Hurst	"	1844	S	310	400 00
Mason Ruben	Jesse Ward	Pa	1845	S	317	
Moss William T	Stephen Cawood	D	1845	S	329	700 00
Montgomery Hugh W	Hugh Montgomery	"	1845	S	331	Love
Montgomery A	Hugh Montgomery	"	1845	S	333	Gift
Marcum Peter	Jessee Sanders	TD	1845	S	340	1 00
Mayes J D et als	Jonathan Mayes	D	1845	S	355	Love
Moody Joseph	Jefferson Cline	"	1845	S	371	300 00
Milham Jacob	John Allen	"	1830	S	388	10 00
Moore David	L A Garrett C & M	D	1841	S	393	
Miller Pleasant	Jacob Peck	"	1845	S	395	5 00
Moore Samuel	Alford Moore	D	1845	S	405	100 00
Marcum Peter	Jessee Sanders	TD	1845	S	446	1 00
Marcum Peter	William Kesterson	TD	1846	S	454	5 00
Marcum Peter	William Goin	T	1846	S	457	5 00
Massengal Bennet	Aaron Cox	D	1846	S	459	100 00
Mayers B Joseph	Benjamin Ausmus	"	1844	S	494	200 00
Marcum Daniel	Josiah Marcum	"	1838	S	505	100 00
Minton Jacob	Thos J Hardy	"	184 5	S	571	600 00
Mills Joel	G McCraw	"	1840	S	577	20 00
Marcum Beverly	State of Tenn	G	1829	S	602	
Marcum Peter	State of Tenn	"	1828	B	602	
Marcum Peter	State of Tenn	"	1827	S	603	
Marcum Peter	George W Miller	T	1846	S	635	150 00
Mitchell James	George Barnard	BS	1846	S	648	292 50
Mason John	Benj Sewell	BS	1846	S	674	500 00
Methodest Church Tazewell	Benjamin Sewell	D	1846	S	676	Gift
Moore Nathan H	Samuel Moore	D	1836	S	687	300
Marcum Peter	Washington Mosecott	TD	1846	T	36	1 00
Miller F P	John Bratcher	D	1845	T	40	300 00
Mayes John	G McCraw	D	1846	T	46	50 00
Maynard Horace	Robert Lindsay	TD	1847	T	75	100
Mays Johnson et als	William Baker & wife	D	1847	T	112	150
Marcum Peter	Wiley Vaden	"	1847	T	122	8 00
Minton Landon C	Edward Harris & wife	D	1845	T	130	100
Malicote Anderson	Green Bundren	"	1847	T	137	300
Mayor & Alderman Tazewell	Peter Marcum	"	1847	T	150	
Mayse Jonathan	Thos Bridges et als	D	1831	T	190	200
Moore Samuel	William Grimes	"	1846	T	210	700 00
Mealers J and L	Isaac Wallen	"	1847	T	232	50 00
Marcum Peter	Wiley Vaden	"	1847	T	296	25 00
Marcum Peter	Wiley Vaden	"	1847	T	296	25 00
Marcum Peter	D and A Fulks	"	1847	T	297	500 00
Mason Lewis	John Mason	D	1847	T	373	7 50

Grantee	Grantor	Ins	Date	Book	Page	Amount
Mason Lewis	John Mason	D	1848	T	375	50 00
Mayse S & W	William Burch & wife	"	1846	T	380	100 00
Moore Lemwell	Caswell McBee et als	BS	1848	T	380	
Mayers Catherine	Henry Stinnet	D	1847	T	404	85 00
Mason John	William Neil	D	1848	T	421	1100 --
Miller Isaac	Geo W Posey	TD	1848	T	471	4000 00
Mayse Johnson	Joshua M Treece	D	1848	T	543	150
Marcum Peter	A S McDowell	PA	1849	U	11	
Mallock Isaac	Jane Mallock	PA	1848	U	51	
Moss William T	Wesley Simmons	D	1849	U	61	600 00
Morton Joseph B	Joshua M Treece	"	1846	U	66	150 00
Meyers Vincent	Jacob Peck	"	1849	U	94	25 00
Marcum Daniel	Thos Johnson Trustee	"	1849	U	144	277 15
Miller Isaac	William Spellers	"	1849	U	163	200
Murphey E D	J A & W Hamilton	"	1849	U	164	800 00
Meyers Henry et als	W H Hollingworth	TD	1850	U	242	35 22
Maynard Horace	Walter R Evans Trustee	D	1850	U	291	1725 00
Moore Nathan H	John Bewford	"	1847	U	293	375 00
Moore Samuel	Nathan H Moore	"	1850	U	294	25 00
Mayse Jereld D	James F Hooper	"	1849	U	335	200
M E C South	Joseph Walker	"	1848	U	342	5 00
M E C South	Solomon Dobkins	"	1849	U	344	5 00
M E C South	Isaac Thomas	"	1849	U	400	50 00
Mayse Jonathan	William White	"	1850	U	402	200
Moss William T	A & J Davis	"	1850	U	432	80 00
Mustard Elisha	G B Cloud	TD	1850	U	474	1 00
Munday Samuel	John Kincaid	D	1851	U	476	40 00
Munday Samuel	Elisha McNew	"	1851	U	496	300 00
Martin Hugh P	Levi Parks	"	1857	U	508	700 00
Mitchul James	Thomas Hord	"	1832	U	514	250 00
Minton Phillips	Daniel Kelley	D	1851	U	536	100
Mitchell James	E H C Dickerson	BS	1851	U	558	12 00
Moore Samuel	Burton Goins	D	1840	U	562	145 00
Missionary Bap Church	Arther Nash	"	1850	U	568	Gift
Meyres Vincent	Boyer Bullard	"	1851	U	575	50 00
Meyers Vincent	James C Hopson	"	1849	U	592	100
Marcum Wm A	Green B Cloud	"	1849	V	14	35 00
Marcum John M	Joseph A Hardy	"	1851	V	37	100 00
Marcum John M	Joseph A Hardy	"	1851	V	38	15 00
Mize William	John W Cupp	"	1850	V	70	100 00
Miller Ely	James M Honeycutt	"	1851	V	91	100 00
Mitchell Almarian	William Houston	D	1852	V	142	950 00
Mason Ruben	John Hall	"	1852	V	160	300 --
Malar John	James Parrott	"	1851	V	167	10 00
Moore Samuel	William Murphey & wife	"	1851	V	238	64 00
Meyers Vincent	Henry Meyers	"	1852	V	244	400 00
Mealer William	State of Tenn	G	1851	V	255	
Moore John	Enoch Moore	D	1852	V	259	300 00
Mehafey Joseph	William Fugate	"	1852	V	286	500 00
Mehafey John K	Sidner B Rowlett	"	1852	V	287	500 00
Minton James	Andrew Davis	"	1852	V	400	110 --

Grantee	Grantor	Ins	Date	Book	Page	Amount
Mayes J D	Jonathan Mayes	A	1851	W	28	
Miller Pleasant	John Runions	D	1833	W	30	200 00
Moore Enoch	James Hunter	TB	1846	W	34	350 00
Monday Elizabeth	Thomas Friar	D	1831	W	40	100 00
Monday Elizabeth	James Richardson	"	1853	W	41	200 00
Moore Samuel et als	Jessee Lewis	"	1853	W	42	200
Malacoat A	F M Scott	TD	1853	W	53	100
Moore Samuel	Wiley Huffaker	D	1852	W	55	100 00
Moore Enoch	James Parker	"	1853	W	97	30 25
Moyrs Carey	John C Lankford & wife	"	1849	W	160	100
Mayse Jereld D	Jonathan Mays heirs	"	1853	W	189	11 00
Monday Pryor J	William Whitaker	"	1852	W	198	100
Mayes Johnson & Bro	Samuel D Blythe & wife	"	1848	W	210	125 00
Moss William T	Isaac Vanbebber	"	1854	W	216	16 60
Moyers Vincent	Valentine Fulps	"	1833	W	330	250
Moyers Isam	William C Treece	D	1830	W	383	150
Miller Isaac	A A Evans	DT	1853	W	400	1 00
Moss Robert B	State of Tenn	G	1834	W	413	
Mayes J D	Geo W Priddy	D	1854	W	425	150 00
Mayes Sterling	Wm & J Mayes	"	1854	W	447	600 00
Martin Lucinda	Geo McNeil	"	1853	W	475	400 00
Moyers William H	Henry Clapp	"	1854	W	482	350 00
Mayes Johnson	W H & Sterling Mayes	"	1854	W	493	600 00
Mitchiel Jas R & J G	Stokley D Mitchell	"	1854	W	494	125 00
Miller Pleasant	John Strevil	"	1853	W	516	200
Margraves Tennessee	Hugh Granham	"	1855	W	518	300
Moore Samuel et als	William Lewis	"	1833	W	537	200
Moore Samuel et als	Elijah Harp et als	"	1833	W	538	200
Moore Samuel et als	Enoch C Simmons & wife	"	1854	W	540	200
Moore Samuel et als	Nathan Moore et als	"	1833	W	541	200
Martin Timothy	Enos Day	BS	1854	W	570	100 00
Moss W T	J M Kincaid	D	1862	W	584	2 00
Maynard Horace	William T Moss	N	1854	X	52	790 00
Mountain P F	P M Hodges	D	1855	X	108	1300 00
Murphy Eli D	Almarian Johnson	TD	1855	X	117	500
Moore N H	John Cardwell	D	1853	X	122	150
Marcum Peter	Ruben M Cook	"	1855	X	149	50 00
Murphy E J D	Samuel Dodson	"	1855	X	154	100
Murphy B F	William Going	"	1855	X	155	36 00
Monday Samuel	David Rogers	A	1854	X	240	
Moor Enoch	William Neil	D	1855	X	243	235 00
Mountain James	Andrew G McKee	"	1855	X	250	100 00
Mayes Johnson et als	P L Cloud	D	1855	X	310	183 00
Moore Enoch	James Owens & wife	"	1836	X	373	125 00
Moore A H	John C Lankford	TD	1856	X	443	1 00
Mining Co	John Caldwell et als	A	1854	X	470	
Murphy Hugh L	B F Murphy	D	1836	X	486	
Mason R F & Wm	John Mason	"	1835	X	512	14 00
Maynard Horace	W W Greer Sheff	"	1837	X	534	5 00
Moos M B	John Kincaid	"	1832	X	545	40 00
Mays W H	Johnson Mays et als	D	1834	X	549	6 00

Grantee	Grantor	Ins	Date	Book	Page	Amount
Mays W H	Wiley B Phillips	D	1837	X	551	125
Mountain P H	W W Hollingsworth	D	1857	Y	63	3 50
Miller John	John G Newby	"	1836	Y	104	200
Mountain P F	P M Hodges	"	1836	Y	126	40
Murphy William	Pleasant Murphy	BS	1836	Y	135	5 00
Mayse Johnson et als	Wiley Mayse et als	D	1852	Y	194	152
Moore N H	Daniel Kelly	TD	1857	Y	246	150 00
Mitchiel A	Wesley Chittum	D	1857	Y	274	2500 00
M E Church South	Jonathan Mayes et als	"	1850	Y	276	50 00
Marcum Peter	Joseph Whiteaker	"	1857	Y	309	25 00
Mason John	James P Cunningham	"	1857	Y	311	250 00
Moyers W H	Wm Kincaid	TB	1843	Y	362	7 00
Minton S L	James Minton	T	1838	Y	367	5 00
Moyers Abraham	Vincent & H Moyers	D	1855	Y	383	250
Merry Edmon	Daniel Sowder	D	1834	Y	392	25 00
Moyers Vincent	Levi Goin	BS	1838	Y	394	500
Moyers Vincent	Sophia Damerson	BS	1838	Y	395	70 00
Moyers Vincent	C Y Rice	D	1838	Y	396	
Monday Elisabeth	James Richardson	"	1836	Y	404	1 00
Moore A H	J C Lankford	TD	1838	Y	413	1 00
Moss Marcellus	James Henderson	"	1823	Y	424	12 00
Moore Samuel	William H Mayes	"	1858	Y	460	2000 00
Mitchiel J	Abel Kesterson	"	1858	Y	466	800 00
Meyers Hezekiah	J C Lankford	"	1854	Y	486	40 00
Mason Ruben	Elijah Jones	D	1838	Y	512	50 00
Minton Philips W	W W Hollingworth	"	1836	Y	518	125 00
Mountain P M	W W Hollingworth	"	1858	Y	588	68 00
Mountain P M	W W Hollingworth	T	1839	Y	592	1 00
Mayes Sterling	Andrew Davis	D	1858	Y	616	400
Mineing Co	William Eppes et als	C	1859	Y	631	
Massingill G W	Bennett Massingill	D	1843	Y	712	Love
Mitchell J M & S E	Martin Branham	D	1859	Z	43	11 00
Mason John	William Laffoon	"	1859	Z	104	400 00
Mason John	William Laffoon	"	1859	Z	105	600 00
More Samuel	N H Moore & wife	"	1859	Z	106	1300 00
Marcum Peter	Geo W Rose	"	1859	Z	121	90 00
Marcum Peter	F M Fulkerson Adm	"	1859	Z	122	
Mason R T & Wm	Barthy Neil	"	1859	Z	128	400 00
Minton S and L	David Fletcher	"	1859	Z	179	300 00
Mayers Henry W	William H Moyers	D	1859	Z	189	250 00
Moore Charles	John Netherland	"	1860	Z	196	400 00
Moore Charles	John Netherland et als	"	1860	Z	197	50 00
Mason Ruben	Aaron Ritter & wife	PA	1860	Z	232	
Monday P J	James Parks & wife	D	1839	Z	238	25 00
Mason Lewis	John Fultz	"	1860	Z	244	42 00
Muncey John	Henry Walker	"	1860	Z	303	212 00
Mayes J D	Daniel Drummons	"	1858	Z	321	500 00
Moyers W H	Wm H Hopper	TD	1860	Z	324	41 47
Marcum Peter	Andrew D Woodson	D	1860	Z	359	125 00
Mustard W P	James R Mustard	"	1860	Z	430	300
Mountain P F	Sterling Goin	L	1857	Z	435	
Moss Mary	Isaac Thomas	D	1839	Z	484	50 00
M E Church South	I & J M Vanbebber	"	1830	Z	495	20 00
Moyers Abraham	Albert Simmons & wife	"	1861	Z	498	360 00

Grantee	Grantor	Ins	Date	Book	Page	Amount
Moyers Abraham	Albert Simmons & wife	D	1861	Z	498	360 00
Moyers Abraham	Albert Simmons	TD	1859	Z	546	21 50
Muncey F A	Pleasant Miller	D	1861	Z	555	450 00
Muncey F A	John Runnolds	"	1861	Z	556	100 00
Mason Ruben	J D Mayes	"	1859	Z	559	195 00
Mason Ruben	Jacob Peck	"	1860	Z	560	15 00
Moss William T	James M Kincaid	"	1861	Z	590	6932 25
Minton James	Jonathan Mayes	"	1849	Z	594	250 00
Minton James	Andrew McKee	"	1859	Z	596	450 00
Minton James	W T H McKee	"	1856	Z	601	850 --
Mustard Elisha	Abel Kesterson	"	1838	Z	650	100 00
Mustard James R	Evans & B F Cloud	D	1838	Z	660	250
Moore Charles	John Easley	"	1861	Z	663	225
Massingill Arthur	S J Barnard	"	1863	Z	702	

Grantee	Grantor	Ins	Date	Book	Page	Amount
McGainer Brice	John Walliel	W D	1801	A	34	200 00
McBroom James	John McBroom	"	1801	"	74	50 L
McBroom James	James Baird	"	1801	"	86	200 00
McDaniel Randolph	Thos Henderson	"	1803	"	144	50 00
McBroom John	James McBroom	"	1804	"	165	1000 00
McCallister John	State of North Carolina	G	1796	"	168	Gift
McIver John	George Gilpin et als	D	1803	"	179	
McNutt Alexander	Daniel Gibbs	"	1801	"	202	75 00
McLane Thomas	Nathnl Hart	"	1806	"	262	3250 --
McKiney Archibald	Hezekiah Jorden et al	"	1799	B	11	200 00
McReynolds David	William Rogers	"	1808	B	15	200 00
McVey Thomas	William Condry	"	1806	B	21	500 --
McCubbins Zach	Jeff Dodson	"	1808	B	63	1550 00
McNew John	Evan Douthel	"	1808	B	215	500 00
McCulley John	Thomas McLane	"	1809	B	217	300 00
McCarty Thos & Wm	Thomas Henderson	"	1809	B	269	300 00
McReynolds David	John F Jack	"	1810	B	277	50 00
McVey Thomas	George Henderson	"	1809	B	286	200 00
McCubbins Zack	John Hall	"	1810	B	296	700 00
McRenolds James	David McReynolds	"	1811	C	138	450 00
McLean Thomas	Agnes Bradford	"	1810	D	64	400
McNew Wm	Henry Ausmus	"	1810	D	67	150 --
McReynolds James	Daniel McReynolds	"	1812	D	106	500
McReynolds James	David McReynolds	"	1812	D	107	200 00
McBrown James	Jas Glasgow	"	1811	D	136	60 00
McClary Andrew	State of Tenn	G	1812	D	139	
McCowal Wm	Henry Baker	D	1814	D	158	15 00
McReynold David	Dennis Condry Shff	"	1809	D	244	282 --
McCubbins Zack	Samuel Lane	BS	1814	D	260	300 00
McBroom James	Walter Evans et als	D	1814	D	272	Deed
McCarty Thos	Thomas Jones	"	1815	D	353	400 00
McCarty Thomas	John Henderson	"	1815	D	391	85 00
McCarty Thomas	Dennis Condry Shff	"	1816	D	394	1000 00
McNew William	Henry Ausmus	"	1816	D	398	100 --
McCubbins Zack	John F Jack et als	"	1816	D	407	20 00
McCarty John	Thomas McCarty et als	"	1816	D	423	250 00
McVey Thomas	State of Tenn	G	1811	D	435	
McCubbins Zack	John F Jack et als	D	1816	E	28	20 00
McNabb Nathaniel	Richard Mitchell	"	1813	E	53	400 00
McVey Thomas	State of Tenn	G	1811	E	81	
McCarty Thos	Thomas Langhlen	D	1816	E	87	70 00
McBee Samuel	Thomas McClary	"	1816	E	126	1200 00
McCubbins Zack	Isaac Lane	"	1816	E	222	1
McDowell	Levi Fortner	D	1817	E	225	300 --
McClellon David	John L Rowan	PA	1817	E	234	
McClary Thos R	State of Tenn	G	1816	E	243	
McClary Andrew	State of Tenn	"	1816	E	245	
McClary Robert	State of Tenn	"	1817	E	246	
McNew William	James Walker	D	1815	E	253	400 00
McClary Thos R	Andrew McClary	"	1818	E	25 8	400 00
McCarty Thos	Dennis Condry	"	1818	E	307	1000 00

Grantee	Grantor	Ins	Date	Book	Page	Amount
McNeil George	Levy Carnes	D	1816	E	313	525 00
McCarty Thomas	Benjamin Cotton	"	1819	E	315	50 00
McCubbins Zach	Wm Graham	BS	1819	E	401	800 00
McClary Robert	Thomas McClary	D	1819	E	410	297 00
McHenry William	Davis Condry Sheff	"	1820	E	418	
McClary Thos R	Jno Lingar	D	1820	E	435	320 00
McClary Thos R	W Nunn	"	1820	E	434	320 00
McCarty John	Thomas Henderson	"	1819	F	14	25 00
McMen Nancy et als	James Glasgow	W	1820	F	21	
McClary Andrew	James Walker	D	1821	F	175	250 --
McClary Andrew Jr	Andrew McClary Sr	"	1821	F	176	1 00
McHenry William	John Lea	"	1821	F	185	500 00
McHenry William	John Lea	"	1821	F	186	50 00
McHenry William	John Lea	D	1821	F	187	2500 00
McHenry Wm et als	John Roddy	"	1823	F	217	25 00
McBroom Thos	Donehue Patrick	QD	1805	F	219	
McCubbins John	Wm Acklin	D	1818	F	255	700 00
McHenry William et al	Elijah Jones	"	1823	F	282	
McHenry William	Elizabeth Smart et al	"	1824	F	286	90 00
McWilliam A	John McKee	"	1824	F	304	100 00
McNew John heirs of	Walter Alvis	"	1821	G	102	200 00
McBee Isaac	John Brubs	"	1820	G	142	
McCarty John	Thomas Henderson	"	1819	G	145	25 00
McLane Thos	Nathaniel McNabb	"	1819	G	183	420 --
McGinnis C H	John Neal	D	1821	G	187	700 --
McGinnis C H	John Neal	"	1821	G	189	300
McNeil Neil	William Inglebarger	"	1817	G	214	50 00
McNeil Neil	Levi Kearns	"	1817	G	215	80
McClain Thomas	Aaron Davis	"	1824	H	50	1 00
McDowel Micheal	John McDowel	"	1824	H	54	Love
McDowel John	Micheal McDowel	"	1824	H	55	Love
McCubbin John	James W Glasgow	"	1820	H	70	45 00
McHenry Wm	John Hunt Sheff	"	1825	H	124	50 00
McHenry Wm	John Hunt Sheff	"	1825	H	127	177 00
McClary Thos R	Robert G Parks	"	1824	H	130	200 00
McLane Thos et als	Moses Davis	"	1825	H	156	284 00
McLane Thos et als	Moses Davis	"	1825	H	158	284 00
McLane Thos	Samuel Cloud	"	1826	H	192	
McCarmack John	Joseph Hurst	"	1826	H	175	150 00
McLane Thomas	Aaron Davis	"	1826	H	195	50 00
McBroom James	Jacob Peck	"	1827	H	346	45 00
McVey James	State of Tenn	G	1822	H	388	
McKinney John A	John Hunt Shiff	D	1828	H	408	200
McKnight Robert	Elisha Nunn	"	1827	H	444	200 00
McKnight Robert	Elisha Nunn	"	1827	H	445	200 --
McHenry Wm et als	John Roddy	"	1825	H	456	220
McLane Thomas	John Hunt Shiff	"	1829	I	18	276 00
McLane Thomas	John Hunt Shiff	D	1829	I	21	
McBee Samuel	Thomas Johnson et als	"	1819	I	42	1000 00
McClary Thomas R	John Bartlett	D	1829	I	57	100 00
McClary Thomas R	Joseph Hurst	"	1827	I	59	200 00
McClary Thomas R	Samuel R Harkins	"	1827	I	68	20 00

Grantee	Grantor	Ins	Date	Book	Page	Amount
McConnell William	Peter Parkey	"	1826	I	76	100 00
McCraw Gaib						
McVey Eli	James A Hamilton	D	1825	I	186	63 00
McVey Eli	James B Robinson	TD	1830	I	249	1 00
McCallister James	James Dickerson	D	1832	I	342	11 66
McClary Andrew Jr	Andrew McClary	D	1831	I	359	50 00
McClary Thos R	Andrew McClary Jr	"	1831	I	361	20 00
McClary Thos R	Andrew McClary Sr	"	1831	I	363	150 00
McNew William	John McNew et als	"	1831	I	397	300 00
McNew William	Fred Bowlinger	"	1829	I	399	300 00
McClary Thomas R	Wm McConnel	"	1831	I	410	180 00
McCallister James	James Dysart	"	1796	I	415	6 S
McCubbins John	Zachariah McCubbins	"	1829	I	431	200 00
McHenry William	John Preston	"	1832	K	38	400 00
McBroom James	Stephen Thompson & wife	"	1832	K	61	200 00
McCluskey John	Samuel Nickolson	"	1830	K	82	
McCubbins Wm	Sarah McCubbins	BS	1834	K	275	300 00
McClary Andrew	Reuben Mason	"	1834	K	281	
McCubbins William	Zack McCubbins	"	1829	K	303	100 00
McClary Nancy	Andrew McClary	"	1833	K	399	11 00
McClary Andrew	William McClary	Afft	1834	K	401	
McClain Thomas	Christopher Nation	D	1834	K	410	15 00
McClary Andrew	George Gibson	PA	1835	K	413	
McNeil John	James Hill	D	1831	K	430	375 00
McNeil Neil	Heirs of John Hill	"	1834	K	432	
McNeil John	John Carmack	D	1830	K	435	200 00
McClary Andrew	Thomas R McClary	"	1834	K	500	600 00
McClain T	John Hunt Sheff	"	1827	K	512	
McDowell S & W	Micheal McDowell	"	1833	L	16	L
McClain Thomas	Isaac Vanbebber	"	1832	L	71	300 00
McClary Andrew	Frank Parks	"	1835	L	185	1150 00
McNeil William	James Hill	D	1834	L	85	100 00
McNeil William	John Hill	"	1835	L	88	11 00
McHenry Wm	John Hunt Sheff	"	1834	L	187	
McConnell Wm	John Hunt Sheff	"	1819	L	263	25 00
McClain Thomas	Fred Bolinger	"	1825	L	264	400 00
McClain Thomas	John Hunt Sheff	"	1833	M	16	276 79
McBee William	Samuel McBee	"	1835	M	23	1 00
McBee Samuel Jr et al	McBee Sam Sr	"	1835	M	29	200 00
McBee Laban	Samuel McBee Sr	"	1835	M	60	10 00
McBroom Margrat et als	Isaac Bledsoe	"	1837	M	94	200 00
McWilliam Joseph	Nelson McWilliam	"	1837	M	133	500 00
McBee Caswell	Samuel McBee	"	1835	M	169	50 00
McNeil John	William McNeil	"	1838	M	312	125 00
McNeil John	William McNeil	"	1838	M	313	25
McNeil George	William Englebarger	"	1838	M	372	200
McNeil George	Samuel Jones	"	1823	M	382	400
McClary B C	Chas Shearman	TD	1838	M	392	100
McClary B C	David Fullington	TD	1838	M	419	100
McCrary B C	James Crabtree	"	1838	M	394	100
McDowell N S	Isam Stinnet	D	1838	M	443	1600 00

Grantee	Grantor	Ins	Date	Book	Page	Amount
McNew William	J W Sylvester	"	1838	N	22	1200 00
McDowell N S	Jacob Peck	"	1828	N	46	7 00
McNew William	Polly Walker	"	1839	N	142	1000 00
McDowell J P	Thomas Nash	"	1838	N	157	10 00
McDowell John P	Thomas Nash	"	1838	N	159	420 00
McBee Samuel	Pleasant McBee	"	1837	N	302	135
McClury Colvel M	Same Wilson	TD	1840	O	21	200
McNeil George	John Hill	D	1840	O	35	550 00
McClelland Mary	Anson C Martin	"	1840	O	137	50 00
McBee Caswell	William McBee	"	1839	O	293	1000 --
McCullough Daniel	Gabnil McCraw	D	1841	O	97	190 00
McDowell N S	Sampson Capps	D	1828	P	202	500 00
McKeeham W L	David G Miller	"	1842	Q	86	600 00
McCullough William	Drucilla Hitson et als	"	1836	Q	93	185 00
McNew Isaac	Ransom Day	"	1830	Q	143	400 --
McKinney John A	A & G Snuffer	TD	1842	Q	144	40 00
McBee William	Daniel Sowder	D	1841	Q	203	25 00
McCrary Geo	William Wilson	"	1827	Q	15	400
McCrary N & G	George McCrary Sr	"	1842	R	15	500 00
McCrary N & G	George McCrary	"	1842	R	16	500 00
McNeil Neil S	John Hill	"	1842	R	32	400 --
McClary Andrew	Benj F Jones	"	1841	R	50	28 00
McCrary Little	Ludia McCrary	TD	1842	R	118	1 00
McBee William	William Ritter	D	1842	R	127	250 00
McNeil Neil S	George McNeil	D	1842	R	146	300 00
McBee Isaac	Samul McBee	"	1835	R	188	1 00
McFarland William	Daniel Sowder	T	1843	R	193	1054 00
McCrary Nelson	Benj Sewell	R	1843	R	309	164 37
McClain Susan	William Bowman	MC	1843	R	312	
McCamis A A	Thomas J Johnson	D	1843	R	319	262 50
McClary Andrew	Benj Jones	"	1843	R	325	300 00
McSpadden Cynthy	Isaac Sharp	BS	1843	R	329	200 00
McBee Samuel Sr	Isaac McBee	D	1843	R	355	500 00
McClary A	John Yeary	"	1839	R	357	80 00
McFarland William	C B Bullard	T	1843	R	427	50 00
McAmis A A	William Goin	DT	1843	S	6	5 00
McCankey John	William Gray	D	1834	S	9	94 00
McClary Andrew	Simpson Parks	"	1843	S	37	300 00
McClaris Heirs	Fountain Maupin	"	1844	S	114	100 00
McMahan John	Danl H Shumate	"	1844	S	138	400 00
McClary Andrew	Samuel R Harkins	"	1844	S	190	60 00
McClary Andrew	W W Greer Shiff	"	1845	S	221	13 72
McNew Sarah	William Rogers	"	1844	S	225	
McCullough Daniel	William McCullough	"	1842	S	234	185 00
McClair Thos	William Norvell	TD	1824	S	236	421
McKinney John A	James Vanbibber & wife	D	1845	S	237	200 --
McClary Andrew	J R & W H Jennings	D	1845	S	239	430 70
McAmis A A	John Casley	D	1845	S	291	25 00
McAmis A A	William Eppes	"	1845	S	292	20 00
McKenny John A	George W Miller	"	1845	S	305	200 00

Grantee	Grantor	Ins	Date	Book	Page	Amount
McCrary George	Nelson McCrary	"	1845	S	306	100 00
McCrary George	Nelson McCrary	R	1845	S	307	
McBee William	Owen Collins	D	1830	S	389	50 00
McBee William	Thos C Norvell	D	1845	S	391	30 00
McBee Samuel	John McBee et als	"	1845	S	419	10 00
McGuire Skillion	William Bales	"	1845	S	453	400
McGuire S Killion	Ruben Dean	D	1844	S	456	62 00
McClung & French	Robt Lindsay	BS	1846	S	492	358 25
McNew Tobias	Samuel Rogers	D	1843	S	616	225
McCarty Thos	Wm S Rose wife et als	"	1846	S	617	200 00
McClary Andrew	Sidner B Rowlet	"	1845	S	642	400 00
McClary Andrew	William Devenport	"	1845	S	657	200 00
McNew William estate	Robert B Lain & wife	"	1844	S	666	
McGwire Edley	Elihue Wells	D	1844	S	678	250
McClary Andrew	Nathan Mize et als	"	1845	T	16	25 00
McCullough D S	Isham Brewer	"	1845	T	30	5 00
McKeenham Wesley	Ruben Rose	DT	1846	T	32	1 00
McKeen Wesley L	George W Rose	D	1846	T	68	590 --
McNew W J	Lofton Dykes	"	1846	T	85	200 00
McClary Thos R	Andrew McClard	"	1847	T	203	400 00
McBee William	J and M Cawood	"	1843	T	274	100 00
McNeil S	William Houston	"	1847	T	284	67 00
McNeil Neil	William Houston	D	1847	T	286	133 00
McBee William	Isaac Vanbebber	"	1847	T	343	300 --
McBee H	Thos C Morvell	T	1848	T	445	100 00
McNew Elisha	John Carr Jr & wife	D	1841	T	457	30 00
McBee William	Alex Vanbebber	"	1848	T	539	500
McBee Samuel	Wm T Moss	"	1848	T	540	300
McNeil John	Neil S McNeil	"	1848	U	7	300
McVey Joseph S	Edward Jennings	"	1849	U	49	50 00
McNeil Neil S	William Houston	R	1849	U	69	
McNeil John	William Houston	D	1849	U	186	100
McAmis A A	John Easly & wife	"	1849	U	207	300
McNeil John	William Houston	"	1850	U	255	250 00
McNeil James	William Devenport	TD	1850	U	271	1 00
McVey Joseph	William Devenport	T	1850	U	295	1 00
McAmis A A	Lafayette Evans	T	1850	U	308	1 00
McBee Wm & C	William Littrell	D	1849	U	399	2 00
McBee Samuel Jr	Decree Circuit Court	D	1849	U	456	
McCarty James	Joseph Branscomb	"	1851	U	497	400 00
McNew Elisha	William F Rogers	"	1851	U	498	500 00
McBee Calvin	Samuel McBee Sr	"	1850	U	501	500 00
McVey W S	James McNeil	"	1850	U	519	
McBee Isaac	Samuel McBee Sr	"	1850	U	593	40 00
McBee Andrew	John Hall	"	1851	V	51	200 --
McMahan Elizabeth	Isaac Bledsoe	"	1836	V	55	900 00
McClery Daniel	Joseph Shelton	"	1851	V	117	400 00
McCarty James	Samuel Monday	D	1851	V	135	80 00
McKee Andrew	Samuel Moore	"	1851	V	147	72 50
McAmis A A	Hugh Graham adm&c	"	1832	V	184	350
McBee William	John Cawood & wife	"	1849	V	229	600 00
McBee William	Granville Vanbebber	"	1849	V	231	500 00
McNeil John	William Vanbebber	"	1850	V	270	65 00

Grantee	Grantor	Ins	Date	Book	Page	Amount	
McNeil John	Neil S McNeil	"	1852	V	271	200	
McCarter Thos	Jesse B Lane et als	"	1852	V	339	375	
McMahan John	John Jinkins	D	1848	V	349	200	
McNeil George	Enoch Moore	"	1842	V	391	11	00
McVey W S	A J Brock Sheff	"	1853	V	393	16	70
McBee Calvin	James H McBee	"	1850	V	398	50	00
McMahey Joseph	Alexander Hill	"	1852	V	315	200	
McCrary George C	William Kincaid	"	1852	V	411	800	
McNeil John	George McNeil	"	1852	W	51	700	
McVey Wm S	William Eastes	"	1852	W	61	200	00
McNew W J	William Kincaid	"	1851	W	96	275	00
McBee John	Decree Chancery Court	"	1853	W	124		
McCrow Grabniel	Andrew J Brock Sheff		1853	W	129	13315	
McVey William S	James M Patterson	"	1853	W	200	100	00
McBee A B	Isaac Vanbebber	"	1853	W	209	282	00
McCrary Nelson	Judah Lynch	"	1853	W	221	175	00
McKee Wm T H	George B Needham	"	1851	W	307	665	
McVey William S	Neil McNeil	"	1852	W	393	30	00
McCrary George Jr	Pleasant Owens	"	1854	W	431	100	00
McBee Pleasant	Jacob Peck	D	1848	W	566	25	00
McClure Nathinel	Walter R Evans	"	1855	X	130	600	--
McNeil John	Wm McVey	"	1855	X	302	1000	00
McCrary Nelson	Ewin B Yoakum	"	1824	X	348	150	00
McCrary George Jr	Lewis J Trease	"	1855	X	349	175	00
McCarty James	Samuel Monday	"	1835	X	352	45	00
McKee Andrew	J Netherland et als	"	1855	X	498	300	00
McPherson Samuel	Robert Crockett	"	1854	Y	27	425	00
McKee A	John Robinson	"	1857	Y	70	600	00
McKee Andrew	John Robinson	"	1857	Y	72	400	00
McNeil John	William Venable	"	1855	Y	76	50	00
McCarty James	William Carrell	"	1857	Y	90	200	00
McCrow G	W W Greer Sheff	"	1856	Y	164	35	85
McCarter Thos	Hugh Graham	L	1838	Y	412		
McDaniel John	Chas Neeley	D	1838	Y	422	6	25
McCarter Thos	Jas C Simmons	BS	1858	Y	576	9	00
McVey T L	M G Parkey	D	1859	Y	694	1128	45
McMillion D C	Elijah Jones	PA	1839	Z	9		
McDowell John et als	Harmon Hutson	D	1833	Z	87	250	
McBee William	A B McBee	"	1854	Z	160	282	00
McBee Samuel	Jas M Kincaid	"	1839	Z	188	100	00
McVey J S & W S	Decree Chancery Court	"	1859	Z	228		
McCrary George	William Woodson	"	1860	Z	279	10	00
McNeil Wm M	David Fletcher	"	1859	Z	295	1300	--
McBee Calvin	George W Lewis	"	1855	Z	450	1500	00
McKeeham Lucindy	W S Rose et als	D	1863	Z	693	2000	00
McEwen Wm S	James Barnard	D & BS	1862	Z	696		
McNeil Wm N	John A Blackburne	"	1863	Z	701		

Grantee	Grantor	Ins	Date	Book	Page	Amount
Norville William	John Umstead	WD	1804	A	146	100 00
Nations William	John Sinkler	D	1799	A	387	430 00
Norvels John	Robert Epperson	"	1807	B	106	40 00
Neil John	John Simmons	"	1808	B	138	200 00
Neal Joseph	Thomas Hall	"	1810	B	292	600 00
Nations Thos	Isaac Nation	"	1808	C	25	135 00
Norvell William	John Owens	"	1821	C	83	200 00
Norvell Nathaniel	Philips Ozamus	"	1808	C	92	400 00
Neil Joseph et als	Joseph Campbell	"	1811	C	210	300 00
Neil Grimes	Salathiel Martin	BS	1813	D	103	333 33
Neil Peter Jr	Peter Neil Sr	D	1813	D	215	190 00
Nichelson Samuel	Micheal H Lligas	"	1795	D	298	1 00
Neal John	Samuel Lane	BS	1814	D	330	110 00
Nichealson Samuel	Walter Evans Clk	D	1815	D	347	
Noel Alfred	State of Tenn	G	1812	E	152	
Noel Alfred	State of Tenn	"	1812	E	154	
Neele Jessee	William Maddy	D	1817	E	160	200 00
Neal John	Ransom Day	D	1818	E	214	300 00
Neal Peter Jr	Peter Neil Sr	"	1818	E	292	12 00
Noel Alfred	Ruben Rose	"	1819	E	320	500 00
Neil Grimes	John Hunt et al	"	1818	E	327	50 00
Nicely Jacob	Joseph Powell	"	1819	F	20	300
Neil Williams et al	Philipp Nancee	D	1818	F	105	
Norvelle William	Lewis Webb	"	1818	G	5	100
Neil Jessee	Peter Neil Sr	"	1818	G	53	400 00
Neil Alfred	James W Glasgow	D	1820	G	115	40 00
Noel Alfred	James W Glasgow	"	1820	G	117	50 00
Norvells James	Mary Norvells	"	1823	G	210	300 --
Nichalson Sammuel	Thomas Johnson	"	1818	H	92	100 00
Nichalson Sammuel	John Casey & et als	"	1814	H	95	100 00
Nichalson Samuel	Jacob Peck	"	1825	H	110	1 00
Nunn Elisha	Absolom Hur st	"	1823	H	235	300 00
Nash Thomas	Richard Powell	"	1826	H	339	300 00
Nunn Elisha	John Hunt	D	1827	H	387	300 00
Nunn Elisha	John Condry	"	1830	I	425	200 00
Neil Joseph	Alexander Ritchie	"	1832	I	523	400 00
Nunn Elisha	William Condry	"	1829	I	569	400 00
Noel Alfred	Henry Pain	TD	1833	I	573	100 --
Noel Catharine	Alfred Noel et als	D	1833	K	19	1 00
Noel Alfred	Henry Pain	"	1833	K	24	1 00
Noel Jessee	Isaac Vanbebber	"	1832	K	37	250 00
Neil Jesse	William I Davis et als	TD	1833	K	186	
Neil McNeil	Thos McClary	"	1833	K	235	300 00
Norvell Thos C	Joseph Ferrell	"	1831	K	565	500 00
Noel M A et als	John C Ferrell	"	1836	L	396	5 00

Grantee	Grantor	Ins	Date	Book	Page	Amount
Norvell Timothy	John Hunt Sheff	D	1839	M	11	25 00
Norvell Timothy	Perry Luke	"	1832	M	13	55 00
Nunn Whorton	William Wallis	"	1836	M	68	15 00
Hill Joseph	John Valintine	"	1836	M	81	5 00
Neil Peter	Henry Holt	D	1836	M	89	150 00
Norvell Timothy	Mary Norvell	"	1834	M	178	80 00
Neil Grimes	John Cock et als	"	1819	M	211	23 00
Nunn Elisha	Whorton Nunn	"	1836	M	243	250 00
Neil William	Jesse Carpenter	DT	1837	M	253	1 00
Noel Mary	Alfred Noel	BS	1838	M	264	44 00
Neil Madison	John Neil	Pa	1837	M	272	
Nash Thomas	Bowyer Bullard	D	1834	M	282	10 00
Newton Isreal & wife	Henry Jenkins	RA	1837	M	333	
Nicely James	Elizabeth Nicely	D	1838	M	422	
Nunn Elisha	Samuel Wilson	"	1838	M	466	300 00
Nash Arther	Henry Sharp	BS	1839	M	509	L
Nash Arther	Henry Sharp	D	1836	M	510	Love
Nunn Harmon	James Bartlett	"	1837	M	513	200
Neal Peter	Joab Hill	"	1839	N	123	2400 00
Noel Alfred	Flavins S Noel	P	1824	N	175	
Neil Peter	George R Ward	TD	1840	N	267	1 00
Neil William	Newton Evans et als	TD	1840	N	299	1 00
Neal Madison	Peter Neal	PA	1840	O	153	
Neal William	William Shadrich	TD	1840	O	156	89 10
Neal William	A Watson	D	1841	O	332	1 00
Neil William	John M Brabson	PA	1841	P	152	
Nunn Elisha	Whorton Nunn	D	1840	P	265	50 00
Neil William	John Hurst	PA	1841	P	287	
Neil William	John Day	TD	1841	P	305	5 00
Nunn Elisha	William Houston	D	1841	P	320	5 11
Nunn Elisha	Henly Hurst	"	1841	P	333	6 00
Neil William	Joseph Lynch	TD	1841	P	348	1 00
Nunn Whorton	Hugh Graham	D	1841	Q	249	150 00
Neil William	William Mays	TD	1842	R	27	1 00
Norvell Thos C	Jefferson Powell	"	1842	R	72	80 00
Neil Williams	P Owens	"	1842	R	98	5 00
Neil William	Pleasant Owens	T	1843	R	175	5 00
Norvell James J	William J Norvell	D	1840	R	180	100 00
Norvell Wm J	Soloman Ely	"	1834	R	181	100 00
Norvell Thomas C	John Freeman	T	1843	R	191	1 00
Neil William	Joel Ritter	T	1843	R	195	1 00
Neil William	J C Lane	T	1843	R	239	1 00
Nevils George	McNeese Rowle & wife	T	1843	R	259	Love
Neil William	R H Harrison	T	1843	R	270	1 00
Neil William	Peter Neil	PA	1843	R	283	
Nunn Elisha	G A Cheek	D	1843	R	294	145 00
Neil William	Sarah Lea	"	1843	R	315	80 57
Neil William	John Freeman	TD	1841	R	380	1 00
Neil William	John Freeman	TD	1843	R	396	1 00

Grantee	Grantor	Ins	Date	Book	Page	Amount
Nunn Abner	Elisha Nunn	D	1843	R	402	200
Neil William	Jubal Lee	T	1843	R	410	5 00
Nunn Abner	Jessee Hurst	D	1843	S	21	9 00
Neil William	Daniel Sowder	"	1844	S	54	13 00
Neil William	E W Sowder	R	1844	S	55	
Neil William	Richard Sowder	D	1844	S	65	600 --
Neil William	Peter Peck	TD	1844	S	98	5 00
Neil William	Thomas Buice	TD	1844	S	104	150 00
Neil William	Brittan Chadwell	TD	1844	S	161	265 00
Nevils George	John Ritchie	D	1845	S	324	100 00
Norvell Thos C	Jubel Lea	"	1845	S	386	50 00
Nevils H	Mackeres Rowlett	"	1845	S	507	10 00
Norvell Thos C	James Vanbebber	"	1843	S	549	13 00
Nunn Abner	John Hurst	"	1846	S	646	16 00
Nevels Henry	Wiley Vaden	"	1846	S	684	80 00
Neals Rial	Wesley L McKulan	"	1846	T	33	375 00
Neil William	Peter Marcum	"	1847	T	147	105
Neuby William	Benj F Cloud	L	1847	T	254	
Nichelson Riley	Ambrose Sawyer	D	1848	T	386	150
Nichelson Riley	John Heom	D	1848	T	387	200
Netherland John et als	Thos Ellison	"	1848	T	411	400 00
Neil Bartley	William Neil	"	1848	T	423	1150 00
Neil William	H & D Shumate	"	1846	T	478	50 00
Nunn Abner	Rebecca Bartlett	"	1848	T	489	100 00
Neil William	B F Cloud	"	1848	T	563	300 --
Neil William	G W Rose	"	1850	U	387	5 00
Needham William	Stephen Ousley	"	1847	U	72	700 00
Needham William	Stephen Ousley	"	1847	U	74	100 00
Nelms E P	John M Burch	"	1849	U	104	175 00
Nash Arthur	John Graves	"	1849	U	232	400 00
Netherland & Maynard	Timothy Norvill	"	1850	U	287	200 00
Nunn Abner	James Ritter	D	1850	U	361	100
Needham Geo B	Jonathan Mayse	"	1850	U	404	400
Neil Joseph	Daniel Marcum	T	1851	U	524	59 15
Neil Joseph Jr	William Neal	"	1851	U	525	200
Netherland John et als	Samuel Moore	D	1851	U	564	150
Neil Joseph Sr	Thos W Jennings & wife	BS	1851	U	582	700
Needham William	Jerriel D Mayse	D	1846	V	42	200 00
Neil William	Thos K Wonocott	D	1851	V	59	250 00
Neil William et als	Enoc Moore Adm &c	"	1851	V	68	900 00
Needham Geo B	William M Barton	"	1851	V	79	2000 00
Needham Geo B	Andrew J Brock	"	1851	V	104	1600 00
Newman Jacob	Mary Martin	PA	1851	V	113	
Neil William	Zack Hodges	D	1831	V	123	290 00
Nevels George	Green B Cloud	"	1852	V	195	700 --
Needham Wm et als	Jonathan Mayse	"	1840	V	213	100
Needham Wm	Jonathan Mayse	"	1840	V	215	200
Needham Wm	Jonathan Mayse	"	1840	V	216	200
Nunn Henry	William Garland	"	1840	V	274	100 00
Nicely David	William Beeler	"	1852	V	308	75 00

Grantee	Grantor	Ins	Date	Book	Page	Amount
Nunn Abner	S J Barnard	D	1853	W	43	225 00
Nicely David	Isreal Walters & wife	"	1853	W	103	100
Neil William	Henry Buchanan	D	1844	W	156	50 00
Nicely David	Oliver P Bower	"	1853	W	168	14 25
Neely Charles	Aaron Ritter & wife	"	1853	W	170	400
Netherland John et als	John Hall	M	1854	W	212	150 00
Neil William	Elisha Eastes	D	1854	W	294	150 00
Newlee John G	Elijah C Kilbourn	"	1834	W	360	20 00
Netherland Heiskell	William Devenport et als	"	1854	W	426	
Netherland John et al	Almanan Johnson	"	1854	W	427	150 00
Nicely David	Woolery Beeler	"	1832	W	509	25 00
Neil William	Tennessee Margraves	"	1835	W	510	10 00
Neil William	William Houston	"	1835	W	520	300 --
Nunn Abner	Jessee Evans	"	1855	X	69	800
Neil William	A Fullington	TD	1855	X	22	483 80
Nicely James	David Nicely	D	1856	X	438	115 00
Nicely James	David Nicely	"	1856	X	439	150 00
Neil William	Wiley B Phillips	TD	1856	X	473	5 00
Neil William	Jesse Poore	TD	1837	X	586	5 00
Neil William	Nelson Click	D	1857	Y	555	400 00
Neil John	Decree Count Court	"	1834	Y	146	661
Netherland John et al	C Y Rice Trustee	"	1855	Y	304	400 00
Neely Chas	Z Hodges	"	1855	Y	421	350 --
Nevells Henry	Z E & T Brooks	"	1858	Y	441	50 00
Nevells George	John Cloud	"	1858	Y	453	500 00
Neal T J	W R Buchanan	BS	1858	Y	484	
Neil William	Ann Jane Kelly	D	1838	Y	549	200
Neil William	J P Roth	"	1838	Y	551	125
Neil William	Thos McCarty	"	1858	Y	572	650
Neil William	Thos McCarty	DT	1858	Y	577	1 00
Nave Levi	Wm Neil & A Roberson Exe c	D	1859	Y	652	14 96
Neal Joseph	J M Patterson	"	1855	Z	66	221
Neal Martha	J Thos J Neal	"	1859	Z	68	Negro
Neal Thos J	J H Burchfield	D	1859	Z	91	996 00
Neil Bartly	R F & Wm Mason	"	1859	Z	129	23 00
Neil William	Heram Edward	"	1860	Z	251	1500 00
Nevals George	W W Greer Sheff	"	1839	Z	255	25 00
Neil William	J J Sewell & J Kelly	"	1860	Z	257	400 --
Netherland & Heiskell	John Cloud	TD	1860	Z	270	100 00
Nevels George	Abel Kesterson	D	1861	Z	433	100
Neil William	W G Paine	"	1861	Z	448	13 00
Neil William	Wesley Simmons	TD	1862	Z	588	133 90
Neal John	Daniel C Bullard	D	1838	Z	610	Land
Nevels Henry	Peter Marcum	D	1839	Z	614	500
Neal John	Martin Burchfield	"	1862	Z	625	15 00
Neil William	Joseph B Neal	"	1860	Z	691	175 00

Grantee	Grantor	Ins	Date	Book	Page	Amount
Overton James et als	William Lynn et als	WD	1801	A	15	100 L
Owens John	John Umstead	"	1804	A	111	750 00
Orr James	Stokely Donalson	"	1803	A	162	200 00
Ore James	Stokely Donalson	"	1803	A	163	100 00
Overton Moses	Nathaniel Davis	"	1806	A	334	1400 00
Owens William	James Hog	"	1804	A	369	400 00
Owsley John	Enos Johnson	"	1807	B	262	200 00
Owens Jacob	John Owens	"	1809	C	24	300 00
Owens John	Thos McLean	D	1811	D	75	200 00
Owsley John	William Norvell	"	1816	E	41	300 00
Overton James	John Riley	"	1816	E	80	400 00
Owens Isaac	John Vanbebber	"	1817	E	204	60 00
Owsley John	Luke Perry	"	1820	F	119	120 00
Owsley Stephen	James Glasgow	"	1812	G	139	25 00
Owsley Robert	William Casey	"	1827	H	247	100 00
Owsley Mathew	John Hodges	"	1823	H	462	800 00
Owsley Stephen	Jacob Cup	"	1824	I	152	100 00
Owens Elijah	William McNew	"	1826	I	237	400 00
O Donnell Daniel	Bennet P Posey	BS	1833	K	160	375 00
Odel Bartlet H	James Walker et als	D	1830	K	390	69 00
Owens James & wife	Isaac Vanbebber	R	1834	K	392	50
Owsley John	Timothy Norvell	D	1835	L	62	12 50
Owens John O	T M McDormoth	Dis'C	1865	L	404	
Owens William	Joseph Ferrell	D	1831	M	25	800 00
Owsley Stephen	William Burch	"	1827	M	121	200
Overton John	John Taylor	D	1837	M	327	372
Ousley John	Charles Shearman	"	1838	M	483	25 00
Owens Pleasant	William Woodson	"	1840	O	6	675 00
Owens Pleasant	William Kincaid	"	1839	O	12	1150 00
Owens Christian	Samuel Gibson	"	1840	O	19	220 00
Overton William D	Anson C Martin	"	1840	O	132	350 --
Owsley Stephen	Thomas Bunda et al	"	1839	O	262	300 ea
Overton William D	Mary McClelland	"	1840	P	318	50 00
Overton James	John Taylor	"	1839	Q	139	1000 00
Owens Pleasant	William Owens	"	1841	R	314	175 00
Owsley Stephen	Catharine Lower	"	1839	R	403	
Owsley Stephen	James Braden	"	1844	S	201	100 00
Owens William	Martin H Owens	"	1844	S	245	100 00
Owsley Stephen	James Braden et als	D	1845	S	285	
Owens M H	Emanuel Sowder	D	1834	S	399	500 00

Grantee	Grantor	Inw	Date	Book	Page	Amount
Owsley John	Samuel Moore	"	1844	S	611	50 00
Overton Wm T	E & J Venoy	D	1845	S	638	25 00
Owens Pleasant	William Neil	"	1846	S	682	333 07
Overton John et al	Ruben Dean	"	1846	T	14	1200 00
Overton James	John Ritchie	D	1847	T	107	368 --
Overton Catharine	John Riley	D	1847	T	183	Love
Overton Melburn	John Ritchie	D	1847	T	258	100 00
Overton Melburn	John Ritchie	"	1847	T	268	200 00
Owens Raymond	Thos Friar	"	1848	T	567	150 00
Owsley John	Stephen Owsley	"	1851	U	561	500 00
Odell Marshall	Jessee Hopper	"	1866	U	600	150 150
Ousley Spencer	William Goin	"	1851	V	92	225 00
Owens John	John Fultz	"	1850	V	162	100
Owens John	State of Tennessee	G	1851	V	223	
Overton Melburn	James Overton	D	1832	V	374	10 00
Owens Hilyard	A & C Roas	"	1831	V	376	212 50
Ousley Mathew	William Owsley	"	1849	W	85	21 00
Owsley Stephen	Spencer Owsley	"	1853	W	132	225
Owen William	L A Garrett C & M	"	1834	W	363	525
Owsley Stephen	John Owsley	"	1834	W	395	400
Owsley Mathew	Joshua Collins	"	1854	X	24	81 64
Owen M H	William Kincaid	TB	1842	X	179	700
Owens Raymond	Thos Friar	D	1835	X	184	75 00
Owen R	James Richardson	"	1835	X	186	250 --
Overton William T	Hugh Graham	"	1856	X	270	191 00
Overton W T	Thos W Jennings et als	"	1836	X	397	67 50
Owens John	Travis Brooks	"	1853	Y	175	13 00
Owen John O	Jefferson Chick	"	1837	Y	216	300
Odell B H	Jessee Cain	"	1834	Z	183	75 00

Grantee	Grantor	Ins	Date	Book	Page	Amount
Peryman James	William Condry	D	1803	A	110	100 00
Prostero David	John Scott	"	1803	A	125	800 00
Pearson Thomas	John Jones	"	1803	A	152	200 00
Pearson Thos	John Jones	"	1804	"	158	200 00
Parrott John	Wm Fugate	"	1804	"	166	60 00
Pain Wm et als	North Carolina	G	1797	"	335	320 S
Peberly Jeremiah	Nathan Denten	BS	1808	"	71	500 00
Petre George	Nathaniel Davis	D	1808	B	725	800 00
Pearson McNeal	William Byrd	"	1809	B	130	1000 00
Parson George	Randolph McDonald	"	1809	B	140	600 00
Powell Thomas	James Glasgow	"	1805	B	159	32 00
Parrott John	Horder William	"	1807	B	189	646 00
Pugh David	Peter Lander	"	1809	B	220	400 00
Pevely Elijah	Thomas McLane	"	1810	B	222	200 00
Patterson Jessee	Thomas Henderson	"	1810	B	290	300 00
Powell Joseph	Joel Nations et als	"	1809	B	306	375 00
Pebby Jeremiah	Jonathan Denton	BS	1810	B	313	300 00
Peters George	Nathaniel Davis	D	1810	C	1	100
Posey Benjamin	John Hall	"	1810	C	65	548 00
Posey Benjamin	John Hall	"	1810	C	68	548 00
Posey Benjamin	Nathaniel Taylor	"	1811	C	135	450 --
Pevvy Nathan	James Glasgow	"	1811	C	221	37 00
Patterson Robert	Thomas Henderson	"	1812	D	33	200 00
Posey Benjamin	John Hunt et al	"	1812	D	50	15 00
Patterson Francis	Joab Hill	"	1812	D	116	575 00
Patterson Robt	State of Tenn	G	1811	D	131	
Patterson Robt	State of Tenn	G	1811	D	132	
Pervine Wm	John Vanbebber	D	1812	D	180	200
Powell Joseph	John Harper	"	1812	D	208	400
Powell Joseph	Walter Evans et als	"	1814	D	270	50 ¢
Powell Joseph	John Casey et als	"	1814	D	213	Deed
Pearson George	Robert Patterson	"	1813	D	354	100 00
Posey Benjamin	William Hoard	D	1815	E	4	350 00
Perryman Jas A	State of Tenn	G	1814	E	77	
Perry Nathan	William Norvell	D	1817	E	262	80 00
Perry Cornard	William Norvell	"	1817	E	264	40 00
Peck Jacob	Samuel Nichalson	"	1815	E	316	1000 00
Powers Jessee	Jonah Moore	"	1817	E	339	400 00
Pecke Jacob	Dennis Condry Sheff	"	1818	E	347	30 00
Powers Jessee	Samuel Moore	"	1819	E	385	1 00
Perry Luke	Wm Norvell	"	1817	E	437	80 00
Patterson Francis	Edward Slucer	"	1821	F	85	200 00
Posey Betty et als	Joab Hill et als	Report	1820	F	191	
Powers Jessee	Samuel Boroff	D	1820	G	58	50 00
Parkey Peter	William Condry	"	1819	G	72	1500 -
Pearson Micheal	James Carpenter	D	1820	H	4	200 00
Pearson Micheal	John Bundren	"	1818	H	6	200 00
Pearson Micheal	John Bundren				8	200 00
Perry Nathan	James Casey-	"	1819	H	64	35 00

Grantee	Grantor	Ins	Date	Book	Page	Amount
Perry Nathan	Peck & Johnson	"	1823	H	131	24 00
Peerman Luke et als	Chas T Porter (Marshall)	"	1823	H	184	127 16
Parker James	Joseph Cooper	D	1826	H	237	130 00
Parkey Joseph	William Hord	BS	1823	H	305	Bond
Poindexter Samuel	Jacob Peck	D	1827	H	357	25 00
Pichard Jessee	Jacob Peck	D	1827	H	441	35 00
Parkey Joseph	Gabriel McCrow	"	1827	I	87	Bond
Plank Christian	William Barnwell	"	1826	I	143	60 00
Pearson William	William Murphy	"	1828	I	182	60 00
Parks Levi & Franklin	Nancy Ann McClary	"	1826	I	200	200 00
Parks F & L	Robert W McClary	"	1826	I	202	650 00
Parrott Reuben	Isaac Vanbebber	"	1825	I	247	200 00
Plank Christian	Rial Cardwell et als	"	1824	I	263	300 00
Perry Nathan	Elisha Nunn	"	1830	I	328	300 --
Perry Nathan	Edward Collins	"	1829	I	401	150 00
Perry Nathan	Edward Collins	"	1829	I	403	50 00
Powell Absalom	Joseph Powell	"	1831	I	532	500 00
Perry Edmon	William Bridges	"	1831	I	539	30 00
Payne Henry	Gray Garrett	BS	1833	I	572	51 00
Posey Bennett	Benj Lankford & wife	D	1832	K	53	100 00
Patterson Jas M	D Gibson	"	1827	K	71	35 00
Posey Bennet	Woodson Willis	TD	1833	K	155	1 00
Peck Jacob	John Hunt Sheff	"	1834	K	277	300 89
Packs Franklin	Levi Packs	"	1832	K	423	300 00
Packs Franklin	Thomas R McClary	"	1833	K	426	150 00
Posey George	Bennet Posey	BS	1835	K	482	200 00
Parker Peter	Joseph Wilson	D	1834	L	131	300 00
Parker Peter	Moses Hatfield	"	1834	L	158	100
Parker Peter	Joseph Wilson	D	1834	L	160	150 00
Posey David C	John Dobkins	"	1830	L	168	10 00
Phelps Andrew	William D Semmons	"	1836	L	231	80 00
Parks Frank	Andrew McClary	"	1835	L	398	1200 00
Philips Micheal	Levi Goin	"	1853	M	79	125 00
Parkey Peter	Thos R McClary	"	1833	M	165	200 00
Parrott James	William Bowman Jr	"	1828	M	224	20 00
Parrott James	William Bowman Jr	"	1828	M	226	40 00
Pike Jacob	State of Tenn	G	1826	M	329	
Pike Jacob	State of Tenn	"	1826	M	330	
Parks C B	Abetes Arwine	D	1837	M	358	700 00
Peter Peck	Hugh Graham	"	1838	M	361	1 00
Posey Bennett	Benj Sewell	D	1832	M	420	45 00
Presley Polley	Drewry Nunn	"	1838	M	475	130 00
Powell Jonathan	Absolem Powell	"	1831	M	487	600 00
Payendexter Samuel	S & W Shelby	TD	1839	M	497	1 00
Posey George	Daniel O Daniel	"	1835	N	33	753 53
Posey Benj	Daniel O Daniel	T	1839	N	35	6 00
Posey Bennet	Benjamin Posey	R	1839	N	36	
Posey George W	Benjamin Posey	R	1839	N	37	

Grantee	Grantor	Ins	Date	Book	Page	Amount
Posey Benjamin	George W Posey	R	1839	N	46	
Posey Benj	Bennet Posey	R	1839	N	69	
Patterson James M	William Houston	D	1839	N	111	2500 00
Patterson Francis	William Houston	"	1839	N	114	3500 00
Peck Jacob	Fredrick Bolinger	MD	1840	N	266	200 00
Pearson John	Green Bundren	D	1840	N	270	9 50
Prinb Jonathan	John Prinb et als	"	1837	O	85	40 00
Pitman William	Queen Heirs	"	1839	O	148	350
Prichard David	Henry Sharp	"	1836	O	256	Love
Perry J G	John S Perry	"	1841	P	46	100 00
Pearson Micheal	James Spradling	"	1855	P	69	180 00
Plank Christian	Isaac Golehorn	"	1827	P	89	300 00
Patterson James M	J H Chapman	TD	1840	P	93	165 00
Peck Jacob	John Wallen	M	1841	P	286	5 00
Posey Benj	John Cock	D	1828	P	340	48 00
Parrott Euzealy	John Parrott	"	1842	Q	145	11 00
Pike Jacob	James Cadle	"	1831	R	41	150 00
Plank C B	Thompson Hurst	TD	1842	R	42	35 00
Patterson J M	William Houston	D	1842	R	51	330 28
Patterson J M	Thos L Davis Et als	"	1842	R	53	600 00
Plank C B	Damul Hurst	TD	1842	R	92	100
Parrott William	Stephen Parrott	D	1843	R	149	75 00
Parrott William	Stephen S Parrott	"	1843	R	152	750 00
Posey George	Benj Posey	BS	1842	R	153	6000 --
Powers George	Peter Marcum	D	1839	R	157	750 00
Parrott John Sr	John Parrott Jr et als	"	1828	R	185	50 00
Parrott John	Joseph Mahan	"	1828	R	187	200 00
Powell Absolum	John Powell	"	1828	R	206	600 00
Payne W G	R B Lane	TD	1843	R	211	1 00
Payne W G	John Parker	TD	1843	R	212	1 00
Posey Graveyard	B Sewell & B F Cloud	D	1843	R	256	1 00
Parkey Joseph	Thomas Hord	"	1842	R	362	315 00
Proffitt Elisha	Robert Morris	"	1843	R	365	100 00
Perry Luke	Nathan Perry	"	1831	R	375	150 00
Province Wm	State of Tenn	G	1842	S	57	
Parrott John Heirs of	Caleb Bales	D	1843	S	86	250 00
Peck Peter	John Bartlett	"	1844	S	97	15 00
Pike Jacob	James Johnson	"	1844	S	128	50 00
Parkey Joseph	Peter Parkey	"	1839	S	194	5 00
Parkey Peter	Elisabeth Wheelis et al	"	1844	S	216	4 00
Posey Benj	State of Tenn	G	1817	S	341	
Posey Benjamin	State of Tennessee	G	1816	S	343	
Poor Jessee	James Jenkins	D	1843	S	416	20 00
Parkey Joseph	Daniel Marcum	"	1846	S	508	100 00
Patterson James M	J H Lingar et al	"	1846	S	529	150 27
Pearson John	Adam Simmons	"	1839	S	531	35 00
Poor Jessee	William Wallace	"	1840	S	539	150 00
Poor Jessee	Benj Sewell	"	1845	S	568	200 00
Parrott Degraffinreed	Parrott Heirs	"	1843	S	664	800 00
Parkey Peter	Rachel Fugate	"	1846	S	670	500 --

Grantee	Grantor	Ins	Date	Book	Page	Amount
Payne William G	Benj R Biddle	"	1846	S	700	150 00
Pearson John	Sterling J Barnard	"	1846	S	688	800 00
Perkepile John	Solamin Seals	"	1846	T	18	150 00
Pearson J M	Jessee Carpenter	T	1847	T	105	1 00
Partin William	Solomon Seals	D	1841	T	126	225
Poor Turner	Jessee Poor	D	1847	T	169	100
Parks Jacob J	Andrew McCrary	TD	1847	T	196	1 00
Posey Geo W	Benj Posey	BS	1847	T	273	750 00
Peck Jacob & Co	John Braden	A	1847	T	300	
Powell J Harvey	L L Herrell	D	1848	T	352	
Powell Joab	James E Meyrs & wife	PA	1848	T	442	
Powell Joab	Samuel Blythe & wife	"	1848	T	448	
Power James C	Isaac Townsley	D	1848	T	492	100 00
Perry John S	William Burchfield	"	1848	T	501	400
Posey Geo W	Isaac Miller	"	1848	T	534	
Towers Micheal	Thos Clark	TD	1848	U	50	1 00
Prichard Laban	Heram Elliott et al	PA	1849	U	109	
Prichard Labon	Jacob Sharp et al	"	1849	U	101	
Parks Levi	Andrew McClary	TB	1850	U	235	106 70
Parks Levi	Jacob C Parks	D	1850	U	254	600 00
Parks Levi	W Fugate & W Bullard	"	1850	U	265	533 00
Payendexter S W	Coorod Keck heirs	"	1836	U	285	143 50
Pace Edmon	Robert Warrick	"	1850	U	318	600 00
Patterson James M	Robert Patterson et al	"	1830	U	354	
Patterson J M	Jessee Bruce	TD	1850	U	395	100
Parkey William	Thomas Lawson	D	1850	U	425	787 50
Powers M	Pleasant Murphy	TD	1849	U	472	500
Priddy Joseph	Geo W Lewis	D	1851	U	504	400 00
Parks Clarissa	Samuel Walker & wife	P	1849	U	544	
Patterson J M	John Wallen	D	1851	U	569	15 50
Parker John B	James F Hopson	D	1857	U	589	6 50
Payne W G	A S Duncan	TD	1851	V	25	56 75
Pleming Lovina	William W Greer	D	1851	V	47	96 00
Priddy Geo W	Levi Goings	D	1852	V	250	150 00
Parks Simpson	A J Brock Sheff	"	1852	V	317	5 35
Pace Edward	James Dooley	"	1850	V	329	150
Priddy George W	Wilson Goin	"	1850	V	337	500
Parker J B	Martin Burchfield & wife	"	1853	W	9	12 00
Payne W G	John C Lankford	TD	1853	W	23	130 00
Payne William G	John C Lankford	"	1853	W	54	60 00
Parkey William	Lucinda Martin	"	1833	W	151	150 00
Payne W G Chairman	Thos J Johnson	"	1853	W	181	300
Patterson James M	Elizabeth Wallen	"	1853	W	258	200 00
Patterson James M	A J Brock Shff	"	1853	W	288	22 79
Priddy Geo W	Isom Meyers	"	1854	W	411	150 00
Phillips Wiley B	Vincent Meyers	"	1854	W	224	110 00
Poor Mason	James Carroll Sr & wife	"	1854	W	480	300 00
Plank C B	Hiram Hurst	"	1854	W	497	50 00

Grantee	Grantor	Ins	Date	Book	Page	Amount
Perry James	Phillip Keck et als	D	1857	W	498	10 00
Payne W G	E Goin et al	T	1855	W	547	260 --
Peck Jacob	Pleasant McBee	D	1855	W	567	
Patterson Jas M	J L Evans & wife	TD	1854	W	571	
Painter George	Andrew Davis	D	1852	X	23	250 00
Painter G	W W Hollingsworth	D	1855	X	58	Love
Phillips Wiley B	Jacob Peck	"	1852	X	100	40 00
Posey D C	John West Jr	D	1840	X	134	165
Pearson John	James M Carpenter	"	1840	X	144	35 00
Pearson John	Wilson Carpenter	"	1829	X	145	25 00
Pearson John	Anderson Barnard & wife	"	1848	X	146	35 00
Pearson John	Caswell Crowley	D	1838	X	150	40 00
Pearson J M	William S McVey	"	1855	X	212	50 00
Poor Turner	Jessee Poor	"	1855	X	253	100 00
Payne W G	William Cannon & wife	"	1856	X	295	662 50
Powers Ann	M M C F Powers	"	1856	X	321	100
Payne W G	W P Yaden	TD	1836	X	339	100 --
Parker John B	W W Greer	BS	1856	X	340	11 00
Phillips Andrew	J H Burchfield	D	1856	X	528	130
Pike Benjamin	Thos Henly	"	1857	X	569	400
Patterson John	J H Patterson	PA	1866	X	591	
Poor Henry	Jessee Poore	D	1855	Y	73	100 00
Poore Jessee	Home Stead	"	1857	Y	93	
Powell Geo W	William Kincaid	TB	1850	Y	121	450 00
Parkey & Overton	W W Greer Sheff	D	1832	Y	132	15 00
Pearson John	Susannah Cloud	"	1856	Y	155	10 00
Pearson John	G McCrow	"	1851	Y	157	50 00
Pearson John	Leander Cloud	"	1856	Y	159	55 00
Powell G W	Isaac Thomas Adm	"	1857	Y	244	150 00
Powers James C	James Neuby & wife et als	"	1857	Y	257	12 00
Phillips A	W W Greer Shiff	"	1858	Y	292	72 93
Parker W P	Z Hodges	TD	1858	Y	456	5 00
Parkey W G	W W Greer Shiff	D	1858	Y	458	781 22
Patterson Rob$_t$	Jeremiah Roark	"	1858	Z	41	700
Patterson J M	Joseph Neal	"	1855	Z	133	10 00
Patterson J M	Joel Southernland & wife	"	1860	Z	264	8300
Petree G W	Emanuel Sowder	"	1860	Z	280	900 00
Pace William A	Decree County Court	"	1859	Z	387	128 32
Presbyterian Church	Thos Wier et als	D	1860	Z	411	
Parkey William	Peter Parkey Jr	"	1857	Z	416	24 00
Pike Benjamin	Caswell Day	"	1860	Z	420	100 00
Pearson John	Franklin Cloud	"	1859	Z	466	10 00
Pearson John	W R Cloud	"	1859	Z	467	
Powers Anna	Wm W Greer	"	1861	Z	547	100 00
Parrott Allen	James Parrott	"	1861	Z	618	50 00
Parrott Allen	James Parrott	"	1862	Z	621	200 00
Posey William	Peter Adkins	"	1862	Z	684	400 00
Patterson Robert	Timothy Roak	"	1863	Z	699	
Posey Jubilee	G W Smith	"	1863	Z	701	

Grantee	Grantor	Ins	Date	Book	Page	Amount
Quickly Joseph	Samuel Lusk	D	1807	A	320	500 --
Queen Francis	John Long	"	1825	H	243	80 00
Queen James	John Long	"	1825	I	261	220 00
Queen James	Samuel Payndexter	"	1829	I	520	500
Queen James	F S Hurst	"	1833	I	577	15 00
Queen James	Joseph Queen	"	1836	L	324	90 00

Grantee	Grantor	Ins	Date	Book	Page	Amount
Riley John	George Jones	WD	1802	A	8	400
Rice James	Martin Rice	WD	1805	A	18	450 00
Rody James	Abraham Parhouse	"	1801	"	25	500 00
Russell Samuel	James Moore	"	1806	"	40	300 00
Reynolds John	David Hudson	"	1802	"	62	Dollars
Roaracks Timothy	Jr Bowling	"	1803	"	80	80 S
Roddy James	William Hord	"	1803	"	93	1 00
Roddy James Col	Christopher Damron	BS	1807	"	107	
Reynolds Sherrod	John Reynolds	D	1803	"	109	140 00
Renfro James	John Umstead	"	1804	"	112	690 00
Renfro James	John Umstead	"	1804	"	122	25 00
Renfro James	Stokely Donaldson	"	1803	"	164	100 00
Reynolds Mathew	Leroy Carnes	"	1804	"	170	80 L
Rice Martin	Stoekley Donelson	"	1800	"	184	20 00
Rice Martin	David Gibbs	"	1805	"	205	215 00
Reynolds John	Pearson Thomas	"	1805	"	250	300 00
Rice James	Henry Rice	"	1805	"	253½	1 00
Ridley George	North Carolina	G	1779	"	281	100 S
Rector George	Richard Mitchell	D	1808	"	360	300 00
Roddy James	Christopher Dameron	BS	1808	A	361	150 00
Russell Edward	Nathaniel Davis	D	1807	A	372	600 00
Rogers William	Nathaniel Davis	"	1807	B	3	250 00
Rogers David	Nathaniel Davis	"	1807	B	4	150 00
Rogers John	Nathaniel Davis	"	1807	B	6	200 00
Rogers John	Wiet Smith	BS	1808	B	8	5 00
Roberts James	Jesse & L Duncan	D	1809	B	24	250 00
Rose William	Thos McLane	"	1808	B	27	200 00
Roberts Edward	Thos McLane	"	1808	B	29	200 00
Rogers William	Nathnl Austin	"	1804	B	38	34 00
Rash William	James Wright	"	1806	B	177	300 00
Rose Ruben	Thos Boyster et als	"	1809	B	186	450 00
Russell Edward	Nathaniel Davis	"	1807	C	5	1 00
Ramsey Josiah	John Allen	"	1810	C	99	100 --
Rogers William	Gibons Cross	PA	1811	C	142	
Roan Archibald	State of Tenn	G	1810	C	150	
Rash William	Monk Shoemaker	BS	1810	C	197	300 00
Renfro William	Josiah Cox	D	1810	C	201	500 00
Rhea John	Joseph William	"	1811	D	12	250 00
Rose Ruben	Richd Harper	"	1813	D	146	30 00
Rogers David	Jerrymiah Pebley	"	1811	D	152	1200 00
Rose Ruben	Richd Harper	"	1813	D	164	66 00
Roddy James	State of Tenn	G	1813	D	172	
Roddy James	State of Tenn	"	1810	D	173	
Roddy James	Jacob Peveyhouse	PA	1812	D	174	
Rice Daniel	Wm Hord	D	1813	D	183	1400 00
Rhea Joseph	John Rhea	"	1814	D	201	125 00
	John Rhea	QC	1814	D	253	
Robertson Edward	Mathew Clarkson	"	1797	D	293	1 00
Roberson Daniel	John Casey et als	D	1814	D	383	50 00
Rogers William	James Glasgow	D	1813	E	22	70 00
Riley John	James Overton	D	1815	E	35	400 00
Richtee John	State of Tenn	G	1817	E	84	

Grantee	Grantor	Ins	Date	Book	Page	Amount
Ritchee Alex	State of Tenn	G	1816	E	88	
Rose Ruben	Isaac Lane	D	1816	E	96	50 00
Ritchie John	State of Tenn	G	1809	E	104	
Rogers John	Nathaniel Davis	D	1810	E	118	800 00
Rogers David	John Rodgers Sr	"	1812	E	120	75 00
Rice Thomas	Levi Barnes	D	1816	E	255	575 00
Ramsey Josiah	Machael Turidge	"	1818	E	309	130 00
Rogers David	Edward Roberts	"	1817	E	343	300 00
Rogers William	Thomas Dobbs	"	1819	E	387	80 00
Rogers William	John Casey et als	"	1816	F	80	
Richie Alexander	James Overton	"	1820	F	87	500 00
Roddye John	John Lea	"	1819	F	92	Deed
Roddye John	James Roddy	"	1819	F	97	50 00
Robinson Absolom	Daniel Rice	"	1820	F	123	350 00
Roark David	James Miller	"	1821	F	145	1 00
Riley John	Menan Martin	BS	1820	F	153	
Riley John	Jocab Dobkins	"	1821	F	154	350 00
Riley John et al	State of Tenn	G	1817	F	155	
Rogers David	John Ward	D	1823	F	299	800 00
Ritter William	Joab Hill	"	1822	F	305	70 00
Rice Daniel	William Hord	"	1819	G	4	1 00
Rose Ruben	Glasgow James W	"	1820	G	31	45 00
Rose Ruben	William Dobbs	"	1818	G	32	150 00
Rose Ruben	William Dobbs	"	1818	G	34	450 00
Rose Ruben	Grimes Neil	"	1818	G	35	800 00
Rose Ruben	Benj Lankford	BS	1820	G	66	500 00
Ritchie Alexander	John Ritchie	D	1818	G	122	300 00
Renfrow William	State of Tennessee	G	1819	G	146	
Renfrow William	State of Tennessee	G	1819	G	147	
Renfrow William	State of Tennessee	"	1819	G	150	
Rogers William	Joseph Copher	D	1811	G	200	700 00
Runions Hezekiah	Ambrose Timmins	"	1820	G	232	140 00
Rhea Joseph	John Kinada	"	1823	H	19	100 00
Rhea Joseph	Mathew Willanghby	"	1823	H	21	5 00
Richardson George	William Condry	"	1819	H	36	300 00
Ritchie Alex	John Hunt Shff	"	1825	H	118	
Rice James	John Simmons	"	1824	H	166	175 00
Rhea John	Joseph Williams	"	1826	H	171	100 00
Rogers William	Jame Walker	"	1825	H	173	600 00
Riley John	Absolom Hurst	"	1824	H	214	400 00
Root Daniel	Marcellus Moss	"	1826	H	228	800 50
Rose Ruben	John Huntt et als	"	1825	H	266	57 00
Rigler George	Samuel Nichelson	"	1825	H	274	100 --
Roberts Samuel	John Huntt Sheff	"	1826	H	293	163 40
Ray John	Martin Rese	"	1827	H	302	20 00
Richardson William	Heirs William Morton	"	1826	H	313	200 00
Rice	William Hord	B	1821	H	348	
Ritchie Alexander	John Overton Ex &c	D	1825	H	355	450 00
Rodgers David	James Smith & wife	D	1827	H	380	30 00
Rodgers David	William Rodgers et al	"	1826	H	382	240 00
Reece Martin	Jessee Payne	"	1827	I	2	300 00
Robinson Camfort	William Pearson	"	1829	I	9	105 00

Grantee	Grantor	Ins	Date	Book	Page	Amount
Reese Martin						
Ray John	Martin Reese	D	1829	I	26	2 00
Roddy John	Jacob Pevy House	D	1825	I	54	130 00
Russell Joseph	Edward Russell	"	1821	I	55	600 00
Heirs of Runions Hezekiah	Ambrose Tmimis	"	1825	I	93	100 00
Ramsey Josiah	Joseph Williams	"	1832	I	117	100 00
Riley John	Henly Fugate	"	1829	I	139	100 00
Riley John	Henly Fugate	"	1829	I	140	20 00
Rose Ruben	Zack McCubbins	L	1830	I	162	
Russell Joseph	Jacob Peck	D	1828	I	193	10 00
Rose Ruben	Zachariah McCubbins	"	1830	I	245	40 00
Root Daniel	William Lynch	"	1830	I	277	1000 00
Reece William B	T A Howard	"	1830	I	315	
Roland George	Daniel Brock	"	1831	I	346	400 00
Rogers William Jr	Stephen Rogers	"	1832	I	393	30 00
Rogers William	David Rogers	"	1831	I	395	400 00
Robinson Camfort	William Graham	"	1832	I	434	11 50
Rowlett John H	Squire Hurst	"	1831	I	510	250 00
Rose Ruben	Benj Sewell	"	1831	I	552	400 00
Rogers D	Alford Noel	TB	1833	I	561	1 00
Rose Ruben	Walter Evans	D	1832	K	41	2 00
Rose Ruben et al	John Huntt et al	D	1833	K	55	30 00
Rose Ruben	Gandan Neil	"	1833	K	110	65 00
Rose Ruben	William McCubbins	PA	1833	K	113	
Rose Ruben	Salem Rowen	B	1833	K	115	
Rose Ruben	I S Lane	D	1833	K	121	15 00
Rose Ruben	John R Acree	"	1833	K	132	150 00
Rose G W	Ruben Rose	"	1830	K	234	Love
Rogers William	Ruben B Rogers	"	1833	K	249	30 00
Rogers Pleasant	Adam Beeler et als	"	1833	K	256	400 00
Rogers John	David Rogers	"	1831	K	257	400 --
Rose Ruben	Wm McCubbins	"	1834	K	305	285 00
Rogers William	Benj Rogers	D	1831	K	261	30 00
Rose Ruben	Laton Romines et als	"	1833	K	263	Bond
Rose Ruben	Sallie McCubbins	"	1834	K	307	300 00
Rose Ruben	Nathaniel McNubb & wife	"	1833	K	341	205 00
Rose Ruben	Heirs of McCubbins	"	1834	K	344	200 00
Rogers David	John Hunt Sherff	"	1832	K	357	
Rogers John Sr	John Huntt Sheff	"	1830	K	519	
Rogers Joseph	Polly Grubb	"	1833	K	521	50 00
Rogers Joseph et als	William Grubb	"	1833	K	535	50 00
Rogers Joseph	Mary Grubb	"	1834	K	536	50 00
Rose Ruben	Horton Nunn	"	1834	L	25	1 00
Rosenbalm John	John Letcher	"	1829	L	39	150 00
Rose Ruben	Woodson Willis	TD	1835	L	40	1 00
Rogers David et als	William Carroll	TD	1834	L	129	1 00
Rogers William Sr	Fred Bollinger	TD	1835	L	135	200 00
Rogers David	Samuel Rogers	D	1827	L	155	30 00
Riley John	Edmond Bray	"	1835	L	165	1200 00
Rogers David	Moss Yoakum	"	1834	L	248	50 00
Rogers David W	Moss Yoakum	"	1834	L	251	400 00
Rogers David W	Peter Vanbebber	"	1834	L	253	400 00
Rogers Samuel	William Rose $	"	1814	L	266	480 00

Grantee	Grantor	Ins	Date	Book	Page	Amount
Rogers William et als	Daniel Coffett	"	1836	L	268	2100 00
Robertson Field	David Elington	"	1832	L	298	400 00
Robertson Henry	Jessee Branscome	"	1833	L	303	277 87
Rogers William et als	James Henderson	"	1821	L	305	1000 00
Rogers David W	William Rogers	"	1830	L	311	50 00
Russell John	Joseph Russell	"	1830	L	321	500 00
Riley John	John Jones	"	1830	M	30	200 00
Riley John	William Fugate	"	1832	M	22	500 00
Riley John	Isham Croxdale	R	1833	M	33	
Rice Susannah	Thomas Rice et als	D	1832	M	44	400 00
Ritchie Joseph	C J Gaines	M	1836	M	50	
Ritchie James	Joseph Ritchie	APA	1836	M	64	
Rogers Lewis J	William Rogers	D	1830	M	82	700 00
Rhea James D	Jonathan Light	"	1836	M	117	250 00
Russell Robt	John Russell	"	1836	M	129	250 00
Rogers Jessee	David Rogers	"	1835	M	131	300 00
Rose Geo W	Luke Parker	BS	1837	M	199	
Riley Obediah	John Riley	D	1837	M	199	12 00
Riley William	John Riley	D	1837	M	200	800 00
Roe P	Elizabeth Carpenter et al	"	1837	M	229	250 00
Rhea James D	John Rhea	"	1831	M	238	20 00
Rice Abraham	John Hunt	"	1837	M	242	30 00
Rose G W	Luke Parker	DT	1837	M	270	1 00
Roe Pharoah	Jessee Carpenter	D	1837	M	272	70 00
Roe Pharoah	E & J Carpenter	D	1838	M	290	365 00
Ritter William	Jacob Shultz Sr	"	1830	M	348	6 00
Rose G W	Ruben Rose	"	1838	M	355	400
Russell Edward	William Alvis	"	1838	M	365	5 64
Runnels John	William Barnwell	"	1834	M	397	120
Rose George W	Esaw Lane	TD	1838	M	410	11 00
Ritter Moses	Ransom Day	D	1835	M	426	275 00
Rogers William	James Walker	"	1820	M	463	10 00
Renfro James	M & W Moss	BS	1834	M	484	375 00
Renfro James Jr	James Renfro Sr	TD	1834	M	486	1 00
Renfro James	M & W Moss	"	1839	N	26	
Rose G W	William Holland	TD	1839	N	84	1 00
Rodgers D W et als	Fred Bolinger	TD	1839	N	92	900 00
Rodgers David W et als	Fred Bolinger	TD	1838	N	160	
Rose G W	John P McDowell	D	1839	N	162	10 00
Rose Ruben	James Smith	TD	1839	N	226	950 --
Rogers David	Thos McClain	D	1839	N	262	600 --
Rosanbalm John	John Letcher	"	1829	N	318	150
Runnels Henry	John Runnels	"	1840	O	26	120 00
Ramsey Thos	Elisabeth Ramsey et als	D	1840	O	105	4500 00
Ramsey Josiah	Elisobeth Ramsey et als	"	1840	O	115	350 ea
Ramsey Elisabeth	Thos Ramsey et als	"	1840	O	118	350 ea
Ramey Elisabeth	Josiah Wheelis	"	1840	O	124	22 --
Robinson Absolum	Peter Neal	"	1840	O	140	3000 --
Russell Josiah	Vinson Wilson	"	1840	O	142	50 --
Rodgers G W et als	F Bowlinger	TD	1840	O	172	950 --

Grantee	Grantor	Ins	Date	Book	Page	Amount
Rose William S	J C Large	D	1841	O	214	150 00
Ritchie Robert	Alexander Ritchie	"	1840	O	241	100 00
Ritchie Robert	John Ritchie	"	1840	O	243	50 00
Ritchie John	Alexander Ritchie	"	1840	O	244	100 00
Ritchie James	Alexander Ritchie	"	1840	O	246	100 00
Rose Ruben	James Smith	BS	1841	O	251	500 00
Rogers Jessee	Jacob Peck	R	1841	O	288	200 00
Rose Ruben	Elisha Nunn	D	1841	P	124	200
Rose William S	G W Rose	TD	1841	P	133	1 00
Rose G W	Daniel McVey	TD	1841	P	137	100
Ray Andrew	John Ray	D	1841	P	187	Love
Runions Charles et als	James R Jinings	TD	1841	P	212	40 00
Roak William	Thomas McBroom	D	1841	P	245	200 --
Roark William	James Furgason	"	1838	P	247	100 00
Rose Ruben	Elisha Nunn	"	1841	P	266	75 00
Rose Ruben	Elisha Nunn	"	1841	P	268	500 00
Rose Ruben	Elisha Nunn	"	1841	P	270	25 00
Russell John	James Ritchie Shff	"	1840	P	316	
Rhea Andrew	John Rhea	BS	1841	P	336	Love
Rogers Jessee	Fred Bolinger	D	1841	P	363	1538 00
Ritter James	Ransom Day Sr	"	1841	P	419	150
Ritter William	John Critchfield	"	1840	Q	6	375 00
Ritter Hannah	Henly Hurst	"	1842	Q	46	5 00
Roark William	William Cox	"	1840	Q	65	200 00
Rose Ruben	Weston L McKeeham	"	1842	Q	88	400 00
Riley Obdiah et als	William Vennoy	"	1833	Q	155	150 00
Rowe Friar	G W Barnard	"	1841	Q	181	25 00
Russell R J	Josiah Russell	"	1842	Q	215	250 00
Roe Farro	Gabnel McCrow	D	1842	R	6	75 00
Rogers David M	J K & J Rogers	TD	1842	R	14	14 75
Roe Pharah	Jenny Cloud	D	1842	R	30	110 00
Rowlett M	Joseph Cooper	"	1833	R	55	60 00
Russell Josiah	John Hunter	TD	1842	R	74	5 00
Rosenbalm John	John Condry	D	1831	R	128	10 00
Ritchie James	J H Chapman Shiff	"	1842	R	129	150 00
Russell Josiah	R J Russell	TD	1842	R	133	65 00
Reece Isaiah	William Thompson	D	1843	R	155	300 00
Ritter Joel	James Mountain	"	1842	R	189	300 00
Roger Jessee et als	T H Chapman sheff	"	1843	R	253	600
Reynolds John	Henry Reynolds	"	1843	R	284	125
Riley Obediah	Granville Cheek	T	1843	R	285	1 00
Riley Obediah	J H Chapman Sheff	D	1843	R	318	53 12½
Rodgers David W	William Rogers	"	1822	R	320	500 00
Rodgers David	William Rodgers Sr	D	1832	R	321	200 00
Ridge Ransom	Robert M Gilmon	PA	1843	R	341	
Ridge Ransom	Lewis Jefferson & wife	PA	1843	R	342	
Robinson Henry	Phillip Moyers	T	1843	R	366	5 00
Rogers D W	Lewis J Rogers	D	1843	R	373	25 00
Rose Ruben	J H Chapman Sheff	"	1843	R	425	77 62
Rose George W	Wm Burchfield	T	1844	S	73	60 60
Ross F A et als	Robert George	D	1843	S	87	850 00

Grantee	Grantor	Ins	Date	Book	Page	Amount
Ramsey Mary et als	William Ramsey	D	1844	S	93	153 64
Rose W S	George W Rose	TD	1844	S	142	1758 00
Rose G W	W S Rose	R	1844	S	144	
Rowland Mary & E A	John Russell	D	1844	S	154	Land
Rogers D W	Elisha McNew	TD	1844	S	155	385 00
Rowlet S B	Alford Corbin	D	1845	S	199	300 00
Riley John	Thomas Lawson	"	1843	S	209	150
Russell Josiah	J H Chapman	"	1844	S	243	9 00
Rhea John	Joseph Gilbert & wife	"	1845	S	274	50 00
Ritter William	State of Tennessee	G	1827	S	296	
Ritter William	State of Tennessee	"	1824	S	297	
Roark Jermiah	John Fults	D	1845	S	336	300 00
Row Pharoah	Benj Cloud	D	1845	S	503	100 00
Roe Pharoah	G W Smith	"	1843	S	524	10 00
Roe Pharoah	Calvin Cloud	"	1842	S	525	75 00
~~Redmond William~~	~~Jacob Crabtree~~	"	~~1834~~	~~S~~	~~525~~	~~75 00~~
Redmond William	Jacob Crabtree	"	1834	S	559	75
Russell A	Elias Vancell	"	1846	S	599	400
Russell Alx	Elias Vancel	"	1846	S	600	400
Rogers Wm M	James Rogers	T	1840	S	629	6 20
Rowe Pharoah	James Mitchell	D	1844	S	661	75 --
Rogers David	John Hunter Const	BS	1845	S	674	100 00
Ramsey Josiah	G McCrow	D	1838	S	685	60 00
Ritter Joel	William Neil	"	1846	S	703	68 00
Ramyan Geo W	S and T Sumpter	"	1845	S	711	48 00
Rowlett Sidner D	Andrew McClary	"	1846	T	20	1200 --
Rogers French	Daniel Beeler	"	1847	T	84	1000
Rogers H L W	John Rogers	"	1846	T	205	25 00
Russell Sherly	Azariah Watson	"	1847	T	223	200 00
Ritchie John	Andrew McClary	"	1847	T	269	400 00
Rose Geo W	William B Chapman	A	1846	T	279	69 00
Rose G W	Reuben Dean	TD	1848	T	355	100
Ros Ruben	William Houston	D	1848	T	383	100 00
Russell R J	Peter Graves	TD	1847	T	391	5 00
Russell R J	John Graves	"	1847	T	392	5 00
Russell Edward	Henry Stiner	D	1847	T	394	350 --
Russell Robert J	Henry Stiner	"	1848	T	401	100 00
Russell Robert J	Henry Stiner	"	1848	T	402	20 00
Russell R J	Josiah Russell	"	1847	T	415	20 00
Rose Geo W	Ruben Dean	TD	1848	T	426	1 00
Rose Geo W	William Goin	TD	1848	T	440	5 00
Rose Ruben	Jacob Shultz	D	1848	T	444	40 00
Roark Timothy	Thos J Johnson	"	1848	T	482	75 00
Ritter John	George Evans	D	1848	T	495	300 00
Rowlett S B	John H Brooks	"	1848	T	497	325 00
Roger D W & F H	Adam Beeler	"	1844	T	571	1000 00
Rogan Theop	Bartholamen Fuller	DL	1849	U	17	1 00
Rogan Theop	Gabrial Marcum	TD	1849	U	30	168 62
Rose Geo W	Alex Fullington	D	1849	U	33	600 00
Riley John S	John Riley	"	1849	U	40	550 --
Riley John S	John Riley	"	1849	U	41	300 00
Riley John S et als	John Riley	"	1849	U	42	10 00
Rector William K	John Killian	"	1849	U	54	125 00

Grantee	Grantor	Ins	Date	Book	Page	Amount
Rector William K	John Killian	D	1849	U	55	25 00
Rose Ruben	Geo W Rose	"	1849	U	81	1172 09
Rose Geo W	Alex Fullington	"	1849	U	92	500 00
Russell Josiah	Allen Hurst et als	"	1849	U	102	125 00
Rogers Nancy	Abel Kesterson	"	1849	U	134	400 --
Rogers Nancy	Green B Cloud	"	1849	U	135	100
Ritter James	Henry Nunn	D	1848	U	160	30 00
Roland George	Owens Collins	"	1830	U	210	110
Rose Geo W	J and W Spillars	"	1850	U	221	500 00
Renold John R	John Hall	"	1849	U	224	
Rogan Theop	Daniel Huff	"	1850	U	236	500 00
Rose Geo W	William Spillars	"	1850	U	269	50 00
Rodgers James	J Reynolds	"	1818	U	284	150 00
Roarks Timothy	John Fultz	"	1850	U	334	200
Rogers A & C	Newton A Evans	"	1851	U	347	300
Runions G R	Edward Jennings	"	1850	U	351	27 00
Rogers James	David W Rogers	"	1820	U	364	140
Rogers James	Elisabeth Cawood	BS	1822	U	364	140
Ritter James	Elisha Nunn	D	1830	U	367	10 00
Rose Ruben	Sallie Hodges et als	D	1830	U	415	2500 50
Riley Obediah	Thos Bray	"	1847	U	450	50 00
Riley Obediah	Rebecca Bray	"	1850	U	452	65 00
Riley Obediah	Edmon Bray	"	1849	U	453	150 00
Rose Ruben	James Ritter	"	1851	U	471	15 00
Rogan Theop	James Chick	TD	1851	U	506	124 51
Rogers J A et als	Elisha McNew	D	1851	U	515	1500 00
Riley Obediah	Andy & J Campbell	"	1849	U	532	50 00
Ronles Thos	Elijah Conner	"	1851	U	540	82 00
Roddy P N	William Hollen	T	1851	U	549	5 00
Rutledge Thos	Jerre Henderson	D	1851	V	3	50 00
Rowlett Sidner B	John H Brooks	"	1851	V	27	420 00
Rose Ruben	James Ritter	"	1851	V	52	75 00
Rose Ruben	Albartis Arwine	"	1851	V	53	125 00
Rose Geo W	Thos W Jennings	TD	1851	V	101	1 00
Rogers James	David W Rogers	D	1821	V	151	140
Richard Elijah	Major L Wallis	"	1852	V	157	1000
Rogers Hugh L W	David Rogers	"	1845	V	164	400
Runions George W	Edward Jennings	"	1832	V	188	50 00
Richardson James	David Cosby	"	1841	V	251	50 00
Richerson James	John Williams	"	1844	V	252	150 00
Robinson A	Geo W Rose	TD	1852	V	275	1464 80
Rose Ruben	Henry Nunn	D	1852	V	295	15 00
Redmon James	State of Tenn	G	1852	V	310	
Rowlett S B	John Moore	D	1852	V	333	5 00
Rose George W	Pryor Garland	TD	1852	G	363	1 00
Russell R J	Thos Edds	TD	1853	V	401	5 00
Rogers A	Hilliard Owens	D	1852	V	421	56 25
Runyons Geo W	Eldridge Campbell	"	1853	W	38	406 00
Robinson John	Samuel Moore	"	1853	S	56	600 00
Rowland George	Thomas Bridges	"	1831	W	64	600 00
Rogers Nancy	Abel Kesterson	D	1853	W	75	400 --
Roark Timothy	Samuel Day	"	1853	W	89	25 --
Rogers James	Elisabeth Cawood	"	1822	W	118	140

Grantee	Grantor	Ins	Date	Book	Page	Amount
Rogers James	J McReynolds	D	1818	W	120	150
Rogers James	Rebecca Branscome	"	1820	W	121	140
Renolas Henry	John Renolds	"	1853	W	143	30 00
Ritter Joel & wife	John Lebow & wife	BS	1853	W	173	Gift
Richardson James	Peter Marcum	D	1853	W	233	250 00
Rogers Jessee	William Houston	"	1854	W	272	80 00
Riley Wm Sr et als	William Fugate	"	1854	W	316	
Rogers James	Byrd M Fleming	"	1824	W	335	140
Rice Harper	Simpson Hurst	"	1854	W	406	400 00
Reynolds John	Wiley B Phillips	"	1854	W	440	45 00
Roddy P A	Prior Garland	DT	1854	W	445	100 00
Redmon Thomas	William Owens	D	1854	W	457	300 00
Redmon Thomas	James Carr	"	1854	W	452	5 00
Robinson Samuel M	William T H McKee	D	1852	W	495	220 00
Rose Ruben	G W Rose	BS	1854	W	525	15 00
Rouse Alex	John Graves	D	1855	W	555	40 00
Ramsey Josiah	Nathan Lawson	"	1837	W	577	6 50
Roak William	Ruben M Cook	"	1850	W	581	7 50
Russell R J	William M Rogers	"	1855	X	41	130 00
Reed Ellian	Pharroah Row	"	1849	X	77	25 00
Rice C Y	Noah Day	TD	1855	X	113	5 00
Rose Ruben	Robert Crockett	D	1855	X	125	60 00
Rice C Y	Richard Creech	TD	1856	X	248	5 00
Rice C Y	Lewis A Garrett	D	1854	X	249	700 00
Roddy P N	Pleasant Murphy	TD	1856	X	274	425 00
Rose Reuben	Robert Crockett	D	1856	X	322	5 00
Rodgers Henderson	Wm Bowman	T	1856	X	331	100 98
Robinson A	E D Murphy	TD	1856	X	420	100 --
Rodgers J & D F	Stephen Cawood	D	1855	X	434	
Rice C Y	John C Lankford	TD	1856	X	486	5 00
Rogers M M	Stephen Cawood	D	1836	X	521	800
Roddy P N	William Murphy	TD	1836	X	565	5 00
Russell Harvey	Margaret Russell	PA	1836	X	590	
Rose James	John M Grimes	D	1857	Y	49	300 00
Rose James	Jessee Bruce	"	1851	Y	53	300 00
Robinson S M	Andrew Davis	"	1855	Y	60	28 00
Robinson S M	Andrew Davis	"	1855	Y	60	28 00
Robinson S M	W T H McKee	"	1855	Y	62	40 00
Robinson J	Samuel M Robinson	"	1857	Y	66	400 00
Rice J	Charles Bussell	D	1857	Y	84	90 25
Rice C Y	E D Willis	DT	1837	Y	111	287 50
Rice Harper	Simpson Hurst	D	1847	Y	144	400
Roddy P N	Wm & P Murphy	T	1857	Y	152	5 00
Rogers D F	M C Bowman	TD	1857	Y	182	5 00
Roak Timothy	John O Owens	D	1837	Y	210	300 --
Rector W K	Enoch C Simmons	"	1837	Y	218	209 00
Rector W K	Enoch Simmons	"	1836	Y	219	30 00
Rosson Ira	W P Yaden et als	"	1857	Y	229	330 00
Rose Ruben	Robert Crockett	"	1857	Y	251	
Rice C Y	J Collingsworth	"	1857	Y	259	300 00
Rice C Y	Elisha E Jones	TD	1858	Y	280	156 30
Ratle J P	W R Buchanan	D	1858	Y	312	150 00
Rice C Y	W S McVey	TD	1858	Y	314	1 00
Rose Ruben	B F Cloud	D	1858	Y	356	55 00

Grantee	Grantor	Ins	Date	Book	Page	Amount
Rice C Y	Vincen Moyers	TD	1838	Y	381	5 00
Rice C Y	John Miller	TD	1858	Y	446	95 25
Roark Timothy	Timothy Eastridge	D	1858	Y	489	500 00
Rice C Y	M Burchfield & wife	PA	1858	Y	498	
Roddy P N	Robert Cheek	TD	1838	Y	507	5 00
Rice C Y	Joshua Collens	TD	1838	Y	560	5 00
Rogers D F	Jessee Rogers	D	1858	Y	612	
Roddy P N	William P Ailes	TD	1859	Y	667	18 00
Richardson Geo W	John W Smith	D	1858	Y	673	200 00
Rowlett S B	Geo W Liford	"	1859	Y	685	550 00
Roark Timothy	Josiah Cole	D	1839	Z	56	305 00
Roark Timothy	Joseph Lambert Sr	"	1839	Z	57	50 00
Roark Timothy	James Eastridge	"	1839	Z	58	46 00
Rose G W	W W Greer Shiff	"	1839	Z	79	40 --
Roark Timothy	Joseph Whiteaker	"	1839	Z	92	204 00
Roark Timothy	William Roark	"	1859	Z	112	475 00
Roark Timothy	James A Hamilton	"	1859	Z	117	93 00
Roark Timothy	Peter Marcum	"	1859	Z	118	10 00
Rogers James A	C Y Rice	"	1859	Z	147	600 00
Rowlett S B	Alexander Hill	"	1859	Z	163	23 00
Rogers J A	Delia Mondy	D	1839	Z	271	50 --
Roddy P N	John Kelly	TD	1860	Z	284	258 72
Riding William	John M Vanbebber	D	1839	Z	286	300 00
Rose Ruben	P N Roddy Trustee	"	1860	Z	297	25 30
Rowlett S B	A H Hatfield	"	1860	Z	316	50 00
Rose Ruben	David Thomas et als	"	1860	Z	318	450 00
Roak Timothy	Ruben M Cook	"	1860	Z	320	2 50
Rice C Y	J C Lankford	TD	1860	Z	326	25 00
Rogers J A and D W	Deed of Partition	D	1859	Z	346	
Rogers D W & F H	D F Rogers	"	1857	Z	352	50 00
Rogers D F	D W & F H Rogers	"	1857	Z	353	50
Rogers D F	David Rogers	"	1846	Z	354	200 00
Rector William K	Lewis Harmon Trustee	"	1857	Z	383	280 00
Rose G W et als	Elisabeth Rose	A	1860	Z	446	
Rowlett S B	A H Hatfield	D	1861	Z	473	1 00
Redmon Hosea	Jane Redmon	D	1856	Z	485	1 00
Roark Timothy	Peter Marcum	"	1861	Z	548	100 00
Ramsey Josiah	Hugh Jones	"	1860	Z	570	50 00
Ritter John	W H Condry	"	1839	Z	643	300 00
Robinson Richard	Lewis Trease	"	1838	Z	650	500 --
Ritter Henry	Drewry P Harrell	"	1856	Z	662	300 --
Rector William K	W W Hollingsworth	"	1861	Z	668	
Rector W K	P M Hodges	"	1861	Z	669	600 --
Roark Timothy	John Crawford	"	1863	Z	696	500 --
Routh Asa	John McNeil	"	1861	Z	697	
Rice C Y	Thomas Henderson	"	1861	Z	714	1575 00

Grantee	Grantor	Ins	Date	Book	Page	Amount
Stinnet Isham	George Rector	WD	1808	A	2	500 00
Stephenson Edward	John Stinnet	WD	1805	"	9	458 00
Sperry Thomas Sr	Thomas Sperry	"	1808	"	13	50 00
Savage Wm	Stokley Donaldson	"	1709	"	26	25 00
Sharp Henry	Stokley Donaldson	"		"	37	20 00
Sharp Henry Jr	Henry Sharp Sr	"	1801	"	45	Love
Sharp Daniel	Stokely Donaldson	"	1799	"	59	20 00
Shopshire John	John McBroom	"	18D1	"	69	33 ⅓
Sharp Wm	Francis Maybery	"	1803	"	76	150 00
Stublefield Geo	Lackley Stublefield	"	1802	"	85	3 33 1/3
Stroud Wm	James Chisum	"	1803	"	97	100 00
Stroud Wm	Thomas Jeffers	"	1803	"	100	1 00
Stephenson Edward	James Renfro	"	1808	"	103	94 00
Snuffer George	John Umstead	"	1804	"	113	30 00
Snuffer George	John Umstead	"	1804	"	120	494 --
Sharp Wm	John Umstead	"	1804	"	126	812
Savage Wm	Stokely Donaldson	"	1804	"	132	27 50
Sowder Adam	Francis Mabery	"	1804	"	141	150 00
Snuffer Geo	Walter Evans	"	1804	"	143	30 00
Southern Isaac	William Trent	"	1804	"	151	200 00
Shipley Edward	James Chisum	"	1803	"	160	1000 --
Stinnet John	John Miller	"	1805	"	171	400 --
Stophel Isaac	John Alexander	"	1804	"	177	500 --
Sharp Henry	John Coldwell	"	1801	"	183	230
Sowder Jonathan et als	John Thompson	"	1805	"	191	300 --
Sharp George	William Nations	"	1801	"	204	105 00
Sharp George	Henry Sharp	D	1803	A	203	Love
Sharp Jacob	Henry Sharp	"	1803	"	206	Love
Sperry Thomas	Henry Baker	"	1805	"	208	100
Sharp Aron	Wm Nation	"	1803	"	224	270 --
Sharp Coonrod	Henry Sharp Sr	"	1803	"	224	Love
Stillings Giffen	James Glassgow	"	1805	"	232	16 66
Spradling James	Thomas Henderson	"	1805	"	240	200 00
Strange Obediah	James Lea	"	1805	"	248	150 00
Smith David	Henry Rice	"	1806	"	253½	400 --
Shelton William	William Gasage	"	1806	"	258	80 ⅓
Sharp Daniel	Henry Sharp	"	1803	"	263	Love
Simmons John	Henry Sarrah	"	1806	"	288	180 00
Sperry Thomas	Harmon Wynn	"	1806	"	294	139 00
Shields John	William Baker	"	1807	"	315	666 --
Smith Henry	Phillip Nance	"	1806	"	352	100 --
Shults Jacob	Edward Stephenson	"	1807	"	364	600 --
Shipley Edward	Thomas Jeffers	"	1807	"	374	100 00
Shipley Edward	Thomas Jeffers	"	1807	"	376	
Simmons John	Isaac Lane	"	1808	"	379	300 --
Sharp George	Richard Mitchell	"	1808	"	382	100 --
Steward David	William Cocke	PA	1804	"	383	- --
Seberly Jeremiah	Thos McLane	D	1808	D	31	800 00
Stephenson Edward	John Umstead	"	1808	B	33	25 00
Sharp John	Sharp Geo	"	1808	B	43	500 00
Slavens Daniel	John Webster	"	1804	B	46	500 --
Southern Robert	Joseph Cogdale	D	1808	B	75	400 --
Sherly Thomas	William Shelton	"	1807	B	107	150 00
Savage William	John Owsley	"	1808	B	214	300 --
Sumpter Henry et als	William Hord	"	1810	B	268	350 00

Grantee	Grantor	Ins	Date	Book	Page	Amount
Shipley Edward	State of Tennessee	G	1809	C	55	
Sims Mathew	Elisha Wallen	D	1810	C	100	83 30
Shipley Edward	State of Tennessee	G	1810	C	119	
Stublefield George	State of Tennessee	G	1811	C	126	
Sharp Henry	Christopher Myers	D	1811	C	196	650 00
Smith Hezekiah	James Glasgow	"	1811	C	200	25 00
Sherman Thos	Abraham Fitch	"	1811	C	207	100 00
Sharp Nicholas	Geo Sharp	"	1805	C	214	361 50
Sharp Martin	Geo Sharp	"	1812	C	215	361 00
Stinnet Isham	John Vanbebber	"	1811	C	230	2 00
Stinnet Isham	Geo Yoakum	"	1811	C	231	525 00
Stinnet Isham	Isaac Yoakum	"	1812	C	233	5 00
Stublefield Geo	Ransom Day	BS	1811	C	243	800 00
Simms Mady et al	Elisha Wallen	D	1812	C	6	
Sherman Thomas	Ruben Rose	D	1812	D	56	16 00
Sherman Thomas	Richd Harper	"	1812	D	113	120 00
Sherman Thomas	Richd Harper	"	1812	D	114	200 --
Smith Anderson	Ransom Smith	"	1812	D	149	170 00
Savage Wm	James Glasgow	"	1810	D	162	40 00
Sharp William	State of Tennessee	G	1809	D	169	
Shoemake	Wm Rash	D	1810	D	196	400 --
Shoemake Mark	Wm Rash	D	1810	D	197	25 00
Smith Anderson	Wm Lea	"	1814	D	242	210 00
Stinnet John	Samuel Nichelson	"	1814	D	314	
Sharp Benjamin	State of Va	G	1815	D	332	
Slattings Wm	James Glasgow	D	1813	D	337	15 00
Sharp Benjamin	James Overton	"	1816	D	433	10 00
Smith J M	John Belcher	"	1815	E	14	250
Sheles Isham	Daniel Reece	"	1816	E	34	568
Sweet Elisabeth	John Casey et als	"	1815	E	37	40 00
Stone Susannah	Ruben Stone	"	1816	E	45	65 00
Shults David	Jessee Patterson	"	1815	E	67	300 00
Stallinge Griffin	John Murphy	"	1816	E	131	20 00
Sharp Christian	Wm Renfroo	D	1817	E	191	500 00
Simmons John	Edward Shipley	"	1816	E	197	200 00
Shermon Thos J	William Wallace	"	1816	E	199	400 00
Shermon Thos	Richard Harper	"	1816	E	210	15 00
Stone Thos	John Casey et als	"	1815	E	213	Deed
Sharp George	John Crowley	"	1816	E	223	1000 00
Simmons John	Edward Shipley	"	1817	E	229	1000 --
Sherman Thos	Abraham Murphy	"	1816	E	228	100 --
Simmons John	Ransom Day	BS	1812	E	230	700 00
Simmons John	John Hall	"	1810	E	238	400 00
Shelton Ralph	Thomas Johnson	D	1817	E	251	60 00
Stalling Griffin	Denis Condry Shiff	"	1818	E	304	
Stinnett Isham	Moses Davis	D	1818	E	311	6 00
Shults Jacob	Joab Hill	D	1819	E	331	150 00
Savage Wm	Samuel Moore	"	1817	E	355	290 00
Slatting William	Griffin Slattings	"	1817	E	380	100 00
Smith John	Thos Johnson	"	1820	E	451	60 00
Stokely John	Abraham Jones	D	1819	F	55	100 --
Stokely John	Isaih Jones	"	1819	F	57	142 00
Stokely John	George McNeil	"	1819	F	59	300 00

Grantee	Grantor	Ins	Date	Book	Page	Amount
Sharp John	John Crowley	D	1820	F	121	700 00
Stallins William	Jas W Glasgow	"	1820	F	132	1 00
Smith Joseph W	Benjamin Cloud	"	1820	F	138	100 --
Stinnett Wm	Jacob Jackson	"	1821	F	159	100 00
Simmons Enoch	William Murphy	"	1823	F	208	300 00
Savage William	Samuel Moore	"	1819	F	221	7 50
Sparks William	Jesse Powers	"	1821	F	240	300 00
Stone Thomas	James Glasgow	"	1811	F	249	50 00
Smyth James	John Carmack	"	1796	F	257	60 00
Slavins Daniel	Thos Johnston	"	1819	F	269	375 00
Smart William	John Lea	"	1821	F	288	150 00
Shults Jacob Jr	Jacob Shults Sr	"	1823	F	290	100 --
Stephen John	John Casey	"	1816	G	1	200
Spencer Edward	Thomas Hopper et al	"	1819	G	21	75 00
Shultz George et al	Joab Hill	"	1800	G	60	2000 --
Shultz Tideance et al	John Cunningham guad	"	1820	G	62	Love
Savage William	Denis Condry	BS	1822	G	71	425 00
Simmons Enoch	Fielding Lewis	D	1822	G	176	Love
Shearmon Thos	William Murphy	D	1817	G	208	100 00
Snuffer David	John Ward	"	1821	G	212	800 --
Sharp Henry	Dennis Condry	"	1820	G	259	100 00
Sharp Baalam	James Walker	"	1818	H	18	25 00
Savage William	Thomas Johnson	"	1823	H	29	25 00
Sharp Christian	Joseph Webb et al	BS	1823	H	43	430 00
Skidmore John	Squire Chapman	D	1811	H	43	100 00
Smithe Juliums	Reuben Moss	"	1823	H	56	390 00
Sharp Christian	William Sharp	"	1822	H	61	Love
Spencer Edward	William Pervine	"	1819	H	65	100 00
Stone Susannah	William Graham et al	"	1824	H	103	325 00
Skaggs James	John Adir	"	1803	H	154	300 00
Sherman Chas	Henry Wiser	"	1825	H	219	200 00
Sherman Chas	Elijah Hurst	"	1827	H	263	600 00
Simmons John	Johnson Peck	"	1822	H	276	30 00
Simmons John	James Glasgow	"	1821	H	279	35 00
Simmons John	James Glasgow	"	1821	H	281	10 00
Spencer Peggy	Samuel Rowland	"	BS	H	309	Love
Sharp Henry	Thomas Johnson et als	"	1819	H	353	300 00
Stwart J & G et als	Gray Garrett	"	1827	H	360	436 00
Sowder Emanuel	Joseph Ferrel	"	1827	H	400	600 00
Sewell Benj	Jessee Neal	"	1828	H	412	5 00
Simms James	Elijah Chisum	"	1816	H	414	83 33
Shults Jacob	William Ritter	"	1827	H	451	7 00
Simmons Isom	John Simmons	"	1828	H	453	300 00
Shoemate Demarcus	Moses Davis	"	1826	H	461	250 --
Steward G & J	Walter Evans	D	1828	I	13	15 00
Stinnet Isham	Marcellus Moss	"	1825	I	14	10 00
Stinnet Isham	Marcellu Moss	"	1827	I	16	15 66
Simmons John	James Rice	"	1828	I	32	150 00
Simmons John	Aron Hurst	"	1828	I	34	55 00
Simmons Wesley	John Simmons	"	1828	I	84	550 --
Simmons Wesley	Hiram Hurst	"	1828	I	86	10 00

Grantee	Grantor	Ins	Date	Book	Page	Amount
Sewell Benj	David C Posey	"	1829	I	164	500 --
Smith Fredrick	Jacob Peck	"	1827	I	176	40 00
Sevier Samuel R et als	James McAllister	"	1830	I	215	1100 00
Sevier Samuel R et als	G P Shakleford	"	1830	I	216	
Snuffer Theodrick	Marragate Snuffer	"	1830	I	226	82 00
Sewell Benj	J W Babson et als	TD	1829	I	234	1 00
Sharp Isaac	James J Norvell	D	1830	I	258	66 00
Shultz Martin	Jacob Shultz	"	1831	I	289	250 00
Spradling James Jr	James Spradling Sr	"	1831	I	297	150 00
Sewell Benj	David Chadwell	"	1830	I	321	400 00
Sherman Chas	Jacob Cup	"	1831	I	358	300 --
Sylvester J W	James Walker	"	1830	I	547	3000 --
Stinnet Isom	Isaac Owens	"	1833	I	554	450 00
Smith James	John Hunt Sheff	BS	1833	I	556	250 --
Stillings Griffin	Edmond Perry	"	1831	I	584	250 --
Stinnet Isom	Claibrone Owens	"	1833	I	590	45 00
Stinnet Isham	Isaac Owens	"	1833	K	1	50 00
Sewell Benj	Bennet Posey	"	1832	K	31	238 00
Sewell Benj	Elijah Evans	D	1829	K	44	55 00
Sewell Benj	John M Brabson	"	1834	K	63	150 --
Shultz Martin	Jacob Shultz	"	1832	K	79	400 --
Sowder Daniel	Samuel Tate et als	"	1832	K	176	816 --
Sims Mathew	Ruben Mason	"	1831	K	178	50 00
Sewell Benj	Bennet Posey	"	1833	K	196	400 --
Shelton James et als						
Shakleford G P	Elisha Estis	D	1834	K	243	100
Sanders Isaac	Hugh Graham	"	1832	K	259	500 00
Sharp John	Jacob Long	"	1833	K	265	300 00
Sherman Chas	Griffins Stillings	"	1833	K	362	250 00
Sewell Benj	Alfred Noel	BS	1832	K	439	450 00
Sewell Benj	Alfred Noel	"	1832	K	440	250 00
Sewell William et als	Archibald Cooper	B	1834	K	443	5000 --
Simmons E C	Charles Shearman	D	1833	K	445	300 00
Sewell William et al	Archibald Cooper & wife	"	1834	K	447	185 00
Snuffer Alford	Ruth Snuffer	"	1835	K	547	70 60
Stubblefield G R	Thos Johnson	"	1824	K	549	300 --
Smith Anderson	William Critchfield	"	1835	K	551	225 00
Smith Frank M	Robert Smith	TD	1834	K	563	Love
Sanders Isaac	Hugh Graham	D	1830	L	93	50 00
Spillers Jane	Comfort Robinson	"	1832	L	100	50 00
Sewell Benj	George Brittain & wife	"	1835	L	111	120 00
Sewell Benj	James Ball & wife	"	1835	L	113	110 00
Simmons Wesley	Isom Simmons	"	1834	L	162	75 00
Simpson Hurst	Isom Simmons	"	1834	L	167	100 00
Sharp John W	William Kirk	"	1835	L	179	500 00
Shackleford G P	Elijah Hurst	"	1835	L	183	500 00
Sewell Benj	Gideon Brooks	TD	1833	L	207	200 --
Sowder Emanuel	John Rogers	D	1835	L	292	800 00
Stinnet Isham	John Carr	"	1835	L	294	150 00
Stinnet Isham	James McCarr	"	1835	L	296	250 00
Shutter George	John Owens	"	1818	L	307	410 --

Grantee	Grantor	Ins	Date	Book	Page	Amount
Shutter George	Samuel Cowen	"	1820	L	309	350 --
Sanders Wiley	Martin Shultz	"	1835	L	343	700 --
Sharp Henry	Jacob Peck	"	1828	L	367	37 50
Sharp Henry	Pearson Barney et als	"	1830	L	369	20 00
Sharp John	Jacob Peck	"	1828	L	371	12 00
Sharp John	Benj Barney	"	1832	L	372	17 00
Sharp Henry	G Davison	"	1816	L	373	300 --
Sharp John	Jessee Prichard	"	1834	L	383	120 00
Stinnett Isham	John Carr	"	1836	M	6	150 00
Sewell Benj	Samuel Wilson	"	1836	M	11	800 --
Shultz Jacob	Martin Shultz	CQ	1836	M	14	20 00
Shultz Jacob Jr	John Harris	D	1830	M	27	
Shields John	Thomas Mays	"	1836	M	36	25 00
Smith Joseph W	William Hurst et als	R	1824	M	49	
Shearman Charles	James D Robinson	D	1832	M	75	25 25
Sewell Benj	George William	"	1837	M	108	100 00
Shultz Jacob	Benjamin Howerton	"	1833	M	109	30 00
Sharp William	John Sharp	"	1825	M	110	350 00
Sewell Benj	William Graham	"	1837	M	167	400 00
Shoemate Harden	Mark Shoemate	TB	1836	M	173	60 00
Shoemake Harden	Thos Shoemate et als	D	1836	M	174	45 00
Shoemake Harden	John Shoemake Et als	"	1836	M	175	69 00
Smith Campbell	John Thompson	TD	1837	M	188	
Shultz George	Jacob Shultz Sr	"	1837	M	194	450 --
Sharp John et als	Jacob Peck	"	1837	M	217	40 00
Sharp John et als	Jacob Peck	"	1837	M	218	10 00
Stone Thomas	Nathan L McDowell	"	1829	M	245	200 00
Shackleford G P	William Murphy	"	1829	M	257	250 00
Southern Robert	John Hunt	"	1837	M	292	1000 00
Spillers William	Peter Marcum	"	1838	M	296	150 00
Southern Robt D	John Whiteacre	"	1836	M	308	300 --
Shoemate Mark	Samuel Gibson et als	"	1833	M	314	60 --
Snider John	Martin Fugate	DL	1838	M	325	85 15
Sewell Benj	Daniel O'Daniel & wife	D	1838	M	331	43 00
Shultz Jacob Jr	Jacob Shultz Sr	"	1838	M	346	900 00
Sharp Christian	Harmon W Davis	"	1834	M	360	110 00
Sewell Benj	Boston Graves	TD	1838	M	367	1 00
Shelby Samuel	John Needham	D	1838	M	390	200
Sharp Christian	John Carr	"	1833	M	404	450 00
Sharp Christian	Thomas Hoskins	"	1832	M	405	200 00
Sharp Christian	Emanuel Sowder	"	1830	M	406	600 00
Simpson John	Aaron Hurst	"	1838	M	409	550 00
Simmons Wesley	William D Dunsmore	D	1838	M	415	1000 00
Sewell Benj	Lucy Martin	PA	1838	M	448	
Sewell B	Joseph Jones	PA	1838	M	452	
Southern Joseph	John Roark	D	1834	M	459	150 00
Stiner Henry	Sebastin Graves	"	1838	M	464	407 51
Sharp P et als	J & H Hunter	TD	1838	M	494	450 00
Snuffer Alfred	Ruben Snuffer	D	1838	M	498	25 00
Smith Anderson	Obediah Neal	"	1832	M	514	450
Smith Anderson	Obediah Neal	"	1832	M	515	450
Sharp William	Henry Sharp	BS	1838	M	516	Love
Sharp William	Henry Sharp	"	1832	M	516	Love

Grantee	Grantor	Ins	Date	Book	Page	Amount
Sharp William	Henry Sharp	D	1839	M	517	Love
Sharp John	Henry Sharp	"	1836	M	518	Love
Sharp Alexander	Henry Sharp	"	1836	M	519	Love
Snuffer Alfred	Ruth Snuffer	R	1839	M	528	25 00
Sewell Benj	James Allen	D	1839	N	24	600 00
Southern Neil	William P Huddleston	"	1838	N	95	450
Stone Thomas H	Ransom Day	"	1838	N	97	600 --
Shultz George	Thomas Hurst	"	1839	N	99	1 00
Simms Henry	Ruben Rose	"	1831	N	109	200 00
Sharp Peter & C	J & H Hunter	"	1839	N	147	535 00
Sewell John	Daniel Burkhart	TD	1839	N	196	1 00
Smith William	James M Smith	PA	1839	N	212	
Smith William B	Borton Ely	D	1838	N	263	30 00
Shultz George	Green Bundren	TD	1830	N	272	1 00
Sewell Benj	Wiley Huffaker	TD	1840	N	285	75 00
Sewell Benj	Daniel Burkhart	D	1840	N	293	162 --
Seals James	James Welboun	"	1836	N	298	200 --
Slaton Gabriel	Thos Johnson	"	1824	N	308	300
Sewell Benj	James Norvell	TD	1840	N	312	1 00
Shultz George	Coorod Honson	D	1839	N	319	100 00
Simmons William	John Lynch	"	1835	O	18	220 00
Southern Neal	David M Hodges & wife	"	1838	O	104	100 --
Sewell John	Isaac Townsley	TD	1840	O	151	1 00
Sharp P & W	John Brogan	"	1840	O	158	70 80
Sewell Benj	George Powers	D	1840	O	176	250 --
Sewell Benj	Samuel Wilson	BS	1840	O	179	700 --
Sewell John	Martin B Johnson	TD	1840	O	211	307 00
Sewell Benj	William Bullard et al	D	1840	O	221	
Sharp Peter	Henry Sharp	"	1836	O	253	Love
Sharp Peter	David Prichard	"	1841	O	259	1030 00
Shultz Jacob	James Ritchie Sheff	"	1841	O	310	509 92
Shultz J	George Campbell et als	BS	1841	P	10	650 00
Sewell John	James Munday	TD	1841	P	50	1 00
Sanders William	Harrison Adkins	D	1839	P	65	150 00
Stone Ruben F	James Pitman	"	1832	P	74	300 00
Sewell John	Joseph Southern	TD	1841	P	104	100 --
Sewell John	Joseph Southern	"	1841	P	106	100
Southern Joseph	Joseph Whiteaker et als	D	1841	P	109	7 00
Shultz Jacob	Martin Shultz	PA	1841	P	165	
Shultz George	D G Gibson	TD	1841	P	167	21 33
Shultz Jacob	Joab Shultz	D	1841	P	192	50 00
Shultz George	Martin Shultz et als	"	1841	P	275	50 ea
Sawyers Thomas W	William S Rose	"	1841	P	296	300 00
Stone John	Hiram Hurst	TD	1841	P	342	500
Snuffer Alford	Henry Jenkins	"	1841	P	353	500
Snuffer Alford	Henry Jenkins	"	1841	P	360	250
Spillers William	William Browning	D	1840	P	372	250
Scott J G	Joseph Neil	"	1865	P	429	100
Sowder Emanuel	Lewis I Rodgers	"	1840	Q	1	750 00
Shultz George	Spencer Neil & wife	"	1840	Q	3	

Grantee	Grantor	Ins	Date	Book	Page	Amount
Sewell Benj	Martin B Johnson	"	1841	Q	32	450 00
Sewell Benjamin	John H Berry	TD	1842	Q	99	1 00
Shackleford G P	A J Mitchell & wife	PA	1842	Q	158	
Shackleford G P	William Hill	D	1842	QS	160	25 00
Shultz George	G P Shackleford	D	1842	Q	162	45 00
Snuffer Gerusha	Alfred Snuffer	BS	1842	Q	168	400 00
Snuffer Alford	Gerusha Snuffer et als	TD	1842	Q	169	
Snuffer Gerusha	Alford Snuffer	D	1842	Q	172	342
Sewell Benj	James Munday	"	1842	Q	245	65 00
Stinner Elakin	Henry Stiner	"	1841	Q	279	700 --
Sharp Christian	J G Shoolbred	"	1841	Q	294	1500 00
Sewell Benj	N S McDowell	D	1839	R	1	1085 00
~~Southern Robt~~	~~William Devenport~~	~~T~~	~~1842~~	~~R~~	~~1~~	~~1085 00~~
Southern Robt	William Devenport	T	1842	R	2	100 --
Sawyers Thos W	C & C Bussell	TD	1842	R	35	100
Savage William	Benj Hansman	D	1841	R	73	20 00
Smith J B	J H Lingar	TD	1842	R	87	1 00
Sewell Benj	John C Campbell	BS	1842	R	107	980 --
Sewell Benj	John Bussell	TD	1842	R	130	1 00
Sewell Benj	John Bussell	TD	1842	R	131	1 00
Sewell Benj	Benj Sailers	TD	1842	R	144	25 ct
Stone Thos H	Ruben F Stone	D	1832	R	203	200 00
Shipley Jessee	John Claypole	"	1821	R	207	60 00
Shipley Peter	Henry Lebow	"	1821	R	210	1200 --
Sewell Benj et als	Estate of Suson O Donnell	A	1840	R	213	
Sewell Benj	Morris P Rowlett	TD	1843	R	238	1 00
Sumpter Thos	Sallie Sumpter	TD	1842	R	242	Love
Shultz George	Daniel Jones	"	1843	R	267	5 00
Sewell Benj	J H Chapman Sheff	D	1843	R	300	5 00
Sewell Benj	J H Chapman Sheff	"	1843	R	301	150 00
Sowder David	Emanuel W Sowder	"	1842	R	339	1 00
Sewell Benj	Elias Ely et als	TD	1843	R	356	1 00
Sharp John	Solamon Graves	D	1842	R	358	15 00
Sanders John	Nathan Dunsmore	"	1838	R	361	200 00
Sewell Benj et als	William Jinkins Jr	"	1843	R	366	100
Shields John	Andrew Davis	"	1843	R	367	10 00
Surry Peter	Samuel Gibson	"	1834	R	407	500 00
Smith Sparkmon	Richard Hopson	"	1842	R	412	200 --
Smith Sparkman	Thomas Hodges & wife	"	1841	R	413	100 --
Sewell Benj	John Sewell	"	1842	R	51	209 38
Sowder Daniel	William McFarland	D	1844	S	53	5 00
Scott H S	J H Chapman sheff	"	1844	S	62	
Scott H S	Elijah Jones	R	1844	S	63	480 00
Sowder Richard	W R Caswell	D	1843	S	64	25 ¢
Sewell Benj	George W Posey	"	1844	S	75	40 00
Sewell Benj	William Greer Sheff	"	1844	S	89	321 15
Sharp Isaac	Christian Sharp	D	1841	S	111	230 --
Sewell Benjamin	J Eastridge	"	1843	S	119	28 00
Sewell Benj	James Munday	"	1842	S	120	165 00
Sewell Benj	John Sewell	R	1842	S	121	
Sewell Benj	Jacob Pike	D	1844	S	128	50 00
Sawyers T L W	William Marcum	TD	1844	S	148	5 00
Seals John	William Seals	D	1843	S	164	50 00

Grantee	Grantor	Ins	Date	Book	Page	Amount
Sewell Benj	James Mundy	"	1844	S	178	10 00
Sewell Benj	W W Greer Sheff	"	1844	S	185	25 --
Seals Stockly D	Solomon Seals	"	1844	S	211	30 00
Sharp Peter	Allen Hurst	"	1844	S	229	600 --
Sharp Peter	Jacob Peck	"	1845	S	249	5 00
Spradlin James	Eldridge Hord	"	1844	S	252	500 --
Shoemaker James	Whorton Nunn	B	1842	S	300	350 --
Sharp John	R J Bussell	TD	1845	S	301	100 00
Sharp Peter & Co	J & H Hunter	D	1845	S	309	550 00
Sewell B	W Huffacre et als	T	1845	S	338	
Sewell Benj	J A Hollingworth	BS	1845	S	363	500 --
Sewell Benj	J A Hollingworth	T	1845	S	364	600 --
Sewell Benj	James Johnson	D	1845	S	366	50 00
Sewell Benj	Thos L Davis	"	1845	S	369	175 00
Sharp Isaac	Boston Graves	"	1843	S	398	230
Shelton Jesph	Peter Marcum	D	1845	S	417	105 --
Sewell Benj	Thos L Davis	"	1845	S	420	100 --
Smith Birden G	Whitson Mc C W	PA	1845	S	431	
Spillers William	Robt B Lane	D	1845	S	432	
Sharp John	John Hunter	TD	1845	S	438	5 00
Smith G M	William Crostick	D	1845	S	449	50 00
Sewell Benj	Moses Cawood & wife	"	1845	S	450	150 00
Sharp David	Joseph Ferrell	D	1834	S	476	116 00
Smith F M	W G Alxander	PA	1845	S	484	
Sewell Benj	W W Greer Shriff et als	D	1846	S	552	126 00
Sewell Benj	H C Evans et als	"	1845	S	555	117 00
Seals Solomon	William M Lawson	"	1843	S	606	10 00
Sourd Henry	George Shultz	"	1842	S	609	18 00
Smith Chas C	James H Sawyer	TD	1846	S	620	5 00
Sharp John	John Hunter	T	1846	S	634	50 00
Shultz Jacob	B F Cloud	D	1844	S	680	1 00
Sulton Bailey	William Roark	QD	1845	S	681	50 --
Sharp John	John Brogan	TD	1846	S	702	41 25
Shelton Thomas	John Kybert	D	1846	S	722	200 00
Sewell Benj	Geo W Posey	"	1846	T	7	2600 00
Southern Neil	Fleman Huddleston	"	1846	T	13	100 00
Seals Wilson	Solamon Seals	"	1846	T	19	180 00
Sewell Benj	John Trease	D	1846	T	87	60 60
Speedwell Acadmy	B F Cloud	D	1847	T	108	175
Sawyers Thos L W	Mathias Housholder	T	1847	T	119	5 00
Snodgrass Moses	Nathan H Moore	D	1847	T	141	400
Speer Arther	Peter Marcum	D	1847	T	149	95 00
Sharp John et als	Josiah Russell	"	1847	T	159	100 00
Slattern John	John Madden	"	1846	T	161	100 00
Sewell Benj	Drury Gibson et als	"	1847	T	174	450 00
Stiner Henry	Eliakin Stiner	"	1847	T	197	700
Stiner Henry	Hugh Graham	D	1847	T	199	17 50
Stubblefield G R	Thomas Jones	"	1833	T	207	75 00
Sharp Daniel	William Norvell	"	1821	T	250	200 00
Sewell Benj	James H Hooper	"	1847	T	253	650 00
Sharp Isaac	Martin H Owens	"	1847	T	259	1300 00
Sword Henry	Daniel Kelly	"	1847	T	282	400 00
Sharp John	J and H Walker	T	1847	T	299	5 00
Sewell Benj	Stephen Hardy	D	1847	T	321	200

✳ (See Errata for correction)

Grantee	Grantor	Ins	Date	Book	Page	Amount
Sewell Benj	B F Cloud	D	1847	T	322	2 50
Sharp William	James Braden	"	1847	T	341	800 --
Sawyer Thos L W	W B Chapman	T	1848	T	379	5 00
Simmons James C	William Thompson	D	1847	T	385	200 --
Smith Burton &	James B Smith Sheff	"	1848	T	512	52 95
Skagg Solomon	William Goin	"	1848	T	528	300
Smith J B	Berden G Smith	"	1848	T	533	100
Swan W G	Solomon Skaggs	TD	1848	U	2	100
Sharp N J	John Sharp	D	1848	U	6	500 --
Shultz Jacob	William Young	"	1849	U	59	200 --
Shoemaker James	Whorton Nunn	"	1849	U	64	350 --
Smithe J B	James E Bowman	"	1849	U	96	100 --
Smith Geo W	Joseph H Davis	"	1849	U	169	25 00
Speer Arther	Tennessee Margraves	"	1849	U	171	100
Shoemaker John	Harmon Davis & wife	"	1848	U	193	25 00
Slattering John	Wesley Stallings & wife	PA	1849	U	204	
Smith J B	Levi Britten	T	1849	U	217	1 00
Southern Robert	William H Jennings	D	1849	U	247	50 00
Sharp John	John Honeycutt	"	1844	U	260	175 00
Sharp John et als	Henry Stiner	"	1848	U	261	100 --
Sevier Alexander	Levi Brittian	BS	1850	U	275	400 --
Spillars Daniel	Geo W Rose	T	1850	U	277	150 00
Sanders Robert	James Rossen & wife et als	D	1850	U	305	300 00
Sanders David	Robert Sanders	"	1850	U	307	800 --
Stone Ruben F	William Neal Trustee	"	1845	U	310	4 45
Sharp John	Samuel Poindexter	"	1848	U	325	3 25
Smith William	George Barnard	"	1848	U	329	572 50
Southern Neil	J F Huddleston	"	1850	U	382	110 00
Shultz Jacob	James Carpenter	D	1850	U	384	800 00
Sanders William	Wenney Sanders	"	1850	U	408	400 --
Smith Ruben	James Lake	"	1848	U	412	20 00
Sharp Peter	Lewis Moses	"	1849	U	446	500 00
Sanders William	F and D Sanders	"	1850	U	449	700 --
Sharp John	J & A Hunnycutt	"	1850	U	490	100 00
Sharp John	William Houston	"	1850	U	491	150 00
Sharp John et als	J & H Walker	"	1850	U	492	1000 00
Smith Geo W	John West	"	1837	U	505	105 00
Sharp Mathew	John Day	D	1851	U	531	400 --
Soard Polly Ann	Thos Stone	"	1837	Y	547	75 00
Sharp William	Jonathan Powell	"	1831	U	572	106 --
Shultz Jacob	James P Evans	"	1831	U	579	23 00
Sanders Hamilton	Albertis Arnwine	"	1837	U	597	5 00
Seals William	Thos Whiteted	"	1847	U	12	25 00
Seals William	William Whiteted	"	1847	V	13	4 00
Stone Thos W	Jacob Cloud	"	1849	V	18	50 00
Southern Robert	James Hunter	TB	1846	V	39	1000 00
S harp John	John Brogan	TD	1851	V	44	5 00
Sharp Henry et als	William Wilson	D	1850	V	124	4 00
Smith George	David Neil et als	"	1851	V	131	20 00
Shultz George	M S & G Shultz	"	1851	V	155	20 00
Smith G W et als	John West Jun	"	1852	V	163	315 00

Grantee	Grantor	Ins	Date	Book	Page	Amount
Shultz Jacob	Leven Waller Sr	"	1851	V	200	110 71
Sharp Ambers	John Sharp	D	1851	V	217	110 --
Sanders David W	James P Sanders	"	1852	V	228	125 --
Smith John W	Henry Beach	"	1852	V	266	125 --
Southerland Joel	Decree Circuit Court	"	1852	V	296	5 50
Smith Moses	Mary Kesterson	"	1851	V	291	200 00
Stone Ruben F	J M & H Hurst	"	1852	V	204	14 00
Stiner E & E	Henry Stiner	"	1847	V	297	100 00
Sharp William	Elizabeth McMahan	"	1851	V	304	1050 00
Shofner David	David Lay	"	1849	V	307	Love
Sharp Abner	Stephen A Woods	"	1852	V	309	150 00
Swoard Henry	Levi Goin	"	1852	V	311	420 00
Smith Moses	W & M Cook	"	1832	V	330	75 00
Sharp William C	Bowyer Bullard	"	1852	V	335	3000 --
Simmons E C	James Crussell et als	"	1852	V	395	262 50
Scalf William	Jacob Peck	"	1856	V	408	15 00
Shelton Joseph	Samuel McClure	"	1852	V	417	4 00
Sewell Houston	J I Sewell et als	"	1866	V	425	3 38
Scott H S	I C Lane et als Sheff	"	1853	W	25	
Simmons James	William Thompson	"	1853	W	50	100 00
Simmons Albert	Anderson S Burk	"	1852	W	71	225 34
Simmons Albert	John C Lankford	"	1853	W	90	250 00
Sweat Nancy	Thos Jones	Contract	1853	W	108	
Simmons Enoch	Sarah Simmons	"	1833	W	113	
Simmons Enoch C	Albert Simmons et als	D	1833	W	114	366
Sharp Nicholas	John Greene	"	1833	W	144	2 25
Sharp Niclas	Joseph Greene	"	1833	W	145	2 50
Shumate John	Enos Day	"	1853	W	149	9 00
Shumate Thos B	Boyer Bullard	D	1853	W	155	17 50
Sharp Laban	Isaac Koger	"	1853	W	179	48 80
Shoemate Elisabeth	George McClary	"	1853	W	185	171
Simmons Wesley	Samuel Day	"	1854	W	242	300 00
Shultz George	Nancy Day	"	1853	W	248	30 00
Sharp John	P & W Sharp	"	1852	W	253	
Soard Henry	Noah Herrell	"	1854	W	257	65 00
Spivy David D	William Owsley	"	1854	W	268	500 00
Shumate Samuel P	Preston Dunsmore	"	1854	W	280	350 00
Sharp George	Benj Smith	"	1852	W	284	325 00
Sharp John	David Collins	D	1834	W	338	100
Sharp Isaac	Rebbeca Sowder	"	1849	W	339	100
Southern Neil	Racheal Huddleston	"	1834	W	378	300
Steams & Stringes	Ezekiel Birdseye	Stmt	1854	W	415	1000
Simmons James C	Thos W Bellamy	"	1854	W	454	500 00
Stone Thomas H	James M Hurst	"	1854	W	457	350 00
Snuffer George	Woodson Sharp	T	1854	W	477	5 00
Shoemaker W B	James Shoemaker	D	1835	W	530	3 75
Soard Henry	David D Spivey	"	1835	W	568	30 00
Stout G W	L L Harrell	"	1834	W	569	4 50
Sanders Wiley	State of Tennessee	G	1859	W	576	
Snuffer B V	William Bales	A	1835	X	4	179 81
Snuffer B V	William Dunn Sr	D	1855	X	27	75 24
Smith F M	John H Jones et als	"	1855	X	30	15 00
Simmons Wesley	William W Greer Sheff	"	1855	X	38	18 19

Grantee	Grantor	Ins	Date	Book	Page	Amount
Smith William	A J Carpenter	D	1853	X	42	350 00
Snuffer B V	William Bowman & wife	"	1855	X	50	120 62
Sharp Christian	John Freeman	"	1854	X	116	450 --
Spivey David D	N H Moore	D	1855	X	124	4 00
Shultz J P	William Hall	TD	1835	X	152	76 84
Shultz George	Sarah Shultz	D	1835	X	160	10 12
Snodgrass F K	L L Harrell	"	1834	X	213	600
Simmons James	M Carrigar	BS	1856	X	267	829 00
Shelby Samuel	J Peck et als	D	1823	X	284	50 00
Scalf Ira	John Keck	"	1850	X	319	16 45
Scalf Ira	Phillip Keck	"	1849	X	320	50 00
Sharp Isaac	Isaac Thomas et als	"	1856	X	326	500 --
Sharp Mathew	Jessee Carr	"	1835	X	385	600 --
Sharp Isaac	Daniel Gibbs et als	"	1841	X	411	230 00
Sanders D N	William Sanders	PD	1856	X	414	
Stone Thomas H	John A Ellis	"	1856	X	430	123 10
Southern Joseph	Raymond Owens	"	1855	X	437	250 00
Stevenson Thomas	Gabriel McCrow	"	1856	X	501	50 00
Simmons J C	Mastin Simmons	T	1851	X	520	1 00
Sanders William	Thos H Acuff & wife	D	1855	Y	56	150 00
Sharp Harry	William Sharp et als	TD	1848	Y	101	Love
Sharp H	Toban Sharp	BS	1848	Y	106	830 00
Sharp Henry	Laban Prichard	"	1850	Y	107	Love
Shoe maker W B	William Neil	D	1857	Y	170	50 00
Shoemaker W B	James Rose	"	1837	Y	171	15 00
Shoemaker W B	Thos L Clark	"	1836	Y	202	4 25
Shoemaker James	W B Shoemaker	"	1837	Y	204	10 50
Simmons J C	Abraham Myers & wife	BS	1837	Y	212	40 00
Shoemaker W B	Ruben Carrell	D	1837	Y	225	500 00
Stone Thos H	Larkin L Harrell	"	1838	Y	327	600 00
Sewell Houston	W W Greer	"	1838	Y	400	10 00
Sewell Houston	Martin Burchfield & wife	"	1838	Y	402	125 --
Smith Ruben	R & J Carroll	D	1835	Y	415	20 00
Smith John W	William Grose	"	1856	Y	433	15 00
Simmons J C	Albert Simmons	TD	1858	Y	496	40 00
Stone Thos H	Phillip Minton	TD	1838	Y	520	1 00
Sowder A & D	William Riddings et als	D	1859	Y	646	500 00
Sewell Houston	J J Sewell	"	1859	Y	648	500 00
Sharp Mathew	Wm H Carr	"	1858	Y	695	900 00
Spivey D D	J H Burchfield	TB	1857	Y	705	650 00
Sewell Houston	W W Greer	D	1857	Y	722	1000 --
Southern Isaac	Allen Thomas	"	1838	Z	4	400 --
Sharp Wm W	Isaac Sharp	"	1839	Z	12	1950 --
Simmons J C	L Heron & W B Phillip	TD	1859	Z	26	30 --
Stone Thos M	Geo H Cheek & wife	TD	1839	Z	52	5 00
Southern Neal	W W Greer	D	1839	Z	98	200 00
Southern Isaac	Evan Cloud	"	1859	Z	113	200 --
Soard Henry	John C Gourley	"	1859	Z	119	155 --
Skaggs William	Solamon Skaggs	"	1856	Z	159	700
Skaggs William	Henry Soard	"	1856	Z	180	50 00

Grantee	Grantor	Ins	Date	Book	Page	Amount
Simmons Martha	Abraham Moyers & wife	D	1860	Z	222	
Stwart William H	Josiah Cole	"	1860	Z	225	
Simmons J C	Valentine Fulps	"	1839	Z	240	120 --
Smith John	Francis Dunn	D	1830	Z	248	150 00
Smith W S	Hannah J Smith et als	"	1830	Z	263	50 ea
Stone Thos H	Willis Harper	BS	1860	Z	272	1000 --
Simmons J C	A C Hansard	TB	1860	Z	292	1127 50
Smith William	Wilson Carpenter	D	1857	Z	401	400 --
Sewell Houston	F M Fulkerson	D	1860	Z	410	500 00
Stone R F	Thomas M Stone Trustee	D	1839	Z	461	100 00
Sawyers Charles	Jacob Cress	"	1861	Z	573	100 00
Stone Thomas H	Henry Shipshire	BS	1861	Z	531	1075 00
Sharp John	Joseph W Buis	D	1861	Z	537	394 00
Schwab A	Josiah Chadwell & wife	"	1861	Z	539	257 00
Sharp Nicholas	William Fletcher	"	1860	Z	598	150 00
Shoemake Mark	Samuel B Day	"	1862	Z	620	500 --
Stone R F	Decree County Court	"	1862	Z	636	26 75
Stern Edward	A C Hansard	"	1882	Z	682	1500 00
Stone William	Tipton Evans & et als	"	1862	Z	685	2060 --
Stone William G	J E Day et als	"	1863	Z	698	
Simmons John W	Isham Simmons	"	1862	Z	702	
Simmons John W	James P Sanders	"	1861	Z	702	
Southern Robt Land	Thos Henderson	D	1861	Z	703	

Grantee	Grantor	Ins	Date	Book	Page	Amount
Thomas Sperry						
Tucker John	James Skaggs	WD	1802	A	70	800 00
Turkey John	Coorod Sharp	"	1803	A	207	100
Turnadge Micheal	James Moore	"	1805	A	229	500 00
Taylor Nathaniel	Dellen Blevins	"	1805	A	269	1000 --
Troxel Daniel	Edmon Gossett	"	1807	"	318	200 --
Turner Wm	John Vanbebber	"	1808	B	53	150 00
Turner Wm et als	Obediah Strange	"	1805	B	279	150 00
Taylor Andrew et als	Geo William Clerk &c	" C	1810	C	124	
Tacker John	James Glasgow	D	1813	D	101	20 00
Thompson John	Wm Henderson	"	1813	D	129	1150 00
Tucker John	Walter Evans et als	"	1814	D	269	Love
Tucker John	John Adir	"	1813	D	350	300 00
Teritorial Co	John Nichelson	A	1795	D	365	
Trease George	Jasper Webb	D	1815	E	51	1 35
Thomis David	Ruben Wheeles	"	1816	E	156	11 00
Thompson John	John Casey et als	"	1815	F	3	Deed
Todd William	George Yoakum	"	1819	F	23	200 00
Thomas Isaac	David Thomas	"	1820	F	89	715 00
Thompson John	Jas W Glassgow	"	1820	F	148	4 00
Thompson John	Jas W Glassgow	"	1820	F	149	50 00
Trease George	John Crutchfield	"	1823	G	252	108 --
Taylor John	William Hord	"	1824	H	121	70 00
Turner William	William Ely	"	1825	H	137	200 00
Tucker John	John Hunt Sheff	"	1828	H	402	420 --
Taylor John	Alexander Ritchie	D	1826	H	405	100 00
Taylor John	Alexander Ritchie	"	1826	H	407	100 00
Thompson William	John Thompson	"	1829	I	190	1300 --
Tieman Luke	John Hunt Sheff	"	1829	I	211	5 00
Thompson John	James W Glasgow	"	1813	I	386	50 00
Thomas Isaac	Jonathan Bishop	"	1825	I	419	200 00
Thomas Isaac	Thomas Vandeventer	"	1824	I	420	20 00
Thompson Stephen & wife						
Thompson William	Elijah Hurst	"	1833	L	102	1 00
Thompson William	John Wallace & et als	"	1836	L	234	1 50
Thomas Isaac	Arthur Edward	"	1833	M	15	459 59
Thompson Geo W	Lewis Harmon	"	1838	M	283	500 --
Thomas Isaac	George R Stubblefield	TD	1838	M	424	1 00
Treese Joseph et als	Samuel Cloud	D	1838	M	476	200 --
Thompson James	John Thompson	"	1831	N	4	500 --
Thompson G W	Samuel Moore	"	1839	O	38	650 00

Grantee	Grantor	Ins	Date	Book	Page	Amount
Thomas Isaac	Thomas Vandventer	D	1838	O	72	500 --
Thomas Isaac	David Ramsey	"	1840	O	109	200 --
Tucker Paschal	John Tucker	"	1840	O	173	Gift
Thompson James	William Thompson	"	1840	P	99	1 00
Thomas Isaac	Josiah Wheeles	"	1841	P	297	1300 00
Thomas Isaac	Jacob Delph	TD	1841	P	380	1 00
Thompsons Meeting House	William Thompson	D	1842	Q	277	Gift
Trease William C	J M Treece	"	1842	R	11	1 00
Thomas Isaac	Boston Graves	"	1843	R	153	5500 00
Treece Joshua	William Treece	D	1843	R	202	100
Treece W C	Charles Cupp	"	1843	R	237	50 00
Tussy Jonathan	William Bales	"	1829	R	252	490 --
Treese Susanah	Joseph Lynch	"	1842	R	273	200 --
Thomas W S	John Farmer	DT	1843	R	292	5 00
Thomas W S	John Farmer	T	1843	R	308	5 00
Thompson George W	John M Bunch	D	1843	S	109	
Trease William	J D Mayes et al	"	1844	S	139	100 00
Thomas Isaac	Isaac Vanbebber	"	1844	S	151	140 --
Thompson John	Hiram Edwards	"	1825	S	157	80 00
Treece W C	George Lynch	"	1844	S	195	150
Turner Wm L	G W Woodson	"	1845	S	205	200 --
Thomas Isaac	John Farmer	"	1843	S	217	623 20
Trease William	Jacob Cloud	"	1846	S	516	25 00
Thompson Phebe	David Huddleston	"	1846	T	5	Love
Thompson William	John Thompson	"	1829	T	102	13 00
Thomas Isaac	John Jones	TB	1847	T	209	575 --
Turner William	Robert George	D	1848	T	363	15 00
Turner Wm L	John Kibert	"	1848	T	542	5 00
Thomas Isaac	Isaac Vanbebber	"	1849	U	90	140 --
Thomas Isaac	E and S Jones	"	1849	U	117	59 --
Ties Branch School	Wesley Simmons	"	1848	U	126	-- --
Thomas Isaac et als	Court Appoints		1849	U	172	
Thompson William	Isaiah Reece	D	1849	U	200	325
Trebble Morris	Daniel Marcum	"	1849	U	259	325
Teague William	Thos Wilson	D	1851	V	125	100
Teague William	Thos Wilson	"	1851	V	126	150
Taylor James C	John Marlor	"	1852	V	168	15 00
Taylor James C	George W Cress	"	1853	V	404	75 00
Treece L J	Drummons Heirs	"	1852	W	35	152 50
Thomas Isaac	Decree County Court	"	1853	W	123	
Treece Jefferson	Pleasant Owens	"	1852	W	130	1500 00
Thomas David	Aquilla Fox	"	1852	W	188	275
Teague William	William Harper et als	"	1853	W	205	200 00
Teague William	Wm Harper	"	1853	W	206	100 00
Teague William	William Harper	"	1853	W	208	50 00
Treece Lewis J	Isaac Vanbebber	BS	1854	W	220	1050 00
Treece George	Mark Cadle et als	D	1828	W	236	18 00

Grantee	Grantor	Ins	Date	Book	Page	Amount
Treece George	Jacob Peck	D	1834	W	237	15 00
Thomas Isaac	A and J Critchfield	"	1853	W	259	200 00
Teague James	Joel Beach	D	1841	W	302	125
Treece Jefferson	John Davis wife	"	1849	W	357	40 00
Thomson Jas A	Jeremiah Huddleston	A	1854	W	382	
Trease L J	John Keck	D	1834	W	517	300
Trease Elvirenin	L J Trease	D	1835	W	528	500 --
Teague William	William H Harp	"	1834	W	562	200
Treece Lewis J	Daniel Drummons	"	1852	X	81	300 00
Thomas Isaac	Elijah Jones	"	1854	X	84	100 00
Teague James	William F King	"	1854	X	263	25 00
Teague James	William F King	"	1854	X	264	45 00
Teague James	William F King	D	1853	X	265	50 00
Thomas John	Jacob Cress	"	1856	X	425	300 --
Thomas J D	Mastin Simmons	TD	1857	X	514	647 ½
Toliver William	J C Lankford & wife	"	1856	X	494	300 --
Thomas J D	M Simmons	T	1856	X	516	1 00
Thomas Isaac	George M G Sharp	D	1855	X	576	185 00
Thompson William	Jacob Minton	"	1857	Y	231	81 00
Thompson William	Charles Moore	"	1857	Y	232	23 00
Thompson Robert	Wm Woodson	"	1855	Y	372	300 00
Thomas David	William Cosby	"	1855	Y	435	100 00
Thomas J D	J R Crank	TD	1858	Y	448	10 00
Treece L J	Bryant Day	PA	1858	Y	454	
Thompson J W	Thos McCarter	BS	1858	Y	576	850 --
Thompson J A	J C Simmons	D	1858	Y	580	700 00
Thomas Isaac	Thos S Gibson	"	1856	Y	623	5500 60
Thomas Isaac	Jessee Eads	"	1859	Y	634	150 00
Thomas Isaac	E & Sally Jones	"	1859	Y	668	280 00
Thomas Allen	Abel Kesterson	"	1836	Z	1	125
Thomas Allen	J M Grimes	D	1836	Z	3	
Thompson James A	John W Thompson	"	1858	Z	164	200 00
Treece Lewis J	W W Greer Shiff	"	1858	Z	192	211 00
Treece Lewis J	Samuel Wilson	"	1858	Z	193	250 00
Treece Lewis J	C G Alexander	"	1859	Z	195	600 00
Teage James	W W Greer Sheff	"	1860	Z	204	100 00
Thomas Isaac et als	Devision of Land	"	1860	Z	274	
Tirbble Morris	William Neal Trustee	D	1837	Z	438	200 00
Tribble Morris	Tho's J Cline	"	1861	Z	553	25 00
Teague Calvin	James King	D	1861	Z	623	50 00
Thompson Wm G	Jas C Simmons	TB	1863	Z	699	

Grantee	Grantor	Ins	Date	Book	Page	Amount
Umstead John	District Court	P	1805	A	273	

Grantee	Grantor	Ins	Date	Book	Page	Amount
Vanbibber John	Thomas Hart	WD	1806	A	348	3250 --
Vanbibber Peter	John Vanbebber	"	1807	"	349	600 --
Vanbebber James	Nathaniel Davis	"	1807	C	11	136
Vandevanter Thomas	Joh Nathan Sowder	D	1813	D	111	550 00
Vanbeber James	Martin Sharp	"	1812	D	145	13 50
Vanbeber John	James Vanbeber	PA	1813	D	175	
Vanbebber Isaac	John Vanbebber	"	1814	D	252	
Vandeventer Jacob	Samuel Jones	D	1815	E	42	450
Vanbeber John	State of Tenn	G	1810	E	108	
Vanbeber James	State of Tenn	"	1810	E	166	
Vandeventer Thos	Isiah James Jr	D	1821	F	172	800 00
Vanbibber James	William Maddy	"	1813	F	179	500 00
Vandventer Thos	Vandevanter Abraham	"	1819	G	10	650 --
Vanbibber Isaac	State of Tenn	G	1815	G	172	
Vanbebber Isaac	John Hunt Sheff	D	1828	H	396	
Vance John	Elijah Hurst et als	"	1830	I	368	75 00
Vanbebber Isaac	John Hunt Sheff	"	1830	I	427	
Vanbebber Gabriel	William Sharp	"	1829	K	100	150 00
Vanbebber Gabriel	William Sharp	"	1829	K	102	200 00
Vanbebber Gabriel	Joseph Vanbebber	"	1829	K	106	150 00
Vanbebber Gabriel	Jubulem Smithe	"	1831	K	108	450 00
Vanbebber James	James Owens	R	1834	K	393	50
Vance Patrick	Thomas Alford	D	1821	M	279	150 00
Vancel Elias	Nimrod Byers	"	1829	M	291	450 00
Vaden Wiley	Thos Henderson	"	1832	M	549	400
Van						
Vancel Elias	Pleasent Cook	D	1838	N	76	350 00
Vanbebber Isaac	Hannah Vanbebber	"	1837	O	25	600
Vandeventer Thomas	Josiah Wheeles	"	1840	O	57	354 71
Vandeventer Thos	Littleton Brooks	DT	1840	O	127	5 00
Vandeventer Thos	Squire Sullivant	TD	1840	O	144	5 00
Vancel Elias	John Bullard	"	1841	O	288	
Vanbibber Isaac	Joseph Ferrell	TD	1841	P	175	800 00
Vandeventer Thomas	George R Stubblefield	"	1841	P	282	75 00
Vaden Wiley	James Ritchie Sheff	D	1841	P	314	
Vanbibber Isaac	Moyer Phillip	TD	1842	R	106	104 00
Vanbibber J H	D & J Rogers	D	1843	S	16	232 --
Vandeventer Thomas	William Bishop	"	1845	S	312	67 00
Vaden W et als	M Rowlett	"	1842	S	273	Gift
Vanbibber J M	William Bowman	J'Mt	1846	S	489	1 00
Vaden Wiley	James Whiteaker	D	1844	S	504	27 00
Vaden Wiley	N A Evans	D	1846	T	142	20 00

Grantee	Grantor	Ins	Date	Book	Page	Amount
Vaden Wiley	Martha A Bellow	D	1839	T	192	20 00
Venable William	John Hill	"	1848	T	370	6 00
Vanbebber Isaac	William Kincaid	PA	1848	T	468	
Vanbebber J W et als	Isaac Vanbebber et als	DT	1848	T	504	5 00
Vanbebber Jno M	William Kincaid	D	1849	T	568	1150 00
Vanbebber J M	Joseph Chittum	T	1849	U	1	1 00
Venable William	John McNeil	D	1850	U	314	50 00
Vanbebber Jas M	John M Vanbebber	"	1831	V	341	1000 --
Vanbebber Isaac	John M Vanbebber et als	"	1854	W	214	
Vanbebber James M	Isaac Vanbebber	D	1854	W	219	510 00
Venable William	John McNeil Sr	"	1832	W	399	250
Vialet Harrison	John Bratcher	"	1855	X	34	250 00
Vanbebber Isaac	Samuel McBee	D	1855	X	203	12 00
Venable Jas	William Kincaid	TB	1848	X	558	250
Vanbebber M J	William Kincaid	D	1853	Y	37	1000 --
Venable William	John McNeil	"	1855	Y	78	15 00
Vandeventer Peter	Benj Campbell	"	1857	Y	124	20 00
Vence John	Peter Beeler	"	1836	Y	127	50 00
Venable James	Isaac Thomas Adm	"	1837	M	514	250 --
Venable William	Claiborne Bartlett	D	1839	Z	32	
Venable William	James Venable & wife	"	1859	Z	126	250 00
Vance Samuel	Peter Beeler et als	"	1859	Z	161	50 00
Venable William	John Bartlett	D	1860	Z	220	50 00
Vanbebber J M	Joheal Fugate	"	1860	Z	288	205 00
Venable William	John Hall & wife	"	1860	Z	327	275 00
Venable William	T J Boles	"	1860	Z	351	62 50
Vanbibber J M	S C Kincaid	"	1856	Z	418	47 00
Venable James	W R & Z S Gibson	"	1859	Z	670	275 00

Grantee	Grantor	Ins	Date	Book	Page	Amount
William William	Jas Glasgow	WD	1805	A	16	50 00
Whitner Lewis	Stockley Donelson	"	1795	"	17	1000 --
Wallen John	Elisha Wallen	"	1802	"	39	500 --
Whitehead Robt	Peter Lower	"	1804	"	49	10 00
Watson W H et als	Robert Yancy Sheff"	"	1801	"	54	93 66
Whiteside Jenkins et als	North Carolina	G	1801	"	72	1000 L
Webster John	Robert King	D	1803	"	83	45 L
Wyatt Samuel	John Hunt Sheff &c	"	1803	"	108	38 70
Wyatt Samuel Jr	Wyatt Saml Sr	"	1804	"	146	93 L
Worthen Richard	Archibal Clayton	"	1804	"	149	20 00
Wallen Thomas	Daniel Flannery	"	1805	"	196	700 00
Wyatt Samuel	James Lea	"	1804	"	228	150 00
Whitaker Robert	James Glasgow	"	1805	"	252	10 00
Wallen Elisha	John Wallen	"	1805	"	300	300 00
Wynn Harmon	John Hunt	"	1807	"	222	125 00
Wallen Elisha	Winney Davis et als	D	1807	"	342	Love
Wyatt Samuel	William Hord	GD	1808	B	19	1 00
Wallen John	R Pearson	BS	1808	B	69	350 00
Wyatt Samuel	Nancy Majors	"	1808	B	102	350 00
Wyatt Samuel	Nancy Majors	"	1808	B	102	350 00
Ward John	Francis Mabry	D	1808	B	175	102 00
Watson Josiah	Robt Burton et als	"	1808	B	193	
Walker John	John Douthet	"	1809	B	223	650 00
Weaver Samuel	Nathaniel Davis	"	1809	B	237	700 00
Walker James	Thos McLane	"	1810	B	299	1 00
Walker James	Thos McLane	"	1810	B	301	300 --
William Williams	Joseph Powell	"	1808	C	14	3 33
William Williams	Abner Childres	"	1808	C	27	50 --
Wilson David	Nathaniel Davis	"	1811	C	44	400 00
Wallen John	Jno & B Owens	"	1811	C	50	1000 00
William Joseph	Elisha Wallen	D	1809	C	71	
Wallace John et als	Elisha Wallen	D	1811	C	198	400 00
Wallas William	James Glasgow	"	1812	C	218	100 00
Wallas William	James Glasaw	"	1811	C	225	100 00
Weaver William	State of Tenn	G	1808	C	238	
Welch Robert	Martin Conrod	D	1812	C	241	5 00
William Nancy	James Glasgow	PA	1812	C	246	
William Joseph	Wm Hord	D	1811	D	83	300 00
Weaver William	Walter Evans	BS	1813	D	65	200 00
Williams Joseph	Salathiel Martin et als	D	1812	D	89	200 00
Wallen John	Mathew Simms	D	1812	D	95	1 00
White James et als	Cornelius Dusart	"	1811	D	126	295 24
Webb Joseph	Jas Wright	"	1811	D	143	224
Wright James	Jas Glasgow	"	1809	D	155	75 00
Whitehead Thomas	Jas Glasgow	"	1811	D	159	25 00
Wallen Beryman	State of N C	G	1793	D	171	
Wallen John	Arthur L Campbell	D	1813	D	189	150 00
Warren James	Wm Williams	"	1808	D	191	250 00
Watterson Edward	James Cooper	"	1814	D	250	1250 00
Wallace William	Samuel Casey et als	"	1814	D	279	50 ¢
Williams John	William Condry	"	1814	D	334	1000 -

Grantee	Grantor	Ins	Date	Book	Page	Amount	
Walker John	John McCullogh	D	1814	D	341	400	00
Ward John	George Yoakum	D	1815	D	356	500	00
Walfenbarer Jacob	Martin Commen	"	1812	E	55	80	--
Whitacer John	John Henderson	"	1817	E	138	333	33 1/3
Welch Sandy	State of Tenn	G	1814	E	170		
Whitehead Thos	Jonah Moore	D	1816	E	196	100	00
Wilson William	George Karr	"	1817	E	207	675	00
Wilson William	George Karr	"	1817	E	212		
Wallen John Watson	Dennis Condry	"	1818	E	273	500	00
Wallis William	Abraham Fitch	"	1818	E	382	700	00
Weaver William	Joseph Neal	"	1819	E	449	60	00
Weaver William et als	Daniel Reid	"	1820	F	17	198	00
Wallen John	William Bartlett et als	"	1818	F	34	8	00
Walker James	Thomas McCarty	"	1819	F	71	150	00
Whitacre John	Jacob Dobkins	"	1819	F	116	400	00
Walker Thos L	Wm Hill	"	1821	F	137	330	00
Walker James	Joshua Haynes	"	1819	F	147	160	00
Walker James	State of Tenn	G	1815	F	171		
Wallen John	Thos Jones	D	1818	F	173	6	50
Walker James	Thos R McClary	D	1821	F	178	250	--
Willonghby William	Mathew Willongby	"	1823	F	216	400	--
Walker Thos L	William Johnson	"	1822	F	235	1000	--
Wallen John	Christopher Damron	"	1817	G	17	60	00
Wallen J & E	William Lane	"	1819	G	83	110	00
Wilbourn Lewis	Thomas Johnson	D	1822	G	119	182	00
Williams Joseph	John Hunt Shiff	"	1822	G	126	7	50
Williams Joseph	John Hunt Sheff	"	1821	G	128	4	85
Walker Joseph	State of Tennessee	G	1821	G	138		
Walker Thomas L	Robert Micheal	D	1822	G	144	20	00
Walker Thomas	State of Tennessee	G	1821	G	149		
Welch Tandy	Edward Dotson	D	1820	G	167	225	00
Whitaker Joseph	Peter Marcum	"	1822	G	209	250	00
Webb Joseph	Wm & M Norvell	BS	1823	G	217	400	--
Webb Joseph	George Brock	D	1822	G	227	300	00
Woodall Bluford	William McAnlly	"	1818	H	9	30	00
Whiteaker Jacob	John Thompson et als	"	1824	H	27	35	00
Whitaker John	Ames Johnson	"	1821	H	40	200	00
William William	John Brock	"	1814	H	97	20	00
Welch Joseph	William Condry	"	1824	H	139	250	00
Walker Sam	Alexander Ritchie	"	1825	H	182		
Walker Joseph	William Hord	"	1818	H	190	40	00
Wiser Henry	David Moore	"	1824	H	210	500	00
Wilbourne James	Thomas Johnson	"	1824	H	230	30	00
Wallace James	William Wallace	"	1822	H	296	80	00
Wallen John	Dennis Condry	"	1818	H	305		
William Thomas L	James J Norvell	BS	1827	H	317	500	00
Wallice John James	William Wallace	D	1822	H	342	270	00
Wallen John	Micheal Miles	D	1827	H	449	500	00

Grantee	Grantor	Ins	Date	Book	Page	Amount
Wellen John	John Allen	PA	1827	I	24	
Walker Joseph	Alexander Ritchie	D	1826	I	31	11 00
Wilson James	Alexander Davis	D	1826	I	48	182 00
Wallace William Sr	George Brock	"	1828	I	97	200 00
Wallace William	Jacob Peck	"	1828	I 4	99	40 00
Wright Gideon	William Parker	"	1827	I	108	5 00
Walton George	Samuel Wilson	"	1828	I	160	100 00
Wilson William	Moses Davis	"	1827	I	175	50 00
William William	James Blakely	"	1828	I	177	100 00
Wilborne James	Lewis Wilborne	"	1828	I	280	50 00
Wallace Major	William Wallace	"	1830	I	281	150 00
Wilson Peter	William Kincaid	"	1831	I	369	25 00
Wallen Isaac	John Wallen	"	1831	I	445	60 00
Wilson Peter	Fredrick Bollinger	"	1831	I	530	406 00
Walker Samuel	Joseph Wilson	"	1832	I	549	300 00
Wilson Samuel	Drury Dunn	"	1833	K	75	1 00
Wilson David et als	Peter Wilson	"	1833	K	117	5 00
Wilson Joseph	Gabriel McCrow	"	1829	K	161	Bond
Wilson Joseph	Samuel Walker et als	"	1832	K	164	300 00
Wilson Joseph	Frank Parks et als	"	1832	K	167	470 00
Wallen John	John Hunt Shiff	"	1831	K	213	
Wilson Peter	John Hunt Shiff	"	1833	K	219	
Wilson Samuel	William McCubbins	"	1830	K	326	120 00
Woodson A D	Thos Jones	"	1835	K	555	750 00
Woodson Andrew	Lazarous Dodson	"	1833	L	23	1200 00
White James	Barton Ely	D	1836	L	171	300 --
White James	Barton Ely	"	1835	L	173	125 00
Woodall B	Jessee Cheek	"	1833	L	203	150
William Geo	Alford Corbin	"	1836	L	345	100 00
Woten Edward	Rice Whitacre	"	1830	L	352	5 00
Whitacre Joseph	Roseana Wooten	"	1836	L	354	125 00
Whiteacre Joseph	Martha Bellow	"	1836	L	355	7 50
Woodson A D	Robt B Moss	"	1836	L	360	587 50
Wilson Samuel	William Houston	"	1832	M	10	150 00
Welch John	A Campbell	"	1833	M	65	50 00
Welch John	A Campbell	"	1833	M	66	50 00
Woodson A D	Elijah James	TD	1837	M	92	505 50
Wallen John Jr	John Wallen Sr	D	1837	M	101	3000 --
Wilson Samuel	Joseph Baker	"	1826	M	119	200 --
Wheeler William	Elisabeth Wheeler et als	"	1837	M	148	250 00
Wheeler Josah	Elisabeth Wheeler et als	"	1837	M	149	500 00
Wilson Nathan	James Dobbs	"	1831	M	177	300 00
Word Bartly	Jacob Shultz	"	1837	M	182	140 00
Walker Joseph	John Mason	"	1837	M	201	1250 00
Wilson James	Joseph Davis	"	1837	M	248	450 00
Wallis Major	William Wallis	"	1827	M	274	450 00
Wood Allen M	William R Clark	PA	1838	M	289	
Wilbourn Richd	Samuel Nelson	D	1830	M	309	31 00
Willis William	George Shultz Adm	D	1838	M	318	6 00

Grantee	Grantor	Ins	Date	Book	Page	Amount
Wilson James	Samuel Nichelson	"	1830	M	349	15 00
Wilborne R	W B Reese	D	1833	M	356	15 00
Whitehead William	Jacob Peck	"	1836	M	357	10 00
Whiteacre John	Robt D Southern	"	1837	M	387	500 00
Walker Nancy	John Ward	"	1828	M	415	100 00
Warrick Robert	John Warrick	"	1835	M	435	100 00
Wallen J & J	I C Lane Shiff	"	1838	M	447	53 00
Wallace Thos	James Wallace	"	1836	N	11	150 00
Whiteacre Joseph	Thos L Wooten et als	"	1839	N	43	20 00
Woodson G W	I C Lane Shiff	"	1839	N	131	77 64
Whiteacre James	James M Smith	"	1839	N	215	25 00
Wilbourn James	Lewis Johnston	"	1833	N	296	1 00
Wilson Henry	James Sparks et als	"	1837	O	28	54 00
Wilson Henry	James Sparks et als	"	1840	O	31	120 00
Williams John	William G Henderson	"	1832	O	40	50 00
Wheeles Josiah et als	Thomas Ramsey et als	DT	1840	O	49	1 00
Wheeles Josiah	Thomas Ramsey et als	DT	1840	O	51	1 00
Wheeles Josiah	Joshua Edwards et als	DT	1840	O	70	20 00
Wheelis Elisabeth	Elisabeth Ramsey	TD	1840	O	121	350 ea
Woodson A D	James Russell	"	1840	O	319	20 00
Walker Samuel	Henry Holt	D	1839	P	25	100 00
Walker Samuel	Henry Walker	"	1839	P	27	80 00
Walker Thos	Christian Sharp	"	1833	P	139	1 25
Whitehead William	John Brock	"	1838	P	198	100 00
Whitehead William	John Brock	"	1838	P	199	200 --
Walker Samuel et als	David Yaden	"	1841	P	216	800 --
Woodson A D	A & E Ely	TD	1842	P	400	150 --
Wallis James	Mark Cadle	D	1831	Q	179	6 00
Wallis John L	William Burch et als	QD	1834	Q	233	
White Joseph	Gray Garrett	TD	1842	R	22	500 00
White Joseph	Isaac Hatfield	TD	1842	R	75	1 00
Wilson Nathan	James Wilson	"	1842	R	111	450 00
Whitaker William	Thos Friar	"	1831	R	145	100 00
Woodson William	Samuel Gibson	"	1838	R	166	900 00
Warrick John	Elisabeth Fugate	"	1831	R	234	100 00
Wilson Samuel	Jubal Lea	TD	1843	R	248	5 00
Wright Gideon	Benj Carroll	D	1829	R	252	50 00
White Joseph	Jubal Lee	BS	1843	R	330 00	318 00
Wheeles William	Josiah Wheeles & wife	TD	1843	R	344	5 00
Wilson Nathan	Gabriel McCrow	D	1844	S	101	10 00
Walker Jonathan	John Goin	D	1844	S	122	178 00
Wells Elisha	William S White	"	1842	S	147	200 00
Walterhouse Richard	E & V Walterhouse	D	1844	S	166	
Walker Henry	Frederick Smith	"	1842	S	230	300 00
Wever Gilbert	William Savage	"	1845	S	231	35 00
Wilburn James	Isham Brewer	"	1840	S	250	300 --
Winegar William	James D Rhea	D	1844	S	290	800 --

Grantee	Grantor	Ins	Date	Book	Page	Amount
Winigar David	Henry Grimes	"	1845	S	308	100 00
Walker Joseph	Joseph Parkey	BS	1844	S	323	350 00
White Joseph	Isaac Sharp	T	1845	S	327	1 00
Walker Benj F	Thomas Walker Sr	D	1844	S	344	Love
Ware James R	Charles Bucks heirs	PA	1845	S	346	
Ware James R	George Blackburne et als	PA	1844	S	348	
Wilson Nathan	Joel Miles	D	1845	S	395	5 00
Wallen Elisha	North Carolina	G	1791	S	485	
Wilson & Hamilton	C Dameron	D	1830	S	513	25 00
Winkler Abraham	John Leger	"	1846	S	253	500 00
Walker Henry	John W Walker	"	1845	S	572	250 00
Wheelis William	Elisabeth Wheelis	"	1846	S	622	300 --
Wheelis William	Elisabeth Wheelis	BS	1846	S	623	Mortg
Walker Jonathan	Joseah Russell	D	1846	S	647	10 00
Ward Richard	Henry Sword	"	1846	S	654	35 00
Wilson Samuel	Jubal Lea & wife	"	1846	S	694	80 00
Williams William	John Braden	TD	1846	S	720	1 00
Walker Edward	Joseph Tussey	D	1845	T	28	8 00
Woods Stephen	Martin Cook	"	1842	T	37	20 00
Walker Joseph	Wm H Jennings	"	1846	T	41	550 00
Williams William	David Lay	D	1846	T	115	300 --
Weaver Gilbert	William P Yaden	"	1846	T	125	18 50
Willson Nathaniel	Joel Mills	"	1847	T	154	90 00
Whitehead William	Richard Harper	"	1847	T	157	500 00
Whitted C P	Rogan Brock	"	1838	T	287	400 00
White Joseph	Isaac Sharp	TD	1847	T	289	
Wireman Wm et als	Andy D Woodson	D	1847	T	302	250
Wiley Robert	Jonathan Ferrell	"	1845	T	362	500 --
Wheelis Elisabeth	Josiah Ramsey	"	1830	T	378	10 00
Walker J & H	Joseph Branscom	D	1841	T	395	500 00
Whitited William	Thos Whitited	"	1838	T	453	25 00
Warrcott Thos K	Jessee B Lane	"	1847	T	473	3 55
White William	James F Hooper	"	1848	T	502	1 50
Wallen Amos	N A Evans	"	1845	T	549	60 00
White Louisa	James F Hooper	"	1848	T	551	150 00
Woodson A M	Ewing B Yoakum	"	1848	U	36	450 00
Whiteted William	Andrew Lynch	"	1848	U	37	35 00
Woodson William	Samuel Gibson	"	1849	U	56	2500 00
Walker Lewis	Jacob Shultz	"	1840	U	60	50 00
Walker Henry	Jacob Peck	"	1849	U	95	10 00
Woods Stephen	David Lay	"	1849	U	103	5 00
West John Jr	George Barnard	D	1849	U	147	3 00
Willis John	William Morgan	"	1849	U	172	25 00
White Joseph	Wiley Huffaker	D	1849	U	213	1825 00
Warrick Robert	James Dooley	"	1839	U	229	100 00
Walker Isaac	Fred Smithe	"	1849	U	320	10 00
Walker Isaac	Henry Walker	"	1849	U	321	300
Wilson Samuel	Richard Sowder et als	D	1849	U	330	50 00
Woods John M	Micheal Powers	"	1850	U	352	120 --
Walker James	Alvis Brogan & wife	"	1850	U	358	60 00
Ward Olly	Nancy Day	"	1850	U	419	Love
Whiteted William	Lewis A Garrett	TD	1850	U	424	1 00

✷(See Errata for correction)

Grantee	Grantor	Ins	Date	Book	Page	Amount
White F S	Washington Warracutt	T	1850	U	437	1 00
Waterman Levi L	Joseph C Large & wife	PA	1850	U	455	
Whiteted E & P	Thos Whitited	D	1850	U	487	300 00
White Hugh G	John Easley	"	1831	U	522	125 --
Wallen John	Daniel Huff	S	1831	U	552	
Warnacutt J K	F S White	T	1831	U	576	1 00
Whiteaker Joseph	Peter Marcum	D	1850	U	581	1 50
Walker Jacob	William Devenport	T	1851	U	590	1 00
Walker Jacob	Eldridge Campbell & wife	D	1831	V	6	4 00
Walker Isaac	Eldridge Campbell	D	1831	V	15	600 --
Whiteted Thomas	T J Johnson & et als	"	1823	V	34	50 00
Whitited Robert	John Brock	"	1814	V	35	250 00
Whitited Thomas	John Brock	"	1822	V	86	155 00
Weaver Gilbert	Nathan Collins	"	1848	V	46	7 00
White Louise	James Carroll & wife	"	1851	V	83	125 00
Woods Stephen	James M Honeycutt	"	1851	V	138	105 --
Walker Samuel	Jacob J Parks	"	1850	V	165	150
Woodson Wm	Pleasant Owens	"	1846	V	198	320 --
Walker James D	John W Walker	"	1851	V	258	60 00
Walker Jacob	Samuel Walker	"	1852	V	260	400 --
Walker Jacob	Isaac Walker	"	1852	V	262	200 --
Walker Henry	William C McBee	"	1850	V	265	150 00
West John Jr	Neil Breeding	"	1852	V	295	150 00
Walker Isaac	Anney Walker	"	1852	V	303	200 00
West John Jr	Sterling D Carter	"	1852	V	320	207 90
Wallen Leven et als	George R Fetcher	"	1851	V	321	300 --
Whiteaker Joseph	W G Henderson	D	1831	V	336	50 00
William L S	A A McAmis	"	1832	V	353	350
Walker James D	Frank Walker	"	1833	V	419	75 00
White Joseph	Isaac Bullard	"	1866	V	428	140 00
Woodson Robert C	Decree County Court	"	1852	W	21	75 00
Williams James	Bowyer Bullard	"	1852	W	66	250 00
Walker Jacob	William S McVey	"	1833	W	116	2000 --
Walker David S	Geo R Ward	D	1853	W	139	6 38
Wolf John P	Wm W Hollensworth	"	1853	W	182	3 00
White Joseph	Isaac Vanbebber	"	1854	W	218	710 00
West John Jr	Hugh Graham	"	1854	W	247	96 00
Ward Ollie	Nancy Day	"	1854	W	306	Love
West John Jr	Salem R Pitman	"	1834	W	320	50 00
White Louisa	J & R Carroll	"	1853	W	325	40 00
Williams Silas Jun	Silas Williams Sr	"	1853	W	374	200
Wiley Robert	Evans Day	"	1854	W	448	100 00
Woodson A D	William Dickerson & wife	"	1853	W	523	50 00
Wallis Prior L	William Wallis & wife	PA	1855	X	33	
Wilson D	Robert Dossett et als	D	1853	X	95	88 00
Williams James	John Jennings	"	1855	X	165	360 00
Wallen John E	R P Wallen	"	1855	X	246	140 00
Woodson A D	James F Wallen	BS	1856	X	345	3600 00

Grantee	Grantor	Ins	Date	Book	Page	Amount
Wallen J F	Martin Johnson	PA	1836	X	369	
Wallen J F	Granville Allen & wife	PA	1836	X	370	
Wallen J F	William Chumbly	PA	1836	X	371	
Wylie F H	Isaac McBee	D	1855	X	388	537 00
Walker James D	Isaac Walker	"	1856	X	459	250 00
Wiley J B & J C	C M Day	"	1837	X	559	800 --
Wiley J B & J C	Sarah Day	D	1837	X	561	200 --
Wiley Robt et als	Chas M Day	T	1837	X	564	5 00
Waller Leven F	Leven Waller	D	1836	X	577	500 --
Waller L F	John E & W Waller	"	1836	X	579	300
Willis Francis	E D Willis	"	1857	Y	33	50 00
Wiley Robert	Amias Ely	"	1854	Y	45	Land
Woodson A D	Wiley Huffaker	"	1856	Y	79	3000 --
William Thos J et als	James Williams	"	1857	Y	108	500
Williams Wilson	John H Jones	D	1855	Y	180	500 --
Wilson George W	Jesse Rogers	"	1856	Y	190	10 00
Willis Ferry	Obediah Fields	"	1841	Y	197	1 00
Willis Ferry	Benj Campbell	"	1837	Y	200	Land
Walker Henry	Henry Soard	"	1833	Y	221	5 00
Wies L W	Mark Richardson	"	1855	Y	300	71 50
Whiteaker Joseph et als	J C Lane	"	1837	Y	307	2 85
Walker Isaac	Jacob Walker	"	1838	Y	343	35 00
Whitited William	W H & S Mayse	"	1834	Y	379	300
Woodson R C	I & E Walker	"	1838	Y	487	3500 --
Wilson Polly	Stephen Cawood et als	"	1847	Y	511	
West John A	John West Jr	"	1837	Y	523	1 50
Walker Isaac	R A Lourg et als	"	1837	Y	554	9 00
William John	Jacob Shultz	TB	1838	Y	15	600
White Joseph	James M Kincaid	D	1839	Z	37	138 50
Walker Samuel	Isaac Walker	T	1859	Z	51	5 00
Walker Isaac	Joseph G Goin	D	1837	Z	70	162 50
White Joseph	Decree Wm White Lands	D	1839	Z	74	150 00
Wells Richard & wife	John Leabow & wife	BS	1859	Z	153	Gift
Woodson A D	W W Greer Sheff	D	1860	Z	212	93 53
West John Jr	P M Hodges	"	1860	Z	365	1500 00
Waller Martha J	Micheal Cole & wife	"	1859	Z	366	35 00
Walker J D	Preston Dunsmore	"	1860	Z	454	195 00
Walker Jas D	Henry Walker	"	1838	Z	455	25 00
Walker Jas D	John Grubb & wife	"	1860	Z	457	100 00
Whiteaker Andrew	Joseph Whiteaker	"	1861	Z	549	305 00
Whiteaker Andrew	Travis Brooks	"	1861	Z	551	228 00
Whiteaker Andrew	William Hayse et als	"	1861	Z	600	30 00
Woods John T	Ann Powers	"	1863	Z	703	
Wilson G W	Wm C Kincaid	T	1866	Z	719	90 00

Grantee	Grantor	Ins	Date	Book	Page	Amount
Yancy Robert	Thomas Henderson	WD	1802	A	64	200 00
Yoakum George	John Vanbebber	"	1807	A	71	525 00
Yokum Isaac	John Vanbebber	"	1807	A	89	500 00
York Sherrard	John Trulpy	"	1806	B	Index	150 00
Yoakum Geo	John Owens	D	1811	D	72	300 00
York William	James Glasgow	D	1810	D	284	25 00
Yokum George	Walter Evans	"	1816	D	405	112 50
Yearlary Elisabeth	John Condry	"	1816	E	20	20 00
Yokum George	Caleb Bales	"	1816	E	62	50 00
York William	John Casey et als	"	1814	E	100	50 ¢
Yoakumn Jessee	James Vanbebber	"	1816	E	162	100 00
Yoakumn George	Ignations Howard et als	"	1817	E	177	150 00
Yoakumn George	John Lyford et als	"	1817	E	179	150 00
Yokum George	William Hord & wife	"	1817	E	181	150 00
Yoakumn George	William Rogers	D	1818	E	183	700 00
Yoakum George	Jacob Heirs	B	1815	F	100	
Yoakum George	John Cocke et al	D	1818	F	101	350 00
Yoakum George	Jacob Vanbebber	"	1817	F	130	1600 00
Yearly Adam	Alex Chadwell et al	"	1823	F	252	200 00
Yoakum Isaac	J & W Guttering	D	1822	G	175	300 00
Yoakum Isaac	Marcellus Moss	"	1828	H	378	1200 00
Yeary William	Enos Hobbs	"	1827	I	158	500 00
Yeary William	Enos Hobbs	"	1829	I	317	1100 --
Yoakum Moses	James Vanbiber	"	1833	L	245	500 --
Yoakum Moses	James Vanbebber	"	1833	L	247	40 00
Yeary Henry	W C McCleland	TD	1839	N	268	100
Yaden David	Nathen S McDowell	D	1841	P	214	600 00
Yoakumn Isaac	Daniel Root	D	1829	Q	152	600 00
Yoakumn Isaac	Christian Sharp	BS	1848	Q	154	3000 00
Yoakum Marcellus	James Ritchie Sheff	D	1841	Q	193	4 50
Yoakum Isaac	Isaac Sharp	BS	1841	Q	214	700 00
Yookum Isaac	John Day	"	1838	Q	219	800 00
Yoast George	Jonas Hill & wife	"	1829	R	249	80 00
Yaden B A	E Proffit	"	1844	S	133	100 00
Yaden W P	Jacob Peck	"	1845	S	247	30 00
Yeary James W	Adam Yeary	"	1845	S	477	100 00
Yeary Henry	John Thompson & wife	"	1846	S	672	375 00
Yoakum Ewin B	Alfred J Snuffer	"	1846	S	709	210 00
Yookum Isaac	Isaac Vanbebber	BS	1846	S	724	500 00
Yookum Isaac	Thos Brown	"	1846	S	725	400 00
Young William	Thos Hodges & wife	D	1846	T	1	125 00
Yeary Henry	Ruben Dean	"	1846	T	15	250 00

Grantee	Grantor	Ins	Date	Book	Page	Amount
Yoakum Isaac	William Norvell	"	1826	T	193	80 00
Yoakum E B	Walter R Evans	D	1849	U	183	1255 --
Yoakum Moses	Wiley Mayse & wife	PA	1832	V	365	
Yoakum E B	Calvin McBee	D	1832	V	388	18 00
Yaden W P	Cary Moyers	D	1853	V	162	1 00
Yoakum E B	Nelson McCrary	"	1854	W	230	150 00
Young Mathew	Jeremiah Young	"	1853	W	261	100 00
Yoakum E B	Lovine Plenning	D	1854	W	488	225 --
Yoakum Thomas	Isaac Thomas	"	1854	X	86	100 00
Yoakum Thomas	Elijah Jones & wife	"	1854	X	91	
Yoakum Thomas	Drewry Fryth	"	1845	X	92	150 00
Yoakum George	William T Moss	"	1856	Y	233	1116 00
Yost G W	James W Hodges	"	1838	Y	565	4 50
Yost G W	James W Hodges	"	1838	Y	567	5 00
Yaden William P	Decree Chancery Court	"	1838	Y	640	
Yoakum R G	Calvin McBee	"	1859	Y	666	25 00
Yaden W P	J C Lankford & wife	"	1839	Z	267	400 00
Yoakum R G	Caswell McBee	"	1835	Z	405	32 00
Yoakum R G	F H Wylie	"	1837	Z	407	550 00
Yoakum R G	Hiram Arnwine	"	1838	Z	408	50 00
Yaden W P	William Cupp	D	1837	Z	459	110 00

END

www.ingramcontent.com/pod-product-compliance
Lightning Source LLC
Chambersburg PA
CBHW081144230426
43664CB00018B/2797